Karl Friedrich Harttmann

Ein Charakterbild aus der Geschichte des christlichen Lebens in Süddeutschland

Karl Friedrich Harttmann

Ein Charakterbild aus der Geschichte des christlichen Lebens in Süddeutschland

ISBN/EAN: 9783743301115

Hergestellt in Europa, USA, Kanada, Australien, Japan

Cover: Foto ©ninafisch / pixelio.de

Manufactured and distributed by brebook publishing software
(www.brebook.com)

Karl Friedrich Harttmann

Ein Charakterbild aus der Geschichte des christlichen Lebens in Süddeutschland

Karl Friedr. Harttmann.

Ein Charakterbild

aus der

Geschichte des christlichen Lebens in Süddeutschland.

Entworfen von dessen Sohne

G. F. Harttmann,

† Professor in Maulbronn,

gesichtet und ergänzt von

C. C. E. Ehmann,

† Pfarrer in Unterjesingen.

Zweite Ausgabe.

————▸◂————

Stuttgart.

Verlag von J. F. Steinkopf.

(Früher bei A. Scheurlen in Heilbronn.)

Karl Friedr. Harttmann.

Ein Charakterbild

aus der

Geschichte des christlichen Lebens in Süddeutschland.

Entworfen von dessen Sohne

G. F. Harttmann,

† Professor in Maulbronn,

gesichtet und ergänzt von

C. C. E. Ehmann,

† Pfarrer in Unterjesingen.

Zweite Ausgabe.

Stuttgart.

Verlag von J. F. Steinkopf.

(Früher bei A. Scheurlen in Heilbronn.)

Vorrede.

Der Verfasser dieses Buchs ist der auf dem Titel genannte, zu Chambersburg im Staat Pennsylvanien verstorbene Professor Harttmann, von dessen noch daselbst lebender Witwe mir das Manuscript mit der Ermächtigung, es dem Druck zu übergeben, zukam. Ohne Zweifel hatte es der Verfasser in dieser Absicht geschrieben, hatte es aber unvollendet gelassen, und manches aufgenommen, was er bei einer nochmaligen Ueberarbeitung würde ausgelassen haben. Die Ergänzung ist mir nicht schwer geworden, da mir nicht nur die gedruckten, sondern auch die ungedruckten Schriften K. F. Harttmanns, namentlich seine werthvollen Tagbücher und Collectaneen zu Gebot standen. Bei Sichtung dieses Materials leitete mich

einerseits der Salomonische Grundsaz Spr. 25, 9.,
andererseits die Rücksicht auf den Leserkreis, für wel=
chen das Buch bestimmt ist. Diesen sucht es sich nemlich
nicht unter den Gelehrten und Gebildeten im engeren
Sinn, sondern unter dem Volk, und zwar unter dem
gläubigen Theil desselben, welchem K. F. Harttmann
angehören wollte und angehörte. Demnach wurde
alles ausgeschieden, was nur den Gelehrten als solchen
interessiren kann — ein Grundsaz, welchem auch der
Prof. Harttmann scheint gehuldigt zu haben. In
lezterer Beziehung wäre freilich noch manches zu sagen
gewesen über sein Verhältnis zu Val. Weigel,
J. Böhme, Imm. Swebenborg, sowie über seine
medicinischen, chemischen, alchemischen und sympatheti=
schen Studien und Versuche. Ich habe aber dieses
alles gerne unterdrückt (wiewohl ein ganzer Band seiner
Collectaneen medicinischen und chemischen Inhalts ist)
um besto mehr Raum zu gewinnen für die lieblichen
Selbstzeugnisse aus dem Reichthum seines inwendigen
Lebens. Um ihn hierin so viel als möglich selbst zum
Worte kommen zu lassen, habe ich die jezt so beliebte
reproductive Methode absichtlich verschmäht, wiewohl
ich hierin freie Hand hatte. Es handelte sich ja aber
hier gar nicht um das was ich könne, sondern was

Harttmann war. Wer nicht im Stande ist, aus seinen eigenen, ungekünstelten Worten sich selbst ein Urtheil über den Mann zu bilden, oder wem mehr an einer kunstgerechten Form, als an Wahrheit und Wesen liegt, für den ist dieses Buch nicht geschrieben. Wer aber ein Leben zu würdigen weiß, in welchem die Herrlichkeit Christi sich abspiegelt, der wird dieses Buch nicht unbefriedigt aus der Hand legen.

Uebrigens gibt das Buch mehr, als der Titel verspricht. Es ist eigentlich eine Doppelbiographie. Krafts Leben ist größtentheils von mir bearbeitet. Das Material dazu verdanke ich dem H. Vicarius Paul Steubel in Kemnath. Einige kleinere, selten gewordene Gelegenheitsschriften Harttmanns wurden mir von meinem H. Collegen, Pfarrer Wurm in Buoch und seinem Bruder Heinrich, dem zu frühe verstorbenen Stiftsbibliothekar in Tübingen, gefälligst mitgetheilt. Die Bemerkungen über J. Kullen sind aus dessen „55 Erbauungsstunden" genommen.

Die Lieder, welche der Titel gleichfalls unerwähnt läßt, sind, von dem † Prof. Harttmann sorgfältig gesammelt, in doppelter Reinschrift vorhanden. Sie sind gerade so mitgetheilt, „wies die Garbe gab." N. 19. fand ich auf einem Octavblatt unter K. F.

Harttmanns Papieren, aber nicht von seiner Hand geschrieben; N. 20 bei Oetinger.

Möge sich Harttmanns lezter Wunsch, daß seine Asche noch eine Gelegenheit zur Verherrlichung Jesu werden möge, auch an diesem anspruchslosen Büchlein erfüllen.

Unter-Jesingen, den 27. Aug. 1861.

D. H.

1. Abstammung, Knabenjahre.

Karl Friedrich Harttmann wurde den 4. Januar 1743 in dem zwischen Schorndorf und Göppingen gelegenen Klosterort Abelberg geboren.

Sein Vater, Georg Heinrich, Forstverwalter der Klöster Abelberg und Lorch, stammte aus einer alten fränkischen Familie, welche erst seit dem dreißigjährigen Krieg in Wirttemberg ansäßig geworden war, wo sie vier Generationen hindurch weltliche Aemter bekleidete, während die fränkischen Stammväter im Kirchendienst gestanden, und die Seitenlinie lange Zeit der Stadt Rothenburg an der Tauber ihre Kirchenvorstände gegeben hatte. Zu diesen gehörte namentlich auch der durch seine theologischen und kirchenhistorischen Schriften bekannt gewordene Dr. Ludwig Harttmann, über dessen Pastorale A. H. Franke Vorlesungen hielt, und dem Ph. J. Spener seine Schrift vom geistlichen Priesterthum widmete. Deßgleichen gehörte der geistliche Liederdichter Johann Adam Lehmus von mütterlicher Seite der Familie an.

Seine Mutter, Ursula Barbara, war die Tochter des Bürgermeisters und Kaufmanns Martini zu Heidenheim, eine Ururenkelin des Reutlingischen Reformators Aulber.

Rücksichtlich seiner Erziehung verehrte er mit bemüthigem Dank die göttliche Gnade, die ihm solche Eltern geschenkt habe, die durch ihre Treue, Sorgfalt und Gebet für sein zeitliches und ewiges Wohl, wie auch durch ihre unermüdeten Ermahnungen ein un=

vergeßliches Andenken in ſeinem Herzen hinterlaſſen
haben, wofür er ſie noch nach ihrem Tode mit kind=
licher Dankbarkeit ſegnete, und ihnen reiche Vergeltung
an jenem Tage wünſchte.

Unter die gnädigen Bewahrungen Gottes in ſeiner
zarten Kindheit rechnete Harttmann beſonders den
Umſtand, daß ihm in der Pockenkrankheit, in welcher
das eine Auge ſtark Noth gelitten hatte, doch der
Gebrauch des Geſichts unverletzt erhalten wurde.

Die Beſtimmung zu ſeinem künftigen Beruf ent=
ſchied ſich unter den Schickungen der göttlichen Vor=
ſehung ſehr frühe, indem ſein Vater, der über den
Verluſt einiger nach einander verſtorbenen Söhne tief
betrübt war, ihn noch in Mutterleibe dem geiſtlichen
Stand widmete, doch mit der ausdrücklichen Bedingung,
wenn Gott dem Kinde ſelbſt Neigung und die erfor=
derlichen Gaben dazu verleihen würde. Die Bedingungen
traten in erfreulicher Weiſe ein, und es wurde beß=
wegen aller Bedacht darauf genommen, ihm neben
einer chriſtlichen Erziehung auch einen zweckmäßigen
Unterricht zu verſchaffen. Die erſte Unterweiſung in
den Anfangsgründen der Wiſſenſchaften erhielt er von
dem damaligen Pfarrer in Abelberg, M. Georg Seiz,
mit deſſen fünf Jahre älterem Sohne Johann Ferdi=
nand (dem nachmaligen Tochtermann des Prälaten
Oetinger) Harttmann ſchon frühe einen Freund=
ſchaftsbund geſchloſſen zu haben ſcheint. Da aber
Pfarrer Seiz in der Folge durch ſein weitläufiges
Amt an der Fortſezung des Unterrichts verhindert
wurde, die Eltern aber den neunjährigen Knaben noch
nicht gern aus ihrer unmittelbaren Aufſicht und Be=
wahrung entlaſſen wollten, ſo entſchloßen ſie ſich, ihn
einige Zeit durch einen Hauslehrer unterrichten zu
laſſen. Ihre Wahl fiel auf den M. Philipp Heinrich
Enslin, nachmaligen Pfarrer zu Schwaikheim (ſeit
1775.), der ſeinen Zögling nach der damaligen ſtrengen
Schulmethode drei Jahre lang gewiſſenhaft und mit
günſtigem Erfolg unterrichtete.

Nachdem so der Knabe im zwölften Jahr an Leib und Seele erstarkt war, brachte ihn der Vater in die Schule des durch Geist und Kenntnisse ebenso wie durch seine treffliche Lehrmethode berühmten Präceptors, nachmaligen Rectors, Mebold in Schorndorf.

So originell und anregend, so frei von aller Pedanterie indeß Mebolds Methode war, und so erfreulich und rasch die Fortschritte waren, die unter seiner Leitung der begabte und lernbegierige Knabe machte, so erkannte doch Harttmann über dem Guten, das er hier zu genießen hatte, die Verdienste seiner früheren Lehrer nicht; vielmehr erklärte er oft, daß ihm der vorige Unterricht in der neuen Laufbahn sehr zu statten gekommen sei; denn eines theils habe er die Methode Mebolds besser zu schätzen verstanden, anderntheils sei ihm die frühere gewöhnliche Schulmethode sowohl formell durch Uebung des Gedächtnisses und Angewöhnung an Anstrengung, theils materiell, durch den reichen Vorrath an Wörtern und Regeln, die er sich zu eigen gemacht, gar sehr förderlich gewesen.

In und außer der Schule war Harttmann außerordentlich fleißig, wie aus einem Schreiben an seinen Sohn Gottfried vom 20. October 1789 erhellt, wo es heißt: „Was du von vielen Arbeiten schreibst, erinnerte mich an mein leztes Jahr in Schorndorf. Da hatte ich außer den Stunden zum Essen wenig Zeit übrig. Es wollte mir auch bisweilen zu viel werden; ich mußte aber eben fortmachen, und es kam mir nachher im Kloster wohl, denn ich lernte dabei ununterbrochen fortarbeiten.“

Wirklich bewahrte auch Harttmann von seinem Lehrer einen fließenden und gefälligen lateinischen Stil und eine große Fertigkeit in der lateinischen Versification. Und wie zufrieden der Lehrer seinerseits mit den Leistungen und dem Betragen des Knaben sein mußte, gab er durch die fortdauernde Sorgfalt und Liebe zu erkennen, welche nicht wie sonst mit dem Austritt aus der Schule erlosch, sondern sich noch durch fortgesezten Briefwechsel mit dem ehemaligen Schüler während seiner Klosterjahre erprobte.

Neben dem öffentlichen Unterricht in der Schule genoß Harttmann in Schorndorf auch noch die Leitung des damaligen Diaconus M. Kielmann, nachmaligen Dekans zu Waiblingen, der ihn ins Haus und an den Tisch aufgenommen hatte, und ihm mit vieler Liebe Aufsicht und Unterstüzung in seinen Studien angedeihen ließ.

2. Das Kloster Blaubeuren.
(Kraft und Klemm.)

Im Jahre 1757 wurde Harttmann in das Kloster Blaubeuren aufgenommen, wo er unter dreißig Altersgenossen eine der ersten Stellen behauptete. Seine Vorgesezten und Lehrer waren hier der Prälat Lang und die Präceptoren Ergenzinger und Gmelin. Der leztere scheint damals die bedeutendste und einflußreichste Kraft des Lehrerpersonals gewesen zu sein. In der (d. 26. April 1795) auf denselben gehaltenen Grabrede sagt Harttmann: „Wir stehen hier vor dem Sarge eines ehrwürdigen Greises, dessen Lebensjahre mit manchem stillen Verdienste bezeichnet sind; wir stehen vor dem Grabe eines Dieners Jesu Christi, der bis in das 47 Jahr an einem Orte der Hut seines Herrn gewartet, und der sowohl durch treuen Unterricht als unermüdete Aufsicht seinen Dienst zu erfüllen suchte, nemlich an so manchen zu des Herrn Weinberg bestimmten Arbeitern das Geschäft der ersten Bildung zu übernehmen. Es sind wohl über 400 Jünglinge, die in dieser Zeit seiner Pflege anvertraut waren, und unter der großen Anzahl dieser Jünglinge war auch ich, der ich als ein gerührter und dankbarer Schüler an dem Grabe meines theuersten Lehrers stehe, und ihm den schuldigsten Dank abstatte und gnädige Vergeltung aus deiner Hand, du gerechter Vergelter, wünsche. — Wir stehen hier an dem Sarg eines

Mannes, der mit seiner Amtswürde *) kein Geräusch zu machen suchte, oder Andern lästig zu werden begehrte, sondern dessen Gang durch gesezte Stille und durch herablassendes und sanftes Betragen seine Amtswürde Andern neben und unter ihm wohlthuend machte."

Unter den Jünglingen, welche mit Harttmann im October 1757 in das Kloster Blaubeuren einzogen, war auch Christian Gottlieb Kraft, dessen Leben so eng mit Harttmanns verwachsen war, daß wir ihm unsere Aufmerksamkeit besonders zuzuwenden haben. Er war geboren b. 9. August 1743 zu Herrenberg, wo sein Vater Johann Jakob Kraft Stadtschreiber war. Seine Mutter, Christine Margarethe, geb. Klemm, hatte ihn, in Folge eines Gelübbes, schon von seiner Geburt an dem geistlichen Stande gewidmet, und er selbst nahm schon frühe an sich wahr, daß die Gnade Gottes an seinem Herzen arbeitete. Auf seine innere und äußere Bildung hatte ein naher Verwandter, Jakob Friedrich Klemm, **) gleich von Anfang einen gesegneten Einfluß, indem er als Tübinger Stipendiat mit dem zehen Jahre jüngeren Vetter, der ihm auch seine sprachlichen Arbeiten zur Revision vorlegen mußte, einen lateinischen Briefwechsel anknüpfte, aus welchem sich nachfolgendes schöne Denkmal erhalten hat:

„Niemals zu viel geliebter Vetter! Mit innigem Vergnügen und wahrer Erholung des Geistes habe ich deinen Brief gelesen. Ich freue mich höchlich über deinen unermüdeten Fleiß und Eifer in der ebräischen Sprache. Was aber meine Freude vollkommen gemacht hat, ist das, daß du mir dein Herz ungeschminkt entdeckt hast. Ich bedaure zwar gar sehr, daß ich nicht im persönlichen Umgang mit größerer Vertraulichkeit auf diese Sache mit dir zu sprechen gekommen bin, aber ich merkte und fühlte immer, daß der h. Geist sein Werk in dir habe. Laß mich also, weil ich es mündlich nicht thun kann, schriftlich über diese ernste,

---

*) Er war zuletzt Prälat gewesen.
**) Nachmals Diaconus in Balingen, zuletzt Dekan in Nürtingen.

wichtige und erfreuliche, ebenso bedeutsame als frucht=
bringende Sache mit dir reden. Denn was könnte wohl
seliger, wichtiger und angenehmer, was bedeutsamer
und heilsamer sein, als ein Briefwechsel, der von un=
serer Glückseligkeit, und zwar nicht der zeitlichen, son=
dern der ewigen handeln soll? Du fragst mich um
Rath: ich will dir geben, soviel Gott, die Quelle alles
Guten, darreicht. (Jac. 1, 17.) Du erzählst mir,
daß du oft, ja beinahe jeden Morgen den Vorsaz fassest,
dein Leben zu ändern, es Gott zu weihen, in Gott
und Jesu Christo zu leben. Ein solch heiliges und
frommes Verlangen kommt nicht aus uns selber; denn
wir sind von Natur verdorben und in Sünden ge=
boren. Darum ist auch alles Gute, das wir in uns
erkennen, spüren und erfahren, von Gott. Der ruft
dir nun, wie dem Samuel im Tempel; ihm mußt du
nun antworten: „Rede, Herr, dein Knecht hört!“
(1 Sam. 3, 10.) Mein Lieber, du kennst noch nicht
die listigen Anläufe des Satans, der unermüdet ist,
solche von Gott in uns erweckte Vorsäze zu ersticken
und durch rohe und ausgelassene Kameraden aus der
Seele zu reißen. Was ist da zu thun? Ich rathe dir
aus meiner eigenen Erfahrung. Sobald du, besonders
Morgens früh, ein Verlangen in dir fühlst, dich Gott
zu übergeben, so gehe an einen abgesonderten Ort,
wirf dich auf die Knie nieder und bitte deinen Gott
inständig, daß er erstens dieses Verlangen in deiner
Seele erhalte, zweitens vermehre und drittens erfülle,
daß er dir viertens die Nothwendigkeit der Sinnes=
änderung vor Augen stelle und dich von deinem na=
türlichen Elend und deinen Sünden überführe. Suche
Jesum Christum im Wort Gottes, welches du ohne
Unterlaß und unter anhaltendem ernstlichem Gebet
lesen und immer wieder lesen mußt. Du mußt aber
wissen, daß du hiebei von deinen Kameraden Verach=
tung und vom Satan sehr viele Hindernisse zu er=
warten hast. Aber bekenne nur herzhaft und offen vor
Jedermann deinen Vorsaz, dich Gott ganz zu übergeben.

Lies die h. Schrift; bete nicht blos nach Gewohnheit und zu bestimmten Zeiten, sondern so oft du von dem h. Geist zum Gebet angetrieben wirst, was du bald wirst merken können. Gedenke an den Tod, an das Endgericht, an die Eitelkeit der Welt, an die Häßlichkeit der Sünde; gedenke aber auch im Gegentheil an das ewige Leben, an die Gerechtigkeit Christi, an die Liebe Gottes. Es wird dir nie an hinreichenden Beweggründen fehlen, die Welt mit all ihrem glänzenden Nichts zu verachten, und die wahrhaftigen Güter in Christo mit ernstlicher Buße und Glauben zu ergreifen. Besinne dich nicht lange. Ein kurzer Aufschub dieser Sache, was ist er anders, als ein Verzug deiner Seligkeit und Ruhe, ein Verzug deines Fortschritts in den Wissenschaften und unzähliger anderer Güter. Lerne aus eigener Erfahrung, was es heiße, Gott in Jesu Christo ehren, lieben, anbeten: so wirst du mir glauben, daß ich dir die Wahrheit, aber nur unvollkommen gesagt habe. So zeige denn nun mit tiefem Ernst und einem ganz auf diese Sache gerichteten Gemüthe, theils den Deinigen, theils auch mir in deinen künftigen Briefen, daß, was du mir geschrieben hast, wahr sei. Es betrifft nicht deine Seele allein, sondern die ganze Heerde, welche dir vielleicht einmal anvertraut wird. Denke an Joseph, Samuel, Josia, Daniel, die allesammt Jünglinge, aber eben dadurch, daß sie schon in der Jugend Gott fürchteten und liebten, so ausgezeichnete Stützen ihrer Familie, der Kirche, des Staats und ihrer Könige geworden sind. Erwäge dieses wohl bei dir selbst, bewege es immer und immer wieder in deinem Herzen, und hüte dich, daß du nicht lange und oft wider den Stachel ausschlagest und wieder verlierest, was du jezt hast. Folge diesen Fußstapfen der göttlichen Liebe, die dich zu sich ziehen will, so wirst du mehr finden, als du erwartest. Thue diß nicht in deiner eigenen Kraft, als die nichts ist, sondern in der Kraft, die man durch ernstliches Gebet von Gott erlangt, so wirst du leben; diß ist ja dein Verlangen. —

Mein Herz ist zu voll von Liebe und Wohlwollen, als daß ich alles sagen könnte. Das Uebrige spare ich auf, um es meinem Gott im Namen Jesu Christi in meinem Gebet vorzutragen. Denn ich werde, glaube mir, nie aufhören, für dich zu beten."

3. Fortsezung.

Als Kraft i. J. 1757 in das Kloster Blaubeuren aufgenommen wurde, hatte Klemm eben seine Stubien vollendet, und hielt es für seine Pflicht, den jungen Vetter in die neue Laufbahn einzuleiten und vor den Gefahren und Irrwegen derselben zu warnen. Er sezte zu diesem Behuf seine eigenen in den Klöstern gemachten Erfahrungen in der Form und unter dem Titel von Klosterregeln auf, die er dem jungen Vetter gleich beim Eintritt in die Klosterschule zusandte und mit folgenden Zeilen (d. d. Tübingen, 23. Oct. 1757.) begleitete:

„Mein lieber Vetter! Denke nicht, daß ich dich vergessen habe, da ich eine Zeitlang mit Schreiben so sparsam gewesen: andere Geschäfte haben mich bis daher verhindert, mich mit dir viel in Briefen einzulassen. Allein ferne sei es, daß dich meine Liebe gänzlich sollte aus den Augen gesezt haben! Ich will nun auf einmal thun, was ich vielleicht in vielen Briefen nicht gethan hätte. Hier hast du einige Regeln, nach denen du dich achten und halten kannst in deinem Klosterleben. Sie sind theils aus meiner, theils aus Anderer Erfahrung gegangen. Was wir meistentheils mit Schaden gelernt haben, siehe, das schreibe ich dir bei dem Eintritt in das Kloster. Ein großer Vortheil, den du, wenn du klug bist, wirst zu schäzen wissen! Man hat einem reblichen Menschen, der einem Reisenden einen unbekannten Weg weist, alle Abwege zeigt und die Gefahren entdeckt, die man auf dem Wege zu gewarten hat, vielen Dank: und siehe, diß ist es eben, was ich thue. Ich habe manchen Tritt

~~gethan~~, den ich nicht gemacht hätte, wenn ich die Ge=
fahr und den Schaden vorher gewußt hätte, oder wenn
ich je Gefahr gewußt, so wußte ich oft die wichtigen
Folgen derselben nicht. Mir hat man es nicht gesagt.
Siehe, mein Lieber, ein großer Vortheil für dich! Du
lernst nun viele Abwege, viele Gefahr und Schaden
vermeiden, wenn du dir rathen lässest und an fremder
Gefahr klug werden willst. Und ich zweifle nicht, du
werdest die Erinnerungen deines Vetters, dessen redliche
Absicht du kennst, bei dir anschlagen lassen. Es war
längst bei mir wie zu einem Gelübbe geworden, bei
der nächsten Gelegenheit, die mir zu Handen kommen
würde, meine durch Schaden und Proben erlangte
Erfahrung von dem Klosterleben einem jungen Alumnus
zu Nuzen kommen zu lassen; und nun freut es mich
desto mehr, diesem Gelübbe bei dir einige Genüge zu
leisten. Es sind freilich eben Regeln, und du wirst
bei mancher denken: das sind Kleinigkeiten, das würde
ich so in acht nehmen. Allein glaube nicht, daß etwas
umsonst gesezt sei. Es ist öfters geschehen, daß ich
die Ursache nicht dazu gesezt habe, warum du biß oder
jenes unterlassen sollst. Die Absicht ist die, weil es
besser ist, daß du dein Lebetage die Ursache nicht er=
fahrest. Glaube ja nicht, daß etwas umsonst gesezt
sei; es ist keine Regel darin, welche nicht gute oder
gefährliche Folgen auf dein ganzes Leben hinein haben
könnte. Die Verführung ist unter jungen Leuten, die
in den Klöstern gewissermaßen sich selbst überlassen
sind, entsezlich groß. Wirst du verführt (welches Gott
verhüten wolle!) so leidest nicht nur du Schaden,
sondern die Kirche, deine Eltern und Andere, die du
mit dir verführst.

Freilich wollte ich lieber, du wärest in der Liebe
Christi fest eingewurzelt und gegründet, und trügest
deinen Mentor bei dir in deinem Herzen, der dein
Rathgeber auf allen deinen Wegen wäre; dein Herz
wäre ein Tempel des h. Geistes, und Jesus hätte den
Thron darin aufgeschlagen: so wollte ich dir hernach

zuerst rathen, diese Regeln als etwas Ueberflüssiges in das Feuer zu werfen. Allein du wirst es mir nicht verargen, wenn ich glaube, daß es noch nicht so mit dir stehe. Deßwegen sind die Regeln nöthig, worunter die vornehmste ist: Gib mir, mein Sohn, dein Herz, und laß deinen Augen meine Wege wohlgefallen. Wirst du diß thun, so hast du eine Basis zu einem Gott wohlgefälligen Klosterleben, und dann werden dir diese Regeln nicht schwer sein, ja, es wird dir eine Freude sein, darnach einher zu gehen. Nur laß das Wort Gottes nicht von deinem Herzen kommen, und liebe es mehr als Gold und viel feines Gold: so hast du die beste Regel, die alle andern weit übertrifft.

Nun, der Herr segne dich und sei dein Schild; wandle vor ihm und sei fromm, denn das ist die rechte Idee eines Studirenden; und habe den Endzweck deines Klosterlebens stets vor Augen, ein Werkzeug der Gnade Gottes zu werden: so wirst du eine Zierde unserer Kirche, eine Ehre unseres Landes, eine Freude deiner Eltern, und, welches das Vornehmste ist, ein Kind der Gnade sein."

4. Fortsezung.

Die Promotion, mit welcher Kraft in das Kloster Blaubeuren kam, bestand größtentheils aus hellen, offenen Köpfen und fleißigen, rechtschaffenen Jünglingen, so daß, nach dem Zeugnis der Vorsteher in allen Klöstern, die Promotion seit vielen Jahren nicht ihres gleichen hatte. Kraft erhielt bei der Location die erste Stelle und behauptete sie bis zum Abgang von der Universität. Klemm war darüber hoch erfreut, und wollte ihn auch in dieser Stellung nicht unberathen lassen. Er schrieb (d. d. Tübingen, 1 Juni 1758.):

„Mein Lieber! Nun habe ich einmal die bestellten Bücher erhalten, welche ich dir nun schicke. Sie können dir nicht ohne großen Nuzen sein, und in deinen sprach-lichen Studien ein großes Licht geben, welches doch

Hauptwerk in den Klöstern sein soll. Ohne Ge=
schichte hat man keinen reellen Nuzen von den Auctoren,
ja, man kann sich oft in ganze Passagen nicht finden,
und den Wortverstand nicht einmal treffen, wenn man
nicht einen Vorschmack von der Geschichte hat. Diese
Piecen nun können es dich spielend lehren. Und wenn
du einen Kameraden haben kannst, der gemeinschaftliche
Studien mit dir hat, so geht es noch besser von statten.
Ueberhaupt empfehle ich dir in deine Studien diß,
daß du alles wohl fassen lernest; und, um dich zu
prüfen, ob du es gefaßt, so lege bisweilen alle Bücher
weg, und mache dir aus freien Stücken einen Aufsaz
von dieser oder jener Materie, die du glaubst gelernt
zu haben.

Was meinen Verspruch anbelangt wegen der Regeln,
die du als Primus nöthig hast, so habe ich mich eines
andern besonnen, und glaube, daß es unnöthig ist,
dir viele Regeln vorzuschreiben. Die Furcht des Herrn
ist der Weisheit Anfang. Die ist dir unumgänglich
nöthig, in deinem Stande besonders, und wird dich
vor allen Extremen bewahren. Sei nur demüthig und
liebreich gegen deine Compromotionalen, gegen einen
wie gegen den andern, und denke, daß du ihnen in
allem mit gutem Exempel vorgehen sollest. Es heißt
auch oft im Kleinen: wie der Hirt, so die Heerde!
Bitte Gott täglich um ein rechtschaffenes Herz vor ihm,
das gerne in seinen Wegen wandle. Hat ein Student
anhaltendes und ernstliches Gebet nöthig, so hat es
ein Primus viel nöthiger.

Mache dich bekannt mit Special Schmidlin (in
Blaubeuren): das ist ein theurer Knecht Christi.

Traue dir und deinen Kräften nicht; die Verführung
ist all zu groß. Wo du nicht mit Waffen des Lichts
von Jesu selbst angethan wirst, so kannst du dem
gräßlichen Schwall der Versuchung aus dem Reich
der Finsternis nicht widerstehen.

Was deine Studien anbelangt, so laß dir die hei=
ligen Sprachen vor allem andern angelegen sein. Da

kann H. Profeſſor Ergenzinger dir die beſte An=
leitung da zu geben. H. Canzler (Reuß) ſagte mir
erſt kürzlich, was es für einen großen Einfluß in ſein
ganzes Leben gehabt, daß er in den Klöſtern die hei=
ligen Sprachen fleißig tractirt, und Anleitung von
H. D. Bengel, der damals zu Denkendorf, war,
bekommen habe. Deßwegen ſchaffe dir ſeinen Gnomon
N. T. an und lies ihn fleißig. Laß die h. Schrift
niemals aus deinen Händen und vergiß bei deinem
Leſen niemals die Erbauung. Laß dein Herz niemals
leer ausgehen, wenn du darin lieſeſt; denn man kann
ſie auch auf eine ſterile Art leſen, um gelehrt zu werden;
und das iſt Gott ein Greuel. Die h. Schrift iſt für
das Herz. Wer dieſe Abſicht dabei vor Augen hat,
der kann erſt gelehrt werden. Nimmſt du diß in acht,
ſo wirſt du die ſüßeſten Früchte davon einernten und
dich in Zeit und Ewigkeit erfreuen können.“

5. Kloſter Bebenhauſen.

Von Blaubeuren ſiedelte i. J. 1759 die Kraft'ſche
Promotion, der herkömmlichen Ordnung gemäß, in
die Kloſterſchule Bebenhauſen über, an welcher damals
der Prälat Stockmeier und die Präceptoren Kurrer
und Klemm ſtanden, von welchen beſonders der leztere
(nachmals Profeſſor der Theologie in Tübingen) einen
geſegneten Einfluß auf die Zöglinge hatte. Hartt=
mann bezeichnet mit innigſtem Dank gegen Gott das
Kloſter Bebenhauſen als den Ort, wo das ewige Erbarmen
Gottes ihn in ſeinem Jugendlauf ergriffen, und ihn
zur Gemeinſchaft ſeines Sohnes berufen habe, —
eine Veränderung, die nicht nur ſeinen Studien, ſondern
auch ſeinem ferneren Lebensgang eine ganz andere
Richtung gegeben habe. Die Veranlaſſung dazu war
eine hizige Krankheit, die ihn gleich nach dem Eintritt
in das Kloſter überfiel, ſowie der bald darauf erfolgte
Tod eines mit ihm eng verbundenen Compromotionalen,
Johann Benjamin Sack, welcher den 8. Julius 1760

erfolgte. Diese beiden Ereignisse überzeugten ihn mächtig, „daß er eine zur Ewigkeit noch sehr unreife Geburt sei," und zeigten ihm die Nothwendigkeit einer völligen Zukehr zu Gott. Und wie ernst es ihm mit seiner Bekehrung war, das beweist der Umstand, daß er sich mit seinem Blut der Gottheit als Eigenthum anzugehören verschrieb.

Um diese Zeit wirkte der Geist Gottes noch an sechs andern seiner Compromotionalen, von welchen jeder, ohne daß sie von einander wußten, für sich das Heil seiner Seele suchte, wobei ihnen besonders K l e m m s Leitung zu statten kam. Mit der Zeit entdeckten sie sich einander gegenseitig, und bildeten unter sich einen Verein, der auf die Förderung ihres geistigen Lebens und Strebens den wohlthätigsten Einfluß hatte.

Unter diesen sechs Jünglingen war auch Kraft, der, wie er selbst erzählt durch ernstliche Betrachtung der lezten Zeit und der bevorstehenden Gerichte Gottes von der herumholenden Liebe Christi so mächtig durch=drungen wurde, daß er einen ernstlichen Anfang machte, sich den Händen seines Erzhirten gänzlich zu überlassen. Und der Herr nahm auch durch liebreiche und ernste Eindrücke von der Wahrheit, durch Lieben und Leiden, einen immer völligeren Besiz von seinem Herzen. So war unter anderem die Blödigkeit seiner Augen für ihn ein starker Pfahl ins Fleisch. Ein volles Halb=jahr verlor er durch einen Hautausschlag an Händen und Füßen, der selbst sein Leben gefährdete, das andere Halbjahr durch eine Augenkrankheit, die ihn mit Un=tüchtigkeit zum Predigtamt bedrohte. Unter diesen schweren inneren und äußeren Anfechtungen fühlte er ein dringendes Bedürfnis, sich an ein treues Herz an=zuschließen. Zu ihm fühlte sich auch H a r t t m a n n aus dem gleichen Grunde vor allen andern hingezogen. Und so kam es, daß die beiden Jünglinge in dieser Zeit der Prüfung und des neu erwachten Strebens nach dem Reich Gottes und nach seiner Gerechtigkeit einen Freundschaftsbund schloßen, der, allen irdischen

Absichten fremd, und einzig auf das gerichtet, was
droben ist, selbst im Tode nicht erlosch. Sie besiegelten
diesen Freundschafts- und Bruderbund auch in alter-
thümlicher Weise durch ein äußeres Zeichen, ein Sym-
bolum oder Tessara, bestehend aus zwei silbernen
Plättchen mit einer sinnreichen Inschrift, die sie, wie
Verlobte die Ringe, wechselten. Gemeinschaftlich waren
von nun an ihre Studien, ihre Arbeiten, ihre Bestrebungen, ihre Freuden und Leiden. Daher verwuchsen
auch ihrer beider Seelen nach und nach so mit einander,
daß Harttmann nach des Freundes Tode nicht nur
oft eine stille Sehnsucht nach demselben in den zärtlichsten
Erinnerungen aussprach, sondern sogar einmal einem
Sterbenden, welchen er wegen seiner Gesinnung hochschäzte, Brudergrüße an den Vollendeten auftrug.

6. Verhältnis zu Oetinger.

Die Verbindung mit Kraft hatte indeß nicht nur
auf Harttmanns gemüthliches Leben und wissen-
schaftliches Streben im Allgemeinen Einfluß, sondern
sie wurde auch für seine besondere theologische Richtung
entscheidend. Bisher hatten die Jünglinge die lautere
Milch des Evangeliums, wie sie ihnen besonders in
Bengels Schriften, die Klemm angerathen hatte, dargeboten wurde, in vollen Zügen genoßen;⁎ dazu kam
aber jezt noch ein anderer Führer, welcher den Jünglingen eine ganz neue Richtung gab. Diß war
Oetinger, welcher im April 1759 Dekan in Herrenberg geworden war. In den Ferien lernte ihn Kraft
kennen, und wurde so von ihm eingenommen, daß er
vor Begierde brannte, mit ihm in nähere Verbindung
zu kommen. Er schrieb daher von Bebenhausen aus
an ihn, und Oetinger antwortete (d. d. 18. August
1759.):

„Hochgeschäzter junger Mann! Wenn Sie bei mir
wären, so könnte ich mich nicht enthalten, mich Ihnen,
um des edeln Strebens Ihrer Seele willen, in die

Arme zu werfen. So groß ist in mir der Drang der Liebe Christi gegen Jünglinge von erhabener Gesinnung, die einmal der Kirche nüzlich sein werden. Aber meine Verhältnisse erlauben es nicht, da ich mit so vielen Geschäften überhäuft bin, mich mit Ihnen in einen Briefwechsel einzulassen! Ohnehin bin ich nicht im Stande, Ihnen mit recht zweckdienlichen Rathschlägen an die Hand zu gehen. Ich bewahre daher mein Lieben und Verlangen gegen Sie in seiner ganzen Stärke in meinem Innersten, in der Hoffnung, daß, wenn mir einmal gegeben wird, persönlich mit Ihnen zu reden, ich alsdann die Flämmlein des Ver= trauens, welche Sie in Ihrem Schreiben zu erkennen gegeben haben, werde rechtfertigen können. Leben Sie demnach wohl, machen Sie Fortschritte in der Tugend und in der Gelehrsamkeit, die das Beste zum Ziel hat, und bewahren Sie mir Ihre Liebe.

Thun Sie mir die Liebe, daß Sie an meinen zehen Jahre alten Sohn Theophilus einen Brief schreiben, worin Sie ihn zu einem Briefwechsel einladen. Sie können ihn da bekannt machen mit den Vorgängen und successiven Fortschritten in der Grammatik, in der Exposition der Auctoren und andern den Knaben nüz= lichen Rathschlägen. In der Schreibart beobachten Sie den Vers:

Was auch immer du thust, so bünke doch nimmer so hoch dich,
    Daß sich der Leser darob müsse zerbrechen den Kopf.
Schreiben Sie demnach in möglichst einfachem Stil."

Die Weigerung, sich in einen Briefwechsel einzu= lassen, war nichts als ein unwillkürlicher Nothschrei des mit Amtsgeschäften überflutheten Mannes; der Briefwechsel kam dennoch bald darauf zu Stande, und zwar nicht nur mit Kraft, sondern auch mit Hartt= mann, welchen Kraft gleich nach seinem ersten Zu= sammentreffen mit Oetinger in diese Bekanntschaft gebracht hatte. Es ist natürlich, daß die beiden Jünglinge sich bald an den merkwürdigen Mann anschloßen, der allen Wahrheitsuchenden mit Liebe ent=

gegen kam, besonders aber diesen, die Wahrheit mit ganzem Ernst suchenden begabten Jünglingen den Reichthum seines Geistes und seiner Kenntnisse mit mütterlicher Bereitwilligkeit aufschloß. Von da an war Oetinger (welchem Kraft auch durch verwandt= schaftliche Beziehungen nahe stand,) ihr Rathgeber, Vorbild und Lehrer: alle ihre Plane und Arbeiten wurden ihm vorgelegt, ja sie arbeiteten selbst für ihn. Seinerseits gewann Oetinger bald eine besondere Liebe für sie, und knüpfte schon damals, als sie noch in Bebenhausen waren, einen Briefwechsel mit ihnen an, der achtzehn Jahre lang ununterbrochen fortgesezt wurde. Sein Rath vornehmlich war es, nach welchem sie ihre Studien einrichteten, sowie sie auch besonders durch seine Leitung, Ermunterung und Anweisung sich in ihrem Christenlauf gefördert sahen.

Merkwürdig ist hiebei, daß auf solche Weise drei Menschen in eine nähere dauernde Verbindung kamen, die schon vor ihrer Geburt dem Dienst des Herrn geweiht waren, und gemeinschaftlich sich bemühten, ihres Nasiräats würdig zu wandeln.

Neben Oetinger blieben die Jünglinge in naher Ver= bindung mit dem oben erwähnten Jak. Frdr. Klemm, der sie später, als er Diaconus in Balingen war, öfters zu sich einlud, und gemeinschaftlich mit ihnen arbeitete. Welch ein trefflicher, geist= und kenntnis=reicher Mann er war, das beweisen seine Schriften im Erziehungs= fach *) die, wenn auch jezt vergessen, doch für jene Zeit ein großes, auch von Oetinger anerkanntes, Ver= dienst und hohen Werth hatten.

Endlich hatte besonders der fromme und tiefe Denker J. L. Fricker einen großen Einfluß auf die geistige Bildung der Jünglinge, und er eröffnete ihnen

---

*) Von ihm ist die „Exempelbibel" zur Bildung des Herzens junger Leute und Kinder, von einem Kinderfreund. Tübingen, Fues 1768 u. 1769. von ihm auch das Schreiben über das Bild in Teinach oder die zehen Sephiren in Oetingers Lehr= tafel 2c. S. 7—20.

manche herrliche Einsicht in die großen Werke Gottes in der sichtbaren und unsichtbaren Welt.

7. Auszüge aus Harttmanns Tagbüchern.

Ehe wir weiter gehen, werfen wir einige Blicke auf Harttmanns Gemüthsstimmung, wie sie sich in den Tagbüchern aus den ersten Jahren nach seiner Erweckung (1760—1761.) zu erkennen gibt. Er eröffnet seine Collectaneen (i. J. 1760.) mit folgendem Gebet:

Mit dir, o gütiger Gott und in deinem allerheiligsten Namen, fange ich diese meine Sammlungen an, und rufe zu deiner göttlichen Weisheit, daß sie mich lehre, unterweise und in alle Wahrheit leite. Gib, daß alles, was ich sammle, zu deiner Ehre und zu meinem und meines Bruders Nuzen ausschlage. Du sprichst in deinem allerheiligsten Wort: Wer nicht mit mir sammelt, der zerstreut; (Mat. 12, 30.) ich kann also nicht besser für mein Heil sorgen, als wenn ich mit dir sammle; denn alles andere wird zerstreut, wie Spreu vom Winde verwehet wird. Vernichte und zerstöre alles, was nicht zu deiner Ehre gereicht; dagegen schenke mir, o gütiger Vater, um Jesu Christi willen, die wahre, göttliche Weisheit, die alles, was eitel und weltlich ist, flieht, aber alles, was göttlich und geistlich ist, annimmt und eifrig sucht. Gib, daß alles, was ich in dieses Buch einschreiben werde, sammt allem, was ich in meinem ganzen Leben thue und lasse, eingeschrieben werden möge in jenes Buch, da du alle guten Werke der Menschen verzeichnest, damit ich nicht zu Schanden werde, wenn ich vor dein Gericht gefordert werde, um von diesem allem Rechenschaft zu geben. Die Gnade Jesu Christi sei mit meinem Geiste. Amen.

Den 27. Dec. 1760. Gebet um die wahre Weisheit, da mich der gute Geist wegen

Unterlassung in Lesung der h. Schrift
bestrafte.

Lieber, geduldiger Heiland, ich muß erstaunen über
deine unaussprechliche Gedult mit meinem trozigen und
verderbten unglaubigen Herzen. Dich, die lebendige
Quelle, verlasse ich, und mache mir in meinem Sinn
eitle Gözen. Dieses, diese subtile Abgötterei entdeckest
du mir und lässest mich deinen Geist darüber bestrafen.
Habe tausend mal Dank dafür, getreuer Heiland! Ich
sehe daraus, wie innig du mich und mein ewiges Heil
liebest. Ich habe bisher mehr andere Bücher, als
dein h. Wort geliebt, und ich glaubte leichter darin
Weisheit zu finden, als bei dir. O wie hätte ich
können unterdessen viel weiser werden! Du hast dich
mir schon oft wollen zu erkennen geben und dich mir
offenbaren durch dein Wort; allein ich habe dich leider
verhindert, indem ich dich in deinen Wegen gemeistert
und mir einen andern Weg suchen wollte. Dank sei
dir, daß du mich nicht willst so hingehen lassen meine
verderbten Wege, sondern daß du mir rufst. Es wäre
elend mit mir gegangen und dein Wort hätte bei mir
eingetroffen: Sie lernen immerdar, und können doch
niemals zur Erkenntnis der Wahrheit gelangen. Billig
könntest du dich mir jezt als die rechte Quelle der
Weisheit verschließen, weil ich dich verachtet habe,
und nicht als ein lehrbegieriger Schüler zu deinen
Füßen sizen wollte. Aber ich weiß, deine Liebe ist zu
brünstig, daß du dich über mich erbarmen mußt. Ach
so werde du mir denn die wahre Weisheit, und sei
du der Mittelpunct aller meiner Handlungen und alles
meines Forschens. Lehre mich die rechte Einfalt, die
die Weisheit der Welt zu Schanden macht. Mache
mir dein Wort recht süß und schmackhaft und erwecke
in meinem Herzen eine Begierde nach demselben. Gib
mir deinen h. Geist, der mir dasselbe erkläre, ans
Herz lege und mich in alle Wahrheit leite. Benimm
mir das Vertrauen auf andere Bücher, die mich von
dir abführen, und lehre du mich, du Meister der

Weisheit, daß, wer in deine Schule kommt, nichts hinein bringen dürfe. Mache mich zu einem rechten Gottesgelehrten, salbe mich mit deinem Geist, denn diese Salbung wird mich alles lehren. Du bist der= jenige, der die Menschen lehret, was sie wissen.

Lieber Gott, dieser Fehler (daß ich nicht von dir allein lernen will) rührt von einem Mistrauen gegen dich her: vergib und benimm ihn mir! Benimm mir meine Hoffahrt, da ich beständig begehre groß zu sein. Schenke mir deine edle Demuth, so werde ich groß sein, so werde ich weise sein. Zeige mir allezeit, was ich für ein verderbter Mensch bin. Bestrafe mich durch deinen guten Geist. Reiß aus meinem Herzen meinen Fürwiz und mein ungehorsames Vorlaufen, da ich deine Zeit nicht abwarten will, da ich nicht, wie du mich führest, nemlich stufenweise, gehen will, und meine, ich müsse es auf einmal ergreifen, da ich doch dem= selben eifrig nachjagen soll. Und wie kann ich wissen, wie oft ich fehle? Verzeihe mir auch die verborgenen Fehler, und reinige mein Herz je mehr und mehr von seinen Gözen. Werde du mir, o Herr Christe, alles, daß ich nur in dir begehre weise zu sein, und deinem Diener diese Worte lerne nachsagen: Christum lieb haben, ist besser, denn alles wissen; und: Ich wollte mich nicht rühmen, daß ich etwas wüßte, ohne allein Jesum Christum, den gekreuzigten; — wer sich rühmen will, der rühme sich deß, daß er mich wisse und kenne 2c. Lehre mich so weise sein, daß ich die Weisheit der Welt verachte und hingegen dich und dein Wort über alles liebe. Laß mich die Süßigkeit und Freude er= fahren, die du deinem Diener David hast wiederfahren lassen: Dein Wort ist mir süßer, denn Honig und Honigseim. (Vgl. Ps. 119, 54—57.) Weise mich Irrenden zurecht und laß mich auf die Stimme deiner Weisheit Achtung geben. Mache mich Albernen weise, daß ich auf mein Herz Achtung gebe, mich bessere, dich suche, deiner allein begehre, und also in deine Gemein= schaft eintrete. Das gib mir. Jesu, Jesu, hilf mir dazu, daß ich auch weise sei, wie du. Erhöre mich, und gewähre meine Bitte um deiner Barmherzigkeit willen. Amen.

Nüchterne Gedanken, den 6. Januar 1761.
Abends 7 Uhr.

Gnädiger Gott, du stellst mir meine Sünden vor mein Angesicht, und zeigst mir meine verderbten Wege, mein beständiges Abweichen von dir, meine Bosheit, daß ich an dir und deinem Dienst so bald verlegen bin: — das ist eine unverdiente Gnade, eine selige Buß= stimme, da du mich wieder willst zu dir locken. Das ist eine erfreuliche nüchterne Stunde; habe Dank dafür ewig! Zeige mir täglich noch mehr, und stelle mir meine Sünden noch in diesem Leben unter Augen; öffne mir noch hier in der Zeit dieselben und werde eben ja nicht müde. Erfülle mein Verlangen und gib mir nur einmal recht zu erkennen, wer ich bin und wer du bist. Laß mich meines Heils wahrnehmen. Bewahre mich, daß ich nicht deinen Namen in meinen Mund nehme und dennoch Zucht hasse. Du könntest billig über mich klagen: Was soll ich viel an dir schlagen, so du doch des Abweichens nur desto mehr machest; aber laß mich nur noch ein Jahr stehen. Habe Geduld mit mir. Aendere mein laues Wesen und mache mich brünstig. Sei mir armen Sünder gnädig um Jesu Christi willen, und laß mich an diese Stimme denken und einmal nüchtern werden. Ja schaffe selbst in mir die neue Creatur. Amen.

Den 5. Merz empfand ich bei Betrachtung des Sternenhimmels eine große und sanfte Ergözung, die eine Stunde dauerte. Diß ist die Sprache der Himmel, die an mein Herz ergangen ist.

6. Merz. Dieselbe Ruhe empfand ich auf den Gräbern des Gottesackers bei einer Leichenbegleitung.

Den 10. Merz ergriff mich Angst über meinen verwirrten und ungewissen Zustand, da ich ungewiß war und zweifelte, ob es mit mir einmal zu einem

Durchbruch kommen würde, weil ich einen so heftigen Kampf des Fleisches wider den Geist spüre.

19. April. Am Sonntag Cantate vor Schlafen=gehen drang mir Freude durch alle Kammern meines Leibs; ich konnte in diesem aufgeregten Zustand nicht Worte genug finden, Gott recht zu loben, dessen Wohl=thaten mir ungemein lebendig vorschwebten. Dabei fühlte ich die größte und kindlichste Demuth. Mein damaliger Zustand läßt sich am besten mit den Worten ausdrücken Röm. 5, 5. Die Liebe Gottes ist aus=gegossen in unser Herz durch den Geist, der uns ge=geben ist. Dir sei Dank, o Jesu Christe, daß du mir hast zu schmecken gegeben, wie freundlich du bist. Vermehre und segne mein geistliches Gefühl, daß es dir allezeit offen steht.

Den 22. Jul. bekam ich durch Betrachtung des ersten Capitels im Brief an die Römer einen tiefen Eindruck vom Verderben der Welt, wie man Gottes Wort so wenig achtet, den Herrn verachtet; und da ich mich nicht ausnahm, erhielt ich ein so tiefes Gefühl von meinem eigenen und dem allgemeinen Elend, daß ich in Thränen ausbrach. Mein Gefühl ließe sich einiger=maßen mit den Worten Pf. 119, 53. 136. 139. ausbrücken.

Gott hat mir die Gnade gegeben, über das all=gemeine Elend und die gemeinschaftlichen Beleidi=gungen Gottes zu trauern und Davids Sinn zu haben, wenn er sagt: Es thut mir wehe, daß man dein Gebot nicht achtet.

Den 14. October erfuhr ich eine gnädige Heim=suchung Gottes an meiner Seele, welche den ganzen Tag in einer Stille des Herzens fortdauerte und ihre Kraft auf etliche Tage ausbreitete. Da fühlte ich, wie es um die Liebe Christi etwas Dringendes ist. Sie folgt Einem überall und in allen Geschäften, sie ent=zündet das Herz und läßt es nicht schläfrig werden. Es zeigt sich ein brennendes Verlangen nach Jesu, eine Geneigtheit zum Sterben, eine Furcht, man möchte wieder aus der guten Verfassung fallen. Man ist

demüthig, Jesus wird Einem Alles, man treibt das
innere Gebet, das in kurzen und innigen Seufzern
besteht; man freut sich Gottes, seines Heilandes, zeigt
Lindigkeit gegen Jedermann, ruht völlig in Jesu, und
genießt den innern Seelenfrieden; man hütet sich vor
allen Zerstreuungen, redet wenig und lebt ganz in
der Gnade: man nimmt es mit der innigsten Freude
an, daß Christus für uns gestorben. Die große Wiß=
begierde und der Aberglaube verliert sich, man kann
mit Paulus sagen: Ich hielt mich nicht dafür, daß
ich etwas wüßte, ohne allein Jesum Christum, den
gekreuzigten. Eine solche Verfassung wird hernach
durch einen Spruch der Schrift, den uns der h. Geist
ans Herz legt, unterhalten, wie mir damals durch den
Spruch 1 Chron. 30, 17: Ich weiß, mein Gott, daß
du das Herz prüfest, und Aufrichtigkeit ist dir angenehm.
Da muß man in Bewahrung der Gnade treu sein,
sowohl im Großen als im Kleinen. Gott macht ge=
wöhnlich seine Vorbereitungen dazu entweder innerlich
und verborgen, oder durch äußere Mittel, wie dißmal
bei mir durch Umgang mit den Kindern Gottes, zu
welchen ich vorher gereist war, besonders durch den
Umgang mit F. v. L(einingen), durch welchen ich sehr er=
baut und bei Betrachtung meiner Untreue gegen Gottes
Gnade, durch die ich hätte schon weiter kommen können,
wenn ich treu geblieben wäre, des Nachts herzlich
gedemüthigt worden war. Auf diese Demüthigung
folgte den andern Tag diese Erquickung.

    Den 21. October hatte ich nach Mitternacht im
Traume eine angenehme ruhige Empfindung von Gottes
Gnade, und betete den lezten Vers aus: Gott, der
du Allen gütig. Darüber wachte ich auf, und da
wurde mir die Gnade recht Gnade. Vor dem Ein=
schlafen hatte ich die Beichte mit vollem Munde und großer
Parrhesie gebetet. — Mein Heiland, ich achte auf
beine Bemühungen und Wirkungen an meiner Seele:
laß es mir zum Segen werden. Du hast schon so
vieles an meiner Seele gethan; ich sehe es als Angeld

auf die Zukunft an, und bewahre es, damit ich es dir in der Zeit der Noth vorhalten kann. Unermüdete Liebe, werde nicht müde, an mir ferner zu arbeiten. Deinen h. Geist gib und erhalte mir!

21. Dec. Herr Jesu, Niemand wird gekrönt, er kämpfe denn recht; darum hilf kämpfen, und herrsche über deine Feinde in mir, und hilf mir meine Eigenheit bezwingen. Lehre mich, was meiner Natur am schwersten ist: von deiner Gnade allein abhangen. Laß mich einen treuen Knecht sein, der beständig auf seinen Herrn wartet. O Herr, hilf, o Herr, laß Alles wohl gelingen. Ich hatte damals den neuen Entschluß, dem Herrn Jesu tapfer und treu zu dienen, der sehr stark war, aus Anlaß der Vorrede zu Oetingers Schrift von der Wiedergeburt.

22. Dec. Herr Jesu, wie gut ists, wenn man alles auf dich und deinen Namen thut, und überall im Gedanken an dich steht. Wenn man aus dem System deiner Versöhnung heraus denkt und redet, so kann man alles recht entscheiden, und wird weise: man lernt die beste Mystik. Dank sei dir, daß du mich diß erfahren lässest. Vergib mir, daß ich deinem Wort: „Wer zu mir kommt, den wird nicht hungern," oft so wenig glaube. Stärke mir diesen Glauben, der sich mir heute durch Freudigkeit und Muth in meinem Herzen erprobt hat.

23. Dec. Herr Jesu, du zeigst mir die Schäze deines Reichs, und da eckelt mich alles andere an. Mache mich in Bewahrung des Gegebenen treu. Es muß einmal durchgebrochen sein. Hilf, Sieger, hilf!

30. Dec. Aus Anlaß von Marc. 11, 27: da er wandelte im Tempel. Herr Jesu, wenn ich deinen Wandel auf Erden betrachte, wie du in Menschengestalt umhergegangen bist, dich in meine Menschheit gekleidet, und dich dadurch so genau mit mir vereinigt hast; wenn ich dabei erwäge, daß du dabei der ewige Gott und Herr alles Fleisches bist und in dir alle Schäze der Weisheit verborgen liegen; wenn ich bedenke,

wie du ein eben so großes Recht an mich haft haft,
wie ich an dich, so wird mein Herz von Liebe zu dir
entzündet. Laß mir diese Betrachtung zur Frucht ge=
reichen und meinen Glauben und Vertrauen zu dir
gestärkt werden um deiner Menschwerdung willen!

8. Universitätsjahre.

Im Herbst 1761. war die Kraft'sche Promo=
tion von Bebenhausen in das theologische Stift
zu Tübingen vorgerückt, wo die zwei ersten Jahre,
wie noch jezt, dem Studium der Philosophie gewidmet
waren. Hier waren es die Professoren Ploucquet,
Reuß, Sartorius, deren Vorlesungen, wie überhaupt
alle vorgeschriebenen Lectionen, die Freunde gewissen=
haft benüzten. Das Studium der Philosophie anlangend,
bekannte Harttmann selbst, daß er es nur aus
Pflicht getrieben, und immer mit einer gewissen Furcht,
der Wahrheit zu verfehlen. Er gestand sich selbst auch
ehrlich, daß er kein speculatives Talent habe, und daß
er darin gegen seine Freunde, wie Kraft und Storr,
auch seinen später in der Philosophie und Mathematik
berühmt gewordenen Compromotionalen Holland, weit
zurückstehe, was ihm oft zur Demüthigung vor Gott
gereichte und ihn zu der Bitte trieb, neidlos und ohne
Eifersucht die Vorzüge Anderer anerkennen zu lernen.
Indeß hörte er Ploucquet, dessen anregenden, gedräng=
ten und doch klaren Unterrichter er später rühmte, mit
Liebe; für das Privatstudium aber gab er den mehr
auf Erfahrung gegründeten Schriften von Fr. Baco,
Poiret und Porbage den Vorzug. Was aber
Harttmann besonders interessirte, das war die prak=
tische Philosophie und die formelle Seite der Wissen=
schaft, als Mittel, um alles auf allgemeine Begriffe
und unter kurze und klare Uebersichten bringen zu
lernen. Diß erhellt auch aus den beiden Dissertationen,
welche er zu Erlangung der Magisterwürde i. J. 1763.
ausarbeitete, und wovon die eine das Naturrecht nach

dem System der Heiden, die andere eine Vergleichung der
Methode der Schrift und der Logik zum Gegenstand hatte.

Berathen schon die beiden Dissertationsthema
den Schüler Oetingers, so trat Harttmann, wie
schon vor ihm Klemm, später noch bestimmter in die
Fußstapfen des Meisters, indem er sich mit Eifer in
das Studium der Philosophie der Ebräer, oder der
Kabbala vertiefte, die er hauptsächlich nach Bubbeus
und Knorr vor Rosenroth betrieb, sowie er auch
die in Oetingers Lehrtafel 2c. enthaltenen Stücke aus
dem Sohar übersezte, wie Oetinger selbst (S. 122
dieses Buchs) bezeugt.

Kraft hatte sich mit Eifer und innerem Beruf auf
die Philosophie gelegt, ohne dabei die stete Rücksicht
auf die h. Schrift aus den Augen zu sezen, und be=
schloß diese Studien mit einer gehalt vollen Abhandlung
über die angeborenen Vorstellungen oder eigentlich vom
Licht des Gewissens (Oetingers Sensus communis),
worin er überall auch das angeborne sittliche Gefühl
berücksichtigte, und zum Beweis des Daseins solcher
Begriffe auch die Schriftbeweise Röm. 1, 19. 2,
15. 16. nicht verschmähte, vielmehr die philosophischen
Gründe dadurch bestätigte und alles vom Standpunct
der göttlichen Offenbarung betrachtete. Diese Abhand=
lung sandte Kraft unter andern auch einem alten
Freunde seines Hauses, dem Klosterpräceptor Spren=
ger in Maulbronn, der mit Kraft schon während
seiner früheren Studienjahre in einem freundlichen und
ermunternden Briefwechsel gestanden hatte. Sprenger
war darüber so erfreut, daß er folgenden Brief an
ihn schrieb:

„Mitten unter Schmerzen und Sorgen wurde
ich durch Ihren Brief und Ihre Abhandlung
ausnehmend erquickt. Jener bestätigte Ihre Liebe
gegen mich, diese aber bewies, mit welcher Gewissen=
haftigkeit und Gründlichkeit Sie, gegen die Sitte
unsers verkehrten Zeitalters, die Philosophie behandelt
haben. Gott, dessen angeborne Vorstellungen Sie so

schön bewiesen haben, möge sich Ihnen auch ferner
durch sein Wort und dessen göttliche Kraft aufs reich=
lichste offenbaren, daß Sie das ewige Leben hier selbst
schon schmecken und Andern zu schmecken geben können.
Alles Andere wird des Todes Raub. Welch eine
herzliche Freude ergreift mich, wenn ich unter dem
unheiligen Pöbel, der hie und da die Theologie studirt,
und den Sie selbst kennen, Ihresgleichen sehe, welche
bei den kommenden Trübsalen die Seelen nicht mit
elenden Philosophemen, nicht mit leerem Wortschwall,
sondern mit dem Wort aus Gottes Munde gründlich
aufrichten und befestigen wollen und können! Trachten
Sie, mein lieber Kraft, dahin, daß Sie sich ganz
Gott ergeben; legen Sie sich ganz auf die Erforschung
der h. Schrift, und gebrauchen Sie dazu die Schriften
von Bengel, Burk, Hiller und Rambach; alle übri=
gen lassen Sie bei Seite, und werden Sie in diesen
ganz einheimisch.

9. Auszüge aus Harttmanns Tagbüchern.

Was während seiner philosophischen Laufbahn
Harttmanns inneres Leben bewegte, zeigen folgende
Auszüge aus seinen Tagbüchern von den Jahren 1762
und 63. (welche gewöhnlich ohne Datum sind.)
    Der Weg zur Weisheit ist Gehorsam. Man muß
nicht aus seinem Beruf hinaus wollen, sondern im
Gegenwärtigen treu sein. Gott handelt auch mit uns
nicht anders, als durch die Wege unsers Berufs.
Christus hat die Jünger von der Berufsarbeit weg
berufen. Thue also deinen Beruf, so wird dir Gott
begegnen und antworten. Es gehört diß zum Gesez
des kürzesten Weges, das Gott in seinen Wegen befolgt.
Ich habe diß kürzlich erfahren. Da ich mein hoch=
müthiges auf sein Gutes eingebildetes Herz beklagte,
bat ich Gott, mich von meiner Nichtigkeit und der
Geringheit meines Guten zu überzeugen. Nach et=
lichen Tagen kam bei einem Freund die Rede auf

Janfenius und andere, die sich mit der Kreuzigung des Fleisches alle Mühe gaben, und sich nicht schonten. Dadurch wurde ich auf die Erkenntnis geführt, daß meine Sache nichts dagegen sei, und demüthigte mich. So entdeckt mir Gott auch manche Wahrheiten, die ich lange zweifelnd umhergetragen, auf die leichteste und dabei auf unerwartete Weise. Darum heißt es: Glaube und warte geduldig! Es kommt alles! biß wird man in den Wegen Gottes auch im Kleinsten finden.

Lieber Heiland, deine Gedult ist meine Seligkeit. Sie ists, die mich bei meinen vielen Fehlern doch nicht verzagt und unglaubig werden läßt. Du besserst gern meine Fehler, und trägst mich mit unaussprechlicher Liebe. Die Fehler meines Temperaments und meine Unwissenheit schwächen deine Liebe nicht, wenn du nur ein redliches Herz siehst. Dank sei dir dafür. Fahre fort, mich zu tragen, und gib, daß du alle Tage weniger an mir zu tragen findest.

Lieber Heiland, ich habe dich schon etliche Tage ... er um Kreuz gebeten — nun schickst du mir eins ... der Familie. Ich nehme es, ob es mir gleich schwer ... t, in kindlichem Gehorsam auf. Laß es an mir ... den Meinen die Frucht bringen, auf welche du ... elst; laß es das ausrichten, wozu du es sendest, ... du darüber gepriesen werdest, und wir sagen ... en: der Herr hat alles wohl gemacht.

... Ich verfehle es noch oft im Umgang mit Andern. ... ne richtenden Gedanken, meine Ungedult, mein ... muth und mein Abmessen meiner selbst nach Andern ... t mich oft in der Folge in Unruhe. Diß ist die ... rhaftigkeit meines alten Menschen. Laß mich von ... nen, o Jesu. Du warst anders in deinem Umgang ... enschen: Einfalt, Liebe, Sanftmuth, Gemüthsgegen= ... tanden dir immer zur Seite. Bilde mich nach dir.

... komme oft in Zweifel, Unmuth und Klein= glauben über Gegenstände der Erkenntnis, ob ich je Gewißheit bekommen werde. Wenn ich einfältig wäre, alles aus deiner Hand nähme und glaubte, daß du

auch meine Gedanken bildeft, und daß du alle Menschen
lehrest, was fie wiffen, ja wenn ich zurückdächte, wie
viel du mich fchon auf fo mannchfache Weife gelehrt,
fo daß ich vor einem Jahr noch nicht geglaubt hätte,
ich würde fo weit kommen, und wie ich zu dem, was
ich fo gelernt, das wenigfte beigetragen: fo würde ich
mich zur Ruhe geben und beine Schickung mit mir
verehren. Dir fei es geklagt, hilf mir von Zweifel
und Kleinmuth, und mache mich froh und getroft in
dir. Du wirst es schon machen, das hoffe ich. Du
weißt ja, daß ich in Aufrichtigkeit vor dir wandle,
und mein Sinn reblich gegen bir ist.

Es ist nichts über eine herzliche, brünftige Liebe.
Mit diefer laß mich, o lieber Heiland, durchdrungen
werden um beiner Liebe willen. Die Liebe bringt erst
die wahre Einfalt auf Chriftum in uns zu Stande.

(3. Aug.) Lieber Heiland, du stellst mir seit et=
lichen Tagen deine Liebe und Demuth fo fleißig vor:
— schenke fie mir und bekleibe mich damit, darum
bitte ich bich kindlich und bemüthig.

(5. Aug.) Im Traum kam mir der Spruch 1 Kor.
6, 19. f. vor, und wie von ferne fah ich in den bazu
gehörigen 2 Kor. 6, 16. Nun, mein Heiland, laß
mich diefe Sprüche lebendig erfahren, und fie an mir
zu Kraft werden. Zeige mir, was du mit diefem
Traum willft, um fo mehr, da du weißt, wie es mir
fchon einige Zeit mit der Wahl meines Stubirens
geht. Heilige ferner meine Träume und reinige fie
von der eiteln, mit lauter Uebertreibungen angefüllten
Phantasie. Liebe, Demuth und Einfalt sind große,
unausfprechliche Tugenden — gib fie mir aus bir und
in dir. Liebe ist die Mutter aller Tugenden, ohne
fie find alle andern verftellt. Aber fie wächst nicht
auf meinem Grund und Boden, darum gib fie beinem
darnach begierigen Kinde. Herr, lehre mich, wo ich
thätig oder leidend mich verhalten foll. Am beften
befinde ich mich, wenn ich leibend bin, und bich für

mich sorgen, von dir mich leiten, heben, tragen lasse
wie du willst.

Lieber Heiland, du zeigst mir immer deutlicher,
wie es etwas so Freies um deine Gnade ist, und wie
sie sich nicht an Zeit und Ort und gewisse Umstände
bindet; die guten und fröhlichen Stunden kommen nicht,
wann ich sie erwarte, sondern oft wenn ich nicht daran
denke. Hieran lehre du mich Gelassenheit. Da thut
mir die Gnade erst recht wohl, wenn ich von Herzen
glauben kann, daß ich ein Geschöpf bin, das schon 19
Jahre in der Hölle sein könnte, und von rechtswegen
sein sollte, und daß ich doch von Gottes Langmuth
um Christi willen bisher mit so viel Liebe getragen
worden sei. Mein Vater, bemüthige mich immer mehr.

Viele gute Seelen sind unruhig und wollen selbst
wirken, weil sie ihr Unvermögen und Gefangenschaft
unter dem Gesez der Sünde nicht erkennen. Darum
hält sie Gott oft viele Jahre unter der Furcht und
Zucht und unter der Uebung vieler Regeln bei stetem
Verlangen nach Vollkommenheit verschlossen, ohne daß
sie wachsen, bis sie ihre Unmacht erkennen und ihre
Kraft in Gott suchen. Denn in unserem Fleisch wohnt
nicht Gutes. Diß hat auch mich lang aufgehalten,
bis mir der Herr ein Licht schenkte. Ich wollte meine
Natur heilig machen, nahm mir vor, diß und jenes
Laster abzulegen; aber wenn der Vorsaz auch eine
Zeitlang gut thut, so fiel ich bald darauf doch wieder
in Untreue und kam tiefer hinein. Ich wußte mich
nicht darein zu finden, warum die Sünde nicht weichen
wollte, und meinte schon, Gott wolle mich nicht ernstlich zu sich ziehen, bis ich mich demüthigte und glauben
lernte: „Ohne mich könnet ihr nichts thun." Hierauf
ist besonders meine Schoossünde von mir gewichen —
dafür sei der Herr ewig gelobt! Er lehre mich nur
seine Gnade hochschäzen, und lasse mich, von allen
Eigenheiten los, allein an derselben hangen. So fällt
billig die Ehre unserer Bekehrung dem Herrn allein
zu. Auf die andere Art wird sie ihm genommen oder

geschmälert. Wenn wir ein rechtschaffenes Verlangen
hätten, uns mit Christo zu vereinigen und seine leib=
eigenen Knechte zu werden, so würden wir mit Lust
der Herrschaft des alten Adams und dem Recht über
unsern Geist entsagen, um ihn Christo einzuverleiben
und mit ihm zu überkleiden. Gnade will eben der
eigengerechten Natur nicht ein, der Sünder möchte
gern in sich selbst ein Recht an den Himmel haben;
aber damit langt er nicht hinaus. Der ganze Sinn
ist in dem Gesang: Gott, der du Allen gütig, gründ=
lich und nach der Wahrheit dargestellt.

Lieber Heiland, dein liebes, gehorsames, einfältiges,
redliches Kind möchte ich werden. Diß Verlangen
erfülle mir nach deiner Gnade, und laß mir dein liebe=
volles Herz und das gegen mir brennende Herz deines
Vaters recht lebendig und kräftig geoffenbart, und mich
ganz Liebe und Einfalt gegen dir werden. Kleiner,
kleiner, laß mich werden, hier auf Erden, bis ich
droben dich ohn' Ende werde loben.

Spr. 27, 1. Lieber Vater, ich rühme mich nicht
des morgenden Tages, so, daß ich aus großsprecheri=
schem Eigensinn mir vornehmen sollte, was ich morgen
thun will. Denn ich erkenne wohl, daß ein hinfälliger
Mensch wie ich, sich nichts auf die nächste Minute,
geschweige auf den kommenden Tag vornehmen kann.
Ich überlasse dir, was du morgen mit mir anfangen,
und was du haben willst, daß ich thun soll. Ich
rühme mich aber des morgenden Tages so, daß ich
gewis weiß, du werdest, wenn du mich ihn erleben
lässest, auch da mein gnädiger Vater in Christo sein,
mir wohlthun, mir mit Gnade und Beweisungen beines
so liebreich gegen mich gesinnten Vaterherzens begegnen.
Deß rühme ich mich, und dieses Rühmen wirst du dir
von beinem schwachen Kinbe gefallen lassen.

Herr Jesu, wenn ich den Weg aus dem Gesicht
verliere, den du mich führen willst, oder wenn ich dir
aus Eigensinn und eigener Weisheit, oder weil ich ihn
noch nicht kenne, einen andern Weg vorschreiben und

den deinen verlassen will, so weise mich allemal wieder
darauf zurück, denn du weißt wohl, ich habe mich dir
einmal überlassen. Du kannst es hinausführen, und
wirst es thun. Ich will nicht aus Eigensinn den
Detinger oder Bengel oder Steinhofer sektiren, einen
dem andern vorziehen, entgegensezen u. s. w., sondern
laß mich von jedem etwas lernen; kurz mache du mich,
wie ich soll sein, es mag hernach etwas Großes oder
Kleines heraus kommen. Es ist mir alles recht, was
du mit mir anfangst.

Von meinen philosophischen Speculationen spüre
ich wenig Nuzen; ich wage nicht zu hoffen, ich werde
etwas von denselben drüben einernten. Es bleibt mir
nichts übrig, als der einfältige Gehorsam; denn ich
thue .es in meinem Beruf. Diesen Gehorsam wirst
du dir, mein Heiland, in Gnaden gefallen lassen, und
machen, daß auch dieses Widrigscheinende zu meinem
Heil mitwirke. Du wollest mich aber auch bei meinem
philosophischen Studium durch eine kindliche Einfalt
so verwahren, daß ich nichts von dem Deinen, das du
mir gegeben hast, verliere, nicht hochmüthig und ein=
gebildet darauf werde, und die Philosophie keinen Flecken
in mir zurücklasse.

Bei der Schöpfung Adams ist das Seelische und
Geistige zu unterscheiden. Dieses hat er durch den
Fall verloren, jenes hat durch die Trennung eine
Schwächung erlitten, und darum kam der Tod. Das
Geistige hatte er nicht eigen, sondern er genoß es in
Gott und in Abhängigkeit von Gott; das Seelische aber
war ihm eigen. Diese Scheidung des Seelischen und
Geistigen läßt vermuthen, daß der Leib Adams vor
dem Fall in einem weit herrlicheren Zustand gewesen
sei. Gott hat schon vor dem Fall mit dem Menschen
nicht unmittelbar, sondern mittelbar durch seinen Sohn,
durch das Wort, gehandelt, und hätte auch beständig
so mit ihm gehandelt, wenn keine Versöhnung wäre
nöthig gewesen. O Herr, das sind große Wahrheiten
— was will ich Blinder in sie schauen? Gib mir

Demuth und Gelassenheit, mit denselben bescheiden umzugehen, und auch nicht auf sie als einen Raub hineinzufallen, sondern alles aus deiner Hand zu nehmen. Wenn du mir aber solche Wahrheiten eröffnen willst, so laß mich dieselben mit Dank annehmen und sie nicht mit vorgeblicher Demuth abweisen.

Herr Jesu, setze mich in eine solche Sympathie mit der Wahrheit, daß wenn Wahrheit in der Nähe ist oder sie noch in ihren Tiefen liegt, mein Herz sie suche, finde und einen Sinn dafür bekomme.

(2. Sept. 1762.) O Herr, es ist eine harte Uebung für meinen Glauben, wenn die Sünde wieder mein Herz anfüllt, wenn von außen und innen alles wider mich ist, wenn ich einen merklichen Fall gethan, wenn die Sünde sich noch in mir regt, als wäre sie Meister, doch noch zu glauben: es ist nicht aus mit dir, es ist noch ein Leben in dir. Apg. 20, 10. Aber laß mich nie verzagen oder es aufgeben, sondern meinen Sinn mit David diesen sein: dennoch bleibe ich stets an dir. Ich erkenne, es muß durch Widerspiele gehen; laß nur jedesmal dem Satan zum Troz diese Zweifel einen festen Grund der Gewisheit in mir legen, und weil denen, die Gott lieben, alle Dinge zum Besten dienen müssen, so laß auch mein Vertrauen mir zum Besten dienen. Ich kenne ja dein mitleidiges Hohepriesterherz — das wird mich nicht im Unglauben versinken lassen, und mein noch so wüstes und abscheuliches Herz reinigen. Laß mir nur jeden Fall zur Demüthigung dienen, daß ich daraus immer mehr deine Gnade und freies Erbarmen erkennen und verehren lerne. Mache mich elend, arm und klein; führe mich tief hinab, daß du mich auch wieder hoch hinaufführen kannst. Laß meinen Glauben durch Kreuz bewährt werden, und mir alles recht sein, was du mit mir anfangst; es ist ja alles herzlich gut gemeint. Tilge den Hochmuth in mir und das ganze System der Sünde, es mag kosten, was es will. Ich gebe mich dir in diesem Augenblick darauf hin. Ich verlasse mich auf deinen Namen, du

werdest mich hinausführen bis zu meinem Ziel. Du bist getreu, thue dein Amt an mir, laß deine Verheißungen an mir Wahrheit werden, demüthige mich und behalte mich für und für als dein Eigenthum, als Lohn deiner Arbeit. Du wirst's thun, mein Herz freut sich, daß du so gerne hilfst. —

Noch eins, mein Heiland! Ich danke dir, daß du mich auch bisweilen auf einen solchen Kampfplatz führst. Ich verspreche mir vielen Nuzen und eine rechte Gründung des Glaubens davon. O komm nur mit deinem Kreuz, das ist gut für mich, vollende mich durch Kreuz, und laß mich durch Trübsal als ein Schmelzfeuer laufen, daß ich zu einem gülbenen Glauben gelange. Fange mit mir an, was du willst: es ist gut, sich dir überlassen. Brenne, schneide, tödte ꝛc. bis der alte Mensch seinen Kopf einzieht und abtreten muß. O wie ist der Leidensweg so gut, seitdem du vorangegangen bist und ihn mir mit deinem Leiden geheiligt hast; führe mich auf demselben zur Ewigkeit, ich begehre keinen bessern. Gewähre mir diese Bitte, und laß mich von deinem Kelch, den du deinen liebsten Kindern gibst, auch trinken. Thue es um deiner Liebe willen. Amen.

Lieber Heiland, du hast mir dein Wort Joh. 17, 3. schon lange wichtig werden lassen: es liegt mir immer im Sinn. Ach laß es sich an mir lebendig und kräftig erweisen, und laß es mir nach dem ganzen Gehalt und Ton deines Worts Geist und Leben, und meine herrschende Idee werden, welche alle andern heilige und zeuge.

Reitz in seiner Historie der Wiedergeborenen (5. Th. S. 128) schreibt von einem P. de L. in Flandern: Weil er sich mit Ernst vornahm, in wahrer Niedrigkeit zu leben, welche besteht in Kleinachtung seiner selbst, so hielt er es für gefährlich, Andere lehren zu wollen ohne gewisse Ueberzeugung, daß die Liebe Christi ihm dazu dringe. Daher sagt er in (seiner Schrift: der wohlriechende Blumenkranz N. 128):

„Alles, was aus Affection und guter Geneigtheit ge=
sprochen oder gethan wird (oder aus eigenem Trieb),
es sei bei frommen oder bösen Menschen, das ist alles
aus Ismael, der Magd Sohn, und muß durch Gottes
Gericht gehen und durch Menschen geurtheilt und ver=
achtet werden." Diese Stelle kam mir ganz zur rechten
Zeit und durch göttliche Schickung unter die Augen.
Ich hatte vor einiger Zeit an meine Schwester, die
etliche Gnadenzüge verspürt hatte, geschrieben, den Brief
aber hatte mein lieber Bruder S e i z erbrochen, gelesen
und zurückbehalten, indem er mir schrieb, er sei voll
von Auswüchsen (Jac. 1, 21. Gr. T.) Ich wurde
sehr darüber beschämt (Spr. 17, 10.) und in die Enge
getrieben, denn ich konnte mir nicht vorstellen, daß ein
Brief, den ich in guter Absicht geschrieben, so unweise
sein sollte. Ich dachte, meine Sache wäre gar nichts,
und wünschte über meinen Fehler belehrt und zurecht
gebracht zu werden. Da bekam ich noch an dem Tag,
da ich den Brief erhalten hatte, durch die außerordent=
liche und sich gegen mir so herunterlassende Gnade
Gottes durch obige Stelle eine völlige Entscheidung
meiner Zweifel und wurde ruhig. So lehrst du, Herr,
die Deinen. Sei dafür von deinem Knecht demüthig
gepriesen! Du, Herr, bist gut und fromm, darum
unterweisest du die Sünder auf dem Weg. Du ge=
währst mir alle meine Bitten, du leitest die Elenden
recht und führest sie deinen Weg. Du lässest es den
Redlichen gelingen, und wenn sie irren, führst du sie
die rechte Straße. Laß meinen Bruder mich noch mehr
bestrafen, das wird mir wohl thun, denn die Schläge
des Liebhabers sind süß. Lehre mich unartigen und
zum Uebermaas geneigten Menschen deine göttliche
Mäßigung. Das macht mir Muth und Glauben auf's
Künftige, du werdest es nicht an deiner Augenleitung
fehlen lassen. Laß es mich zum beständigen Glauben
an deine besondere Vorsehung erinnern. Du hast mich
gelehrt, wie denen, die Gott lieben, alle Dinge zum
Besten dienen müssen, und wie es dein Werk sei, das,

was Menschen böse machen, wieder gut zu machen. Vergib mir aus Gnaden meine in den vorigen Briefen an meine Schwester geschriebenen christlichen Auswüchse, und laß es ihr nichts schaden; mich aber reinige immer mehr von meinen Unreinigkeiten und Auswüchsen durch deine oft so wunderbar bewiesene und versiegelte Geduld, Liebe, Erbarmung und Gnade, und laß deine Augenleitung ewig über mir walten, nach deiner gnädigen Verheißung. Amen.

O Gott, wie sieht es so verwirrt in meinem Herzen aus! Wie lange muß ich warten, bis alles zurecht gelegt ist! Gib mir dazu Gedult und Treue. Reinige mich von aller Phantasie und meinem trunkenen Sinn, und gib mir Nüchternheit des Geistes. Lehre mich deine Sprüche durch Salomo recht im Geist verstehen und üben, und aus allem, auch dem Kleinsten, was täglich vorkommt, lernen, und gegen deine Stimme in und außer mir gehorsam sein.

O Heiland, weil ich so flatterhaft bin, und es mir an Gemüthsgegenwart fehlt, so bitte ich dich, du wollest mir diese geben, daß ich alles im Aufsehen auf dich thue, und dich bei allem, was mir unter die Hände kommt, anrufe und lobe. So hast du auf der Welt gewandelt: dein ganzes Leben war ein beständiges Aufsehen auf deinen Vater. Mache mich, wie du warst.

Das Beobachten der Menschen und das Merken auf die Stimme der Weisheit bei sich und Andern, die Treue in allem, bringt in einem Tag weiter, als das mühsamste Studiren in einem Jahr."

10. Uebergang zum Studium der Theologie.

Mit welchen Gesinnungen und Vorsäzen die Freunde an das Studium der Theologie herantraten, ist ersichtlich aus einer Aufzeichnung Krafts, welche sich unter der Aufschrift: „Abschilderung des Haupteinbucks, welchen ich vor Gott öfters betrachten muß," erhalten hat, und also lautet: „1. Alle Absichten auf Ehrenstellen,

3 *

auf diese oder jene eigenmächtig ersehene Führung vor
Gott hinwerfen; 2. Universalbegriffe im Gebet und
Ringen vor Gott aufsuchen; 3. in der Schrift, welche
auf Universalbegriffe gegründet ist, in der Wahrheit
bleiben, Tag und Nacht studiren ohne Ansehen der
Person; 4. alle Gelegenheiten, die Gott schickt, nüzen;
5. alle vorkommenden Systeme vor Gott mit der
Schrift vergleichen; 6. Gott für den Ausgang sorgen
lassen; 7. in Einfalt und Demuth wandeln und seine
Einbildung reinigen; 8. öfters auf diesen Aufschluß
zurück sehen — diß ist mein Magister-Staat.
Ach lieber Gott, du hast mir einen solchen Aufschluß
gegeben, daß ich mein Lebtag daran denken sollte. Ach
gib mir doch von Herzen, daß ich denselben möge durch
Einfalt, Gebet, Demuth und Reinigkeit fest machen.
Gib, daß ich mich möge mit einem Herzensfreund, der
dein Freund ist, verbinden, mit welchem ich mich immer
ermuntern und mit welchem ich diese deine Vorschläge,
die du in mich gelegt hast, möge ausführen. Herr Jesu,
ich sollte ja nicht vergessen haben, wie süß es ist, unter
deinen Eindrücken zu leben; ich sollte mich nicht so
weit von dir verlaufen haben. Ach führe mich zu dir,
und laß mich doch eher wollen das Leben verlieren,
als diß dein Augenwerk verlassen. (NB. Je freier
ein Bekenntnis der Wahrheit ist, desto mehr Rüstigkeit
zieht es sich nach.)"

In der Theologie hatten die Jünglinge zu Lehrern
Reuß, Sartorius und Cotta, deren Unterricht sie gewissenhaft benüzten; aber den Plan ihrer Studien
und Privatarbeiten, bei welchen das Bibelstudium die
Hauptstelle einnahm, richteten sie nach Oetingers Rath
ein. Dieser, dessen oberster exegetischer Grundsaz war,
daß man aus Respect gegen Gott manches Wort der
h. Schrift oft Jahre lang unverstanden in sich herum
tragen müsse, schrieb darüber an Harttmann b. 4.
Mai 1763. —

„Ihre Bitte, Ihnen einen Grundriß für Ihre
exegetischen Studien zu entwerfen, kann ich nicht in

einem Briefe, sondern nur in Ihrer persönlichen Gegenwart gewähren. Sie wissen, daß einem jeden sein eigener Charakter von Gott aufgeprägt ist: wer von uns kann die für einen jeden Charakter passende Ordnung wissen? Bittet, so wird euch gegeben; suchet, so werdet ihr finden: diß ist die einzige Regel. Ein redliches Herz findet die Mittel, durch welche wir mehr von Gott als von den Lehrern gelehrt werden. Ich denke, wenn Einer von euch nach Art des Bengel'schen neuen Testaments das alte Testament im Titel und Abschnitte eintheilte, wozu meine Psalmen, Hiob und Sprüchwörter dienlich wären, und auf diese Art den Text in eine bequeme, dem Gedächtnis faßliche Uebersicht brächte, der würde sehr wohl daran thun, zumal wenn er die ausgezeichnetsten Abschnitte, die wie Sterne erster Größe hervorragen, dem Gedächtnis einprägen würde, auch wenn er sie nicht ganz verstände."

D. 16. Juni 1763: „Es hilft nichts, voraus viel Concepte von der Intelligenz der Schrift zu machen. Man muß eben Tag und Nacht damit umgehen, und einen heiligen Gout haben aus dem h. Geist, so versteht man das Leichteste, Wichtigste und Nothwendigste. Die Umstände selbiger Zeit werden Sie nicht finden. Die Apostel haben noch nicht so interpretirt. Das Reinste der ersten Begriffe muß man lernen, und da nicht fehlen; aus den Schlacken des Ennius kann man noch viel Gold auslesen. *) Absonderlich muß man praktische Irrthümer, die den Sprüchen Salomo entgegen, ablegen: so gibt sich es leicht mit den theoretischen Irrthümern. Sorgen Sie nichts; wandeln Sie freudig; es kommt nichts in geistigen Dingen vor der Zeit. Seien sie, wie Bengel, der Gegenfüßler der Gelehrten; denn es läßt sich mit den Concepten des Geistes der Welt wenig verlaufen."

---

*) *Ex Stercoribus Ennii multa seligenda aurea.*

11. Studien Plan.

Nach Oetingers schriftlichen und mündlichen An=
deutungen und unter seiner Mitwirkung arbeiteten
Harttmann und Kraft folgenden Plan über die
Methode aus, nach welcher sie ihre theologischen
Studien einrichten wollten. *)

„Unsere Hauptsache ist die Erkenntnis der
Wahrheit zur Gottseligkeit.

I. Die Erkenntnis der Wahrheit, daß wir
Gott in Jesu Christo recht erkennen lernen. Dazu
können wir z. B. den Spruch zu Grunde legen 1 Kor.
8, 6: Wir haben nur einen Gott, den Vater, von
welchem alle Dinge sind, und wir zu ihm, und einen
Herrn, Jesum Christ, durch welchen alle Dinge sind,
und wir durch ihn. Daraus ergeben sich von selbst
drei Hauptwahrheiten.

A. Was? 1. Gott ist der Ursprung aller Dinge,
von welchem alle Dinge sind, und das

a. wegen seines ewigen Vorsazes, welcher das Funda=
ment der ganzen Oeconomie Gottes ist. Die Apostel
weisen uns immer darauf, z. B. 1 Kor. 2. Eph.
1 und 3. Die Einsicht in diesen Vorsaz erweitert
einem Studirenden erst sein Herz, daß er die große
Anstalt Gottes nicht nur in Ansehung dieses Zeit=
laufs, sondern in Absicht auf alle Aonen erkennt

---

*) Dieser Plan fand sich unter Oetingers Papieren. Ich
ließ mich dadurch verleiten ihn für seine Arbeit zu halten und
in seine Biographie aufzunehmen, wiewohl mir schon damals
Bedenken gegen Oetingers Autorschaft beigingen, der für eine
derartige Systematik nicht angelegt war. Die Bergleichung der
Harttmann'schen und Kraft'schen Manuscripte, in deren Besiz
ich erst später gelangte, überzeugte mich, daß dieser Plan eine
gemeinsame Arbeit Harttmanns und Krafts ist. Der Irrthum
war insofern kein großer, als die Ideen jedenfalls (zum Theil
auch die Worte) Oetingern angehören und der Plan unter seiner
Mitwirkung entstanden ist. Eben so unzweifelhaft ist, daß er
einige Jahre später Oetingers Sohn zur Orientirung bei seinen
Theologischen Studien gedient hat. Die Handschrift ist Hartt=
manns.   D. H.

und bewundert. Und dadurch gewinnt auch sein
Vortrag diese apostolische Gestalt, daß er bei seiner
Lehre immer auf den Vorsaz der Ewigkeiten zurück=
sieht und zurückweist;

b. wegen der Auswahl der Gnade, welche nur die
Auserwählten betrifft, Röm. 9. Eph. 1.

c. wegen der Schöpfung aller Dinge durch Jesum
Christum, unsern Herrn.

2. Jesus ist der Mittler Aller, absonder=
lich aber der Gläubigen. Dazu gehört

a. das Wort der Verheißung von der Welt her,
1 Mos. 3, 15. 2c., der Bund Gottes im alten und
neuen Testament auf Christum. Jes. 55, 3. 2c., das
Verhältnis des Gesezes zu diesem Bund Gal. 3. 2c.;

b. die Zukunft Jesu ins Fleisch, Gal. 4, 4. 1 Tim.
3.. Joh. 1.;

c. die durch ihn gestiftete Versöhnung zwischen Gott
und Menschen.

3. Gott ist der Endzweck aller Dinge, zu
welchem die Gläubigen in dieser Welt geführt werden:
„wir zu ihm,“ 1 Kor. 8. Zu dieser Führung zu
Gott gehört

a. das Königreich und Hohepriesterthum Jesu Christi
im Himmel, wovon die Epistel an die Ebräer handelt,

b. die Predigt des Evangeliums,

c. die damit verbundene Gnade des heiligen Geistes,
α. im Beruf und Erleuchtung, β. in der Recht=
fertigung, γ. in der Verherrlichung, Röm. 8,
28—30.,

d. die Gemeinde Christi,

e. die Vollendung dieses Zeitlaufs am jüngsten Tag,
und

f. die endlich noch bevorstehende Vollendung des ganzen
Geheimnisses Gottes und Christi.

B. Wie? Wer zur Erkenntnis Gottes und Jesu
Christi gelangen will, der muß

1. das eigene Forschen in heiliger Schrift sich
angelegen sein lassen. Kein menschliches Buch kann

mir die Wahrheit so deutlich vortragen, als die heilige Schrift. Da hab ich die Wahrheit aus der ersten Hand, und trinke aus der Quelle. Mit dem Geschmack der Schrift sollte Einer von Jugend auf erfüllt sein, daß er darin auferzogen (1 Tim. 4, 6.) würde. Zur Aufmunterung im Studium der h. Schrift lese man die zweite Epistel an den Timotheus ganz.

2. Man nehme zu dem Ende einen von obbemeldten Artikeln nach dem andern vor sich. Man lese in diesem Blick das ganze neue Testament durch in der Quelle. Alle davon handelnden Sprüche schreibe man auf ein besonderes Blatt griechisch heraus, vergleiche einen Spruch mit den andern und warte alsdann in der Stille, was für Wahrheiten Einem dabei aufgeschlossen werden. Es geht gewis nicht leer ab. Und wer nur im Geringsten treu ist und alle Krümchen der Wahrheit zu Rath hält, dem wird gegeben, daß er die Fülle habe.

Diese Anmerkung schreibe man wieder auf ein besonderes Blatt, worüber man den vorhabenden Artikel setzt. Die erste Anmerkung ist ein Angeld auf viele tausend andere.

3. Es kommt aber nicht darauf an, daß man nur gnomen= oder spruchartige Anmerkungen mache, und sich daran ergöze, sondern man muß auf die Erkenntnis der ganzen Wahrheit arbeiten, daß wir ein Vorbild der gesunden Worte, (2 Tim. 1, 13.) aus der h. Schrift erlangen und hernach gewisse Tritte thun können. Das geschieht freilich nicht in einem einzigen Jahr, sondern es geht stufenweis nach der Aehnlichkeit des Glaubens. Wenn Einem dieses Jahr nur zwei oder drei Hauptwahrheiten aufgeschlossen werden, so kann er zufrieden sein; übers Jahr schreibt er die dritte Wahrheit dazu hin. Und dazu hat uns Jesus seinen Geist verheißen, der uns in alle Wahrheit leiten soll, wer sich nur die beständige Uebung des Gebets und der Gedult nicht verdrießen läßt.

4. Wenn man nun ein Vorbild der Lehre in diesem

ober jenen Artikel erlangt hat, so vergleiche man den=
selben mit seinem gewöhnlichen classischen Schriftsteller,
damit man a. lerne, was für Haupt=Ideen Einem
dabei etwa noch mangeln; b. prüfen können, ob die
Lehrart des classischen Autors in diesem Artikel schrift=
mäßig oder mehr scholastisch sei. Vergleiche 1 Thess.
5, 21. Das heißt gründlich studiren.

II. Die Erkenntnis der Wahrheit leitet zur
Gottseligkeit.

A. Grund und Anfang: Wer die Wahrheit er=
kennen will, der muß anfangen, sich der Gottseligkeit
zu befleißigen. Joh 7, 17. So jemand will deß
Willen thun, der wird inne werden, ob diese Lehre
von Gott sei. 2c.

1. Man muß deßwegen von allen Vernunftshöhen
herab und ein Kind werden: Mat. 11. Den Un=
mündigen wird das Geheimnis Gottes und Christi
geoffenbaret. Die Blindheit der Vernunft zeigt sich
besonders im Centrum der geoffenbarten Wahrheiten,
d. i. in dem Kreuz des Sohnes Gottes. 1 Kor. 1, 2.
Daher ist das auch in der geistlichen Erfahrung das
erste, daß man seinen Unglauben in dieser Sache fühlt.
Da unterschreibt man den dritten Artikel: Ich glaube,
daß ich nicht aus eigener Vernunft noch Kraft an
Jesum Christum, meinen Herrn, glauben, oder zu ihm
kommen kann.

2. Und so wird man ein Mühseliger und Bela=
dener, den a. Jesus erquickt, b. ihm das sanfte Joch
der Verläugnung sein selbst aufgelegt, c. und ihm
unter vielen tausend Uebungen seinen und seines Vaters
Namen immer mehr bekannt macht, daß man ein rechter
Gottesgelehrter wird; (wohl gemerkt!) wenn man das
Suchen in der Schrift immer dabei als sein Haupt=
werk treibt.

B. Folge und Fortgang: Wenn man zur Erkennt=
nis Gottes und Jesu Christi gekommen ist, so führt
Einen dieselbe immer weiter in die Gottseligkeit. Das
ist aus 2 Kor. 3, 4. schön zu sehen.

1. Strahlt einem alsdann die Klarheit Gottes in dem Angesicht Jesu Christi ins Herz. Man glaubt an Gott und glaubt an Jesum durch die Erleuchtung des h. Geistes, 2 Kor. 3, 18. und da ist die nächste Wirkung in den Gläubigen diese:

a. daß sie ihr Unvermögen und Unwürdigkeit in geistlichen Dingen immer mehr erkennen lernen. Ehe man erleuchtet wird, ist man durch die Eigenliebe blind; aber das sanfte Licht der himmlischen Klarheit deckt Einem diese Blindheit auf, und darnach heißt es: nicht daß wir tüchtig sind, 2 Kor. 3, 5. Bekommt man aber ein Amt des neuen Testaments, so schreibt man es der lautern Barmherzigkeit Gottes zu, sowohl α, was den Beruf dazu 2 Kor. 4, 1., als auch was β, die Tüchtigkeit zu demselben betrifft, 3, 4. f.

b. daß sie sich der sanften Wirkung der himmlischen Klarheit überlassen. Da ist dann der menschliche Geist diejenige Fähigkeit, welche die göttliche Wirkung mit Vergnügen erleidet. Das ist keine Schwärmerei, weil diese Wirkung mit dem Forschen der h. Schrift verbunden ist.

c. Durch diese Erleuchtung kommt Friede und Freude im h. Geist; daher man mit aufgedecktem Angesicht die Klarheit des Herrn anschaut, und in seinem ganzen Amt große Freudigkeit und Freimüthigkeit gebraucht. 2 Kor. 3, 12. Auch diese Freudigkeit bekommt man durch das Forschen in der Schrift. Manche redliche Studirende bringen bei ihrer Erweckung auf die Gewißheit ihres Gnadenstandes; bis sie nun diese erlangen, wollen sie das Forschen in der Schrift beiseit sezen: darunter versteckt sich oft der Eigensinn. Sir. 51, 38.

d. Durch die Erleuchtung wird endlich das ganze Bild Gottes in dem Menschen wieder hergestellt. 2 Kor. 3, 18. Diese Erneurung aber geht nach den Stufen unsers Glaubens. Röm. 1, 17. heißt es: aus Glauben in Glauben, und so hier von Klarheit in Klarheit.

2. Aus dieser Erleuchtung fließen hernach wichtige Pflichten, besonders für Studirende der Theologie:

a. daß sie im geringsten kein Verständnis mehr mit der Sünde haben, 2 Kor. 4, 2. Denn das Licht der himmlischen Klarheit deckt auch die verborgensten Winkel des menschlichen Herzens auf, Joh. 3, 20., sie straft unsere Werke, so daß nicht das geringste Fremdartige mit diesem Licht Gemeinschaft haben kann;

b. daß sie um der Wahrheit Gottes und Christi willen gerne leiden und nicht müde werden, 2 Kor. 4, 2.; ferner V. 7—18. Denn der alte Mensch muß darüber in den Tod und in die Verwesung gehen. V. 16. Nichts verwahrt uns auch mehr vor dem Hochmuth und Eigenliebe, als die ununterbrochene Gemeinschaft des Kreuzes Jesu. Darum schickt Gott auch oft von außen Trübsal her. ꝛc. Und das ist die dem Studirenden der Theologie so heilsame Anfechtung. Ueber dieser kommt man in das rechte Geleis, daß man nichts mehr wissen will, als Jesum Christum, den Gekreuzigten; 1 Kor. 2.;

c. daß sie überhaupt Gott und Jesu Christo leben und sterben, α, dem Herrn Jesu Christo, der für sie gestorben, C. 5., β. Gott, dem Vater, dessen Knechte sie sind, C. 6. 7. So wird ihre Theologie wahrhaft eine praktische.

Das Studiren selbst muß man mit fortwährendem Vergnügen vermischen, so daß man das Studium der Wissenschaften mehr als Vergnügen, denn als eine schwere Arbeit ansehe. Kein größeres Vergnügen aber läßt sich denken, als wenn das Gemüth mit Licht, Glauben und Freude über das Heil, d. i. Vergebung der Sünden, Gnade und ewiges Leben, das uns durch Christum geschenkt wird, erfüllt ist, und man im Glanz dieses Lichtes Gott im Geiste des Gemüths ohne Unterlaß selbst mitten unter der Arbeit fröhlich anruft. Denn denen, die ihn anrufen, einergibt sich Gott, umarmt und küßt sie aufs lieblichste und erleichtert ihnen das Kreuz."

12. Abschluß des theologischen Studiums.

Nach diesen Gesichtspuncten nun richteten die bei=
den Freunde, Kraft und Harttmann ihre theolo=
gischen Studien ein. Ueberdiß arbeitete aber Kraft
nach Oetingers Andeutungen einen Aufsaz über die
Behandlung der h. Schrift aus, nach welchem die
beiden Freunde während der drei Jahre ihres theologi=
schen Curses die h. Schrift alten und neuen Testaments
vollständig durcharbeiteten, wovon sich die Belege noch
in Harttmanns Papieren finden. Diese gemein=
samen Bibelstudien wurden ohne Zweifel die Veran=
lassung und der erste Anfang zu einer später zu er=
wähnenden exegetischen Arbeit über die Psalmen und
das neue Testament, welche Harttmann und Kraft
mit Zugrundlegung der Schriften von Oetinger und
Bengel unternahmen.

Nicht ohne Oetingers Einfluß und Billigung wählten
auch die Freunde den Gegenstand der theologischen
Abhandlungen, welche sie zum Schluß ihrer theologischen
Laufbahn schrieben. Harttmanns handelte von den
Perioden der göttlichen Haushaltung nach der h.
Schrift; Krafts von dem Vorsaz der Ewigkeiten. Er
trägt darin ganz unumwunden die Lehre von der
Wiederbringung aller Dinge vor, die er nicht auf
sentimental=philosophische, sondern, ganz in Oetingers
Manier, hauptsächlich auf exegetische Gründe baut,
wobei er sich auf die von J. G. Faber geschriebene
Herzenstheologie berief, die gewöhnlich für ein Werk
Oetingers gehalten wurde. Diese Arbeiten gaben den
Anlaß zu einer harten Probe auf welche die Anhäng=
lichkeit der beiden Freunde an Oetinger und seine
theologischen Grundsäze gesezt wurde. Kraft hatte nem=
lich diese Arbeiten dem väterlichen Freunde Sprenger
im Manuscript vorgelegt. Dieser aber, der sich, wie
die meisten Gelehrten, die aus ihrer alter Haut nicht
heraus wollen, in die Oetinger'sche Denkweise nicht
finden konnte, glaubte die Freunde vor derselben nach=

drücklich warnen zu müssen, und schrieb deswegen
(d. d. 2 Dec. 1765) an Kraft:

„Ihr und Harttmanns Vorhaben und den mir
übersendeten Entwurf kann ich nicht anders als vollkommen
billigen. Wenn Ihnen mein Wort etwas gilt, so sam=
meln Sie beim Lesen der h. Schrift alles, was unter jene
Rubriken (Titel) gehört. Ich wünsche sehr, Sie verglichen
bei Ihrer Arbeit auch Bengels und Burks Schriften.
Burk wird Ihnen auf Ihre Bitte die Handschriften
von seinem gnomonischen Lexicon, von seinen Comen=
tarien über die Schriften des Salomo, die großen
Propheten, so wie über das erste und vierte Buch
Mose gerne mittheilen. Aber ich wünschte sehr —
ich schreibe dieses an Sie, als meine Freunde, und
schreibe es vor Gottes Augen aus reiner Liebe zur
Wahrheit und zur Kirche, diß bezeugt mein Gewissen
— ich wünschte sehr, daß sie die Oetinger'sche Methode
und die falschen Lehren beiseite sezten, welche er, viel=
leicht in guter Meinung, der Schrift aufbringt, zum
entschiedensten Nachtheil der Kirche, vor allem der
württembergischen. Dinge, die da und dorther dem
Mann zukommen, staunt er ohne Prüfung und ohne
es zu wissen, an, mehrt sie durch seine eigenen son=
derbaren Einfälle, und schmückt es mit verdrehten
Sprüchen der h. Schrift aus. Kehren Sie zum ge=
meinen Verstand zurück, der eben darum, weil er der
allgemeine ist, nicht aus den Irrgewinden der Kabba=
listen und Böhmianer geholt werden darf, sondern sich
als das darbietet, was jeder Mensch von gesundem
Verstande, der besonnen handelt, und nicht durch Träume
der Gelehrten verführt ist, so bald er zu denken beginnt,
auch als wahr erkennen muß."

Dieser Rath war dem Professor Sprenger so an=
gelegen, daß er in einem Schreiben an Kraft v. 12.
Mai 1766. noch einmal darauf zurückkam. Es lautet
vollständig:

„Den Tod Ihrer lieben sel. Mutter, den Verlust,
den Sie, insbesondere Ihr lieber H. Papa, mein so

werther und mir ewig schäzbarer Gönner, erlitten, haben ich und meine Frau mit Schrecken und Betrübnis aus Ihrem Briefe ersehen. Der Herr, der das gethan, hat Sie gewis auch darüber getröstet, und ich weiß, er wird Ihnen von Tag zu Tag noch weiter zeigen, daß er auch dabei sein gnädiges Augenmerk nicht nur auf die sel. Frau Mamma, deren Tod so erbaulich durch seine Gnade war, sondern auch auf ein jedes der Hinterlassenen gerichtet habe. Dergleichen Trennungen thun uns freilich wehe, besonders wenn uns eine sichtbare Stüze unserer Wohlfahrt entrückt wird. Allein alles, was man zum Trost sagen kann, sagt uns der Geist Gottes durch Paulus 1 Thess. 4, 13. Das ist mir lieber, als alle Swedenborgische Gesichte und Oetingerische Träume.

Ihr Plan und Probe von der **Philologia Sacra** haben mir wohl gefallen. Aber sammeln Sie doch vorher, weil es in einem hingeht, einige Collectanea zur Ausarbeitung der übrigen Theile, welche die **Realia** und **Logica** etc. betreffen. Darf ich noch einmal Sie warnen, daß Sie sich dabei alles bessen, was Herr Oetinger Eigenes hat, entschlagen, und es wenigstens nicht einmischen, sondern es auf seinem Werth und Unwerth beruhen lassen. Ich wundere mich alle Tage mehr über dieses Mannes Unbesonnenheiten. Wenn ich lese, was er nur z. E. in der Chemie von Stahl, Boerhave und sonst von Newton, Leibniz angeführt und refutirt, so erstaune ich, daß er sich nicht die Mühe gegeben, das, was er refutirt, verstehen zu lernen, sondern es vielleicht nicht gelesen und überdacht hat. Davon habe ich unläugbare Proben gesehen. Läge ihm Wahrheit am Herzen, so würde er nicht eher urtheilen, als bis er versteht, und sich die Mühe geben, es zu überlegen. Doch davon will ich jezt nichts Weiteres schreiben."

Gleichzeitig drangen noch von andern Seiten her ähnliche Einflüsterungen auf die Jünglinge ein, die ihnen Oetingern und seine Sache zu verdächtigen und das

ſchöne Verhältnis zu trüben beſtrebt waren. Unter
dem Eindruck ſolcher Erfahrungen iſt der Eintrag in
Harttmanns Tagbuch b. b. 5. Merz 1766 ge=
ſchrieben, der beßhalb hier ſtehen mag.

5. Merz. Als ich heute im Geſpräch mit einem
Bruder darauf geführt wurde, wie Oetingers Sache
heut zu Tag auffalle, wie auch rechtſchaffene Kinder
Gottes zurücktreten und ihm nicht beifallen, ſo fügte
es ſich auch, daß er mir zu verſtehen gab, ich und
mein Bruder Kraft würden zu thun haben, wenn wir
uns halten wollen; es ſtehe dahin, ob wir nicht nach
dem Examen in einem und dem andern Stück wider=
rufen und zurücknehmen werden. ꝛc. Diß that mir
ſehr wehe und machte mir Nachdenken. Denn es wäre
mir etwas Arges, wenn ich aus Menſchenfurcht oder
Gefälligkeit von meinem lebendigen Grund abkommen
ſollte. Ich ging darauf ins Gebet und rief Gott
ernſtlich an, er möchte uns beide doch auf unſerem
Glaubens= und Erkenntnis=grund unbeweglich erhalten,
und immer weiter darin befeſtigen, daß wir ja nicht
nachgeben, ſondern aushalten; er möchte uns immer
weiter an den Brüſten unſrer obern Mutter ſäugen
und davon ſtark und fett werden laſſen; er wolle uns
vor dem Weltgeiſt bewahren und uns wohlbehalten
durch dieſe Welt bringen. Ich legte es ihm als eine
Sache dar, woran ſeines Namens Ehre und unſrer
armen Seele Heil liege; er wolle uns zu rechten un=
erſchrockenen Zeugen ſeiner Wahrheit aufſtellen. ꝛc.
Als ich vom Gebet aufſtand, fiel mir ein, ich ſoll in
Luthers Schatzkäſtlein aufſchlagen. Das that ich, ſo=
bald ich auf die Stube kam. Da fand ich im 2 Theil.
S. 63. rechts die Stelle 2 Tim. 2, 3. und links
Phil. 1, 29. Das war mir eine rechte göttliche Ant=
wort auf mein Gebet. Der Herr erhalte uns in ſeinem
Wort und Glauben bis an unſer Ende. Wir begehren
es nicht beſſer, als es das Evangelium unſers Herrn
auch hat. Dieſes wollen wir mit aus der Welt hinaus

nehmen und diese Beilage wolle uns der Herr bewahren
bis auf seinen Tag."

Diese Verdächtigungen erreichten dem nach ihren
Zweck nicht. Statt sich zu lockern oder aufzulösen,
befestigte sich vielmehr die Verbindung mit Oetinger
nur noch mehr. Hiezu trug auch der väterliche Freund
und treue Rathgeber, Klemm, das Seinige bei, der
ganz anderer Meinung als Sprenger und vielmehr
selbst ein Verehrer der Oetinger'schen Theosophie war.
Dieser blieb daher auch, nebst Oetinger, der beiden
Freunde Berather, dem sie auch ihre Arbeiten vorlegten.

13. Auszüge aus Harttmanns Tagbuch v. J. 1764.

April 1764. Ich habe noch so viele Menschen=
gefälligkeit, und es liegt mir an der Ehre bei Menschen
zu viel; ich werde noch von den fleischlichen Lüsten
beherrscht, die mich oft weit in meinem Lauf zurück=
bringen. Ich habe eine unbändige Phantasie, die mit
lauter guten Vorsäzen, die jedoch nur aus dem todten
Willen kommen, geschwängert ist, und doch bleibts bei
süßen Vorstellungen und Träumen, und es kommt
nicht zur Kraft. Wären die Vorsäze im Herzen, und
lebte ich im Glauben von dem, was Gott gibt, so
würden mich meine Phantasien nicht aus der Einfalt
bringen. Es ist noch zu viel Hochmuth und Selbst=
gefälligkeit in mir, womit der Teufel erst hintennach
meine Werke befleckt. Ich begehre zu hoch zu fliegen,
und will schon Wahrheiten ausmachen, die über mein
Glaubensmaas hinaus sind. Diß gibt falsche Ideen,
die hernach auf Befleckung des Geistes, ja des Fleisches
hinauslaufen, während doch Erkenntnis und Thun
oder Erfahrung neben einander gehen sollten. So thue
ich meinem Beruf nicht Genüge und seze meine ordent=
lichen Studien hintan. Ich mache mir dadurch die
nöthigsten täglichen Wahrheiten alt und gering, während
ich mich täglich darin erneuern sollte. Ich habe noch
so vieles Aergernis im Herzen vor dem Kreuzes=Sinn

und vor der Kreuzesgestalt in und an den Kindern
Gottes, und schäme mich derselben. Ich habe zu wenig
Glauben und Freimüthigkeit, das vor Andern zu thun,
was ich nach meinem Gewissenstrieb gern thun möchte,
und wenn ich ernstlich bin, scheue ich mich zu viel,
den Ernst auch meinen Brüdern zu zeigen und anzu=
rathen. Es ist so viel Neid in mir, daß ich eine gute
Erkenntnis in Andern ungerne sehe oder sie aus
Misgunst zu verkleinern, oder die Wahrheit unter
dem Schein eines klugen Zurückhaltens zu verbergen
suche; bei Vornehmeren aber ist das Ausstellen frommer
Gelehrsamkeit gleich da. Das macht mir mein Predigen
so schwer, weil ichs gerne gelehrt machen wollte, und
den Credit meiner Gelehrsamkeit ungern verscherze.
Würde ich gern ein Narr in der Welt, so fiele das
alles weg. Ich habe noch zu wenig Liebe und Einfalt
zu und in Lesung des Worts Gottes. Ich habe noch
zu viel Rücksicht auf Andere und lasse mich durch
freundliche und höfliche Reden gern vom Ernst ab=
bringen. Es ist noch nichts Festes in meinem Herzen,
ich verstehe meinen Weg noch nicht; ich möchte gern
Alles und bin in einer geistlichen Vielthuerei. Ich
habe zu wenig Verläugnung und so wenig bruderliche
und allgemeine Liebe. Ich gehe nicht oft genug in
mich, um mich zu prüfen, und komme dadurch nach
und nach von meinem Herzen ab. Ich habe zu wenig
Aufmerksamkeit auf die Vorsehung Gottes in meinem
geistlichen und leiblichen Weg, zu wenig Gefühl von
der zarten Zucht des Geistes und zu wenig Gemerk
auf die Triebe des Fleisches, auch die feineren und
versteckteren: dadurch lasse ich sie zu weit kommen,
daß sie mir hernach zu stark werden, um sie zu un=
terdrücken. Ich seze den Mittelpunct des Glaubens,
die lebendige Erkenntnis Christi zu sehr bei Seite. x.
Das hast du mich, Gott, an mir sehen lassen, und du
weißt noch viel mehr. Erforsche mich, Gott, und er=
fahre mein Herz, prüfe mich und erfahre, wie ichs

meine, und siehe, ob ich auf bösem Wege bin, und
leite mich, Höchster, auf ewigem Wege.

Demuth und Einfalt sind zwei Haupttugenden.
Wenn wir diese haben, ist Alles unser. Sie sind die
christliche oder evangelische Logik. Nichts ist nöthiger
und nützlicher, als daß man sich immer aufmuntert,
in dem allgemeinen Weg zu bleiben, und mit dem
allgemeinen, ordinären und unsichtbaren Weg Gottes,
den er mit Jedermann geht, fürlieb zu nehmen, nichts
Besonderes zu wollen; denn das sind Auswüchse,
(Ausartungen, übertriebene Dinge), auch sich nicht
vor der Zeit in seiner Frömmigkeit zu sehr forciren
wollen. Auch im Stubiren muß man nichts Beson=
deres und nicht zu hoch wollen; sonst bekommt man
das Besondere nicht und verliert im Allgemeinen, und
Gott kann uns hernach nicht brauchen; der allgemeine
Weg Gottes ist immer der beste. — Lieber Heiland,
wenn ich mit Leuten umgehe, die etwas Gutes haben,
und nicht ferne vom Reich Gottes sind, so laß mich
sie darum lieben, aber doch laß mir nichts über die
arme und verachtete Kreuzesgestalt an deinen Kindern
sein: diese laß mir über alles achtungswerth sein.

Es liegt viel daran, daß man mit der Wahrheit,
so gering sie Anfangs ist, getreu umgeht und sie be=
wahrt. Gott wird diesen Fleiß nicht unbelohnt lassen.
Dabei kommt es nicht darauf an, daß Einer Wahr=
heiten hastig zusammen sammelt und mit seiner Natur=
begierde darein fährt, als wären die Wahrheiten gleich
irdischem Gut, das man auf einmal sammeln kann;
sondern man muß die wenigen Eindrücke bewahren
und sich immer neu machen, so wird man durch sie
zu vielen andern kommen. Gott kann uns durch e i n e n
Eindruck in a l l e Wahrheit leiten, daß wir nicht nöthig
haben, uns in Vieles zu zerstreuen. Wer sich so von
Gott führen läßt, wird so stubiren, daß alle seine
Wissenschaft auf e i n e m Eindruck, als dem Mittel=
punct beruht. Diß gibt Genügsamkeit im Stubiren,
daß man nicht vor der Zeit erkennen will, was man

erſt nach vielen Jahren einſehen wird. Gott geht ſtufenweiſe mit uns, weil er uns gern gründlich hätte, wir aber wollen ſchnell fertig werden, und werden dadurch oberflächlich. Es muß alſo Jeder acht haben, was ihm Gott für Eindrücke ſchenkt, denn dieſe werden hernach die leitenden Ideen ſeines Studirens. — Lieber Gott, mache mich aufmerkſam darauf, und getreu dazu. Ein Zeichen eines guten Zuſtandes iſt es, wenn man immer bei ſeinem Herzen iſt und ſich wieder ſammelt, wenn man ſich nie verborgen bleibt, und immer die Fähigkeit hat, über ſich ſelbſt zu urtheilen.

Lieber Heiland, mache mir dich und deine Weis= heit recht zureichend, daß mein alter Menſch nimmer ſo auf die Bücher fällt, und er ſie auf einmal ver= ſchlingen will. Gib auch, daß ich mich nicht zu viel an die Gnadengaben meiner Brüder hänge, ſondern ſie mäßig brauche, und mich allein an dich und deine Leitung halte. Auch das iſt ein Fehler, wenn man nur frommer Leute Bücher leſen will. Es geſchieht auch oft aus Trägheit, daß man denkt, man ſei dann der Prüfung der Geiſter leichter überhoben.

Meine Führung im Meditiren iſt die, daß ich mich oft lange auf etwas beſinne, und mir etwas vornehme, zuletzt aber auf etwas geführt werde, auf das ich or= dentlicher Weiſe nicht gekommen wäre — man findet zwar, was man geſucht, und doch iſt das Gefundene etwas anderes, als das Geſuchte, und zwar etwas Unerwartetes. *) Dazu aber hat man ein feines Ge= merk nöthig.

Wider die Einfalt iſt es, ſich zu viele Plane und Vorſäze im Chriſtenthum und im Studiren machen, denn dadurch wird die beſtändige Abhängigkeit der Seele von Gott gehindert, unſre Seele verfinſtert und in eigene Wirkſamkeit getrieben.

Die Ordnung von Bitte, Gebet, Fürbitte, Dank=

*) *Quaesitum, nec tamen id invenitur, sed aliquid inopinatum.*

4 *

ſagung erſchien mir heute nach meinem Gebet als eine
ganz pſychologiſche. Ich bete nicht, weil ich mich zu=
nächſt angehe, für mich zuerſt, ſondern wenn ich bete,
fallen mir meine Wünſche, Mängel, und das zuerſt
ein, was ich in meinem Chriſtenthum nöthig habe.
Dann kommen die allgemeinen Wünſche um Dinge,
die ich auch, aber nicht in gleichem Maas, nöthig
habe. Ich habe z. B. beſonders Demuth nöthig, weil
der Hochmuth mein Feind iſt. Dieſen bitte ich Gott
ab. Diß iſt Bitte. Daneben kann ich noch brauchen
Einfalt, Weisheit, Keuſchheit ꝛc. Ich bitte darum.
Das iſt Gebet. Dadurch wird mein Herz erweitert.
Ich ſehe daß es gut wäre, wenn alle Menſchen Gott
ehrten und alle Geſchöpfe ihn lobten, und bitte darum:
diß iſt Fürbitte. Daraus folgt Dank, der das Höchſte
iſt und aus der Fülle des Herzens kommt. Dieſe
Ordnung befolgt der Herr Joh. 17. und David in
ſeinen Pſalmen z. B. 102.

Ich kann noch nicht genug mich verallgemeinern,
es fehlt mir an Fächern, worein ich das lege, was
ich leſe, höre, meditire. Daher geſchieht mir ſo ſauer,
etwas aufzuſezen.

Wir müſſen bemüthig ſein, wir müſſen nicht denken,
daß wir ſo viel ausrichten müſſen; wir ſollen wiſſen,
daß Gott unſer nicht bedarf, daß ſein Werk ohne uns
fortgeht, daß er alles ſelber thut. Deswegen ſollen
wir uns nicht bekümmern, wie wir etwas machen;
Gott regiert uns. Diß gibt erſt ein weites Herz,
beſonders einem Prediger. Es iſt am beſten, kein
Princip zu haben; keins aber hat man, wenn man
alle hat. Alle hat man, wenn man überall in der
Einfalt, im Glauben, nach den vorliegenden Umſtänden,
wie es Einem Gott zur Zeit und Stunde gibt, handelt.

Man hat ſich im Studiren vor nichts mehr zu
hüten, als vor dem Kleinmünzeln. Dazu bringt die
allzu große und frühe Präciſion. Man muß ſich
mehr verallgemeinern lernen: zuerſt das Ganze über=
ſehen, dann die Theile kennen lernen.

Wenn es in diesem oder jenem Stück des Christenthums nicht vorwärts gehen will, sehe man, ob
nicht etwas vom Verborgenen des Herzens, ohne daß
man es weiß, Schuld trägt. Man kann oft deswegen
lange nicht grünen und gedeihen, bis es Einem aufgedeckt wird. Es liegt viel an diesen Verborgenheiten:
Herr, decke sie mir auf, ehe dein Tag kommt. Lehre
mich mit David beten: Erforsche mich, Gott, und erfahre mein Herz; prüfe mich, und erfahre, wie ich es
meine; und siehe, ob ich auf bösem Wege bin, und
leite mich auf ewigem Wege. Diese Verborgenheiten
sind oft ein Schmerzensgrund, den wir selbst nicht
kennen.

Richte mich, Herr, nach meiner Gerechtigkeit, d. h.
wie du mich findest; du wirst nicht mehr von mir
fordern, als du mir gegeben. Du weißt wohl, was
du mir zumuthen, und wie viel du von mir fordern
kannst.

Geistliche Heuristik (Erfindungskunst) lernt man
am besten aus gemeinschaftlicher Betrachtung des Worts
Gottes. Da wird das geistliche Erfindungs-Vermögen
durch die Handreichung des Geistes erregt, indem bald
der, bald jener aus seinem Glaubensmaas etwas
beibringt.

Lieber Gott, ich danke dir, daß du auch meinen
armen elenden Leib bestimmt hast, einmal Antheil an
deiner Herrlichkeit zu haben. Laß mich ihm darum
seine schuldige Ehre erweisen.

Durch Umgang kann man am meisten lernen, aber
man hat Gott zu bitten, daß er uns dazu tüchtig
mache und uns vor den Weltformen, vor Neid, Zank-
sucht, Hochmuth, Empfindlichkeit verwahre, so daß man
immer bei sich ist; dann lernt man aus dem Umgang
mehr, als aus viel Büchern.

Wir müssen im Studiren uns immer mehr von
dem Sklavischen befreien, daß man zunächst Principien und Hauptsachen lernt, und nicht alles ins Kleinste
schon bestimmen will. Diß gibt sich mit der Zeit

durch Nachdenken, wenn wir nur von allem eine Ana=
logie in uns bekommen.

Ich bekam Gelegenheit, länger mit einem Menschen
zu reden, von welchem ich nicht viel hielt. Er sprach
davon, daß die Polemik bescheiden und nüchtern sein
müsse, wie bei Weismann; daß man die Gegner
nicht geradehin verwerfen und für todt annehmen
müsse; daß man Moraltheologie zu wenig treibe, die
jedoch nicht im Lernen von Säzen, sondern in der
Kenntnis des menschlichen Herzens bestehen müsse;
daß es noch nicht biblisch geprebigt sei, wenn man
Schriftbegriffe habe, sondern wenn man aus der
Schrift nach dem Bedürfnis der Zuhörer prebigen
lerne, wie ja auch die Apostel bei verschiedenen Per=
sonen auch verschiedene Mahnungen gebraucht; daß
man die Kirchen= und politische Geschichte beim Stu=
bium der Theologie gebrauche, um die Maximen Gottes
kennen zu lernen; daß der Philosoph ein Betrüger sei,
der ein System mache. — Ich lernte mich über die
Vorurtheile, die ich vorher gegen biesen Menschen
hatte, schämen, und lernte baraus, daß ich nicht ängst=
lich an Lieblingsideen hängen, mehr Aussicht ins
Ganze bekommen, in meiner Liebe allgemeiner werden
und niemand verachten müsse.

Paulus zeigt mit zwei Worten 1 Tim. 4, 15.
wie man studiren müsse. Man muß mit Leib und
Seele in der Sache sein, sonst lernt man nur halb,
aber das Nachdenken und Sein in der Sache verwahrt
vor Oberflächlichkeit.

Gott hat mir ohnlängst gezeigt, wie ich nöthig
habe, mich von ihm zum Umgang mit allen Menschen
tüchtig machen zu lassen. Zuerst zeigte er mir biß
im Gespräch mit einem der Brüber und in meinem
Innern, barnach durch ein Beispiel im Gespräch mit
einem Weltmenschen, von dem ich aber vieles lernte.
Ich sehe biß als einen innern Ruf zu einem fleißigen
Umgang mit Andern an. Gott wollte baburch meine
Gebanken ausbilden, meine Ausbrücke reinigen und

freier machen und die Eigenheit abschleifen. Denn
unsere Reden müssen erst durch den Umgang mit An=
dern, durch innere und äußere Erfahrung ins rechte
Ebenmaas gebracht und gebildet werden.

Ich erfahre täglich mehr, wie die drei Wege der
Erkenntnis 1) die heilige Schrift, 2) die Werke Gottes,
3) seine Führung unserer Seele und seine Vorsehung
über unsern äußern Weg die sichersten, allgemeinsten
und für den Prediger die passendsten sind. Das erste
gebiert Ideen, das zweite bildet sie, macht sie deutlich
und Andern brauchbar und nützlich; das dritte faßt
das Allgemeine in eine liebliche Besonderheit, macht
die Worte gesund, gibt ihnen ihre geistliche Kraft, und
macht die Ideen mir zu eigen, daß ich dafür stehen
kann und ein Vertrauen auf meine Worte bekomme.
Schenke mir, o Gott, zu dieser dreifachen Schule auf=
merksame, geübte und lebendige Sinne.

So lange man das Thörichte Gottes nicht gelernt
hat, stoßt man in Theorie und Praxis hundertmal an.

Es ist gut, wenn wir unsern ganzen Lauf, was
wir zu erkennen, zu thun und zu leiden haben, in
Beziehung auf die Ewigkeit betrachten, wo wir alles
wieder finden. Das macht Freude mit Furcht und
Zittern, das lehrt vorsichtig und umsichtig handeln.

Man muß bei sich und bei Seelenführungen das
Ziel nie zu nahe stecken, oder es zu leicht machen,
sonst wird man faul, wenn man das Ziel zu haben
meint. Das will Paulus Phil. 3, 12—15. Sonst
gehts zur Anmaßung oder Verzweiflung.

Es ist nichts mehr im Stande, uns in dem, was
wir thun sollen, munter und treu zu machen, als das
Andenken an die Ewigkeit. Wer Gegenwärtiges und
Zukünftiges, Zeit und Ewigkeit überall mit einander
verbindet, wird weise handeln. Die Ewigkeit ist der
Spiegel unsers gegenwärtigen Lebens, sie muß uns
bei allen Unebenheiten in unserem und dem Weltlauf
beruhigen. Diese Betrachtung ist unserer Seele an=
gemessen; denn Gott hat ja dem Menschen die Ewig=

mit ins Herz gegeben, und darum laufen alle Reden des Herrn auf dieses Gefühl der Ewigkeit hinaus, und sind mit der Lehre von den lezten Dingen tingirt. Negativ ist dieses Gefühl der Pilgrimssinn des Chri= sten. Aus diesem Gesichtspunct muß man die Hoff= nung der Christen beurtheilen. Lieber Gott, schenke mir einen solchen Sinn, und thue mir die Thore der Ewigkeit immer weiter auf, und laß meine Seele immer voll von den Ausflüssen derselben sein.

Ich habe die Liebe nicht in meiner Gewalt, son= dern muß Gott immer bitten, daß er sie mir erhalte und mehre, und sie mir nicht durch den Satan oder eine finstere Kraft trüben lasse. Um Erhaltung des Samens der Liebe habe ich auch zu bitten, wenn mir ein Anderer mit Bitterkeit etwas Widriges von oder wider meinen Nächsten erzählt, damit die Bitterkeit des Andern nicht in mich komme, sondern an meinem Herzen wie Wasser am glühenden Ofen verdampfe.

Lieber Gott, mache mich so allgemein mitleidig, in Beurtheilung des Nächsten billig und einfältig, wie du.

14. Fortsezung der Auszüge aus Harttmanns Tagbuch v. J. 1765.

19. Jan. Neid und Hochmuth plagen mich einige Tage heftig. Lieber Gott, decke mirs recht auf und laß mich ihre abscheuliche Gestalt durch und durch be= sehen, und mache mich durch deine Kraft frei davon.

19. Jan. Wenn Einer mit sich selber in eine Noth hinein kommt, daß ihm sein verderbter Zustand des Herzens aufgedeckt, und er in allerlei Versuchungen hineingeführt wird, so soll er dabei eine Weile stehen bleiben, und in diesem Spiegel sein Angesicht recht beschauen; denn das will die Gerechtigkeit Gottes da= mit, daß sie uns auf diese Weise auf unser Herz bringt. Diß ist ein wahrer Character eines weisen

Menschen, der sich selber kennt, sich nicht heuchelt, und aus seiner eigenen Erfahrung lernt, was in dem Menschen ist. O es ist was Köstliches um ein beständiges Gespräch mit sich selber, um ein Hineinschauen in sich! So lange der Mensch sich noch verborgen bleibt, weiß er nicht, wo er daran ist. Sich von sich selbst scheiden, das involvirt die Verläugnung seiner selbst, auf die der liebe Heiland so bringt. Wenn man hingegen gleich sich wieder tröstet, und das zudeckt, was Einem Gott in seinem Herzen aufdecken will, so hindert man die innere züchtigende Gerechtigkeit Gottes. Es ist nicht damit gethan, daß man mit seinem ganzen Elend gleich zu Christo flieht, und einen frühzeitigen Trost über sich herschmiert: man muß sich vorher recht kennen lernen, und bis auf den innersten Grund seines Herzens sehen; alsdann ist erst gut und an der Zeit und angelegt, wenn man zu Christo flieht. Das ist die rechte Ordnung; und diese laß auch mir, o lieber Gott, gefallen.

26. Jan. Lieber Gott, all mein Eigenwirken ist nichts als ein Ausgehen aus dir und Eingehen in mich selber, in die Welt und überhaupt in die Vielheit; deswegen lerne ich nichts, darum bin ich so unverständig zu deiner Stimme außer mir und in mir. Ich bin noch nicht genug von mir selber geschieden. Wenn ich stille wäre und in dir ruhete, so könnte ich meinen Beruf, und alles, was mir zu thun vorkommt, in der größten Einfalt und Zufriedenheit verrichten, und so ruhig sein, als mein lieber Heiland auf der Welt war. Besonders gib mir zu meinem Studiren eine solche Gesinnung, daß, wenn ich wüßte, du würdest mir etwas geben, wenn ich dich gleichsam dazu zwingen könnte, ich es doch nicht erzwingen wollte, sondern gerne und blos allein um deßwillen es dahinten lasse, weil ich weiß, daß es dein Wille noch nicht ist, daß ichs wissen soll.

c. 30. Jan. Ich habe heute mit dem Goldarbeiter Seyffert von den Vorzügen der Juden geredet.

Er ſagte, was das Leibliche und Natürliche betreffe, ſo werden ſie vor Andern einen Vorzug haben, aber in Anſehung des Geiſtlichen nicht: da komme es auf Glauben, Liebe und Hoffnung an. Er ſagte auch, das Wort „ewig" bedeute in heiliger Schrift nie ſo viel als „unendlich", denn man könne nicht ſagen: von einer Unendlichkeit zu der andern, aber: von einer Ewigkeit zur andern. Ferner, was in der h. Schrift von der Weisheit vorkomme, das bedeute den h. Geiſt; denn es werden ihm in der h. Schrift göttliche Namen und Eigenſchaften gegeben. Ferner, der Fall beſtehe darin, daß die Geiſteskräfte von den ſeeliſchen verſchlungen (und durch das innere Wort wieder ge= ſchieben) worden. Bei der Auferſtehung werde das Seeliſche nicht abgethan, ſondern in den Sieg, in das Geiſtliche verſchlungen werden. Da werden wir unſern Leib wieder bekommen, den Adam verloren, da er ſah, daß er nackend war. Das ſei eben das, was in der Offenbarung heißt: Selig iſt, der wacht und hält ſeine Kleider. Das ſeien keine Kleider, wie wir jezt haben, denn dergleichen brauche man im Himmel nicht, ſondern das ſei unſer in Adam ver= blichener Leib, ohne den wir bloß ſind. 2 Kor. 5. Ferner nahm er auch die vorweltliche Menſchheit Chriſti an.

1. Febr. Heute hat mich Gott bei Ausar= beitung meiner Predigt über Ebr. 4, 1. 2. ſehr gedemüthigt, und mir meine Schwachheit gezeigt. Ach lieber Gott, wenn ich meine theils ſelbſt gemachte, theils natürliche Untüchtigkeit betrachte, ſo möchte ich weinen. Ich kann mir oft nicht vorſtellen, wie es möglich ſei, daß du mich einmal werdeſt brauchen können, und ich wünſche oft in ſolchen Augenblicken lieber zu ſterben, als nur noch eine Stunde zu leben. Ach lieber Gott, du wirſt mich ja doch auch zu etwas brauchen wollen, wenn es auch noch ſo gering iſt: ich werde doch nicht gar umſonſt in der Welt ſein. Ich weiß wohl, ich bin ein geringer Menſch und zu

schwach in dem Verstande des Rechten; doch brauchst
du ja auch die geringsten deiner Creaturen zu etwas.
So nimm dich denn auch meiner an, und gib mir
in meinem geringen Theil auch etwas, darin ich deinem
Willen dienen kann. Ich weiß wohl, daß ich bisher
nicht treu genug gewesen, daß du mir hättest mehreres
geben können, aber siehe, es beugt mich vor dir; laß
es mich nicht entgelten. Ich will keine große Gaben
von dir: gib mir nur die wahre Glaubens=Einfalt
und Herzensdemuth. Du hast mir von diesen beiden
in Bebenhausen einen so tiefen Eindruck geschenkt: be=
wahre mir denselben und laß ihn fruchtbar sein. In
der Einfalt laß mich alles studiren und unternehmen,
ohne viel fürwizige und ungläubige Gedanken zu haben:
schenke sie mir zur Conversation mit Andern, besonders
mit meinen lieben Brüdern, und lasse sie mein krummes
Herz gerad machen; gib sie mir zu einem freien Be=
kenntnis deiner vor Andern, daß ich von außen bin,
wie von innen. Ueberhaupt ich will dir nichts vor=
schreiben, nur diß bitte ich dich, laß mich mit meiner
ganzen Seele nur in dir ruhen und mit meiner ganzen
Seele in dir bleiben.

14. Febr. Es fehlt mir hauptsächlich an etwas
Firem: Determinabilität habe ich mit ziemlich genug,
wenn ich rede; denn da kann ich leicht von einer Idee
auf die andere kommen, die mit der ersten nicht gerade
logisch, aber doch der Sache nach verbunden ist. Aber
in diesem Stück verliere ich mich hernach gerne, daß
ich nicht mehr im Stand bin, das Ende in den Anfang
zu reduciren. Deswegen muß ich mich um etwas
umsehen, das diese Determinabilität figirt. Aber, lieber
Gott, all meine Sache ist nichts, wo du mich nicht
lehrest und leitest. Da hast du mich; ich kann mich
selber nicht bilden, denn ich bin der Thon: mache du
aus mir, was du willst, wenn ich nur ein Gefäß zu
deiner Ehre werde. Aber das bitte ich dich, schließe
mir bald auf, was deine Absicht mit mir ist, und laß
mich deinen Weg mit mir bald erkennen, daß ich dir

nicht so lange durch Eigenwirksamkeit und Selbstbildung zuwider arbeite. Laß mich nur in der Hauptsache, nemlich Glauben, Liebe und Hoffnung recht gegründet werden; denn darin habe ich leider, (erbarme du dich darüber!) noch keine standhaften Begriffe. Laß mich doch darin fest werden, und kein Spiel des Unglaubens bleiben. Ich muß mich immer nur wundern, daß du mich nicht weggeworfen hast. Ach werde doch du in mir gestaltet, es mag hernach so viel Demüthigungen und so manchen Tod kosten, als es will; ich will es ja nicht bequem haben. Hilf mir, denn ich hoffe auf dich.

eod. Lieber Gott, ich bin mir nach meinem guten und bösen Theil noch meistens so verborgen, und kenne mich fast gar nicht: decke mir doch die Verborgenheiten meines Herzens und die innersten Beziehungen meiner Handlungen auf; und wenn du mirs aufdeckst, so laß mich nicht sein, wie Einer, der sein Angesicht im Spiegel beschaut, und alsbald vergißt, wie er gestaltet war. Laß mich die sieben Arten der Weisheit Salomos nach neutestamentlichem Geist in mich bekommen, daß ich immer bei mir selber sei, immer mehr mir selbst und dem Aeußern absterbe und in die göttliche Gelassenheit eingehe. Lehre mich auf alles, auch das Geringste, merken, was du mir wiederfahren lässest, und laß es mir eine Schule sein, darin ich dich und mich kennen lerne. Ach siehe, lieber Gott, ich will ja gern unter alles Kreuz hinunter, wenn nur dadurch meine Seele zu deinem Bilde ausgeboren wird. Ich bin dein, hilf mir.

5. Febr. Ich habe heute bei zwei Kindern, die ich im Christenthum unterrichtete, große Erquickung meiner Seele gehabt, und von ihrem kindlichen Geist etwas durch Handreichung genossen. Ich danke dir bemüthig dafür, lieber Vater! Ich begehre keinen andern Lohn für meine Arbeit, als daß auch ich darüber kindlich und einfältig werde.

7. Febr. Lieber Gott, es schwebt mir schon einige

Tage her mein Unvermögen immer vor Augen. Wenn ich Andere sehe, daß sie so stark sind, so werde ich ganz an mir selber überdrüßig. Ich meine oft nicht, daß es mir möglich sei, den Zweck zu erreichen, den ich doch erreichen soll. Wenn du mich nur in etwas brauchen kannst; ich begehre ja nicht, daß du mich sollest zu einer großen Säule in deinem Reich machen. Nun lieber Gott, decke mir nur bei dieser Lage die Verborgenheiten meines Herzens auf, und lehre mich Einfalt suchen, da ich Anderer Gaben mit einfältigem Auge ansehe, und nicht scheel sehe, daß du so gütig bist. Mach mich zufrieden mit dem, was du mir gibst, und laß mich nicht mehr begehren, als du mir selber geben willst.

8. Febr. Ich habe heute mit dem Goldarbeiter S e y f f e r t geredet; der sagte, es sei so wunderlich, daß die Theologen in der Lehre von der Versöhnung Gott zu einem zornigen Gott machen; er sei nicht zornig, seine Gerechtigkeit sei Liebe; denn in dem er den Sünder reinige und läutere, und das Böse in ihm aufräume, so beweise er nebst der Gerechtigkeit auch zugleich seine Barmherzigkeit, womit er den Sünder wiedergebäre; er sei nicht dem Sünder, sondern der Sünde feind. Gott habe also nicht nöthig versöhnt zu werden, denn er liebe den Sünder zum Voraus, und die Sünde könne und dürfe nicht mit Gott versöhnt werden. Was aber die zugerechnete Gerechtigkeit betrifft, so sagte er, es komme in der h. Schrift nie vor, daß die Gerechtigkeit Christi mir zugerechnet werde, sondern der Glaube werde zur Gerechtigkeit gerechnet. Ferner, die Theologen sagen so viel von dem Verdienst Christi, und diß sei doch kein Schriftwort; man müsse unterscheiden zwischen Verdienst und Erlösung. Christus habe uns nichts verdient, sondern erworben, indem er uns von der Sünde erlöst, und dadurch eine Kraft erworben, über die Sünde zu herrschen, und diese Kraft habe er durch seine Menschheit uns mitgetheilt, daß wir nun in ihm überwinden können; denn wenn

die Gerechtigkeit nicht in uns erfüllt werde, so helfe uns die zugerechnete nichts. — Allein hier fragt sich wiederum: wie werde ich dieser Erlösung theilhaftig? und da lauft es eben wiederum auf den Glauben hinaus. O lieber Gott, wann werde ich doch in dieser Sache einmal feuerbeständige Begriffe bekommen? Es fehlt mir an dem Begriff vom Glauben und an allem dem, was ein Anfänger schon wissen soll. Ich möchte darüber weinen; dir sei es geklagt, erbarme dich mein.

9. Febr. L. himmlischer Vater, ich sehe wohl, mit Sorgen und mit Grämen und mit selbsteigner Pein läßt du dir gar nichts nehmen: es muß erbeten sein. Mein Fehler war, ich wollte ein System haben, ich wollte alles in meiner Faust haben, daß ich dir nicht um jedes dürfte gute Worte geben: es fehlte mir an der Einfalt und an dem Aufsehen auf deine Einfalt. Mache mich immer lauterer, daß ich nicht auf mich, weder auf meine schwache noch starke Seite sehe, son= dern immer alles aus beiner Hand nehme. Wie die Augen der Knechte auf die Hände ihrer Herren sehen, so laß meine Augen auf dich sehen, und nicht zu viel voraus sorgen, wie ich es da oder dort machen soll, sondern glauben, du werdest mir, was ich brauche, zu rechter Zeit geben, wenn ich es nöthig habe. Bei dem allem aber danke ich dir, daß du mich gebemüthigt hast. Ich überlasse mich dir noch fernerhin. Künftig= hin, wenn ich wieder in Dunkelheit hinein komme, so laß mich nicht zu lang mit meinem unverständigen Herzen viel disputiren und zu Rath gehen, sondern gerade zu dir laufen. Laß mich dir Früchte bringen in Gedult. Das macht mir Schmerzen, was ich ge= lernt habe, ehe du es mich gelehrt, und was ich gleich= sam gestohlen habe. Laß mich immer in meinem Studiren das rechte Tempo beobachten, nichts antici= piren, sondern von Zeit zu Zeit alles aus deiner Hand nehmen, und denken, du habest mir, als deinem red= lichen Kinde, einen durch Ordnung befestigten Sinn aufbehalten; es werde alles kommen. Nun bin ich

und bleibe dein; leite mich nach deinem Rath, und fange mich endlich mit Ehren an.

10. Febr. In meiner Denkungsart muß ich mehr logikalisch werden, und bei meiner allzu großen Deter=minabilität da hinaus arbeiten, daß ich allemal eine Haupt=Idee zu Grund lege, aus der ich heraus rede, daß ich nicht zu viel vagire.

11. Febr. Die Führung Gottes mit mir, wie in allem, so besonders in meinem Studiren, ist das Un=verhoffte, daß, wenn ich lange über etwas meditire, endlich das heraus kommt, was ich nicht erwartet hätte, und an das ich am wenigsten, oder gar nicht gedacht. Das muß ich wohl bedenken, und deswegen besonders Gedult im Warten lernen, und mich an das einfältige Glauben halten. (Vgl. S. 51.)

11. Febr. Heute sagt mir mein Bruder Kraft, meine Gabe sei, mich massiv auszudrücken. Wenn ich in einer Sache drin bin, so geräth es mir. L. Gott, auch du mußt mich reden lehren, denn unser Reden geht oft so weit von dem Muster der himmlischen Weisheit ab. Es ist eine Gabe von dir, wenn man sich gut ausdrücken kann. Lehre mich also die Beredt=samkeit des Geistes, und erhalte und vermehre mir meine Gabe.

12. Febr. Es geschieht mir oft, daß ich wider mein Vermuthen impetus und appetitus martiales bekomme, da es mir wird, als wenn ich wirklich ritte oder Luftsprünge machte, oder sonst muthwillig würde. Besonders kann es mir öfters unter dem Essen so kommen. Aber da wartet gemeiniglich nichts Gutes auf mich, und ich werde gemeiniglich bald darauf von den Lüsten meines Fleisches übertäubt, wenn ich nicht recht auf der Hut bin. Es kommt mir vor, dieser pruritus carnis (fleischliche Kitzel) habe eine Aehnlich=keit mit dem Rad der Geburt Jac. 3. Denn dieser pruritus ist nichts anderes, als ein Zusammenziehen der Fleischeslüste, die hernach sich so in einander hinein verschlingen, bis sie wieder ausbrechen müssen.

12. Febr. Es geschieht mir oft, daß ich in Fassung geistlicher Sachen ganz stumpf bin, und nicht nachdenken kann, und zwar spüre ich eine physische Unfähigkeit, die in meiner Natur ihren Grund zu haben scheint. Es ist eine Trägheit des Gehörs (Ebr. 5, 11.), die von der Natur und Schwachheit oder vielmehr Trägheit des Fleisches herkommt. Sie hindert mich, daß ich nie recht im Geist gegenwärtig bin, und mich in die gegenwärtige Sache hineinstellen und oft keine Gedanken zusammen bringen kann. Fasten könnte vielleicht nichts schaden.

(13. Febr.) L. Gott, wie kann ich so ruhig sein, wenn ich mich nicht viel von menschlichen Auctoritäten herum treiben, und weder verzagt noch confident machen lasse! Wie wohl ist mir, wenn ich denken kann und darf, du werdest mich alles lehren, daß ich keine menschliche Hilfe nöthig habe! Laß mich in dieser Einfalt sicher wandeln, mich allein an dein Wort halten, vor aller Vielthuerei verwahrt bleiben, und immer bei meinem Herzen sein. Denn dadurch werde ich zubereitet werden, daß du mir etwas Eigenes geben kannst, und ich nicht von dem Wissen anderer Leute herunter leben darf, sondern meines eigenen Glaubens leben kann. Laß mich nur immer mehr meinen Weg erkennen und bewahren, und behüte mich vor allem Eigensinn.

(14. Febr.) Ich habe oft nebst meinem Bruder Kraft gewünscht, wenn nur in menschlichen Büchern alles dasjenige, was gut ist, mit goldenen Buchstaben vor dem andern herausglänzte! Lieber Gott, das kannst du uns willfahren, wenn du uns eine solche Kraft und solchen Scharfblick unsers Geistes schenkst, daß wir alsbald mit allem, was Geist ist, in unserem Innersten sympathisiren. Das ist der beste Prüfstein bei Lesung menschlicher Bücher.

17. Febr. Ich sehe noch zu viel auf Erkenntnis, und zu wenig auf das Nöthigste, als Glauben, Liebe und Hoffnung. Das macht mir so viele Verfinsterung.

Und doch haben alle beine Kinder, o l. Gott, es hat
selbst bein lieber Paulus, ob er es schon gekonnt, sich nicht
seiner Erkenntnis und Weisheit, auch nicht einmal
seiner hohen Offenbarung und Entzückung bis in den
dritten Himmel, sondern nur beiner Gnabe, welche in
unsrer Schwachheit erst recht zeitigt, und seiner Leiben
um Christi willen gerühmt. O entreiße mich allem
Gesuch und allem Ruhm einer hohen Erkenntnis; und
wenn ich es auch könnte, so laß mich boch, wie dein
Knecht Paulus, dich lieber in der Schwachheit und
Thorheit, als in hohen Worten verkündigen, und bringe
meine Seele in biejenige Gestalt, welche 1 Kor. 13.
beschrieben wird.

18. Febr. Ich habe heute wieder über mich nach=
gebacht und gesehen, wie viel mir noch fehle. Im
Theoretischen kann ich es barauf rebuciren, daß es
mir an ben vier ersten Fertigkeiten der Salomonischen
Weisheit fehlt, und ich meine Sachen noch nicht in
 der gehörigen Ordnung habe. Ich habe gefunden, daß
es gut für mich ist, wenn ich ben Prediger Salomo
lese, und mir durch benselben mein Herz erweitern
lasse. Ich habe hernach zufällig mir vorgenommen,
in der Bibel aufzuschlagen, ba mir bann just die Stelle
Preb. 3, 14. 15. auffiel, woraus ich mich tröstete, ich
soll nicht so klein und gering von meinem Weg benken,
denn er komme aus der Ewigkeit und gehe in biese
hinein; Gott werde mir benselben gewis nicht so leicht
verrücken lassen. Lieber Gott, lehre mich bieses in
Christo verstehen und glauben.

24. Febr. Gegen meine bisherigen Finsternisse
ist, meines Erachtens, bas beste Mittel die Einfalt,
durch welche ich am leichtesten von der schädlichen Ver=
gleichungssucht frei werbe. Wenn Gott einem anbern
Bruder mehr Weisheit und eine besondere Geisteskraft
schenkt, so will ich mich künftighin durch die Einfalt
vor einem scheelen Auge bewahren lassen und benken:
der himmlische Vater hat allerlei Kinder, bas eine ist
mehr klug, bas anbere mehr einfältig; beibe aber will

er durch die Welt durchbringen. Kann ich nicht in
allem aus tiefen Geiſtes-Einſichten handeln, ſo will
ich aus dem Grund der Einfalt wirken. Ich werde
mit der Hilfe Gottes auch damit hinauslangen, immer
gelaſſen und zufrieden ſein können. Durch dieſe Einfalt wird Gott 1 Korinther 13. mir ins Herz pflanzen
und mich damit auf einen Felſen ſtellen, da ich vor
ſolchen Finſterniſſen wohl geſichert bin. Das iſt etwas
von dem Reſultat meiner bisherigen Beklemmungen;
doch muß ſich noch mehr zeigen.

26. Febr. Es macht mir viele Unruhe, daß ich
meiſtens mit mathematiſchen Köpfen umgehe. Denn
wenn dieſe alles gleich auf Principien bringen und in
Syſteme ordnen, ſo macht mich biß unruhig, daß ich
mir ſelbſt entleide, weil ich nicht ſo ſyſtematiſiren kann.
Ich finde wohl, daß ich das Meiſte auch weiß, erkenne
und erfahren habe, aber nur ſtückweiſe und nicht
ſyſtematiſch. Da tröſte ich mich mit dem Gedanken,
es ſei gut, wenn ich nicht wiſſe, was ich kann; denn
ich würde übermüthig werden, wenn ich die Wiſſen-
ſchaft ſo zur Hand hätte; aber auf dieſe Art erhält
mich Gott immer in der Abhängigkeit von ſich. Wenn
es Zeit iſt, wird er mich ſchon meine ſtückweiſe ge-
ſammelten Begriffe in eins zuſammen faſſen laſſen.
Indeß will ich doch in der Treue auf das feſte Band
der Ordnung losarbeiten und Gott damit entgegen
gehen. Er hat ſchon vieles an mir gethan, wenn ich
an den Anfang meiner Bekehrung denke, wo ich an
keiner Idee fortmachen konnte: wo ich angefangen, da
hörte das Trumm, ehe ich michs verſah, auf; nun
aber, wenn eine Saite in meinem Herzen gerührt wird,
ſchlägt die andere gleich auch an. Thuſchiah iſt nichts
anderes, als Schlüſſe in lebendiger Ordnung aus
lebendigen, von Gott gegebenen Eindrücken. O Gott,
bringe es mit mir einmal zu einem Beſtandweſen!

3. Merz. Ich habe heute Weigels Theologie
geleſen und dabei bemerkt, daß man bei Leſung menſch-
licher Bücher viel leichter in die Analogie des Ganzen

kommt, dasselbe bälder in seine Gewalt bekommt und
viel mehr Schlüsse und Folgerungen daraus ziehen
kann, als bei der heiligen Schrift. Aber eben deß=
wegen fällt man hernach in das Eigenwirken, in das
Systematisiren und in Selbstgefälligkeit, wovor wir
bei Lesung der h. Schrift verwahrt werden. Wenn
wir aber zu dem rechten Maas des Geistes kommen,
so wird uns das Lesen der h. Schrift erst recht frucht=
bar werden. Denn so ausgebreitet die Schlüsse sind,
in die uns menschliche Bücher hinein führen, so sind
sie doch immer lückenhaft. Der Geist aber lehrt uns
gesalbte Schlüsse machen, da alle in einem und einer
in allen enthalten ist. Ferner findet bei menschlichen
Büchern die Vernunft gleich Nahrung; das Wort
Gottes aber ist viel zu rein, als daß sich die Vernunft
darein mischen könnte; denn es geht auf den Geist und
die Empfindung. Ein einziger Schluß aus dem Wort
Gottes hat weit mehr Dauer und Siegeskraft als
tausend Schlüsse aus der Vernunft. Das ist ein Vor=
zug der Schrift und ein Zaun, über den die Spötter
nicht so leicht hineinsteigen können. Wer aber eine
Fertigkeit in geistlichen Schlüssen hat, bei dem muß
das Wort Gottes schon tiefere Wurzeln geschlagen
haben. Eine solche Schlußkraft heißt nach der h.
Schrift Geist.

6. Merz. Lieber Vater, ich danke dir für das
fröhliche Herz, das du mir schenkest. Laß mich immer
in dir fröhlich sein, und mein Gewissen gereinigt werden
durch das Blut Christi. Einfalt und Liebe laß bei
und in mir sein. Die Einfalt muß mich vor sorg=
lichen Gedanken und finstern Vernunft-Projecten, die
Liebe aber vor aller Krümme und Neid bewahren.
Heilige mein Fröhlichsein immer mehr durch die Er=
kenntnis Jesu Christi, so werde ich immer in Ruhe
wandeln können.

8. Merz. Lieber Gott, bei der Fröhlichkeit, die
du mir schenkst, laß mich niemals das Hassen und
Verleugnen meiner selbst vergessen, so ist sie rechter Art.

5 *

10. Merz. Wenn ich in Liebe mit meinen Brüdern zuſammenfließe, ſo wird mein Herz ungemein erweitert, fröhlich, und zu richtiger Erkenntnis der Dinge, die mir vorkommen, beſonders tüchtig. Die Liebe erweitert alſo das Herz und gibt Weisheit.

11. Merz. Wir redeten mit einander vom Glauben; und jeder mußte eine Definition davon geben. Kraft gab dieſe: der Glaube iſt das feſte und volle Streben der in das Sinnliche verſunkenen Seele, ſich an das durchs Wort uns nahe gebrachte Unſichtbare anzu= ſchließen (adglutinandi), und daraus die Kraft Gottes, Nahrung und Ruhe zu ziehen zu Verwahrung des Seelenlebens vor den Nachſtellungen des Fleiſches und zur vollkommenen Wiedervereinigung mit dem geiſtigen Leben. Storr: Der Glaube iſt die Ueberzeugung vom Unſichtbaren, beſchäftigt, dieſes an ſich zu ziehen und zu vermehren, und daſſelbe dem Menſchen als gegen= wärtig vorhaltend. Ich gab dieſe: Glaube iſt eine von Gott in der Seele gewirkte Kraft, wodurch ſie das ihr nahe Wort faßt und erkennt und etwas den Wirkungen Gottes Entſprechendes in ſich bekommt, was in ihr eine größere Begierde erweckt, mit allen ihren Kräften in das erkannte Gut hinein zu wirken. Dieſe Begierde wird durch das Wort und die obern Einflüße erhalten und vermehrt. Dadurch kommt ſie in immer genauere Verbindung mit Gott und himmliſchen Dingen, welche ſie zwar nicht anſchauend, aber doch mit einem Gefühl, als ſähe ſie dieſelben wirklich, erkennt und darin lebt. Dieſe fühlende Erkenntnis wird in ihr zu lauter Nei= gungen und Beweggründen, aus welchen ſie handelt, und womit ſie die Aergerniſſe der Vernunft und die Triebe des Fleiſches überwindet, bis ſie ſich in dieſen göttlichen Ueberwindungskräften aus ihrem natürlichen Leben ſo herausgearbeitet hat, daß ſie vollkommen daſteht und verſichert iſt, daß ſie nichts mehr aus ihrer Feſtung vertreiben könne.

18. Merz. Den 12. d. M. bin ich nach Balingen gereist, für Helfer Klemm daſelbſt zu vicariren, wozu

ich durch Loos erwählt worden. Was ich hier gelernt, ist besonders biß, daß, da ich sonst in meinen Handlungen so viele Bedenklichkeiten und Zweifel hatte, mir Gott eine besonders süße, stille, moderate und beruhigende Zuversicht auf seinen Namen schenkte, und ich meine Predigt, wozu ich sonst mehrere Tage brauchte, bequem in einem Tag ausarbeitete. So beschämte mich Gott, und wollte mir zeigen, was er künftig an mir thun wolle, ohne mein ängstliches Sorgen, wenn ich nur ihn mir lasse allgenugsam sein. Denn unter meiner Predigt gab mir Gott besonders davon einen Eindruck, wie die Demüthigen so ruhig sein können in aller ihrer Arbeit, weil sie sich selber gar nichts, Gott aber alles zutrauen. Wenn mir also Gott etwas zu thun aufgibt, will ich nimmer sorgen, wie ichs machen soll, sondern sagen zu meiner Seele: Gott hat dichs geheißen, der wird dir auch Kraft geben. Er hat sein Wohlgefallen daran, durch schwache und einfältge Leute seine Macht und Weisheit zu offenbaren. Unter diese gehöre ich auch. Gott selber will uns alles sein in jeglicher Minute: wer biß nicht glaubt, folgt leerem Schein, und thut sich nichts zu gute. Ich sehe wohl, Gott führt mich nicht so, daß er mir die Weisheit, Klugheit ꝛc. will in die Faust geben, sondern er läßt mich leer und ohne Wissen von einer Hilfe bis auf den Zeitpunct hinkommen, da ich seine Hilfe nöthig habe. So wird deine Kraft, o Gott, in mir Schwachen mächtig vollendet, und so kommt sie erst zu ihrer rechten Reise.

19. Merz. Meine einzige Bitte von Gott soll sein um ein fröhliches und gelassenes Herz, daß ich alle Tage gelassener werde, und immer weniger sorge, sondern in der Einfalt und Demuth bleibe und das Sprüchlein lerne: der Herr thut große Dinge durch die Demüthigen. Ich sehe, daß Gott nicht will, daß ich viel wirksam sei; dazu taugt weder meine Gemüthsstimmung noch mein Temperament, noch meine Leibesconstitution. Ich will also immer im Gegen-

wärtigen treu sein, Vielgeschäftigkeit, Eifersucht, Erkenntnißsucht durch die Kraft Gottes meiden und von meinem Herrn lernen so wandeln, wie er gewandelt hat, indem er nie auf große Sachen gesonnen oder weitaussehende Plane gemacht, sondern alles aus der Hand seines Vaters angenommen und ein aufmerksames Ohr gehabt, daß er gleich wußte, warum diese oder jene Gelegenheit sich ihm dargeboten und was er dabei zu thun habe. Und bei dieser Gelassenheit hat er doch die Vollendung seines Werks erreicht. Man muß immer mehr denken lernen, daß Gott die größten Dinge thut, daß mans kaum merkt; denn in diesem Zeitlauf will er seine Macht durch die Schwachheit offenbaren, und da sollen wir ihm nicht entgegen wirken. Ich will auch nimmer ängstlich fragen, auf welcher Stufe ich sei, sondern alle diese Gedanken in dem Sprüchlein begraben: Der das gute Werk in euch angefangen hat, wird es auch vollführen bis auf seinen Tag. Auf meinen künftigen Lauf will ich nicht fürwizig benken, sondern die weisen, treuen und gütigen Gedanken meines himmlischen Vaters über meinen Lauf gelten lassen, und ihm mit dankbarem und stillem Sinn zusehen, wie er meinen Lauf immer weiter entwickelt und in Harmonie mit der Ewigkeit und mit meinem Loos im Himmel bringt. Ueberhaupt hoffe auf ihn, liebe Seele, er wirds machen! Du wirsts erfahren in der Ewigkeit, wie gut er es gemacht. Ihm sei Ehre. Amen.

20. Merz. In der Anwendung der Rechtfertigungslehre muß man zwischen der Taufe der Buße und der Taufe Christi unterscheiden. Die erstere kann man haben ohne die andere, die bei Einigen viele Jahre später dazu kommen kann. Andern werden beide auf einmal ertheilt. Bei der Bußtaufe ist der Glaube an Gott, aber noch keine völlige Wiedergeburt und Rechtfertigung, bei der Taufe Christi der Glaube an Christum und eine völlige Wiedergeburt, Rechtfertigung und Gewisheit davon. Diese ist aber etwas

Großes, Mancher kommt in seinem Leben nicht dazu; denn wer sie hat, gehört zur Erstlingschaft und Erst= geburt. Bei diesen geht dasselbe vor, was bei Christo in seiner Taufe, daß sie eine himmelfeste Ueberzeu= gung bekommen, Gott denke von ihnen, wie von seinem Sohn: Du bist mein lieber Sohn, an dem ich Wohl= gefallen habe. Diese Gewißheit behauptet man her= nach durch alle Versuchungen hindurch, wie Christus; da lernt man auch sagen wie er: Ich im Vater und er in mir. Ob biß aber schon nicht Alle so völlig erlangen, können sie doch einen manchen Vorschmack davon haben. Deßwegen muß man auch keinen Lehr= saz daraus machen. Mit dieser Unterscheidung ver= steht man dann auch das Wort Ebr. 6, 4. Die, so einmal erleuchtet sind, sind die, welche die Taufe Christi empfangen haben. Die Kirchenväter sezen oft für „Taufe" das Wort „Erleuchtung". Ueberbiß muß man auch die Haushaltung unsrer Zeit dazu nehmen. Denn bei uns geht es nimmer, wie bei den Aposteln, daß mit der Taufe auch zugleich die Wiedergeburt und Rechtfertigung verbunden ist. In der Lehre von der Rechtfertigung sagt man mit Recht, sie sei ein richterlicher Act; und doch ist er nicht rein richterlich; denn Gottes Sprechen ist ein Wirken; und die Zu= rechnung ist nie ohne eine Mittheilung, und umgekehrt. Dippel hat es mit seiner heilenden Gnade (**gratia medicinalis**) nur darin verfehlt, daß er meinte, die Mittheilung müsse die Zurechnung bewirken, da doch beide gleichzeitig sind; denn sobald mich Gott recht= fertigt, habe ich die Mittheilung, und umgekehrt; nicht aber muß ich vorher die Mittheilung haben, um die Rechtfertigung erlangen zu können. Gerechtigkeit, Heiligkeit, Herrlichkeit, Leben und Geist ist eins, nur in verschiedenen Beziehungen und Verhältnissen, wie deren Gegensäze: Sünde, Unreinigkeit, Schande, Fleisch, Tod, auch nicht so streng verschieden sind. Die Ge= rechtigkeit hat nur eine nähere Beziehung auf das Gesez, die Heiligkeit auf die Gemeinschaft mit Gott.

Hieraus sieht man, wie Rechtfertigung und Heiligung
so genau verbunden sind. Doch braucht man diese
Begriffe nicht zu anatomiren. Mancher ist in dieser
Sache weiter gekommen, als er selber weiß. Wenn
wir uns nur in wahrer Gelassenheit und beständiger
Aufopferung Gott übergeben, so wird er nicht ruhen,
er bringe es denn zu Ende. Gewis ist, daß eine
lebendige Erkenntnis Christi und Glaube an ihn über
alles geht. Diese machen erst ein festes Christenthum,
daß man sich durch alles durchschlagen kann. Da
kann man dann die ganze Bibel, besonders die Briefe
Pauli, recht verstehen; außerdem sind wir dazu bald zu
kurz, bald zu lang. Nach diesem sehne ich mich. Dieses
Verlangen wirst du, o Gott, nicht verachten. Du hast mir
schon manchen Vorschmack gegeben, laß mir auch einmal
(je bälder je lieber) das volle Licht aufgehen; es mag
mich kosten, was es will, wenn ich nur Christum
erkenne und in ihm erfunden werde. — Dieses machten
wir vier Brüder Krafft, Gaupp, Gmelin und
ich mit einander aus, zu unsrer Beruhigung, weil
über diese Sache vorher unter einigen Brüdern
Streit war.

20. April. Wenn ich bei Nacht bete, so kann ich
daran erkennen, ob es aus dem Grund und Innersten
der Seele gegangen sei oder nicht, wenn ich beim
Aufwachen noch in demselben Seelenzustande bin, in
welchem ich eingeschlafen. Es muß eine große Kraft
in dem Gebet liegen, da sie sich so lange, auch durch
die Träume der Nacht hindurch behauptet und in
Kraft bleibt. Man sieht auch daraus, wie uns ein
ernstliches Gebet auf lange Zeit verwahren kann und
das Band unsrer Seelenkräfte zusammenhält.

2. Mai. Dieser Tage mußte ich mich besonders
darüber beugen, daß noch gar keine Ordnung (Thu-
schiah) bei mir sei. Es liegt alles noch so durch
einander. O lieber Gott, bringe es in Ordnung.

Es kommen auch je und je kurze Augenblicke, da
ich mir recht feind werde, daß ich mich anspeien könnte.

Diese sind mir recht, diese müssen meinen Hochmuth und meine Eigenheit vollens zerstören. Ich danke dir dafür, o mein Gott! laß mich in meinen Augen immer geringer werden. Siehe, ich komme oft auf mich selbst, ich denke herüber und hinüber und probire allerlei Curen mit mir. Das ist schon recht; aber laß mir eben doch biß die Hauptsache bleiben, daß du schon lange meinen ganzen Weg ausgedacht und mir ihn vorgezeichnet hast. Diß mache mir bei allen meinen vielfachen Sorgen zu einem festen Grund meiner Beruhigung. Deine Gedanken sollen gelten; sie sind gut, denn du hast sie in Christo über mich gefaßt. Erfülle an mir alles Wohlgefallen deiner Güte und das Werk des Glaubens in Kraft.

3. Mai. Es ist ein rechtes Werk der Vorsehung und ein Beweis, wie Gott auf unsern Lauf sehe und acht habe, daß er uns immer Leute, besonders Brüder zuschickt, die uns temperiren und bei unserem Studiren auf allerlei Weise in die Lehre von Christo hineintreiben, weil wir sie Anfangs nicht so vor Augen gehabt. Es muß ihm also etwas an unsrer Führung in unsern Studien gelegen sein. O Gott, lehre uns dieses erkennen und hilf, daß wir unsre Bestimmung ja nicht verlassen, es mag kosten, was es will. Ach, daß bei uns nur das herauskomme, was du willst!

Ich weiß nicht, wie es mir heute ergangen ist: Ich war sehr aufgeräumt und heiter; ich bekam eine solche (obwohl meist natürliche) Erweiterung des Herzens, daß meine Seele die stärkste Neigung hatte, sich so weit als möglich auszubreiten. Selbst die Aussicht meines natürlichen Auges auf den Horizont war mir zu eng, ich meinte ich müßte noch weiter sehen können. Dieses Streben der Seele, außer sich zu wirken, war mit einem empfindlichen Gefühl der Schranken des Leibes verbunden, und ich ahnete, wie weit meine Seele wirken könnte, wenn sie nicht mit den Banden des trägen Leibes gefesselt wäre. Ich

war aber auch in diesem Zustand untüchtig, Einzeln-
heiten zu fassen — das war mir viel zu eng. Diß
kam wohl daher, daß ich meine Heiterkeit zu bald
auf die Spize kommen ließ und sie nicht nach dem
Gesez der Stetigkeit regelte. Es ging mir wie wenn
man Einem, der lange in der Finsternis saß, auf
einmal das hellste Licht in die Augen scheinen läßt.
Ich wurde übertäubt. So wird manche Empfindung
verdorben, wenn man sie nicht nach dem Gesez der
Stetigkeit ordnet und den heftigen Drang der Seele
nicht zu mäßigen weiß; denn sonst verliert sich die
Seele und bekommt zu der Empfindung keine Handhabe.
Ebenso geht mirs auch beim Meditiren: ich lasse oft
zu viele Gedanken auf einmal auftreten, und werde
dann von der Menge derselben so obruirt, daß ich
nachher nicht mehr weiß, was ich gedacht habe. An
diesem Uebel leiden oft die feinsten Geister. O Gott,
welche Unordnung ist in der menschlichen Seele, wie
ist sie ihrer selbst so gar nicht mehr mächtig, so gar
nicht mehr Herr im Hause!

Es fehlt uns an der Kunst, unsre Empfindung zu
figiren; dazu gehört auch, daß wir sie nach und nach
folgern und auf die Spize treiben lernen; dadurch
behalten wir die Seele in unsrer Gewalt; denn die
Natur der Empfindung ist, daß sie die Seele hinreißt.
Da müssen wir alsdann ihre Gewalt wohl anzuwenden
und einzuleiten wissen.

Kaufe Wahrheit und verkaufe sie nicht Spr. 23,
23., d. i. wenn du Realität erlangt hast, so lerne sie
schäzen und verkaufe sie nicht um leeres Stroh. Laß
sie dir nicht durch die Scheinweisheit und Scheingüter
der Welt entleidet werden, so daß du denkst, das,
was du gehabt, sei nichts Reelles gewesen. Das ist
etwas Wichtiges; denn man kann oft versucht werden,
daß man den Weg, auf welchen Einen Gott geführt
hat, nimmer so hoch schäzt und nimmer viel daraus
macht, und versucht wird, das erhaltene Gut gegen
ein blendendes Scheingut zu vertauschen. Folge deinem

Führer und laß ihn nicht aus den Augen, noch achte
den erſten Strahl der Gnade gering. Man muß ſich
ſeinen Weg nicht ſo leicht ändern laſſen.

Wir haben in unſern Zeiten eben ſo geiſtvolle
Männer gehabt, als ehemals zu den erſten Zeiten.
Z. E. an unſerm Arnd haben wir einen Ma=
carius. Was haben wir nicht an unſerm Luther!
Wer gibt uns ſo viele Einſicht in die Theoſophie, als
Jakob Böhme? Welch ſchöne Schrift=Exegeſe haben
wir, die beſſer iſt als die ehemalige! Wie viel ver=
ſteht man heut zu Tag im alten Teſtament, faſt mehr
als in vorigen Zeiten! Was haben wir an unſerm
Schill gehabt! Die Kirchenväter der erſten Jahr=
hunderte haben viel voraus in Anſehung des Alters.
Ihre Predigten ſind freilich beſſer als die unſeren, denn
Geiſt und Beredtſamkeit iſt darin aufs ſchönſte ver=
bunden; ſie ſind auch darum ehrwürdig, weil ſie
Säulen der Kirche zu ihren Zeiten waren. Dieſe
Vergleichung nützt nur das, daß man die gegenwärtigen
Zeiten nicht zu viel verachtet, und denken lernt: ich
kann auch noch etwas werden, und das um ſo mehr,
als Gott das Maas ſeines Geiſtes deſto reichlicher
auf Individuen austheilt, je weniger er ihn über die
ganze Kirche austheilen kann.

Man ſtudirt nach der Oeconomie dieſer Zeit, wenn
man acht gibt auf das, was Einem Vater und Mutter
geſagt, wozu ſie Einen angehalten und von was für
Wahrheiten man durch ſie einen Eindruck bekommen;
worauf man im Studiren durch die Vorſehung ſei
geleitet worden, und überhaupt die geringſten gött=
lichen Beſtimmungen unſers Laufs. Hernach ſoll man
merken auf das, was Einen die Vorſteher in Kirche
und Polizei lehren, und mit dieſen rechte univerſelle
öconomiſche Schrift=Ideen verbinden (worin Gott dem
ſel. Bengel ſchöne Einſichten geſchenkt) und neben
dem ſeine Studien mit dem allgemeinen Typus der
gegenwärtigen Kirche, z. B. mit der Kinderlehre ꝛc.
verbinden und daran knüpfen. Diß iſt ein Rath des

Decans Hellwag in Sulz. Wer einen recht ſchrift=
mäßigen, evangeliſchen Sinn hat, im Glauben das
Geheimnis Gottes und Chriſti verſteht, und die große
Liebe Gottes erkennt, kurz, wer da weiß, was Jeſus
Chriſtus, der Sohn Gottes, iſt, der darf nicht ſorgen,
daß er nicht werde predigen können, oder daß es ihm
ausgehen möchte. Vgl. 2 Kor. 3. Es iſt gewis dem
Paulus nie ausgegangen. Liebe iſt die Quelle der
Beredtſamkeit. Ach lieber Gott, lehre mich bieſes,
und gib es mir: ich brauche es ſo nöthig.

Im allgemeinen Vortrag iſt nichts beſſer, als nach
dem Grundſaz der Liebe predigen. Dieſe zwingt alles.
Daher richten die Eiferer, die Donnerskinder nicht
allemal viel aus. Der Geiſt Jeſu iſt ſanft und lieb=
reich. Evangelium predigen iſt auch über die Natur
des menſchlichen Herzens hinaus. Dieſem iſt nur das
Geſezliche und Scharfe recht. Deswegen kommt es
ihm ganz fremd vor, wenn man es mit Liebe angreift.
Lieber Heiland, laß all mein Denken und Wirken
mit Liebe gewürzt ſein.

7. Aug. Wenn ich mich ſelbſt beurtheile, ſo finde
ich, daß ich noch allzu wenig Fixes habe, und nicht
aus feſten und beſtändigen Ideen heraus reden kann.
Dieſer Fehler wird mir ſichtbarer, größer und be=
ſchwerlicher, weil ich mit lauter geometriſchen Köpfen
Umgang habe. Ich lerne aber doch daraus, daß
meiner Flatterhaftigkeit mehr geometriſcher Anſtrich
(Tinctur) wohl anſtände, und muß deßwegen auf Mittel
bedacht ſein, dieſe zu erlangen. Es wird gut ſein,
alles ſtreng logiſch zu denken, alles was ich leſe, lo=
giſch zu zergliedern, Tabellen zu machen, ſyſtematiſch,
geometriſch geſchriebene Bücher zu leſen. Vielleicht
könnte auch angewandte Mathematik nichts ſchaden.
Dann könnte ich mich wieder zu Salomos Logik in
ſeinen Sprüchwörtern wenden, da mir Gott in Leſung
derſelben ſchon zu Anfang meiner Bekehrung ſo vieles
geſchenkt hat. Weil ich aber keinen mathematiſchen
Kopf habe, wird es gut ſein, wenn ich es nur bei

einem mathematischen Anstrich (Tinctur) bewenden
lasse und meine Flatterhaftigkeit nur damit tempe-
rire. Denn eine freie Ordnung ist viel tauglicher
zu einem öffentlichen Vortrag. Ueberdiß will ich mich
bemühen, ein für die geringsten Dinge und Gespräche
offenes Gemüth zu bekommen, das die nächsten, allgemeinsten und leichtesten Eindrücke aus jeder Sache
leicht faßt, und dieselben ohne Mühe auf Einzeln-
heiten anwenden kann. Ferner will ich mir die allgemeinsten und daher am leichtesten anwendbaren Eintheilungen und Unterscheidungen sowohl aus der h.
Schrift als aus den menschlichen Wissenschaften wohl
bekannt machen; bei dem, was ich treibe, immer zunächst eine Uebersicht des Ganzen zu bekommen suchen,
und dadurch ein Fachwerk für andere dahin einschla-
gende Wahrheiten gewinnen, mir eine Fertigkeit im
Zusammenordnen des Aehnlichen und Gleichen zu
erwerben und überhaupt mit Unscheinbarem und Klei-
nem zufrieden sein, ohne mich ins Kleinlichste zu verlieren. Das sind Vorsäze. Du aber, o Gott, kennest
mich und weißest, wo es mir hauptsächlich fehlt. Du
wirst mich doch auch einmal in deinem Dienst brauchen wollen, darum mußt du auch etwas aus mir
machen. Meine Willigkeit siehst du ja; ich übergebe
mich dir; wie du in deinen Händen mich kehren willst
und wenden, so müsse werden ich. Ich weiß wohl,
wenn mein Gemüth einmal ganz zurecht gestellt ist,
und Frieden in dir hat, so wirds auch im Studiren
gut gehen. Zeige mir den Weg, den ich gehen soll,
denn mich verlanget nach dir.

8. Aug. Es ist nichts Größeres, als die Freiheit
Gottes; nichts lernt man ungerner und später, als
diese; am besten lernt man sie unter Kreuz und Gebet.
Anfänglich kommt sie Einem hart vor, wenn man sie
aber recht betrachtet, so freut man sich darüber; denn
Wohlgefallen Gottes ist nicht Schärfe, sondern
Liebe. Es ist freie Gnade und freies Erbarmen, daß
er mir ohne meine Zuthun einen Weg bereitet hat,

zu ihm zu kommen. Es ist Freiheit, wenn Gott
Einen, der ihm nur ein Jahr lang gedient, schon so
weit geführt, mich aber bei aller meiner Treue noch
ein Kind sein läßt. Ferner offenbart er seine Freiheit
durch Austheilung der Gaben und durch unvermuthete
Gnadenheimsuchungen. Diese Freiheit muntert Einen
auch zum Glauben auf, daß, wenn man oft wohl
weiß, daß man zu diesem oder jenem noch viel zu
schwach ist, man doch denkt: Gott läßt sich durch
meine Schwachheit die Hände nicht binden, er thut
überschwänglich, über unser Vermögen, Bitten und
Verstehen. Nach dieser Freiheit Gottes muß ich mich
auch bescheiden, daß ich ihn nicht zwingen will, mir
zu dieser Zeit eine so und so starke Empfindung seiner
Gnade zu geben, weil ich sie nöthig zu haben meine,
sondern soll mich ganz in seinen Willen ergeben. Das
gibt hernach ein weites Herz und einen stillen fröhlichen
Wandel. Das gibt mir Gedult im Kampf des Fleisches
und Geistes; Gott wird mir einmal helfen, wenn ich
am wenigsten daran denke. Das wird uns auch eher
zu einem Luthersglauben bringen.

9. Aug. Historisches ist für mein Naturell am
tauglichsten und angemessensten. Schon als zartes
Kind hatte ich meine Freude an biblischen und andern
Historien; die biblische Geschichte sowohl alten als
neuen Testaments wußte ich meistens auswendig. Diß
taugt auch am besten für meine geistige Eigenthüm=
lichkeit, und ich hoffe, auf diesem Weg werde mich
Gott zu Höherem führen, auch zu physischen Wahr=
heiten. Denn da bei meinem Denken, wenn es nicht
zerflattern soll, die Phantasie immer mitwirken und
fast das meiste thun muß, so ist dieser Weg der sicherste
für mich. Die Mittel, die ein mathematischer Kopf
zu seiner Correction braucht, läßt sich mein Naturell
nicht aufdrängen. Nur muß ich mich dabei hüten,
daß ich mich nicht mit kleinlichen Dingen aufhalte,
sondern mein Augenmerk auf die Natur des mensch=
lichen Herzens und die allgemeine und besondere

Leitung Gottes richten. Diß gibt praktische fürs Leben
brauchbare Menschen. Denn es fragt sich doch, ob
mich Gott eher zu mühsamen Speculationen als zum
Wirken in dieser Welt brauchen wolle. Dazu wird
man aber durch geschichtliche Beobachtungen am meisten
vorbereitet.

Es hat ein jedes Kind Gottes in seinem Lauf
gewisse Hauptpuncte, die seinen ganzen Lauf bestimmen.
Auf diese muß man immer sehen und dadurch seinen
Weg kennen lernen. Dadurch wird man erst recht
frei von allen Zweifeln und Bedenklichkeiten.

10. Aug. Im Verkehr mit Menschen ist das eine
gute Regel, sich mit niemand zu viel einzulassen. Da=
durch bleibt man immer nüchtern, wird sich selbst nicht
verborgen und heuchelt sich nicht, sondern weiß gleich,
wo es Einem fehlt. Hingegen soll man sich in alles
einlassen: das macht frei von Formen, daß man nicht
auf sich versizen bleibt, sondern immer neue Eindrücke
bekommt, die gleichsam das ganze Herz wieder umar=
arbeiten. Diß ist besonders für einen Prediger gut:
dadurch wird ihn Gott an alles mahnen. Z. E. er
geht mit Separatisten um, so mahnt ihn dieses, von
der Werkheiligkeit, von der abergläubigen Anhänglich=
keit an Ceremonien zu predigen; oder er spricht einen
Einsiedler, so mahnt ihn biß an die Stille; oder es klagt
ihm Jemand, daß er von seinen Freunden an dem
Guten gehindert werde, so gibt ihm biß Gelegenheit,
von dem großen Haß der Menschen wider das Gute
zu reden. ꝛc.

Ein großer Fehler im Predigen ist, wenn man zu
viel Eintheilungen bringt Da predigt man für das
Gedächtnis, nicht aber auf Eindrücke. Auch predigt
man auf diese Art zu gesezlich.

10. Aug. Nichts ist süßer, als wenn man mit
einem Freund und Bruder von der Brust weg sprechen
kann. Das ist eine Art von Seelenaustausch: dadurch
wächst die Pflanze des Geistes am besten, dadurch
entwickelt sich die unbekannte Sprache des Herzens,

und bringt das im Geiſt verborgene am leichteſten in
den Verſtand. Darin wird ohne Zweifel auch ein
großer Theil der Seligkeit des Himmels beſtehen, daß
eine Seele ſich der andern ungehindert und ohne Rück=
halt offenbaren und mittheilen (permeabel machen) kann.
25. Sept. Es fehlt mir noch zu viel an allge=
meiner Liebe und alſo auch an der Bruderliebe. Das
Grimm=Reich regt ſich in dieſem Stück noch am meiſten
in mir; ich bin eben meinen Eigenheiten noch nicht
recht abgeſtorben. O Jeſu, ertödte meinen Grimm
durch deine Sanftmuth, ſonſt kannſt du mich in der
Welt nicht brauchen, beſonders nicht als beinen Diener,
der mit ſeiner Liebe ſo allgemein ſein ſoll, als die
Sonne. Ich denke zum voraus von meinem Nächſten
zu viel Arges, ehe ich ihn recht kenne; ich muß mich
daher gewöhnen, das Beſte von jedem zu glauben,
nicht gleich zu richten und aus dem Princip der Ein=
falt mich gerne betrügen zu laſſen, weil ich bei dieſem
Princip am ruhigſten bin; überhaupt ſoll ich nie aus
Furcht, von Andern getäuſcht zu werden, handeln.
Diß iſt die rechte Leutſeligkeit, die man allen Menſchen
ſoll kund werden laſſen. Die wahre Liebe macht eine
reine Seele. Da kann ich am zuverſichtlichſten beten,
am fröhlichſten ſtubiren, und habe eine Weite des
Herzens, daß ich zu allem disponirt bin. Die Liebe
drückt alle Affecte nieder, beſonders die heftigeren,
welche die Seele am meiſten zerrütten. Man ſoll deß=
wegen alle Gelegenheit meiden, wo es nur von weitem
ſcheint, daß man möchte um die Liebe kommen. Ich
muß beſonders mein ſatyriſches Weſen ablegen, und
mich über die Fehler meines Nächſten nicht freuen,
denn die Liebe freut ſich nicht der Ungerechtigkeit.
Ebenſo muß ich die Freude, das Wohlgefallen an
meinen eigenen Sachen, ſo vergeſſen, daß ich mir wider=
ſprechen laſſen und den Tabel leiden kann. O Liebe,
wie iſt dein Gericht über mich in mir ſo ſanft und
lieblich, wie gar nicht ſchreckend, ſondern väterlich; aber
auch wie rein, alles auffuchend, burchbringend und

scheidend! Laß mich immer, so oft ichs brauche, dieses
Gericht erfahren.

6—9. Oct. Lieber Gott, ich erfahre täglich zum
Preis deiner Führung, daß die ersten Wege, in die
du mich eingeleitet, sich immer mehr an mir bewahr=
heiten und mir die angemessensten sind. Wäre ich
dieser Spur treulich nachgegangen, und hätte derselben
recht getraut, wie weit wäre ich indessen schon ge=
kommen! O versiegle mir die ersten Strahlen deiner
Gnade immer mehr und bewahre meinen Weg. Du
hast mich im Innern (durchs Gefühl) meinen ganzen
Weg überschauen lassen, du hast mir bisher gezeigt,
wie du mich mehr durch dunkles Gefühl, als entwickelte
Erkenntnis führen wollest: laß mich nicht aus Eigen=
sinn oder Eigendünkel etwas Anderes und Besseres
erwählen wollen. Dir allein müsse aller Ruhm bei
meiner Führung bleiben. Dein allein will ich mich
rühmen!

10—19. Oct. Die Erkaufung der Zeit ist etwas
höchst Wichtiges. Es ist das, was man sonst nennt
„das Tempo in acht nehmen.“ Gott hat gewisse Zeiten;
wenn man diese vorbei läßt, versäumt man oft etwas,
was sich nimmer hereinbringen läßt. Diese Zeiten
müssen nicht gerade etwas Geistliches sein. Es sind
Gelegenheiten, da ich etwas Gutes lernen, reden oder
Andere bestrafen kann. Solche Gelegenheiten können
Einem von ohngefähr, auf Reisen, bei einem Besuch ꝛc.
aufstoßen. Diese soll man brauchen. Manche sind in
guter Absicht und aus allzugroßer Frömmigkeit so auf
sich versessen und so geistlich, daß sie viele derartige
Gelegenheiten, weil sie ihnen nicht geistlich genug
scheinen, vorbeilassen. Aber sie sind wichtig! Nur darf
keine Vielthuerei daraus werden, welches verhütet wird,
wenn man nach Eph. 5. verstehen lernt, welches da sei
des Herrn Wille, daß man da auf den Wink Gottes
acht gibt. Diese Aufmerksamkeit soll man so viel als
möglich behaupten und alles, was daran hindert, fliehen.
Darum sezt Paulus hinzu: Saufet euch nicht voll

Weins; denn Trunkenheit verrückt das ſubtile Auf=
merken auf Gottes Willen.

3. Nov. Ich hatte heute einen großen geiſtlichen
Muth, aber nur einige wenige Augenblicke; unverſehens
artete er in einen wahrhaft martialiſchen natürlichen
Heroismus aus, der an Waffen und Gewalt Freude
hat. Das kam mir ſehr wunderbar vor. Ich lernte
daraus, daß der alte und neue Menſch in einander
ſind, ſonſt könnte keine ſo ſchnelle Ausartung vorgehen.
Nun fragt ſich: iſt der gute Heroismus in einen
ſchlimmen verwandelt worden oder der ſchlimme von
dem alten Menſchen in den neuen hinüber gekommen?
Man ſieht hieraus, wie die Natur Nachäfferin der
Gnade iſt, und wie aus der größten Geiſtlichkeit ſo
bald Fleiſch werden kann. Man muß alſo ſolche Zu=
ſtände ſorgfältig behandeln und ſie nicht in ſeine Ge=
walt nehmen. Es gehört ohne Zweifel unter die
Befleckungen des Geiſtes, wenn die Natur gleichſam
einen Ehebruch mit dem Geiſt begeht und ſich mit
demſelben verbindet. Lieber Heiland, ich danke dir für
dieſen Blick, den du mir geſchenkt und wodurch du mir
dein Wort erklärſt. Laß mir durch ſtilles Aufmerken
auf mich ſelbſt meinen alten und neuen Menſchen immer
bekannter werden. Du biſt und bleibſt allein mein
Lehrer.

11. Nov. L. Heiland, du haſt mir heute über
der Betrachtung Kol. 1, 14., und unter Gebet und
herzlichem Sehnen eine Verſicherung von meiner Er=
löſung geſchenkt, ein Gefühl, das meine Seele recht
erhoben und erweitert hat. Ich bin bisher viel zu
zaghaft und blöde mit meinen Feinden umgegangen;
ich bin nicht ſo keck geweſen, ihnen unter das Geſicht
zu ſehen. Das macht, ich habe mein Recht, das ich
in dir wider ſie habe, nicht verſtanden, ſonſt wäre ich
ſchon längſt mit ihnen fertig geworden. In dir habe
ich Sieg und Freiheit. Das habe ich ſo lange, zu
deiner Schmach nicht wiſſen wollen; vergib es mir.
Satan hat unterdeſſen meiner nur geſpottet, und geſucht,

meinen Unglauben durch Unkenntnis deiner Erlösung zu unterhalten. Dadurch hat er mich fein herumge= zogen und mit manche Gelegenheit, mein Heil zu wirken, abgestohlen; aber nun soll ers wissen, er hat kein Recht mehr an mich; das soll er nun oft von mir hören und mehr, als ihm lieb sein wird. Nun weiß ich, wem ich angehöre: ich bin dein, wie ich gehe und stehe, du bist mein Herr und wirst es bleiben in Ewigkeit. Du wirst doch dein Recht an mich wider die Macht der Finsternis zu behaupten wissen; du bist ja getreu, das weiß und glaube ich. Laß mir das alle Tage neu werden und reiße allen Unglauben aus mir heraus; sprich es in mein Herz hinein mit dem Wort deiner Kraft, daß es hineingesprochen heißt; laß mich nimmer vergessen der Reinigung meiner vorigen Sünden; laß nun immerdar von deinem blu= tigen Versühnen all meine Denkungskräfte grünen. Laß mein Gewissen vollendet sein und bleiben. Ich werde dich noch oft an diese Stunde mahnen: da schweige mir nicht, o mein Heil. Laß die Freude an dir meine Stärke sein und bleibe du mein Ruhm. Vollführe durch den Glauben an dich den Tod meiner eigenen Gerechtigkeit immer weiter. Laß mich in dir grünen, blühen und fett werden. Nun ich bin gewis, nichts wird mich mehr von deiner Liebe scheiden. Diese Gewisheit versiegle mir wider alle Versuchungen und laß mich Glauben halten bis ans Ende. Laß mich in dem Wort von der Versöhnung und in deinem Evan= gelium leben, und die Freudigkeit meines Glaubens laß niemand von mir nehmen. Heil sei dir, dem Lamm, das auch mich erkauft hat! Laß mir von nun an alle Ausdrücke deines Worts von dir und der Erlösung zu Geist und Leben werden. Nun habe ich die Frucht von deinem Gebet Joh. 17, 3. erfahren. In diesem Glauben laß mich auch die Welt überwinden. Laß mich immer mehr erfüllt werden mit deiner leben= bigen Erkenntnis. Dir sei Lob und Ehre und Herr= lichkeit für meine Erlösung in Zeit und Ewigkeit.

12. Nov. Lieber Heiland, was du mir gestern geschenkt haft, ist mir heute noch so neu als gestern. Das ist mir eine Versicherung, daß es Wahrheit ist. Mein Herz lebt mir, so oft ich daran gedenke. Du bist mein Herr, du hast mich erlöst, ich gehöre unter dein Volk des Eigenthums. Es ist mir wie Einem der auf einmal von aller Last ist frei geworden. O wie haft du mein bisheriges Seufzen und Verlangen so gnädig erhört! Laß mir nur keinen Zweifel mehr kommen, und bewahre mir diese Beilage bis auf deinen Tag. Ja ich weiß, du thust es. Mit diesem Glauben laß mich gegen allen Unglauben, Sünde, Welt und Teufel streiten. Nun sehe ich ein, daß allein der Unglaube verdammt. Sollte eine Versuchung über diesen meinen Glauben kommen, die ich nicht aushalten würde, so tödte mich lieber gleich auf der Stelle, als daß ich diesen Glauben verlieren sollte. Aber du bist ja getreu, der uns nicht läßt versucht werden über unser Vermögen. Ich bin in deinen Tod getauft, ich bin mit dir gekreuzigt, gestorben, begraben, aber auch auferstanden, lebendig gemacht und ins himmlische Wesen versezt. Dabei bleibts nun in Ewigkeit. In mir bin ich verdammt, in dir selig. Verkläre mich nun alle Tage mehr, wie du mir gemacht bist vom Vater zur Weisheit und Gerechtigkeit und Heiligung und Erlösung, und die Freude an dir laß allein meine Stärke sein. Es ist deinem Vater ja nichts lieber, als wenn man auf dich sieht, wie seine Seele an dir Wohlgefallen gehabt hat. Nun bin auch ich elende Creatur ihm angenehm gemacht in dem Geliebten. Deinem Namen sei dafür Ehre in Zeit und Ewigkeit. Amen, Hallelujah.

5. Dec. Bei dem Kranken= und Todtenbette meines l. Brubers Gmelin schenkte mir der Herr manches; besonders zeigte er mir, wie es so etwas Zärtliches um die Bruderliebe sei. Es kam mir wohl zu statten, daß ich kaum einige Tage vor seiner Krankheit den seligen Eindruck von der Erlösung, und was das sei:

„Christus ist mein Herr," bekommen habe; indem
dieses der Halt meines lieben seligen Bruders war,
und er auch, so oft ich in seiner Gegenwart mit Andern
hierüber redete, wie er selbst sagte, besonders erquickt
wurde. Denn es ist eben etwas Süßes um eine
lebendige Erkenntnis der bloßen Gnade, und es gereicht
dem Glauben zur Stärkung und Freude, wenn er
nicht auf sich selbst, sondern auf den allgenugsamen
Herrn mit seinem Zutrauen gewiesen wird. Es ließ
sich auch mein l. Bruder beständig solche Lieder vor-
singen, die darauf zielten, z. B. Meine Armuth macht
mich schreien rc. Meine Seel ist stille rc. Sieh, hier
bin ich Ehrenkönig rc. Die Nacht vor seinem Tod
aber, da ihm der Herr einige Stunden vorher einen
heitern glaubigen Blick auf ihn geschenkt hatte, sang er
noch, ohne Zweifel um sich von uns zu verabschieden,
das Lied: Entfernet euch, ihr matten Kräfte rc. selbst mit
uns, worauf er Morgens 8 Uhr den 27. Nov. im
Herrn entschlief. Nach seinem Tod fiel einstimmig
das Votum der Brüder auf mich, ihm die Leichen-
predigt zu halten, wozu mir, auch nicht ohne meine
eigene Neigung, der Text Röm. 14, 7. 8. vorgeschlagen
wurde. Ich studirte meine Predigt, brachte den Eingang, wiewohl mit vieler Mühe, ordentlich zu Ende;
als ich aber an den ersten Theil kam, wollte es nirgends vor sich gehen, und ich war so voll Zaghaftigkeit,
daß mir kein Wort einfallen wollte. Ich prüfte mich,
ob nicht der Unglaube, oder die Sucht zu gefallen
darunter stecke. Es that mir wehe, daß, da ich vorher
einen so gesegneten Eindruck von Christo als dem
Herrn gehabt, und also aus diesem Eindruck vieles
hätte sollen reden können, ich so leer sein, und diesen
meinen Herrn, den ich erkannt, nicht sollte anpreisen
können. Ich mahnte Gott auch an diesen mir ge-
schenkten Eindruck und forderte ihn gleichsam damit
zur Hilfe auf. Allein es wollte nicht vor sich gehen,
bis mir der Herr unversehens in den Sinn gab, ich
sollte auf die Gedanken des Satans merken. Da fiel

mir ein, das sei ein Streich des Feindes, der mir
bisher im Licht gestanden und mich zaghaft gemacht;
der wisse wohl, daß durch dieses mein Zeugnis von
meinem Herrn seinem Reich ein Abbruch geschehen
werde, deswegen wehre er sich so und wolle mich feig
machen. Sobald ich dieses merkte, faßte ich vollen
Glauben, sezte mich im Glauben in den Sieg meines
Herrn über ihn hinein und drang durch. Alsbald
verlor ich meine Zaghaftigkeit und konnte aus einer
rechten Fülle und Weite des Herzens in ununterbro=
chenem Fluß und in kurzer Zeit meine Predigt schreiben.
Die Materialien, die ich vorher gesammelt hatte, be=
hielt ich alle bei. Bei Sammlung derselben konnte er
mir nicht zu, weil ich dabei mehr Einfalt brauchte.
Er wird gedacht haben: er sammelt mir wohl, ich will
ihn schon fangen; aber es hat ihm gefehlt! Bei der
Ausführung einer Sache sucht er Einem am meisten
im Weg zu stehen; denn es ist seine Maxime, etwas
zu zerreißen, wenn alles schon vorbereitet ist. Ohne
Zweifel weiß er auch bei manchen Dingen im Anfang
nicht vorher, worauf es angesehen ist, bis es so weit
gekommen ist, daß er nimmer widerstehen kann. Gott
widersteht ihm mehr mit Weisheit als mit Macht.
Diese Weisheit liegt besonders im Kreuzesgeheimnis,
indem Gott seine Sache in der Welt so klein und
niedrig anfangt, daß der Teufel für sein Reich keine
Gefahr sieht, bis er es bei der Ausführung wahr=
nimmt. So hat es ihm Gott mit seinem Sohn ge=
macht. Dieser kam in armer Gestalt in die Welt:
den Teufel wollt' er fangen. Und so macht er es
ihm noch mit allen seinen Kindern. Der Teufel kommt
allemal zu spät, wenn er Gottes Werk vernichten will.
Diß ist das erste mal, daß ich bei meinen Predigten
die Nachstellungen des Satans empfunden habe. Es
gelang mir auch durch die Gnade des Herrn, daß
durch meine Predigt nach einigen Tagen Zwei heraus=
traten (Ebensperger a und M. Löffler). Und
außer diesen war neben einer großen Aufmerksamkeit

auch eine große Bewegung bei vielen im Stift und eine Erbauung bei vielen aus der Stadt, welche da= mals in großer Menge im Kloster waren. — Lieber Heiland, diß ist der erste Sieg, den ich in dir und im Glauben an dich über deinen und meinen Feind davon getragen habe. Es wird aber nicht der einzige Kleiben; denn man singt mit Freuden von dem Sieg des Herrn in den Hütten der Gerechten. Dir sei Dank, daß du mich seine Streiche hast merken lassen, und mir Glauben gegeben, sie unter mich zu treten. Ich danke dir für die Frucht und den Segen, den du auf mein Zeugnis hast legen wollen: ich nehme dieses als ein Angeld auf mein künftiges Predigtamt im Glauben an. Laß nur mein Herz von deiner lebendigen Erkenntnis wie mit Meereswogen überschwemmt werden, daß ich nichts wisse und kenne, als nur dich: so fehlt es mir nicht und kann mir auch nimmermehr fehlen. Das schenke mir, es mag mir im übrigen gehen wie es will. Das Geheimnis Gottes und Christi nach seinem ganzen Umfang werde und sei und bleibe meine einzige Weis= heit. Dir allein sei alle Ehre in Ewigkeit. Amen.

16. Dec. Lieber Heiland, du schenkst unserm Kloster wieder eine neue Bewegung der Herzen und einen Tag der gnädigen Heimsuchung. Habe Dank dafür, daß du in Liebe an uns denkst! Feure uns alle an mit deiner Liebe und mit lebendigem Glauben an dich. Laß uns dein Werk hochachten und mitwirken, so viel wir können. Bewahre es wider die Anläufe des Teufels, denn es ist deine Sache. Uns aber bewahre in Gnaden vor aller Trägheit und Gleich= giltigkeit, und bereite dir aus und unter uns eine wahre, lebendige, mit Glauben und Liebe gegen dich und uns unter einander angefüllte Gemeinde. Dir ist die Ehre in die ewigen Ewigkeiten. Amen.

Vor nichts muß man sich beim Studiren mehr hüten, als vor Nebenabsichten, daß man nicht nach diesen seinen Plan einrichtet, sonst ist man hin und kommt nicht zur reinen und ganzen Wahrheit. — Man

nehme sich in acht, daß man nicht gleich eines Andern
Sprache und Ausdrücke annehme, sonst ist man ge=
fesselt und gleich nicht mehr sein eigener Herr.

15. Fortsezung der Auszüge aus Harttmanns Tagbuch vom Jahr 1766.

14. Jan. Es fehlt mir noch sehr an einem freien
und offenherzigen Bekenntnis des Namens Christi unter
dem argen und unartigen Geschlechte dieser Welt. Ich
schäme mich oft noch der geringen Glieder Christi, da
ich doch im Glauben und im Hinschauen theils auf
die verborgene, theils auf die sich dereinst offenbarende
Herrlichkeit der Kinder Gottes die Schmach dieser Welt
mit Füßen treten sollte. O l. Heiland, werde mir
recht groß in beiner eigenen Person und in beinen
Jüngern, so bin ich über diesen Unglauben hinaus.
Ueberhaupt will ich mich immer mehr gewöhnen, auch
von geistlichen Dingen, welche man sonst einander ins
Ohr sagt, mit Kindern Gottes auch in Weltgesellschaft
ungescheuter zu reden. Man hält oft die Leute für
schlimmer als sie sind, und eine solche Verschwiegenheit
hat oft Mangel der Liebe und Flucht der Verachtung
und des Kreuzes Christi zum Grund. Es kann oft
ein Weltmensch durch dergleichen Gespräch gereizt und
ihm das Verborgene seines Herzens aufgedeckt werden.

17. Jan. Martin Keil von Schlierbach war
heute bei uns. Er redete folgendes: „Das Christenthum
geht nach den vier Emblemen der Evangelisten. Zu=
erst ist man ein Kind, hernach ein Löwe — man will
gleich andere Leute bekehren — dann ein Ochse, —
da erfährt man, wie viel Einem fehlt, daß man Früchte
bringen muß in Geduld; — endlich ein Abler, wenn
man in den rechten fröhlichen Lauf hinein kommt! —
Das Gesez der Freiheit ist, wenn Einem Gesez und
Evangelium eins ist. — Die züchtigende Gnade hält
den Christen immer drunten. Es ist bei einem Christen

eine beständige Furcht; in dieser Furcht liegt die täg=
liche Buße. Diese Züchtigung ist der Geist, der uns
bestraft. Der zeigt uns schon, wenn es Zeit ist, wie
wir stehen. Bisweilen ist er auch still: das ist auch
recht. — Man kann Einem nicht allemal von seinem
Glauben so geradehin Red und Antwort geben, aber
doch vom Glauben in der Liebe, wenn man weiß, man
lebt in etwas anders, als vorher. Glauben und
Lieben ist die Hauptsache; daß man aber weiß, daß
beide nicht nur fliegende Gedanken in uns sind, so
muß man die Kraft des Worts Gottes dazu neh=
men. Man muß spüren, wenn man in dem Wort
Gottes liest, daß unser Herz diesem Wort gerade
gegenüber ist, daß es uns rührt, daß wir spüren: es
gehört zu einem Glaubensgrund. — In der Gemein=
schaft thun wir nichts als einander lieben, wir be=
strafen einander nicht; wenn aber Einer sich vergeht,
so redet man von seinem Vergehen aus eigener Er=
fahrung. Da geht er dann gleich selber mit heraus.
Ferner: wir fragen Einen nicht, ob er wisse, daß er
Glauben, daß er Vergebung der Sünden 2c., habe, wir
bringen nicht darauf; wir sagen ihm, er soll eben mit
uns laufen, mit beten 2c., es werde schon kommen,
wenn er es auch erst an seinem Ende erfahren sollte.
Wenn neue Brüder zu uns kommen, so müssen sie
oben an sitzen, und die alten unten hin: man macht
keinen Unterschied zwischen den alten und neuen; wir
vergleichen uns nie mit einander. Den neuen thun
wir alle Ehre an, denn man muß auch hier den na=
türlichen Neigungen des Menschen dienen." — O du
heilige Einfalt, o du ungeformter Geist! Wie ersezt
die Liebe alle Fehler! was hat sie für eine Weite und
Weisheit! wie ist man so vieler unnöthiger Gedanken
überhoben! Wir künsteln zu viel an unserm Christen=
thum, wir haben zu viel Form! *)

---

*) H. hat über diese Praxis später mit Recht anders
geurtheilt.

24. ob. 25. Jan. Laß es dir zu einem rechten Dank werden, daß du darfst um der Wahrheit willen ein Narr in den Augen der Welt sein. Lieber Heiland, ich wünsche und bitte, deinem Bilde auch durch Schmach und Verachtung der Welt gleich zu werden. Dabei bleibe ich am nüchternsten, und vor meinen eigenen Phantasien verwahrt.

26. Jan. Lieber Heiland, laß mich in der Erkenntnis der Wahrheit recht befestigt werden, daß ich sie auch gegen die unglaubige Welt recht vertheidigen kann. Alle Gewisheit kommt von dir und deinem Geist, und diesen möchte ich haben, so will und kann ich in Beweisung des Geistes und der Kraft reden und zeugen. Ich begehre es ja nicht um meinetwillen, sondern damit deine Sache nicht durch mich und meinen Unverstand in einen übeln Ruf komme. Du mußt ihn mir also geben. Ich halte mich an dich.

1. Febr. Bei meinem sanguinischen Temperament habe ich mich in acht zu nehmen, daß ich im Geistlichen nicht auf etwas Neues verfalle. Ich bin dabei den Betrügereien des Satans und der Verleitung meines eigenen Geistes zu viel ausgesezt. Und wenn ich eine Sache zu genau und pünktlich nehmen will, verfalle ich leicht auf Subtilitäten. Es ist daher am besten, wenn ich mich gewöhne, meistens in Allgemeineres mich einzulassen, und daraus allgemeine Schlüsse zu machen. O Gott, du Meister meiner Jugend, leite mich auf den Weg der Wahrheit. Ich weiß selbst nicht, was mir gut ist, aber du weißt es. Dein Wort sei meines Fußes Leuchte und ein Licht auf meinem Wege. Es ist mir bisher bei deiner Führung auch in meinen Studien so gut gegangen; du hast mich Unverständigen schon so manches gelehrt: ich überlasse mich dir ferner, bilde du mein Herz nach deiner himmlischen Weisheit; laß mich fleißig an den Brüsten meiner oberen Mutter saugen und fett werden.

5. Febr. Lieber Heiland, es ist so etwas Süßes um die Liebe: bilde meine Seele in sie hinein, und

laß mich in die Sanftmuth ausgeboren werden. Da=
mit kann ich meinem Temperament am besten wider=
stehen und den Versuchungen am glücklichsten entgehen.

7. Febr. Das innerste Wesen des praktischen
Christenthums ist Gehorsam, der aber nicht sowohl im
Thun (denn er hat im Lateinischen, Griechischen und
Deutschen seinen Namen vom H ö r e n,) sondern viel=
mehr in Gelassenheit und Aufmerksamkeit auf die innere
Stimme des Geistes besteht, daß ich (wenigstens nach
dem innern Menschen) immer wünschte, so zu sein,
wie mich Gott haben will und diese Gesinnung Gott
immer darlege. Mein äußerer Mensch ist ohnehin
nicht zum Gehorsam da, — der muß wüthen und
toben, — und ich kann weiter nicht viel dazu machen,
als daß ich nach meinem innern Menschen dazu pro=
testire und erkläre: es ist mir nicht so, das ist nicht
mein Sinn. Wenn ich es so mache, so wird Gott
schon je und je eine Gelegenheit schicken, da mein
äußerer Mensch recht gedemüthigt wird.

11. Febr. Lieber Gott, es ist mir um nichts zu
thun, als daß ich mein Herz, meine Beilage bewahre,
daß ich mir nicht vom Weltsinn durch List, Furcht
oder Lust meinen Geistes-Sinn, meinen Wahrheits-Sinn
nehmen lasse. Erhalte mich in deiner Wahrheit, dein
Wort ist Wahrheit. Bringe mich durch, ja gib mir
Gnade, daß ich mit der Wahrheit, die du mich lehrst,
auch der Welt ein Salz werde.

11—21. Febr. L. Vater, du schenkst mir eine
besondere Heiterkeit des Gemüths in dem fröhlichen
Vertrauen auf deine allgenugsame Gnade in Christo,
nebst einem stillen Sinn meiner Untüchtigkeit und Un=
würdigkeit. Es ist diß eine Erweisung deiner freien
Gnade; aber ich bitte dich, erhalte mir diese Heiterkeit
und lasse sie mir auch in trüben Stunden nicht ge=
nommen werden. Die Freude an meinem Herrn sei
meine Stärke.

22—25. Febr. Allzuviel Literatur macht untaug=
lich zum Umgang mit gemeinen Leuten, daß man ihnen

nicht so nüzlich werden kann. Deswegen soll man alles, was man stubirt, ins Leben einführen oder pragmatisch behandeln. Das Einfachste ist das Nüz= lichste und Nöthigste.

Eigene Erfahrung gibt Einem auch Macht (Nach= druck) im Vortrag gegen andere: wir reden, was wir gesehen und gehört haben.

1. Merz. Meine zwei Temperamentsfehler sind, erstens Gefahr, in eine falsche Geistlichkeit zu verfallen, zweitens, balbige Verdrossenheit und Verlegenheit in meinen Vorsäzen.

8. Merz. Heute habe ich durch ein Vergehen etwas Großes gelernt. Ich disputirte mit einem Bruder über den eigentlichen (propr.) Sinn der Schrift. Dieser machte mir allerlei Folgerungen, die mir nicht lieb waren. Darüber wurde ich unwillig und kam in Affect, daß mir einige griffige und empfindliche Reden entfielen, die wider die brüderliche Liebe stritten. — Da sehe ich, wie so vieles in mir liegt, das ich in der Eigenheit gelernt und worunter ich mich selbst und meine Ehre, nicht aber die Wahrheit gesucht habe; und was man so lernt, das kann man im Disputiren nicht recht vertheidigen, denn man vertheidigt sich selbst, nicht die Wahrheit, ja man schadet dieser vielmehr damit. Das heißt sectirisch glauben und sectirisch stubiren. So geht es mit jeder Wahrheit, die man in seine Eigenheit und Vernunft hinein nimmt und nicht in der Gelassenheit und Demuth lernt. Hienach lernte ich auch verstehen (1 Tim. 3, 9.) was das heiße: das Geheimnis des Glaubens in einem reinen, d. i. von allen Nebenabsichten und eigenem Gesuch gereinigten Gewissen bewahren. O du Gott aller Gedult, wie trägst du mich! welche Gnade ist es, daß du mir meine Fehler zum Besten dienen lässest! Ich muß mich vor dir in den Staub bemüthigen über deiner Gedult mit mir. Werde nur mein nicht müde und bilde mich nach deinem vollkommenen Willen, und mache ein Kind des Friedens und der Liebe aus mir.

Was mich bisher in meinem Lauf so aufgehalten hat, waren diese zwei Stücke, 1. daß ich mich bei einem Fall nicht gleich aufzurichten und an die Barmherzig= keit Gottes zu halten wußte, sondern mich dadurch schüchtern machen und die Sache hangen ließ, während ich jeden Fehler dazu hätte benützen sollen, aus der vergebenen Sünde mein elendes Herz und den Ueber= schwang der Gnade Gottes kennen zu lernen; 2. daß ich geglaubt habe, wenn Einer bekehrt sei und der Gnade Gottes in Christo versichert und gewis sein und bleiben wollte, so dürfe sich kein Anfall der Sünde, besonders der Schoosfünde, mehr zeigen. Da sah ich, wie ich die Sünde noch nicht als eine im Fleisch wohnende Macht (Röm. 7.) habe kennen gelernt. Im Fleisch wird sie wohl bleiben, so lange man den Leib des Todes an sich trägt; aber der Geist, der in= wendige Mensch, die innere Lust, die Zustimmung zum Gesez Gottes muß gesichert bleiben. Der Mensch glaubt lange nicht, daß der Streit zwischen Fleisch und Geist einen Christen macht; das kommt ihm zu schlecht vor; er hätte gerne völligen Waffenstillstand. O wie viel hindern Einen die eigenen Phantasien, ein unschriftmäßiger Sinn von dem Weg des Friedens, mehr als alle grob fleischliche Vorurtheile! O mein Gott, läutere mich, lehre mich deine Wege und führe mich auf dem Steig deiner Gebote, auf dem mir in Christo gebahnten Weg richtig fort und reinige mich von allen meinen Phantasien."

Mit welchen Gesinnungen Harttmann noch in späteren Jahren auf seine Universitätsjahre zurückblickte, sehen wir aus zwei Briefen an seinen Sohn. In dem einen nehmlich v. 14. Apr. 1795. heißt es: „Dein Universitätslauf erinnert mich der großen Gnade, Ge= duld, Langmuth, Bewahrung an Leib und Seele, der väterlichen Leitung und Verschonung, der Unterstüzung durch Freunde und Wohlthäter, — die mich der Herr in meinem ehemaligen Lauf hat genießen lassen, wofür ihm ewig Ehre, Lob und Dank gebührt. Der Gott

deines Vaters sei auch dein Gott, und seine bewahrende
Gottesmacht umschließe dich an Leib und Seele; sein
Geist und Wort führe und leite dich, und seine
guten, lieben und liebreichen Engel beschützen dich! Er
lasse vor unsre Ohren nie eine traurige Botschaft
kommen und bereite sich aus deinem und deiner Eltern
Mund über deinem Lauf ein ewiges Freudenlob seines
Namens. Amen." In dem andern Briefe vom 18.
Jun. 1795. stehen die Worte: „Du wirst erfahren,
was ich auf der Universität auch erfahren habe, daß
ein geordneter Privatfleiß das meiste thun muß. Beim
Privatfleiß aber mußt du dich 1. nicht disunbiren,
2. die Feder brauchen, und das Gelesene ausziehen,
in Uebersicht oder Tabellen bringen oder in Fragen,
oder die Hauptsäze auflösen, bis du weißt, ob du
es verstehst."

16. Vicariat 1767—1768.

Nachdem Harttmann seine Studien vollendet
hatte, wurde er im Herbst 1766. vom Consistorium
examinirt und im December desselben Jahrs dem
Pfarrer Hoffmann in Oeschelbronn als Vicar bei=
gegeben. Sein Freund Kraft kam zu gleicher Zeit
und in gleicher Eigenschaft in das nur eine Stunde
entfernte Thailfingen. Beide Orte gehörten in die
Herrenberger Diöcese, wo sie jedoch Oetinger nicht
mehr trafen, der im Febr. 1766. Prälat in Murrhard
geworden war. In Gemeinschaft mit Kraft hatte er
schon in Tübingen eine Ausgabe der Psalmen meist
nach Oetingers Auslegung bearbeitet, welche unter dem
Titel: „Der Psalter Davids, nach Luthers Uebersezung
mit neuen Summarien und kurzen Anmerkungen ver=
sehen," im Jahr 1766 bei Frank in Tübingen unter
Harttmanns Namen erschienen war. In gleicher
Weise bearbeiteten die Freunde nun auch das neue
Testament „mit Bengelischen Summarien und andern
zum nächsten Wortverstand dienlichen Hilfsmitteln."

Dieſes Werk war ebenfalls ſchon in Tübingen in An=
griff genommen worden, wurde in Thailfingen zu Ende
gebracht und von Sigmund in Tübingen 1767. ge=
druckt. Sie hatten aber babei von Seiten des Cenſors,
Dr. Faber, manche Widerſprüche zu erfahren, da ſie
den von jenem misbilligten Anſichten Oetingers offen
beitraten. Es mußte daher manches weggelaſſen werden,
was erſt in der von Harttmann allein beſorgten
zweiten Ausgabe vom Jahr 1777. beigefügt wurde.
Beidemal erſchien übrigens dieſes Buch ohne den
Namen der Verfaſſer, und beim neuen Teſtament iſt
die Vorrede beidemal dem Verleger in den Mund gelegt.

Von den Tagbuchs=Einträgen, die von nun an
immer ſparſamer werden, mögen aus der Zeit des
Vicariatsjahrs einige hier ſtehen.

5. Jan. 1767. Unentwickelte Eindrücke von oben
ſoll man wohl bewahren, und ſie alsbald dem Hohen=
prieſter aufopfern. Sie charakteriſiren ſich beſonders
durch ein ſanftes und ſtilles Weſen (1 Petr. 3, 4.)
und durch eine ſanfte Freude. Man kann oft nicht
ſagen, was ſie eigentlich ſind, und auf was ſie hinaus=
laufen. Indeß kommen ſie von dem ewigen Hohe=
prieſter, dem Pfleger der himmliſchen Güter, her, der
uns öfters einen ſolchen Zufluß gibt aus dem Himm=
liſchen und uns unſre Bürgerſchaft ins Andenken
bringt. Er wird zu ſeiner Zeit das Dunkle ins Helle
und Reflexe überführen; man übergibts ihm. Wer
weiß, was da im Himmliſchen mit uns vorgeht? —
Denn wir ſind mit Chriſto ins himmliſche Weſen
verſezt. Dieſe Verbindung läßt uns der Herr oft
genießen; da dürfen wir uns den himmliſchen Dingen
beſonders nahe denken. O lieber Heiland, was geht
in dieſem Leben mit und in einer Seele vor, die dich
kennt und liebt! Dein Tag wird uns erſt den rechten
Aufſchluß von allem geben. Lege uns nur dieſes alles
als eine Beilage bei auf dieſen Tag, wir möchten ſonſt
mit dieſen großen Dingen unvorſichtig umgehen; gib
uns aber im Glauben einen beſtändigen Genuß von

diesen Dingen und laß sie uns immer lebendig vor
Augen stehen.

6—10. Jan. Der Weg, den Gott mich führt,
besteht meistens darin, daß mir Gott das, was ich
durch seine Gnade habe, verdeckt, und es mich nur zu
rechter Zeit und Stunde, wenns nöthig ist, brauchen,
wissen und genießen läßt. Ich muß mich daher hüten,
es in der Faust haben zu wollen, kein System machen,
immer in kindlicher Abhängigkeit von Gott stehen
(wie die Augen der Knechte Ps. 123, 2.) und mir
von Gott den Glauben von Tag zu Tag stärken
lassen.

10. Febr. Als ich lezthin in einer guten und
fröhlichen Gemüthsverfassung und in einer Freude des
Geistes war, während ich in Oetingers Schrift von
der Herunterlassung las, stiegen mir ungefähr neidische
Gedanken auf. Da spürte ich, wie diese aus dem
Untern herauf an das Herz stiegen, die gute Ver=
fassung auf einmal verschlangen und eine Decke darüber
warfen. Ich lernte daraus, was es heißt: die Lüste
streiten wider die Seele, und wie auf diese / schon
manche Bewegung des Geistes ohne ein ähnliches deut=
liches Bewußtsein mag von mir unterdrückt worden
sein durch das Fleisch. O Gott, wie viel Gefahr ist
der Funke des Geistes ausgesezt!

20. Febr. Wenn sich eine Wahrheit in Einem
aufschließt, die für das gegenwärtige Glaubensmaas
zu groß ist, so ist es etwas Quälendes darum, und
es ist ein Streben, durchzubrechen und Plaz zu machen,
da, als wenn es zu eng in uns für diese Wahrheit
wäre, ein Streben, das alle Kammern des Leibes
durchbringt. Es ist, wie wenn man ein enges Gefäß
zu voll füllt, daß es zerspringen will. Wie thöricht
ist oft der Mensch, wenn er über die genügsame Einfalt
hinaus will, und nicht erkennt, daß es Güte sei, wenn
uns Gott mit allzu starken Eindrücken verschont. So
ging mirs beim Nachdenken über Ps. 77, 11. Da
habe ich etwas von dem gütigen Wort Gottes ge=

schmeckt und begreifen gelernt, warum es ein Mittel der Wiedergeburt heißt.

21. Febr.—4. Merz. Allzu große Deutlichkeit im Vortrag nimmt dem Zuhörer die Lust zu Erforschung der Wahrheit. Unerwartete Wendungen und Verbindungen regen mehr an, und sind mehr nach dem allgemeinen gesunden Menschenverstand (sensus communis) als ein zu sehr entwickelnder Vortrag.

— Lieber Heiland, ich bin gegenwärtig in Finsternis über der Ungewisheit und Wankelmüthigkeit meiner Erkenntnis. Wenn ich recht verstände, was ich wissen und nicht wissen soll, so könnte ich vielleicht dieser Finsternis überhoben sein. Ich erkenne auch gern, daß es gut ist, wenn du öfters solche Stürme über mein Glaubenssystem kommen lässest, weil ich weiß, daß Gewisheit aus Zweifeln erwächst; und bei allem Dunkel freut mich diß, daß mir doch der Halt an dich gewis ist, und daß ich mich über dieses dein Gericht, wodurch du Raisonnement und Glauben in mir scheidest, und mich in das kindliche Geschick der Einfalt leitest, im Innersten meines Herzens freuen und mit voller Zustimmung Ja und Amen dazu sagen kann.

— Je mehr Aufrichtigkeit und Geradheit in Einem ist, desto mehr wird er Freimüthigkeit haben und Geschick im Umgang mit Andern und Freiheit von allem geformten Wesen. O Gott zerschlage alles Falsche in mir durch deinen Bann!" —

Ein volles Jahr versah H a r t t m a n n das Vicariat in Oeschelbronn, nicht ohne Segen und gute Eindrücke sowohl bei der Gemeinde als bei dem Pfarrer. In seiner letzten Predigt daselbst am 3. Sonntag nach dem Erscheinungsfest 1768. sagte er unter anderem: „Mir bleibt bei meinem Abschied von euch das nicht eine geringe Beruhigung, daß ich das Evangelium Jesu Christi, ein Evangelium des Lebens und der Herrlichkeit, geprebigt habe. Das wäre mir schon Ehre genug, wenn ich auch nicht wüßte, ob ich im Segen unter euch gelehrt habe oder nicht. Doch Gott Lob! ich kann auch dieses sagen, ich habe ein Wort geprebigt, das bei Einem und dem Andern unter euch kräftig gewor=ben, und sich als ein Wort des Lebens bewiesen hat. — — Nun, es bleibt Wahrheit, was ich unter euch gelehrt habe; der Herr versiegle es nur bei allen, die es gehört haben. Von dem, was ich bei der Prüfung meines Wandels und meines Bezeugens gegen euch zur Lehre, Warnung und Bestrafung meiner selbst gefunden, will ich euch nur das anzeigen, wie ich mich darüber gestraft gefunden, daß ich bei Kranken= und Todtenbetten öfters allzu schonend gegangen. Der Herr wolle es mir vergeben und mich ins künftige dreister und freimüthiger machen."

Mit dem Pfarrer war er in solcher Liebe ver=bunden, daß er ihn später noch öfter besuchte, und dieser wünschte, er möchte noch in den lezten Stunden um ihn sein, und daß er ihm seine Leichenprebigt über Röm. 8, 31. auftrug.

17. Harttmann als Repetent, v. 1768—1773. inclus.

Im Februar 1768 trat Harttmann mit Kraft als Repetent in das theologische Stift in Tübingen ein, und es war ein neuer Genuß für ihn, an der Seite dieses geistreichen und frommen Freundes den neuen Beruf zu beginnen, wobei ihm so manche Be=lehrung und Ermunterung zu Theil wurde. Kraft leuchtete als Repetent, wie schon zuvor als Stipendiat in Tübingen als ein helles Licht; besonders hatte eine Prebigt, die er am Pfingstfest hielt, ungemeinen Segen. Aber das Licht verzehrte sich gar zu rasch, und die frohe Zeit des gemeinschaftlichen Zusammenlebens der Freunde sollte nicht von langer Dauer sein. Krafts Gesundheitsumstände nöthigten ihn, i. J. 1769., sich auf einige Monate zu seinem Freund und Verwandten Klemm nach Balingen zu begeben, um sich dort zu erholen. Von da wurde er, im folgenden Jahr, da seine Gesundheit sich indeß gebessert hatte, ohne sein

Gesuch auf die Pfarrei Oestmettingen (Diöcese Balingen) befördert. Bald darauf verheirathete er sich mit Henriette Sophie, einer Tochter des Bürgermeisters Dettinger in Waiblingen. Harttmann dichtete ihm zum Hoch=zeitfest das Lied: Freund von leeren Wortgepränge 2c., worin sich der hohe, christliche Sinn ausspricht, der in dieser Freundschaft lebte. Man sieht daraus, wie es ihnen einzig um die lebendige Erkenntnis Christi zu thun war, daß sie darin das höchste Glück ihres Lebens und das festeste Band der Bruderliebe fanden. Auch äußerlich getrennt, verfolgten sie doch noch den gemein=samen, von Oetinger angeregten Plan, in Verbindung mit Märklin, Neuffer, Rösler und Klemm eine Lesebibel herauszugeben, und Kraft arbeitete wirk=lich die zwölf kleinen Propheten aus. Aber durch seinen frühzeitigen Tod zerschlug sich das Unternehmen. Bald nach seiner Verheirathung nemlich stellte sich sein früheres körperliches Leiden wieder ein, aber er wuchs dabei an dem inwendigen Menschen und rückte in gleichem Verhältnis auch in seinen theologischen Einsichten vor. In den zwei lezten Jahren seines Lebens wurde er in der Schule der Anfechtung vollens bewährt. Wie tief diese Anfechtungen oft gingen, das sehen wir aus einer Bemerkung, die er seiner noch im Manuscript vorhandenen Schrift über die i. J. 1770 von der theologischen Facultät in Tübingen gestellte Preisaufgabe: „Wie die Schwierigkeiten, die bisher bei Bestimmung des echten Begriffs von der Sünde wider den h. Geist zurückgeblieben, am glücklichsten gehoben werden?" *) vorsezte. Sie lautet also: „Ich kenne die Schwierigkeiten, welche man bei einer gründ=lichen Auflösung obbemeldter Frage von der Sünde wider den h. Geist vor sich hat, die Verwicklungen, worin sie durch so vielerlei Hypothesen gesezt worden

---

*) Unter den Preisbewerbern waren Oetinger, Roos, Hegelmajer, Joh. Jak. Flatt, Stiftsdiaconus in Stutt=gart, unter welchen der leztere den Preis davon trug.

ist, und die Nothwendigkeit, in Beantwortung derselben
aufs behutsamste zu Werke zu gehen, wohl, und eben
so ist mir auch von meiner Seite das geringe Maas
meiner Kräfte nicht unbekannt. Ich würde mich auch
nicht wagen, die Erörterung einer Materie, welche die
wichtigsten Folgen auf die praktische Theologie haben
kann, auf mich zu nehmen, wenn ich nicht selber in
nachdenklichen Stunden aufgefordert worden wäre, mich
um eine schriftmäßige Einsicht von dem wahren Ver=
stand dieser Sache zu bekümmern, um mich selber vor
Anfechtungen von dieser Sünde sicher zu stellen, und
Andere, die darüber beunruhigt worden, gründlich zu=
rechtweisen zu können." So lange die Anfechtung
währte, achtete er sich des Lehramts unwürdig, und
ging damit um, ein Handwerk zu erlernen; wenn ihm
aber das Licht wieder aufging, so strömte sein Mund
nur desto mehr über von Gnade und Wahrheit und
von dem süßen Evangelium, das wie Milch und Honig
schmeckt. In seinem Amt war er überhaupt darauf
bedacht, dem Herrn Seelen zu sammeln und ein Feuer
anzuzünden, sollte es auch dabei durch manche Kreuz=
und Leidenswege dahin gehen. Auf seinem Sterbebett
bezeugte er unter anderem, wenn er allenfalls die
Kanzel wieder betreten sollte, wollte er noch viel evan=
gelischer predigen, als bisher und das überschwengliche
Heil in Jesu Christo und seine Liebe zu den Menschen
noch viel inniger preisen und rühmen. Er ging dem
Tode mit Freudigkeit entgegen, und wählte zu seinem
Leichentext 1 Mos. 49, 18: „Herr, ich warte auf dein
Heil!" Seine Krankheit war ein hiziges Fieber, wel=
ches sich, da er noch ein junger, vollblütiger Mann
war, bis zur Phrenesis oder Hirnwuth, Raserei,
steigerte. „Er beugte sich tief, schrieb hierüber sein
Schwiegervater Oettinger, aber kein Gericht durfte er
auf seinem Sterbelager nimmer durchlaufen."

Harttmann hielt ihm über den eben erwähnten
Text die Leichenpredigt, in der er mit den kurzen, aber
aus vollem Herzen strömenden Worten auch seines

Verhältnisses zu ihm gedachte: „Ich kann zum Preis
des Herrn und zu dankbarem Angedenken auch das
nicht verschweigen, was ich in einer vieljährigen ge=
nauen Geistesgemeinschaft an Liebe und Treue von ihm
genossen. Die gesegneten Stunden, die ich in Leid
und Freud mit ihm zugebracht, die Erbauung und
Aufrichtung, die mir zu Theil wurde, seine Belehrung
und Beispiel, sollen mir unvergeßlich, ihm aber zum
ewigen Segen angeschrieben bleiben." *) Was er hier
aussprach, war die reinste Wahrheit. Nie erlosch die
dankbare, herzliche Liebe zu dem verewigten Freund;
oft und jedesmal mit Wärme sprach er von ihm, von
den Vorzügen seines Geistes und Herzens, und mit
unverkennbarer Sehnsucht drückte er bisweilen die
Hoffnung aus, ihn jenseits wieder zu sehen. Die
Lücke welche Krafts Tod in seinem Herzen zurückließ,
wurde nie ausgefüllt, so groß auch die Zahl edler
und aufrichtiger Freunde war, mit welchen er in ver=
trautem Umgang stand. Zu diesen gehörte neben
Diaconus Märklin vornehmlich Präceptor Beckh
in Tübingen, ein Mann von tief ernstem Sinn, von
aufrichtigem, freimüthigem Wesen, voll Glauben und
Liebe und von großem Verläugnungssinn, der so wohl
unter den Bürgern als unter den Studirenden für
das Reich Gottes wohlthätig wirkte. Als er seine
erste Gattin, Maria Regina, g. Gräter d. 17. Jun.
1772 verlor, mußte ihr Harttmann die Leichen=
Predigt halten. (Beckh verheirathete sich b. 26. Jan.
1773. wieder mit Elisabeth Friederike, Tochter des
Stadtpfarrers Conz in Haiterbach und der Johanne
Beate g. Rumppus, einer Schwestertochter des
Waisenpfarrers Beckh in Ludwigsburg. Er starb aber
schon am 25. Aug. 1779.) Durch ihn kam Hartt=
mann in Verbindung mit Eytel, dem Schwager
Frickers, mit welchem er bis in den Tod eng ver=
bunden blieb, dann auch mit Haackh, Conz und Reuß.

*) Oetinger schrieb über Krafts Tod an Harttmann: „Nun
ist Kraft daheim: was wollen wir weiter sagen?"

In seinem Beruf wirkte Harttmann mit vielem
Segen. Sein gerader, liebevoller Sinn gewann ihm
die Herzen der Studirenden, und sein Beispiel sowohl
als seine theologischen Kenntnisse verschafften ihm den
wohlthätigsten Einfluß. Ein nachher berühmt gewor=
bener Gelehrter äußerte von ihm, er könnte in jedem
Augenblick unvorbereitet über jeden beliebigen Artikel
der Glaubenslehre examiniren; und unter dem württb.
Volk geht noch jezt die Sage, er habe jeden Vers des
alten und neuen Testaments wörtlich anführen können,
wenn man ihm Capitel und Verszahl nannte, und daß
er von jedem Wort zu sagen vermochte, wo es stand.
So wenig er selbst sich dieses zutrauen mochte, so
beweist es doch, daß man seine Schriftkenntnis und
die Art und Weise, wie er sie ganz zu seinem Eigen=
thum gemacht hatte, zu schäzen wußte. Auch als
Prediger war er geschäzt.

Außerdem wurde er durch zwei Frauen, die Dr.
Gmelin und Dr. Hoffmann bestimmt, für Kinder Privat=
Erbauungsstunden zu halten. Er sprach sich darüber
in einem Schreiben an Kraft folgendermaßen aus:
„Die Frau Dr. Hoffmann hat in mich gesezt, eine
Erbauungsstunde für Kinder zu halten, und weil es
bei ihr immer weiter hinaus kommt, konnte ich es
nicht wohl abschlagen, nachdem ich es zuvor Herrn
Oberhelfer Märklin angetragen und dieser es abgelehnt
hatte. Der Herr stärke mich nun darunter und lasse
mich auch hierin in der Freiheit wandeln, in welcher
ich über alle Urtheile und andere auch oft beschwer=
liche Verbindungen mich erhebe. Ich habe im Sinn,
das mir von den Frauen vorgeschlagene, vom sel.
Glöckler angefangene, und von dir, lieber Bruder,
schon bearbeitete Pensum des Ebräerbriefs anzunehmen,
werde mir aber alle mögliche Freiheit dazu ausbitten.
Es ist mir ein wenig bange darauf, denn es ist schwer,
diese Dinge zu verallgemeinern, und ich wünschte, daß
ich allemal zuvor mit dir darüber reden könnte. Mit
der Frau Dr. Hoffmann steht es recht gut. Ihr Ruhm

an Gott, den sie vorher gehabt und ihr Glaubensmuth,
woran oft auch das Temperament Theil hatte, wird
nun durch ziemliche Läuterung in die gülbenen Stücke
der Demuth gekleidet, und ist nun, wie geläuterter,
also auch desto schöner." — Sie starb kurz nach diesem
Schreiben d. 23. Dec. 1770. Dadurch wurde die
Stunde wenigstens verschoben; aber ganz konnte sich
Harttmann nicht frei machen.

18. Tagbuchs-Auszüge.

2—3. Merz 1768. Ich schlummerte ein wenig
und hörte dabei von Andern ein schlechtes Gespräch.
Da merkte und fühlte ich, daß dieses äußere Gespräch
viel kräftiger in meine Seele wirkte und mehr Eindruck
gab, als wenn ich recht gewacht hätte. Ich lernte
daraus, was in heiliger Schrift wachen heiße, nem=
lich wenn die innern Sinne stärker sind, als
die äußern, daß die Eindrücke von außen
sich nicht sogleich unsrer Seele bemächtigen
können. Und damit die innern Sinne lebhafter
bleiben, als die äußern, so muß man sie nur immer
mit Wahrheit, mit Wort Gottes unterhalten; alsbann
sind sie im Stand, die äußern auf uns zubringenden
Eindrücke entweder zu schwächen oder gar abzuhalten,
daß sie nicht in die Seele eindringen. — In dieser
Beobachtung liegt auch der Grund, warum es Einem
am gewissesten von solchen Dingen träumen wird, die
so unvermerkt in die Seele eingeschlichen, und, so zu
sagen, von der Schildwache der innern Sinne über=
sehen, sind eingelassen worden; denn es träumt uns
gerne von Dingen, die den Tag über ohne unser Nach=
denken barüber, und wo unsre äußere Sinne am pas=
sivsten waren, davon man nicht wußte, daß man so
daran denke, in unsrer Seele umgegangen. Diß hebt
aber die andere Beobachtung nicht auf, daß starke
Eindrücke eben um ihrer Stärke willen im Traum
wiederkehren.

4. Merz. Heute hatte ich einen tiefen Eindruck davon, wie es etwas so Reelles, Lichtes, Beruhigendes und Erfreuendes um die von Gott gelernte Weisheit sei. Ich bekam daher einen eigenthümlichen Trieb und Instinct, aller Weisheit der Welt, der Methode der= selben, dem quälenden Wesen, der Charlatanerie der= selben, auch der Art und Weise sie sich anzueignen, auf immer abzusagen. Die keusche Weisheit des Geistes und Wortes Gottes bewahre, beschüze und unterweise mich, denn sie allein ist friedsam, kräftig, ewig. Sie müsse mir bei allen meinen Arbeiten, Meditationen und Gesprächen vorleuchten, damit alles zur wahren Ehre Gottes und zum wahren Heil meines Nächsten ausschlage.

D. 8. Dec. 1768. hatte ich einen fieberhaften Anfall, der mich sorglich machte, wobei ich an den Tod und an die Ewigkeit dachte. Da fand ich, wie viel ungetödtete Sünde und Unglauben, und wie wenig Concentration des Lebens in mir war. Ich dachte: wie wird birs gehen in der Ewigkeit? Du wirst brav allein sizen müssen, weil du dich der Gemeinschaft der Gläubigen zu viel entzogen, und nicht recht in dem Bande der Einigkeit der Kinder Gottes stehst. Das zweite, was mich anfocht, war, daß ich mich in der Hoffnung des Reichs Christi, auf welches auch die Entschlafenen noch warten, und in der Aussicht auf die Versammlung aller Gläubigen ziemlich wankend und ungewis fand. Es that mir wehe, daß ich nicht so gewis war der Verheißung, einzugehen in die Ruhe des Herrn. Unter diesen Gedanken schlug ich mein neues Testament auf, und da kam mir Ebr. 6. vor, recht passend auf meinen damaligen Zustand. Einige Tage darauf hatte ich in der Nacht einen Traum, in welchem ich einige an Ketten angebundene Thiere sah, die mir schaden wollten, besonders aber einen, dem Ansehen und der Empfindung nach, die ich im Traum davon hatte, sehr giftigen Vogel, der immer auf mich zufliegen wollte, aber angebunden war. Diesen deutete ich, vornehmlich auf meine vielen verirrten, verwirrten, schnell vagirenden, fleischlichen, sinnlichen Gedanken, die mir viel Leiden machen. Dieser Traum freute mich nachher immer mehr; ich faßte einen Muth daraus und dachte, nun wisse ich doch, wie ich von meinen Feinden denken dürfe. Es gab mir auch Beruhigung im Streit wider mich selbst. Doch will ich lieber aus der Kraft beines Todes, o mein Heiland, meinen Glauben im Kampf wider die Sünde stärken lassen. Ich banke dir aber herzlich, daß du dich zu meinem schwachen Glauben so mütterlich herabgelassen. Leite mich nach deinem Rath und bringe mich durchs Gedränge zur Herrlichkeit.

Herr Jesu, wissen und glauben, wer du seiest, und daß du eine eigene Gemeinde auf der Welt habest, das mache mir zu meinem Hauptgedanken, der über alle andern Gedanken, Wünsche und Freuden ꝛc. hinausgehe. Mit diesem Schlüssel schließe mir alles auf, und damit mache mir in meinem Studiren, wenn ich zu viel denke, allemal wieder einen Festtag. Du und deine Gemeinde! — diß wissen und glauben, ist mehr, als wenn ich alle Bibliotheken im Kopf hätte.

D. 2. u. 3. Merz 1769. Einige Zeit führt mich Gott immer mehr auf seine Verheißungen, und besonders auf die Aussicht in das künftige Reich Christi, nicht ohne Empfindung einer Befreiung von meinen particulären Temperaments-Gefangenschaften.

30. April 1769. Als ich von Balingen wieder zurück kam, drückte mich besonders dieses sehr darnieder, daß ich sehen mußte, wie ich so wenig fixe Gedanken und intensive Aufmerksamkeit habe, und wie es mir an dem Schriftverstand und Universalblicken in die Wahrheit fehle. Nach diesem bekam ich eine große Ruhe und Befriedigung, und meine Seele war wie in einer Festung, wo mich die äußern Sachen nicht beunruhigten. Da war mir Folgendes besonders gegenwärtig: 1. immer einfältiger, ungenirter von dem Wohlstand der Menschenformen, sowohl im Studiren

als im Umgang mit Andern unbefangener zu werden,
im Aeußern wie im Innern zu sein, mir mit Be=
scheidenheit etwas über die Formen herauszunehmen;
2. meinen vielen und mancherlei Gedanken zu wehren;
denn damit kann man dem Satan den Rank ablaufen,
wenn man seine Gedanken nicht zu weit ausschweifen
läßt, und bald abschneidet, wenn man zu viel denkt.
Dazu dünkt mich das beste Mittel die Furcht Gottes,
wenn man in der Gegenwart Gottes wandelt und sich
gern öfters erneuert, 3. halte immer eine Munterkeit,
alles willig, gelassen, fertig, ohne viele Gedanken, in
zuversichtlicher Erwartung der göttlichen Führung und
Leitung zu thun; 4. immer mit einer göttlichen Wahr=
heit umzugehen, daß das Herz nie leer ist, sonst wirkt
es sich ins Eitle hinein, und ferner das Gegenwärtige
unter unaffectirter Aufmerksamkeit zu benuzen; 5. nicht
allzu spirituell zu sein, weil es sonst eine Zerbre=
chung unsrer Seele ist und man so gern in Phantasien
und Augenbienerei darüber fällt; 6. in Gesellschaft
immer etwas vor sich haben, womit man umgeht.
Bei diesen Umständen hatte ich einen süßen Frieden.
Ich redete davon auf der Hafnerstube (im Stift), da
war es mir nachher schon nicht mehr so nahe. Hast
du es denn, lieber Heiland, mir nur so im Vorüber=
gehen zeigen wollen, so würde es mich nur desto mehr
schmerzen, daß ich es nicht mehr habe. Ach nein,
schenke es mir wieder, und laß es mir immer nahe
sein in einem steten, lebendigen Blick auf dein Exempel,
denn darin liegt alles dieses und noch mehr.

D. 19. Aug. 1769. hatte ich mit H. Ephorus
einen Verkehr bei meinem Referat. Ich bat ihn um
Erlassung des Locus, worüber er zornig wurde, und
ich zulezt auch aus der Moderation kam, welches mir
leid war. Am Ende aber warf er mir über einer
geringen Sache vor, ich werde es hoffentlich nicht als
ein Leiden um Christi willen ansehen, welches mir 3
oder 4 Wochen vorher auch von seinem Neveu, meinem
Collegen, dem Repetenten Steinweg, im Allgemeinen

als ein Pietistenfehler unter anderem vorgeworfen
wurde. Dieses lezte that mir besonders wehe, daß
der Herr Jesus bei mir auf den Conto der Leiden
um seines Namenswillen müsse schreiben lassen; ging
ins Gebet und rief ihn an, er wolle mich doch recht
in den Leidens= und Kreuzes=Sinn hinein nehmen,
und an der Gemeinschaft seiner Leiden, besonders der
Amtsleiden anstehen lassen, und den Geist der Sanft=
muth, Demuth und Gedult dabei schenken. Ich konnte
ihn von Herzen darum bitten, daß man mir ins künf=
tige diesen Vorwurf nimmer umsonst und ohne Grund
machen könne. Nach dem Gebet schlug ich in Luthers
Schazkästlein 1 Th. S. 200. auf, über Offb. 5, 4.
worin ich eine eigentliche Versicherung von der Er=
hörung meines Gebets bekam, wofür dem Herrn ge=
dankt sei. So nehme ich denn dein Joch und deine
Last auf mich, theurer Jesu; nimm mich an, und
mache mich dir ähnlich, damit ich, frei von Menschen=
furcht und Gefälligkeit, dir mit Ernst, Gedult und
Munterkeit diene. — Ich nehme diesen Vorfall beson=
ders auch deswegen mit Dank an, weil er mich aus
meiner Schläfrigkeit aufweckte, da ich einige Tage her
eine Verlegenheit und Trägheit bei mir fand. — O
treuer Hohepriester, der du die Deinigen nicht ver=
schlafen lässest, sondern sie wieder aufzuwecken und
auch ihre Fehler ihnen zum Besten und zur Förderung
zu kehren weißt: ich halte mich an dich, erhalte du
mich; du allein bist mein Theil. Amen.

D. 6. Febr. 1772. empfand ich in meinem Ge=
müth eine große Beklemmung und mächtige Finsternis.
Ich betete darauf, wußte aber nicht vieles zu beten,
als mich eben der treuen Bewahrung Jesu gegen alle
Macht der Finsternis anzubefehlen. Den andern Tag
spürte ich in meinem Gemüth eine gewisse Freiheit,
wie es Einem ist, wenn er aus dem Arrest kommt.
Da stand mir die Wahrheit nahe: Christus ist uns
gemacht zur Erlösung. O wie wohl thut es, wenn
Einen der Herr von einer Schoos=Sünde befreit! Wie

viel vergebliche Angriffe wagte ich in eigener Kraft,
wie viel Seufzer schickte ich in die Höhe, und es wollte
doch nicht brechen, bis du, o mein Seelenfreund, mich
Gefangenen aus der Grube ausführtest, und mich bis
zu dem Entschluß herab gedemüthigt, mit den Zöllnern
und Huren selig zu werden. Herr, meine erlösten
äußeren und inneren Sinne preisen dich, und beten
die reinigende, verwandelnde und heiligende Kraft beines
Blutes an, wovon du mir schon einmal im Traum
ein liebliches Bild gegeben. In deinem Blute liegt
die wahre Erlösung. Diese umfange meinen ganzen
Lauf, meinen Leib und meine Seele; diese begleite mich
sicher bis in jene Welt. Laß mirs nicht kommen aus
dem Sinn, wie viel es dich gekostet, und wie vielen
Sieg ich darin habe, daß ich e r l ö s e t bin.

16. Dec. 1772. In dem Kampf wider eine be=
sondere, herrschende Sünde verfehlen wir es besonders
daburch, 1. daß wir zu viel nach den Ursachen der
Sünde fragen, wie wir in diese Sünde hineingekommen,
statt daß wir mehr die allgemeine Ursache vor Augen
haben sollen, damit wir desto mehr nach dem ganzen
alten Menschen dem Gericht Gottes schuldig und un=
terworfen würden; 2. daß wir zu viel Nebenmittel
brauchen, z. E. gewisse Bußgrade erzwingen wollen,
uns mit vielerlei Gedanken quälen, wo es bei uns
fehle, viele äußere Versuche machen; dagegen sollten
wir uns gerade in die Angst, Leiden und Tod Jesu
einsenken, weil doch unsre entzündete Eitelkeit durch
nichts als durch den Tod Jesu ausgelöscht wird.
Würden wir uns recht in die Kraft und Gemeinschaft
des Todes Jesu hinein glauben, so würden wir uns
nicht so in unserm Selbstwirken verzappeln; denn es
ist doch in keinem andern, als in dem Namen Jesu,
das Heil. Mit diesem Wort Gottes sollen wir allem
eigenen Wirken den Abschied schreiben; 3. daß wir
meinen, die Sünde soll sich nach einem einmaligen
Kampf nimmer regen. Wir glauben nicht, daß der
Christenlauf ein immerwährender Streit sei. Deswegen

sind wir gleich wieder zaghaft, und die vorigen Sünden
werden wieder lebendig, und schwächen uns den Arm
wider die Sünde.   Allein man muß tausendmal sterben!
O Jesu, wie unverständig sind wir noch in den Kampf=
regeln! Dein Geist übe mich alle Tage besser darin
und mache mir dein Leiden groß, und die Frucht
desselben an mir nach Leib und Seele überschwenglich.

17. Dec.   Eines meiner größten Bedürfnisse ist,
daß ich im Glauben das - Fleisch Jesu als die Wahl=
statt ansehen lerne, worauf ich alle meine Feinde er=
tödtet sehe.

So lange ich noch nicht glaube, daß alles Elend
der ganzen Welt gegen dem großen Heil Gottes in
Jesu Christo, wie ein Tropfen ist, der am Eimer hangt
und wie ein Stäublein, das in der Wage liegen bleibt,
so lange hat auch mein Herz noch nicht die ganze
Erweiterung zum Geheimnis Gottes und des Vaters
und Christi.

Wir begehren öfters die Sünde und die Geschäfte
des Fleisches durch süße und liebliche Eindrücke von
der Gnade zu überwinden; allein wenn wir sie haben,
so verfallen wir oft auf neue Phantasien, auf Erhöhung
unser selbst, auf Verachtung der Andern, auf die Ein=
bildung, als wären wir weiß nicht was! Da ist also
der trockene Glaubensweg der beste. Und so müssen
wir eben lernen, daß auch selbst die Einstrahlungen
des göttlichen Lichts, wenn wir sie zu bald bekämen,
ehe unsre Natur genug gebemüthigt ist, uns nicht nützen
würden. Ein beständiges gläubiges Einsenken in
den Tod Jesu gibt eine große Macht. Ruysbroek
betet erfahrungsmäßig: „Gib, daß ich auf mich selbst
und auf mein Eigenthum kein Vertrauen seze, sondern
mich auf dich und deine allerheiligsten Verdienste im
Glauben verlasse. Gib, daß dein Leiden (nicht meine
guten Gedanken von mir selber) meine Ruhe und mein
Zugang zur Gottheit sei, und ich alle meine Kräfte
in deinen Wunden und Tod verzehre.

23. Merz 1773. Heute Morgen habe ich vor dem Erwachen im Traum eine Sonnenfinsternis gesehen, neben andern, deren ich mich aber nicht erinnere, und mit denen ich mich über die Schönheit dieser Erscheinung und über den guten Einfluß derselben auf die Erde verwunderte. Nach diesem sah ich viele helle Sterne, deren Anblick mich sehr ergözte, und zur Rechten auf einer Höhe gegen Süd-Ost ein schönes Gebäude auf einem Berg, das von der Sonne aufs lieblichste ange= leuchtet wurde. Beim Erwachen wunderte ich mich über den Traum, und da ich im Kalender nachsah, fand ich, daß wohl um eben die Zeit Morgens 6 Uhr mit Eintritt des Neumonds eine Sonnenfinsternis ge= wesen, an die ich vorher nicht gedacht, noch sie gewußt, auch nicht den Tag vorher mit so etwas umgegangen bin.

12. Mai. Mit physikalischen Wahrheiten, beson= ders solchen, die den menschlichen Körper betreffen, ist es oft gefährlich umzugehen, wenn man sie nicht als= bald priesterlich behandelt und Gott opfert, damit daß man sich in seiner ersten Bestimmung zum Priester der Natur erneuert; sonst gibt es nach und nach Lüste und riesenhafte Bestrebungen wider Gott. Darum müssen auch in diesem Studium unsre Sinne durch das Blut Jesu Christi, als das Mittel der Wieder= geburt der ganzen Creatur, gereinigt und tüchtig gemacht werden, und das ewige Wort muß in Ver= bindung mit der Todes= und Auferstehungskraft wieder das rechte Leben in uns hineinsprechen, durch welches wir uns unter bemüthiger Erkenntnis, daß wir unter die Natur herunter gefallen, in die neuen Rechte der Herrschaft über die Natur einsezen lassen.

26. Mai. Ich wurde heute gefragt, wie man die Wahrheit concentrirter beisammen haben könne? Ant= wort: Wenn man mit Einfalt und Ruhe des Gemüths die ersten Eindrücke des Geistes verfolgt, ohne auf andere Dinge gleich zu springen, sich im täglichen Gehorsam gegen die Unterweisung des Geistes übt, seine geistliche Proportion bewahrt und nicht darüber hinausgeht, noch unter dieselbe herabfällt. Das ist Besonnenheit (Selbstbeherrschung). *)

12. September. Heute und gestern mußte ich meinen Beruf zum Predigtamt, wie wenn es das erste mal wäre, aus der Hand des Herrn annehmen, und es war mir ein rechtes Räthsel, daß ich soll zur Verkündigung des Evangelii berufen sein, da ja mein Herr getreuere, demüthigere, und unbeflecktere Arbeiter genug haben könnte. Meine vorigen Arbeiten an der Gemeinde mußte ich wie einen Kirchenraub ansehen; und, o, daß alle künftigen Arbeiten, die mir der Herr vergönnen wird, jedes mal in dem tiefsten und gebeugtesten Sinn der Demuth über meine Erwählung, der ich mehr als eine unzeitige Geburt bin, vernichtet werden möchten! Auch daß mich meine Eltern noch vor meiner Geburt zum Predigtamt bestimmt, worauf ich mich bisher gestützt hatte, fiel mir aus den Händen, und mußte erst durch eine neue göttliche Approbation bestätigt werden. Nun ja, so soll denn alles in meinem Lauf aus dem Meer des göttlichen Erbarmens über mich Unwürdigen heraus, und mit dem demüthigsten Lob in dasselbe zurück fließen.

17. Dec. Es wäre nöthig, daß ich vor jedem Gang auf die Kanzel dem Herrn Jesu abbäte, daß ich diesen Ort betrete, weil ich eigentlich nicht hinauf gehöre, und nach dem Vergangenen zu unwürdig, nach dem Gegenwärtigen aber zu untüchtig dazu bin.

Im öffentlichen Vortrag ist es gut, auf die zwei Hauptstücke zu dringen, 1. durch Darlegung der in Christo geoffenbarten Liebe Gottes das Herz des Menschen zu erweichen und die Liebe Christi einzupflanzen; 2. durch Vorhaltung des künftigen Tags Christi munter und eifrig zu machen und alle Trägheit wegzuräumen.

---

*) Um diese Zeit hatte H. auch mit M. F. Roos, damals Dekan in Lustnau, Umgang. Die von ihm aufgezeichneten Gespräche haben apokalyptische Dinge nach Bengels Auslegung zum Gegenstand.

19. Harttmann als Professor, 1774—1777.

So brachte Harttmann sechs Jahre in Tübingen
zu, während welcher er sehr viele körperliche Leiden
und Beschwerden hatte, so daß sein Lebensziel ihm
frühe gesteckt zu sein schien. Darum sah er mit
Bangigkeit der Zeit entgegen, da er in Stuttgart als
Vicar eintreten sollte, weil seine Gesundheit den beschwerlichen Geschäften nicht gewachsen schien. Er beabsichtigte daher, um Enthebung von dem Stuttgarter
Vicariat zu bitten, und fragte hierüber Oetinger um
Rath. Dieser antwortete (d. 13. Sept. 1773): „Was
Ihre Sache betrifft, so kann ich nicht rathen. Ich
ginge nach Stuttgart und probirte es auf Glauben;
hernach machte ich eine Vorstellung im Consistorium,
und bäte um eine convenable Pfarrei." Aber der
Herr hatte ihn zunächst einen andern Weg zu führen
beschlossen. Herzog Karl pflegte um jene Zeit die
Universität je zuweilen zu besuchen, und am Ende des
Jahres 1770. traf es den Repetenten Harttmann,
vor dem Herzog eine Rede halten zu müssen, wodurch
er sich demselben bemerklich machte. Sie handelte von
den Kräften der Seele und war ganz in Oetingers
Sinn verfaßt, der d. 17. Jan. 1771. darüber schrieb:
„Meine Frau lobt Ihre Rede ungemein. Sie sagt,
man spüre die Gleichheit Ihrer Concepte mit den
meinigen; — was soll ich also censiren? Ich gratulire
zu dem unerschrockenen Bekenntnis. — Sie haben lauter
ordentliche Dinge von den Seelenkräften gebracht; die
außerordentlichen gehören in die Magie; da müßten
Sie den Cornelius Agrippa lesen. Aber das Buch
von der Magie, welches ich Ihnen, wenn ich nicht
irre, geschickt, dürfen Sie nicht anführen. Aber Sie
hätten können Exempel aus der h. Schrift anführen
von den egyptischen Magiern. Doch hätten Sie de
transmissione virium immateriarium Bacons Reden:
das hätten Sie anführen können." Später, am Schluß
des Jahres 1773 hatte Harttmann über das vom

Herzog vorgeschriebene Thema „von Gott und seinen
Eigenschaften, sowie über das Moralgesez in Gegenwart
desselben eine Prüfung zu halten, worüber dieser sein
besonderes Wohlgefallen zu erkennen gab. Bald darauf
ließ er Harttmann fragen, ob er nicht das Professorat
für Religion an der neu errichteten Militärschule auf
der Solitude anzunehmen geneigt wäre?“ Harttmann
erwiderte:

„Zuvörderst erkenne ich das gnädigste Zutrauen
S. H. D. mit unterthänigster Devotion. Die schuldige
Verehrung aber gegen die Herzogl. Gnade, und mein
Eifer, sie zu erhalten, treibt mich, folgende Gesinnung
darüber unterthänigst darzulegen:

1. Was die wichtige Stelle selbst betrifft, so seze
ich ein billiges und gerechtes Mistrauen in meine
Kräfte und Geschicklichkeit, da ich immer den kate=
chetischen Unterricht in der Religion für den wich=
tigsten und schwersten, und für einen solchen ansehe,
bei welchem das Wachsthum der Lernenden nach lang=
samen Gesezen zu gehen scheint, und wo besondere
Geschicklichkeit erfordert wird, die Lust und den Willen
der Lernenden unvermerkt auf einen so wichtigen Gegen=
stand hinzulenken. —

Ferner wünschte ich in Ansehung der Art und
Weise des Unterrichts und der hiezu bestimmten wö=
chentlichen Stunden, wie auch darüber, ob ein eigenes
Lehrbuch zu Grund gelegt werden soll, die gnädigste
Willensmeinung S. H. D. untherthänigst zu vernehmen;
erlaube mir auch zugleich die Bitte, mir den Zugang
zu einem in diesen Stücken erfahrenen und klügeren
Mann, theils zu meiner weiteren Belehrung, theils zu
Prüfung meiner Arbeiten zu gestatten.

2. Was meine Gesundheitsumstände betrifft, so
bin ich genöthigt, mich an die höchste Gedult S. H.
D. unterthänigst zu wenden, und wie ich mich diß=
falls mit glaubigem Vertrauen der gnädigen Verordnung
Gottes über mich überlassen, so würde ich mit eben
diesem Vertrauen auf die mich schüzende Hand Gottes

Harttmann.   8

die mir gnädigst zugedachte Stelle antreten. — Sollte
aber meine Gesundheit eine weitläuftigere Einrichtung
meiner Sachen, als die bisherige, erfordern, so wollte
ich mir dißfalls die gnädigste Dispensation S. H. D.
unterthänigst erbitten, der ich mich auch in der gnädigsten Bestimmung meiner Ordnung und des anzu-
hoffenden Gehalts mit tiefster Submission überlasse.

3. Was endlich mein äußeres Benehmen betrifft,
so bekenne ich hierin gerne meine Unerfahrenheit in
dem Ceremoniell und meine Ungeschicklichkeit in der
sonst erforderlichen Etikette, werde es aber an einem
solchen Betragen nie ermangeln lassen, woraus man
den Charakter eines gewissenhaften, um die Ehre Gottes
und die Gnade seines höchsten Landesherrn bemühten,
und gegen alle Menschen aufrichtigen Mannes erkennen
soll, — der ich mich unter allem diesem der ewigen
Gnade Gottes über mich und der gnädigsten Dispo-
sition meines gnädigsten Herzogs und Landesvaters
mit kindlichem Vertrauen und tiefster Submission
überlasse."

Mit dem Anfang des Jahrs 1774. trat er die
Stelle eines Predigers und Professors der Religion
bei der Militär-Akademie auf der Solitude an. Er
bekam in 9 Abtheilungen 160 Schüler *) aller Alters-
Classen, welchen er wöchentlich 11—14 Stunden Unterricht zu ertheilen hatte. Der Plan, welchen er vorgelegt hatte, war nachstehender:

„Das mir gnädigst anvertraute Pensum gedenke
ich unter dem Beistand der göttlichen Gnade so abzuhalten, daß ich

I. mit der ersten Abtheilung, welche die Vorge-
schrittenern begreift, vornehmlich das Dogmatische der
Theologie mit Einmischung des Brauchbaren aus der
Literatur behandle, und zwar in folgender Ordnung:

1. Von der h. Schrift als dem Plan der Absichten
und Werke, oder des ganzen Vorsazes Gottes mit

---

*) unter diesen war auch der Dichter Frdr. v. Schiller.

dem Menschen auf die gegenwärtige und zukünftige Welt.

2. Von der Eröffnung dieses Vorsazes in der Schöpfung.

3. Von dem Sündenfall, durch welchen dieser Vor= saz Gottes vereitelt zu werden schien.

4. Von der Bestätigung dieses Vorsazes durch die Verheißung von Christo, welche sich durch die ganze Zeitenlinie des alten Testaments immer vollständiger entwickelte.

5. Von der wirklichen Ausführung des Vorsazes in Erfüllung der Verheißungen durch Christum, a. in seiner Menschwerdung, Lehramt und Versöhnungstod, b. in seiner Erhöhung zum Priesterthum und Königreich.

6. Von der gnädigen Anbietung des seligen An= theils an diesem Vorsaz Gottes a. durch den Beruf des Evangelii, b. durch die Sacramente.

7. Von der Annahme dieses Antrags auf Seiten des Menschen, a. durch Buße und Glauben, b. durch Fleiß der Heiligung.

8. Von der Vollendung dieses Vorsazes an uns, welche a. ihren Anfang nimmt im Tod, b. ihr Ziel erreicht in der Auferstehung an dem Tage Jesu Christi.

II. Die 2. 3. 4. und 5. Abtheilung, samt den Kameralisten und Jägern sollen nach eben diesem Plan unterrichtet werden, nur daß nach Maasgabe des Alters manches weggelassen und ins Kürzere gezogen wird.

III. Mit den Künstlern, Musikern und Gärtnern wird eine kürzere Geschichte der h. Schrift abgehandelt und die dogmatischen Religions=Wahrheiten in der geschichtlichen Ordnung entwickelt.

IV. Die bei dem Lehrmeister B e r n h a r d befind= lichen sollen nach S t r e f o w s vollständigem Handbuch für Lehrmeister unterwiesen, und in den Stücken, welche noch das Auswendiglernen fordern, gut geübt werden.

In Absicht auf den ganzen Plan wäre es vorträg= lich, wenn theils zu Erleichterung des Unterrichts, theils um Schwächere mehr nach dem Verhältnis ihrer

Fähigkeit behandeln zu können, eine größere Sonderung der Fähigen von den Schwächeren gemacht werden könnte. Ich unterwerfe mit unterth. Ergebenheit E. H. D. diesen Plan zu höchst gnädigster Genehmigung und ersterbe in tiefster Ehrfurcht."

Außer den in diesem Plane vorgesehenen Lehr= gegenständen hatte H a r t t m a n n noch die gewöhnlichen Predigten, auch Katechisationen mit den älteren Schülern am Sonntag, mit den vier andern Abtheilungen am Donnerstag zu halten, welche auch von den übrigen Einwohnern so zahlreich besucht wurden, daß es an Raum gebrach.

Nach den halbjährigen Prüfungen wurden theils allgemeine, theils besondere Gutachten über die einzelnen Lehrfächer von jedem Lehrer gefordert. Im ersten Halbjahr beantragte Harttmann 1. daß bei der ersten Abtheilung Logik gelehrt werde, da öfters bei den vom Herzog gewünschten Einwendungen der Zuhörer in den Lectionen Begriffsverwechslungen und Abirrungen von der Frage vorkommen; er beantragte 2. Aufhebung oder größere Beschränkung der Literaturgeschichte, da sie für die wenigsten nöthig und für das reifere Alter geeignet sei, und 3. Scheidung der Stärkeren und Schwächeren. Dann fuhr er in seinem Berichte fort: „Von der Beschaffenheit der einzelnen mir gnädigst anvertrauten Abtheilungen ein Gutachten zu geben, möchte bei der hocheigenen, scharfsichtigen und genauesten Kenntnis E. H. D. überflüssig sein. Dem gnädigsten Befehl zufolge aber melde ich in unterthänigster Be= scheidenheit, daß die 1. Abtheilung sich durch Fleiß und Nachdenken, die 2. durch Lernbegierde und Auf= merksamkeit, die Abtheilung der Kameralisten neben einem löblichen Fleiß durch einen bei mehreren sich zeigenden gesezten und guten Gemüthscharakter sich vorzüglich unterscheiden. Die 3. Abtheilung ist größten= theils noch ziemlich schwach; von der 4. kann man sich erst dann etwas versprechen, wenn das den meisten noch anhängende flatterhafte Wesen in Ordnung gebracht

wird, (wozu vielleicht eine einstweilige Erschränkung
der Pensen einen Versuch geben könnte). Die 5. Ab=
theilung gibt, nach Verhältnis des noch lebhaften Alters,
für jezt noch gute Befriedigung. Bei den Jägern ist
die zweite Hälfte noch ziemlich zurück. Die Musiker
sind im Fleiß, Aufmerksamkeit und Gaben, außer
wenigen, meistens gut und einander gleich. Unter den
Gärtnern und Künstlern ist der größte Theil weniger
als mittelmäßig gut."

Im Gutachten nach dem Jahrestag im Herbst
1774. bemerkte er, daß die Gedächtnisübung etwas
zu sehr zum Nachtheil der andern Seelenkräfte betrieben
werde. Auch möchten es wohl zu vielerlei Fächer sein,
welche das zu Zerstreuung ohnehin geneigte jugendliche
Gemüth zu sehr zerstreuen, und manchmal seien · noch
überdiß die in zwei auf einander folgenden Stunden
behandelten Fächer so im Contrast, daß die Eindrücke
nicht haften, oder sich sogar schaden. So dann bemerkt
er über die höheren Wissenschaften, daß sie nicht zu
früh, sondern erst wenn die Gabe der Prüfung etwas
erstarkt ist, getrieben werden sollten. Und da beson=
ders der Ehrtrieb in Anspruch genommen war, so
äußert er sich darüber so: „Wie zur Verdauung Ge=
lassenheit und Freiheit von Affecten gehört, so ist auch
einem Studirenden eine ruhige Stimmung nothwendig,
da sich ein Jüngling durch allzu eifriges Studiren
meistens sehr schadet, indem die Weisheit leichter er=
schlichen als erjagt wird. Aus diesem Gesichtspunct
betrachte ich das Erziehungs=Princip des Ehrgeizes,
das meistens den Menschen so lange fortschiebt, als
der Ehrgeiz einen Reiz findet; hernach aber, wenn
dieser aufhört, in die größte Verlegenheit ausartet, da
hingegen die Liebe zur Wahrheit eine nie erschlaffende
Triebfeder bleibt, und man bei reineren Beweggründen
sich auch eine grünblichere Erkenntnis versprechen darf."

Ferner: „Da der Privatfleiß dem öffentlichen Un=
terricht die Hand bieten muß, den Geschmack des
Jünglings an den Wissenschaften zeigt, und ihn zur

Kenntnis seiner selbst und der Wissenschaften allmählig
führt, auch durch die Freude eigener Erfindung neue
Antriebe des Fleißes gibt: so dürfte es gut sein, den
Privatfleiß durch eine methodologische Anweisung zu
regeln, oder, da doch nicht alle Fälle vorausgesehen
werden können, noch besser, ihn unter die Anleitung
der Lehrer zu stellen, so daß der Lernende diesem von
seinen Arbeiten Rechenschaft zu geben hätte!" Endlich
bemerkt er, daß er wahrgenommen, wie unter manchen
Schülern eine schädliche Unzufriedenheit über zu strenge
Aufsicht herrsche.

„Was die Abtheilungen und ihren innern Zustand
betrifft, so bin ich mit den meisten sehr wohl zufrieden;
nur bemerke ich bei manchen, daß sie bei ihren Einwendungen und beim disputiren oft die Grenzen über-
schreiten und eine Zweifelsucht verrathen, der ein Ge-
lehrtthun zu Grunde liegt, die aber, wenn sie habituell
werden sollte, sie oberflächlich machen würde, oder in
Freidenkerei ausarten könnte."

„Was mich betrifft, so kann ich nach meinem Gewissen versichern, daß ich an meinen Zuhörern mit
wahrem Vergnügen meines Herzens, mit manchem Lob
Gottes über mehrere derselben und mit aufrichtiger
Liebe zu denselben arbeite, auch nicht ohne Grund mir
den göttlichen Segen von meiner Arbeit verspreche."

„Nächst diesem ist mir die gnädigste Zufriedenheit,
womit E. H. D. meine bisherigen Dienste anzusehen
geruhet haben, einer der vorzüglichsten Ermunterungs-
Gründe, meinen schuldigsten Diensteifer mit aller
Munterkeit und Treue zu erproben."

In einer besondern Eingabe bat er um Vermehrung
der Stundenzahl, die dadurch erzielt werden könnte,
wenn einige Abtheilungen besonders genommen würden.

Da aber auch jede Woche Locationen vorgenommen
werden sollten, so erlaubte er sich die Bitte, sie in
monatliche verwandeln zu dürfen. „Eine Location in
der Religion ist an sich schon bedenklich, weil sie mit
Rücksicht auf Verstand und Willen der Zuhörer ge-

macht werden soll, was dem Lehrer schwer, wo nicht
unmöglich ist. Auch ist bei der großen Zahl der
Zöglinge und den wenigen Stunden eine wochentliche
Location ohne Unbilligkeit und den Argwohn einer
Uebereilung des Lehrers nicht zu machen. Ein solcher
Argwohn aber hemmt das Zutrauen und die Liebe
zum Lehrer, und macht den Schüler zulezt verlegen.
Es bestätigt sich diß durch meine Erfahrung, indem
mir schon von einigen meiner Zuhörer klagende Vorwürfe gemacht wurden. Dem würde durch eine
vierwöchentliche Location abgeholfen, da ohnehin eine
zu schnell auf einander folgende Prüfung dem Wachsthum bei jungen Leuten eben so gefährlich ist, wie
wenn ein Gärtner das Wachsthum der Pflanzen noch
während des Keimens untersuchen wollte".

„Es wird mir auch bei der Liebe, die ich zu
meinen Zuhörern habe, nicht nur nicht beschwerlich,
sondern angenehm sein, wenn es mir gnädigst vergönnt
wird, an Sonn= und Feiertagen von Zeit zu Zeit mit
Einzelnen mich in eine mit und zur Erkenntnis des
göttlichen Worts fördernde Unterredung einzulassen."

20. Verhältnis zu Freunden.

In dem, nur eine Stunde von der Solitude entfernten Dorfe Münchingen wohnte damals der origi-
nelle Pfarrer F l a t t i ch, für dessen Erziehungsgrund-
säze sich H a r t t m a n n sehr interessirte, und von dessen
Lehrmethode er oft mit Achtung sprach. H a r t t m a n n
suchte ihn bald nach seinem Amtsantritt auf, und trug
Einiges aus den Unterredungen mit ihm in sein Tag=
buch ein, was hier eine Stelle finden mag.

Mai 1774. Flattich hat drei Regeln. Die erste:
vervollkomme dich selbst, diese hat Christus bis ins
30. Jahr getrieben: die andere: theile dich selbst mit, diß
hat Christus in seinem Lehramt gethan; die dritte: opfere
dich selbst auf, diß hat er besonders in seinem Tode gethan.

Die weltliche Macht ist, nach Flattich, Babel.

Christus sagte: Mir ist gegeben alle Gewalt im Himmel und auf Erden, diß hat nachher der Pabst an sich gerissen. Gott sagt: Die Erde ist mein und was darinnen ist. Diese Macht haben nun die großen Herren an sich gerissen und sagen: „Unser ist die Erde," und fragen nach Gott und dem Pabst nichts. Der König von Preußen hat 1740. bei Erhaltung Schlesiens den Anfang gemacht, da er seinen Unter= thanen befohlen, sich an ihn, und nicht an den Pabst zu halten. Diesem folgen nun die andern großen Herren nach.

Flattich meint, der äußere Zustand der Welt werde recht gut werden, denn Gott lasse es geschehen, daß sich die Braut des Teufels noch vorher in ihrem ganzen Hurenschmuck zeige, ehe die Braut Christi in ihrer großen Herrlichkeit offenbar werde.

Christus hatte außer dem Teufel zwei Hauptfeinde, nemlich die geistliche und weltliche Obrigkeit. Ebenso und in gleicher Ordnung muß auch seine Gemeinde durch diese Feinde hindurch. Bisher stand und litt sie unter Hannas und Kaiphas; nun muß sie auch noch unter Pilatus kommen. Da wird es zulezt blutig hergehen, so sehr es auch davon entfernt zu sein scheint.

(Später, vor Juni 1775.) Der Teufel ist ein Mörder von Anfang, und ist nicht bestanden in der Wahrheit. Daraus macht Flattich den Schluß: also ist der Mord= und Lügen=Geist genau mit einander verbunden. Daraus lernte er auch Gedult, und schloß also: durch Ungedult mordest du dich selbst; so lange du ungedultig bist, so lange liegt auch eine Lüge in dir. Endlich fand er, daß die Hauptlüge und also der Grund der Ungedult dieser war, daß er meinte, es müsse alles nach seinem Willen gehen. Sobald er aber gelernt habe: nicht mein, sondern dein Wille ge= schehe, habe er auch besser Gedult üben können.

— Er machte auch in Ansehung des Menschen gegen andern diesen Klimax 2c.: 1. des Andern Diener, 2. Knecht, und 3. gar des Andern Narr zu sein.

Bei dem ersten richte man sich nach dem Andern durch eine Herunterlassung und willige Verläugnung; beim zweiten hange man von des Andern Willen ganz ab; das dritte sei das Schwerste. So sei auch Christus Judä Narr gewesen.

— Er sagte, er habe bei seiner Information sich Anfangs so viele Regeln gemacht, daß er zulezt nimmer alle behalten konnte. Endlich sei ihm der Spruch eingefallen: wandle vor mir und sei fromm. Da habe er sich entschlossen, fleißig um seine Kostgänger zu sein, und nicht durch Regeln, sondern durch seine Gegenwart Excesse zu verhüten.

Als der Pfarrer Ph. M. Hahn in Kornwestheim, welchen Harttmann schon durch Oetinger und von Oestmettingen her kannte, sich am 16. Mai 1776. mit einer Tochter Flattichs verehlichte, dichtete Harttmann auf diese Verbindung das Lied von der Zukunft Christi.

In Stuttgart war es ein größerer Kreis von glaubigen Christen, mit welchen Harttmann in Be= rührung kam, besonders der Waisen=Prediger Dettin= ger, Kammerrath Reuscher und Expeditionsrath Eisenlohr, mit welchen er auch noch später einen regelmäßigen Briefwechsel unterhielt.

Aus dem Munde des ersteren, (Oettingers) der in der Erinnerung des Volks nicht nur als ein gottes= fürchtiger Mann, sondern auch als großer Alchymist lebt, der vermittelst der Tinctur aus der Asche einer Nelke eine neue blühende und duftende Nelke erweckt habe, hat Harttmann folgende zwei Aussprüche aufgezeichnet:

— Man kann die Erstlinge nach vier Classen be= trachten. Im alten Testament gehörte dazu 1. das ganze Volk Israel, 2. die Leviten, 3. die Priester Aaron mit seinen Söhnen, welchen Gott die Leviten geschenkt hat, 4. Moses, mit dem Gott redete. Diese vier Classen kann man im neuen Testament auf Christum und seine Gemeine anwenden. Der vornehmste Erst= ling ist Christus, das Gegenbild von Mose, dem Mittler des a. T.; die zweite Classe sind die Priester, oder die 144,000 Jungfrauen Off. 14. oder die Gemeinde der Erstgebornen. Die zwei ersteren Classen aber sind die vollendeten Gerechten oder die unzählige Schaar. Off. 7.

— Die Vorstellung vom Gericht Mat. 25. scheint auf die erste Zukunft (Parusie) zu gehen, weil Christus da noch als Menschen-Sohn vorgestellt wird. Denn da wird er noch manches von seiner Menschheit zeigen. Bei dem Gericht, wie es Off. 20. vorgestellt wird, heißt er nicht der Menschensohn. Johannes beschreibt ihn gar nicht, weil er zu diesem herrlichen Anblick keine Worte hatte.

Endlich thut Harttmann auch noch eines Laien-bruders Erwähnung. D. 4. Aug. 1776. schreibt er: „Heute redete ich mit dem l. Abraham Hermann vom Riedenberg. Er erzählte, wie ihm die beiden Kronen der Gerechtigkeit und des Lebens gezeigt worden. Die erste sei weiß, und es lebe alles daran; die andere sei gelb und es habe noch ein Drittel dazu gefehlt, weil er seinen Lauf der Gedult noch nicht beschlossen habe. Jac. 1, 12. Er erzählte auch, daß heute vor 8 Tagen ein Mann in Plieningen zum h. Abendmahl gegangen, der etwas Unrichtiges vorher mit dem Fluch betheuert habe, daß alle vergangenen und künftigen Nachtmahle an ihm sollen verloren sein. Als er die Hostie nehmen wollte, schüttelte er sich mit dem ganzen Kopf; bis er zum Kelch kam, mußte er dreimal nie-dersizen. Bei dem Kelch konnte er vor Schütteln nicht hinkommen, und da ihm der Kopf gehalten wurde, verschüttete er doch einen großen Theil des Weins, so daß er wenig oder gar nichts bekam. Nach dem h. Abendmahl konnte er den Kopf wieder fest tragen. — So gibt Gott immer wieder Beweise, daß er noch Richter auf Erden sei.

21. Verheirathung 1774.

Etwa ein Halbjahr nach seiner Anstellung trat Harttmann in die Ehe mit Louise Johanne, Tochter

des Bürgermeisters zu Cannstadt und Landschaft-Assessors
Beckh (und seiner ersten Gattin, einer geb. Spittler),
welche von ihrem Oheim, dem Waisenpfarrer Beckh *)
in Ludwigsburg erzogen war, und „ihr Herz frühzeitig
dem Herrn Jesus ergeben hatte." Diese Eigenschaft,
sowie der unter Gebet und eigener Aufopferung ihm
ertheilte Rath brüderlicher Freunde, namentlich des
nachmaligen Staatsraths Haackh, bestimmten ihn, um
sie zu werben, nachdem er zuvor dem Oheim die Sache,
erst durch Andere, dann persönlich vorgetragen, und
von ihm eine nicht abgeneigte Antwort erhalten hatte.
Seine ganze Gesinnung leuchtet aus folgendem Werbe-
brief an die Braut hervor:

„Eine wie ich glaube nicht von ungefähr geschehene
schnelle Wendung meiner Gedanken auf Ihre werthe
Person und ein zugleich entstandenes aufrichtiges Vertrauen zu Ihnen ist der Grund meines gegenwärtigen
Schreibens, und einer Bitte, von welcher Sie schon
einige vorläufige Nachricht haben werden. Da mich
nemlich vielerlei Umstände treiben, zu einer Verheirathung zu schreiten, so glaube ich an Ihnen eine
solche Gehilfin zu finden, von der ich mir eine wahre
Förderung und Erleichterung sowohl nach dem Innern
als Aeußern mit Grund versprechen kann. Ein lauterer
Sinn der Wahrheit, eine Liebe zu Jesu und zu seiner
kleinen Heerde, ein in die ewigen Liebesgedanken Gottes
immer tiefer eindringendes Herz, das in diesem Glaubensblick gern die himmlischen Wege erwählt, ein auf
das Unsichtbare und Zukünftige geschärftes Auge, welches über alle Beschwerden der Pilgerschaft hinaus
sieht: das sind die Dinge, die mir seit meinem Beruf
als ein Hauptaugenmerk vor Augen stehen und zu
welchen mich der unermüdete und treue Geist der
Zucht nach so oftmaligen Abirrungen und Seiten-
blicken allemal wieder zurückführt; diß sind aber auch
die Dinge, auf welche ich den Grund meiner ehelichen

---

*) Ueber ihn vgl. Oetingers Leben und Briefe S. 342.

Verbindung zu bauen wünsche, und die ich bei Ihnen anzutreffen um so weniger zweifle, da Sie die Gnade des himmlischen Berufs an Ihrem Herzen schon erfahren haben. Und wie dieser himmlische Beruf bei mir eine wahre Hochachtung gegen Sie, seitdem ich Sie kennen lernte, bewirkt hat, so gibt er mir auch bei meiner gegenwärtigen Bitte den Ausschlag und ein wahres Zutrauen der Liebe zu Ihnen, das mich glauben läßt, Sie werden meinen Antrag einer weiteren Ueberlegung würdigen und denselben an den Ort bringen, wo Ihre und meine Wege schon längst ausgemacht und beschlossen sind.

Die etwa nöthige Kenntnis von meiner Person, Charakter und andern Umständen Ihnen zu geben, steht mir nicht zu, und ich überlasse mich darin dem Zeugnis anderer Personen, die mich kennen. Doch werden Sie mir erlauben, meinem Sinn gemäß nur etwas Weniges beizusezen. Mäßigen Sie die guten Vorurtheile, die Sie etwa von mir haben; an mir und meinem Leben ist nichts auf dieser Erb'; mich allein des Herrn zu rühmen mit immer tieferer Einsenkung in die Armuth des Geistes, ist mein einziger Wunsch. Meine weitere Glücksbahn ist in der Hand dessen, deß ewge Treu und Gnade am besten weiß und sieht, was gut sei oder schade dem sterblichen Geblüt; — unser Ziel soll ja ohnehin die künftige Welt sein. Meine Gesundheitsumstände sind so beschaffen, daß sie mich zu einem täglichen Schwung des Glaubens in die Lebenskraft dessen auffordern, dessen Kraft in der Schwachheit mächtig ist, und der bisher mein Lebenslicht gewesen. Bei dem Ort meines Aufenthalts trösten mich theils die Fußstapfen meines getreuen Führers, der mich ohne mein Zuthun und wider meinen Willen hieher geführt hat, anderntheils die Ansprache an sein mitleidiges Herz, das mir bei aller noch künftigen Verlegenheit zusprechen wird: ich weiß, wo du wohnest. Was meine Liebe und Zärtlichkeit betrifft, so traue ich es dem zu, der in meinem

Herzen das erste Vertrauen zu Ihnen erweckt hat, er
werde dasselbe durch seine Gnade erhalten und vermehren,
und uns im Band einer wahren, reinen und unver=
rückten Liebe gängeln, und im rechten Gemeinschafts=
Sinn mit vereinigter Seele und Geist dem großen und
herrlichen Ziel unsers Laufs entgegen führen.

Die übrigen Umstände von meiner Familie, Ver=
mögen und was noch weiter zu fragen sein möchte,
bleiben auf selbst beliebig einzuziehende Nachricht aus=
gesezt. Es ist des Herrn Geschenk und Gab mein
Leib und Seel und alles, was ich hab, in diesem
armen Leben.

Hiemit haben Sie einen kurzen Abriß meiner
ganzen und aufrichtigen Gesinnung, die ich Ihnen zu
Ueberdenkung eines so wichtigen Schritts, der immer
ein Glaubensschritt bleibt, überschreiben wollte. Und
wie ich Ihnen meine Bitte zu gütiger und liebreicher
Ueberlegung nochmals bestens empfehle, so kann ich
Sie von Herzen versichern, daß nichts als eine auf=
richtige Liebe zu Ihnen und ein wahres Vertrauen zu
Ihrem Charakter der Grund derselben sei. Das Auge
des ewigen Erbarmens stehe bei dieser so wichtigen
Sache über uns offen, und dem Rath seines treuen
Herzens müsse es auch an uns gelingen.

Mit dieser Gesinnung habe ich die Ehre, mich
Ihrem geneigten Andenken bestens zu empfehlen und
mit wahrer Hochachtung zu verharren." ꝛc.

Antwort:

„Dero wertheste Zuschrift ist mir durch H. Lic.
Reuß d. 13. d. M. zugekommen. Zuvörderst danke
ich Ihnen für Ihr gutes Zutrauen; es will mir aber
fast schwer werden, so in Einfalt des Herzens darauf
zu antworten. Ich erkenne mich Ihres Ansinnens an
mich einestheils nicht würdig und anderntheils viel zu
untüchtig. Ich sehe aber eben sowohl als Sie auf
die Leitung und Führung meines Gottes und himm=
lischen Vaters, und möchte gern seinem Wink und
Willen in kindlichem Gehorsam folgen, indem es mir

in diesem Leben um nichts anderes zu thun ist, als meine Seele dem zur Ausbeute davon zu bringen, der sie so theuer erkauft hat mit seinem Blut. Und da glaubte ich freilich an Ihnen einen treuen Gefährten auf dem Wege zum ewigen seligen Leben zu bekommen. Hievon hat mich der Herr, seitdem mein l. H. Oncle das erste mal von dieser so wichtigen Sache mit mir geredet hat, manche Spuren und Ueberzeugungen in meinen stillen Seufzern zu ihm finden lassen. Doch kann ich bei allem dem nicht bergen, daß es mir schwer würde, in einen so wichtigen Stand einzutreten, wenn nicht der an Ihnen bemerkte lautere Sinn in Ihrem Christenwandel eine besondere Hochachtung gegen Sie in mir erweckt hätte. Bei solcher Beschaffenheit aber überlasse ich mich gerne der allein weisen Fürsorge meines lieben himmlischen Vaters der unsre Haare alle auf unserm Haupte gezählt hat, und ohne dessen Willen auch mir keines entfallen kann, noch viel weniger auf andere Weise etwas zu kurz oder zum Nachtheil geschehen wird.

Gott, der im Regimente sizt und alles wohl macht, sei denn diese Sache zu seiner gnädigen und heilsamen Lenkung anbefohlen und überlassen, ob und wie er solche auszuführen für gut findet.

Inzwischen empfehle ich mich Ihrem mir jederzeit hochschäzbaren Angedenken und beharre mit Hochach= tung." rc.

Am 13. September 1774. wurde die Trauung durch den Oheim der Braut, Waisen=Pfarrer Beck vollzogen. Harttmann dichtete auf dieselbe ein Lied, worüber Präceptor Beck an ihn schrieb: "Jenisch sagte, da er dein Carmen las, du werdest dabei nicht viel an der Feder genagt haben, es werde gut fort geflossen sein. Wenn man mirs aus Amerika geschickt hätte, so hätte ich den Vogel am Gesang erkannt. Unter allen ist es richtig das beste." Köstlin schrieb ihm: "Von dem ewig treuen Heiland hast du aus seinem Priesterthum und Königreich solche liebliche

Eindrücke über diese Veränderung bekommen, daß davon kein geringer Schatten auf andere Carmina fällt."

Die Wahl seiner Gattin war für ihn eine höchst glückliche. Sie theilte nicht nur seine Gesinnung und war ein Muster christlicher Gesinnung und Wandels, sondern sie kam ihm auch durch ihre Geistesbildung zu statten, indem sie ihm in vielen Fällen Secretärs-Dienste leistete. Auch sie war, wie der Gatte, vom Geist der Liebe, der Demuth und Aufrichtigkeit durchdrungen, so daß beide immer in den freundschaftlichsten Verhältnissen mit denen blieben, mit welchen sie durch ihre Stellung in Berührung kamen. Seinen Sinn und Verhalten hat er in dem Lied, welches er zu der Hochzeitfeier seines Freundes und Collegen Reuß d. 11. Nov. 1776. verfaßte, aufs beste geschildert. Neben dem schuldigen achtungsvollen Gehorsam gegen Höhere, war es sein Streben, stets ein gutes Gewissen zu bewahren, und sich weder durch Furcht noch durch Gefälligkeit gegen Menschen von der geraden Linie des Rechts und der Wahrheit entfernen zu lassen. Als z. B. einer der Professoren in Ungnade gefallen und entlassen worden war, zogen sich die meisten andern, aus Furcht zu misfallen, von ihm zurück; aber Hartt-mann und einige andere änderten ihr Verhalten gegen denselben nicht. Er blieb mit seiner Gattin dem oft ausgesprochenen Grundsaze treu: „Unverzagt und ohne Grauen, soll ein Christ, wo er ist, stets sich lassen schauen;" — und wurde nicht zu Schanden.

Auch das Verhältnis zu Freunden wurde durch seine Verehlichung nicht geändert, da auch die Gattin an demselben den innigsten Antheil nahm. So schrieb ihm Vater Oetinger d. 22. Jul. 1774: „Lieber Bruder, man muß es der väterlichen Regierung Gottes zutrauen, daß er Ihr Verlöbnis so regiert hat, wie es geschehen. Er, der dennoch Alles in Allem ist, hat Ihre Tritte schon gezählt. Ich bitte den Vater im Himmel Ihrethalben, mit seinen Segensquellen über Sie bestens zu wachen."

Auf die Vermählung selbst verfertigte Oetinger folgendes Gedicht:

1. Ein Bräut'gam soll das hohe Lied In keinem Stück verkennen, Er muß nach göttlichem Gebiet Nicht das Verliebtsein trennen.

2. Wenn er schon sagt: ich lieb' die Braut, Er kanns nicht ohn' Verlieben; Er ist zu Einem Geist getraut, Das muß er feurig üben.

3. Wie reimt sich diß mit Pauli Sinn, Daß, wer sein Weib als Eine Lieb hat, soll dennoch immerhin So sein, als hätt er keine?

4. Wie? darf man in den Gatten wohl Verliebt sein, und sich herzen? Still! sei des Hohenliedes voll, Hier gilt kein leichtes Scherzen!

5. Der Bräutgam freu sich seiner Braut, Wie Gott sich beider freuet, Was Gott durch sie zeugt und erbaut, Ist längstens benedeiet.

6. Nun, werdet eurer Liebe froh Mit vielem Dank und Loben; Aus ihm, dem wahren A und O, Empfanget Kraft von oben."

Oetinger fand sich in des Freundes Hause bald heimisch und brachte seinen Geburtstag bei ihm zu. Das Vertrauen blieb das alte. Ja, im April 1774. schrieb er sogar: „Es fragt sich, ob ich meinen Sohn Johann Friedrich nicht auch auf die Solitude nach dem Magisterium bringen kann, daß er die Theologie nach Ihrer Methode studire?"

Er nahm überhaupt lebhaften Antheil an der Militärschule, und schrieb einmal an Harttmann: „Sie können das Geheimnis Gottes und Christi den Eleven aus der Patriarchal=Physik erklären. Ich will Exemplare schicken, oder ich wollte selbst, wenn Serenissimus es erlaubt, ein paar Stunden darüber halten, wie Theologie, Chemie, Jura und Medicin aus Einem Grunde gehen." Im Jahr 1776 bittet er Harttmann, zum Druck der Epistelpredigten mitzuwirken. Auch zum biblischen Wörterbuch, welches schon seit 1773. vorbereitet wurde, bot er die Hand. Oetinger schrieb damals: „Sie sind meinem Herzen sehr intim, absonderlich mit der Hilfe zum Wörterbuch. Das ist nun mein Geschäft. Ihre Collection vom Tag Christi ist sehr schön. Fahren Sie fort; es ist alles rein, wie Sie denken."

22. Tagbuchs-Auszüge aus dieser Zeit.

11. Jan. 1775. Zu Anfang dieses Jahrs spürte ich meine schwächlichen und hämoptischen Umstände, die durch ein Laxans rege gemacht wurden; auch stellte sich mit denselben des Nachmittags ein leichtes Fieber mit starker Hämoptysie (Blutauswurf) ein. Diß verfinsterte mich sehr. Der Herr kam aber meinen Sorgen mit seiner Liebe zuvor und gab mir b. 7. Jan. mit dem Erwachen das Heilmittel in den Sinn: ich soll Sal sedaticum Hombergi (b. i. Acidum boracicum oder borax Sauri) und Sal Sedlicense (b. i. Magnesia salpharica oder Salamorum, Bittersalz) gebrauchen. Von dem ersteren Medicament kann ich mich nicht erinnern, daß es mir vorher auch nur dem Namen nach bekannt gewesen. Ich brauchte b. 9. darauf das erstere Salz, und gleich des Nachmittags blieb das Fieber samt dem Blutspeien aus. Fast ein gleiches begegnete mir das vorige Jahr. — Mein Herr, du beweisest dich auch an mir als den Herrn, Herrn, der vom Tode errettet. Leben ist dein Wohlgefallen. Lobe den Herrn, meine Seele, und was in mir ist, seinen heiligen, lebendigen Namen. Leib und Seele müssen sich, so lange ich hier walle, freuen in dem lebendigen Gott. Amen! Hallelujah!

D. 10. Jan. nach Mittag, und den 11. vor Mittag, genoß ich manche Eindrücke und ein sanftes Gefühl von der Freundlichkeit Gottes mit einem großen Frieden in der Seele. Dein Fried bewahr mein Herz und Sinn, so lang ich in der Hütte bin.

Die Gewißheit wegen meiner Gesundheitsumstände hatte nachher wieder mit vielen Zweifeln und

Finsternissen zu kämpfen. Im Unglauben gab ich auch
den Gebrauch obbemeldter Medicin auf. Die Zweifel
trieben mich immer mehr herum. Endlich bat ich den
lieben Gott, er wolle mir selber eine Versicherung
wegen meines Lebens geben, und sezte es darauf aus,
ich wolle es glauben, bis er mir durch einen Andern
den Spruch sagen lasse: Ich werde nicht sterben, son=
dern leben und des Herrn Werk verkündigen. Diese
Bitte trug ich eine Zeitlang in mir herum, bis den
25. Febr. die Jungfer B . . . aus Leonberg zu
mir kam, die Sonntags darauf, (an **Esto mihi**) meine
Hochzeitgedichte zu lesen begehrte, davon sie die Hälfte
vor dem Mittagessen stille gelesen. Nach dem Mittag=
essen wollte sie die übrigen lesen; weil aber noch zwei
andere Leonbergerinnen dazu kamen, so las sie dieselben
laut. Und unter diesen war das erste das Carmen
des l. Märklin, wo es in einer directen Anrede an
mich heißt: „Sprich, Freund: Ich werde nicht sterben;
ich werde leben und des Herrn Werk verkündigen.“
Alsbald fiel mir meine Bitte ein, und ich wunderte
mich über die Herunterlassung Gottes, der meinen
Unglauben so väterlich beschämt. Doch wollte ich
nachher wieder Einwendungen dagegen machen, und
fühlte meinen Unglauben, und erkannte, daß meine
Schwachheit des Glaubens in Ergreifung der geistlichen
und noch größern Verheißungen so matt ist und so
wenig zugreift. Indessen will ich unter dem Beistand
des h. Geistes dieses Verheißungswort über Leib und
Seele mit immer stärkerem Glauben aussprechen lernen;
und dazu schenke mir, du durchgeübter Glaubensheld,
deinen unüberwindlichen Glaubensgeist. Amen.

24. Jun. 1775. Herr Jesu, meine Gebete über
mein Elend und meine Seufzer und Thränen darüber
sind nichts; denn ich kenne sie nach ihren innersten
Quell=Puncten nicht. Meine Vorsäze sind nichts, denn
sie führen im Verborgenen immer noch etwas von der
an deinem Kreuz verfluchten eigenen Kraft mit sich.
Aber deine ehemaligen Gebete und Seufzer, deine

wirkliche Fürsprache sind und bleiben, wenn du mich
auch von allem ausziehst, meine einzige Zuflucht, und
die Macht deiner Erlösung, die Kraft deines Todes,
der Sieg deines Auferstehungslebens soll alle meine
Vorsäze in ihr gehöriges Nichts verschlingen. Ich will
vom Haupt bis auf die Fußsohlen, vom Aeußersten
bis ins Innerste ein pur lauteres Geschöpf deiner
Gnade und vor der ganzen Creatur ein Gegenstand
des Lobes deiner ewigen Erbarmungen sein.

— Es ist ein großer Fehler, daß die Kinder Gottes
gegen die Welt mit gleichen Waffen streiten wollen,
und nicht, statt des gewöhnlichen Demonstrations-Geistes
den Geist der Kraft zu bekommen suchen. Der Welt-
geist ist wie bei Ismael ein Spott- und Mord-Geist.
Gegen diesen will sich unsre Natur auch durch Spotten
und durch Grimm helfen. Allein wir müssen in die
Demuth und Sanftmuth hinein, daß Gott aus dem
Munde der Kinder und Säuglinge sich eine Macht zubereiten will, zu vertilgen den Feind und den Rach-
gierigen. Da müssen wir uns oft verspotten lassen
wie Isaak, mit der Vertheidigung der Wahrheit ins
Gedränge kommen, bisweilen darüber gedemüthigt werden, bis uns die himmlische Weisheit dadurch näher
an sich gewöhnt, daß sie uns alsbann zu rechter Zeit
ein Wort der Kraft in unsern Mund geben kann. —
Da müssen wir oft in einen Grimm der Natur kommen,
über den uns die himmlische Weisheit von der Welt
züchtigen läßt, und uns dadurch in die allgemeine Liebe,
in die Gedult und Sanftmuth hineinführt, daß wir in
dieser alsbann über die Feinde siegen.

— Wir müssen nicht glauben, daß man einem
Gegner allemal müsse direct antworten können; der
l. Heiland hat seine Feinde meistens indirect abgefer-
tigt. Wir müssen auf die Quell-Puncte acht geben,
aus welchen die Menschen reden, und in unsern Antworten auf diese los gehen. Da treffen wir nicht nur
ihren Verstand, sondern auch das Herz und Gewissen.
Das schlägt ein.

23. Versezung auf die Pfarrei Jllingen 1777—81.

Dritthalb Jahre war Harttmann auf der So=
litude, und noch etwas über ein Halbjahr in Stutt=
gart an der Militär=Akademie angestellt, und durfte
sich des göttlichen Segens seiner Arbeit erfreuen, in=
dem seine religiösen Vorträge einer großen Zahl der
Zuhörer ans Herz gingen und tiefe Eindrücke zurück=
ließen, die auch noch später, da sehr viele in wichtige
Aemter kamen, nicht ohne wohlthätige Wirkungen
auf die Leitung der öffentlichen Angelegenheiten wurden.
Dabei hatte er sich der allgemeinen Liebe und Achtung
zu erfreuen, von der ihm noch bis ins späte Alter,
auch ohne sein Zuthun, durch das Wohlwollen gegen
seine Kinder, die wohlthuendsten Beweise gegeben
wurden. *)

Indeß wurden eben diese tiefen Wirkungen seiner
Vorträge nicht gerne gesehen, da sie wirklich bei Man=
chen eine Gewissenhaftigkeit erzeugten, welche man,
obwohl mit Unrecht, übertrieben fand. Diß und frei=
müthige Aeußerungen über herrschende Sünden in
Predigten, die ihm zuweilen übertragen wurden, be=
wirkten es, daß der Herzog, — fast scheint es mehr
von außen als von innen — bestimmt wurde, ihm am
3. Jan. 1777 die Stelle eines Pfarrers in Jllingen
zu übertragen. Harttmann erklärt sich in einem
Brief an den seinem Herzen besonders nahe stehenden
Missionar Schöllkopf in Ostindien vom 24. Oct.
1777, der nach dessen Tod mit dem Vermächt=
nis seiner andern Papiere an Harttmann zu=
rückkam, ganz offen so: „Die lezten Briefe hast Du
noch nach Stuttgart an mich gerichtet; aber Du mußtest
nicht, daß man mir dort den Abschied gegeben. Mit
Anfang dieses Jahres nahm meine dreijährige Arbeit

---

*) Dr. Kohlhaas aus Regensburg schrieb d. 8. Febr.
1779. an Harttmann: „Bez sagt, Du habest so viel Red=
lichkeit und Aufrichtigkeit und so viel Einnehmendes in Deinem
Charakter, daß man Dich gerne haben müsse."

an der Akademie ein Ende. Man war meiner Thätig=
keit für das Reich Christi, die noch überdieß von meiner
Seite mit viel Schwachheit, Fehlern und Muthlosigkeit
verbunden war, überdrüssig. Man wollte mich zum
Professor in Bebenhausen machen; weil ich mich aber
nicht melden und den Schein geben wollte, als hätte
ich mich selbst von meinem Amt losgerissen, so blieb
die Sache eine Zeitlang hängen, bis **Dr.** F a b e r bei
der jährlichen Akademie=Prüfung die Sache so zu wenden
wußte, daß er unter allerlei Beschuldigungen von
Heterodoxie alle Kloster Professorate von mir abwendete.
Nun war der Schritt zum Hirtenleben gebahnt. Es
hieß: man kann ihm eine mittlere Pfarrei geben.
Ensingen, eine gute Hut, war vacant; ein Schwager
des **Dr.** Faber wurde dahin befördert, und gleich den
3. Jan. dieses Jahrs kam ich an dessen Stelle nach
Jllingen. Diese Promotion hörte ich Anfangs nicht
ohne heimlichen Widerwillen meiner Natur; ich glaubte,
ich sei, ein Spiel menschlicher Leidenschaften, wie durch
ein Ungefähr nach Jllingen geworfen, um so mehr,
da mich das Mitleiden Zions und der Welt in meiner
Ansicht bestärkte und meine **ignes fatuos** (thörichte
Aufreizung) nährte. Ich merkte also den verborgenen
Fuß meines so getreuen Führers nicht, und wollte
meine Promotion für kein Decret aus dem obern
Kabinet ansehen. Ich gab mich darein; aber heimlich
wars eine erzwungene Gebult, und hielt meine Anstands=
Predigt über Marc. 1, 15. Dieser erste Besuch an
meinem neuen Wohnort geschah unter manchem uner=
klärlichen Gedräng; doch gab ich meinen Willen nach
und nach darein. Indeß wagte ich doch noch vier
Wochen vor meinem Aufzug, auf den Rath einiger
Brüder, mich um das vacant gewordene Kloster=Pro=
fessorat Blaubeuren zu melden; erfuhr aber nun erst
recht deutlich, woher mein Patent sei, und blieb in
meinem ersten Beruf. Dieser Schritt reute mich hin=
tennach nicht, weil ich ihn mit einem schon geopferten
Willen gethan habe, und weil mein bisher verborgener

Führer sich mir dabei recht vors Gesicht stellte und auf meinen Lauf das Siegel drückte. Ich glaube, er hat es mir nicht übel genommen oder wenigstens zu gut gehalten. Ich ging also den 29. April meinem lieben Illingen zu, und verließ Stuttgart. Die Ge- meinschaft mit Zion wars allein, was mir diesen Ab- schied schwer machte. Nach der übrigen Lust that es mir, nicht ahnb. Mit den fabris fortunae meae (den Lenkern meines Geschicks) bin ich auch zufrieden, seitdem mich der Herr in sein Heiligthum geführt hat. Den Herzog kann ich mit Grund nicht beschul- digen, *) und bleibe sein Unterthan, der ihm Gnade und Barmherzigkeit wünscht. Ueberhaupt, der Herr ist mein Hirt."

In Illingen schuf sich Harttmann bald einen gesegneten Wirkungskreis. Schon nach halbjährigem Aufenthalt schrieb er in dem eben erwähnten Brief an Schöllkopf: „Von dem hiesigen Ort machte man mir verschiedene Relationen. Mit einem Wort, es war ein schon viele Jahre ungebauter Weinberg. Da sah ich einer langen Einsamkeit und eigentlichen Verlassen- heit (orbitus) entgegen; der Herr aber machte meine Sorgen bald zu Schanden: er ließ meine Gemeinde etwas von der Mutterkraft des obern Jerusalems er- fahren und schenkte mir bald etwas von der kleinen Heerde zu sehen, so daß ich wirklich eine Gemeinschaft von 40 Personen beisammen habe. Ich weiß nicht, soll der Dank oder die Beschämung darüber in meinem Herzen die Oberhand behalten? Ich weiß wohl, daß man auch in diesen Sachen mäßiglich denken soll; in- deß sei der Herr gelobt, der mir nicht geschwiegen hat! O Herr, ich bin dein Knecht, deiner Magd Sohn; gedenke mein nach deiner zärtlichen und erbarmenden

---

*) Als der Herzog Karl einmal, eben im Begriff, auf einen Ball zu gehen, ihn fragte, ob er nicht auch einmal tanzen wolle? soll Harttmann geantwortet haben: Ja, wenn es mit David vor der Bundeslade herginge. Koch Gesch. des Kirchen- lieds 3. B. S. 169.

Liebe zu deinen Knechten, und verwirf mich nicht.
Gedenke meiner nach deiner Gnade und Wahrheit, die
vor deinem Angesichte sind. Lobet den Herrn, alle
seine Knechte! Amen, Hallelujah!

Besonders nahm er sich hier des Jugendunterrichts
an, und erklärte den Kindern in der Kirche die Sprüch=
wörter, die ihm vielfache Gelegenheit gaben, alle Ver=
hältnisse des Lebens zu berühren, und die durch körnigte
Form sowie durch die kräftige Sprache ganz geeignet
sind, tiefere Eindrücke auf die Gemüther zu machen
und fürs ganze Leben zu erhalten.

24. Tagbuchsauszüge.

D. 19. Sonntag nach Trinitatis, b. 25. Oct. 1778.
bekam ich eine Versicherung, daß ich unter die Zahl
der Knechte Gottes und Christi gehöre. Ich katechi=
sirte über das Amt der Lehrer. Nach der Kirche ging
ich ins Gebet vor Gott und legte mich ihm dar mit
meiner Unwürdigkeit und mit der Bitte, mich als seinen
Knecht gelten zu lassen. Ich wurde auf mein Gebet
beruhigt und schlug nachher den Vers auf als eine
directe Antwort: „Da Gott seinen treuen Knechten
Geben wird den Gnadenlohn, Da die Hütten der Ge=
rechten Stimmen an den Siegeston, Da fürwahr Gottes
Schaar Ihn wird loben immerdar." (Hallisches Ges.=B.
S. 465 f. Auf ihr Christen, Christi Glieder V. 11.)
Auf der andern Seite hatte ich unter der Hand V. 7.
aus dem Lied: Das Leben unsers Königs siegt 2c.

D. 7. Nov. 1778. Samstag Abends, da ich über
das Evangelium vom 21. Sonntag nach Trinitatis
stachirte, und mein größeres Kind an den Blattern
lag, worüber ich einige Tage vorher in vieler Angst
war, wurde ich schnell aufgeheitert und versichert, es
gelte auch mir das Wort Jesu an den Königischen:
dein Sohn lebt. Von da an war ich beruhigt, und die
Genesung meines Kindes wurde immer deutlicher. Frei=
tags vorher schlug ich den Spruch auf in Luthers Schaz=
kästlein: Hoffet auf ihn allezeit, liebe Leute. Ps. 62, 9.

Auf diese beiden Gnadenbeweisungen aber mußte ich allemal einen Strauß mit meiner Natur bestehen und gab es häusliche Streitigkeiten und Mishellig= keiten, die mir diese Gnadenbezeugungen verdeckten und mich mir selber unbekannt und räthselhaft — — dar= stellten. O wie verdeckt geht das Werk des Herrn unter den Anfällen des alten Menschen von statten!

D. 22. Jun. 1780. *) Ein Mensch berührt den andern, **) also noch vielmehr ein Christ den andern, weil in dem Geist ein großer Magnetismus liegt. Das Fundament der Handreichung ist die Gegenwart Jesu und seines Geistes unter den Seinigen: „Wo Zwei oder Drei in meinem Namen versammelt sind, da bin ich mitten unter ihnen." Handreichung des Geistes geschieht entweder mittelbar oder unmittelbar, in die Ferne oder in der Nähe. Zu der ersteren haben wir meistens noch nicht genug Perspirabilität, darum müssen wir uns an die andere halten. Von der ersten Art möchte die Stelle 1 Kor. 5, 3. ein Beispiel ab= geben. Je mehr man mit Christo, dem Haupt, ver= bunden wird, desto mehr empfindet man, (wie Oetinger sagt) daß am Leib Christi alles zusammenfließt, zu= sammenathmet und zusammenleibet. Dieses kann man auch ohne reflexe Empfindung genießen; denn Ebr. 12, 22—24. bleibt wahr, wir mögens fühlen oder nicht. Die Handreichung des Geistes in der Nähe geschieht durch gemeinschaftliches Gebet, durch Gespräche, durch Blicke und Geberden, durch allerlei unvermerkte Ausflüße des Geistes gegen einander. Es ist gar eindringend und lieblich, wenn man auch etwas vom Geist zu sehen bekommt. Die Handreichung des Geistes wird gehemmt durch Richten, durch eigensinnige Formen in der Erkenntnis und im Wandel, durch

---

*) Die zwei nachfolgenden Notizen sind wahrscheinlich Thesen für Conferenzen.

**) *Homo homine tangitur.*

Wohlgefallen an sich selbst, — durch korinthische Sec=
tirereien, durch Ungebult, da man sich durch Unarten,
die einem Andern von diesem Leibe der Sünde und
des Todes noch anhangeu, den Keim des Geistes ver=
decken läßt, — durch verborgene Weltförmigkeit, durch
unterhaltene heimliche Verständnisse mit dieser oder
jener Sünde 2c. Je mehr man durch Leiden geübt
wird, desto mehr wird die Handreichung befördert, und
die über den innern Menschen hergezogene Schale wird
immer dünner, daß der innere Mensch desto leichter
transspiriren kann. — Die Handreichung des Geistes
geht entweder aufs Ganze oder auf einzelne Glieder
der Gemeinde. Die erstere ist in der gegenwärtigen
Zeit der Zerstreuung schwer völlig in den Gang zu
bringen, bei der andern muß man sich für den Mangel
der ersteren schadlos halten. Bei beiden Handreichungs=
arten können wir ohne viele Mühe sehen, wie viele
Politur wir noch nöthig haben, bis wir als lebendige
Steine am Tempel Gottes zusammenpassen. In unserer
gegenwärtigen Zeit gibt es viele Luxationen und wenig
geschickte Chirurgen, die sich auf das Einrichten der
verrenkten Glieder verstehen. — Weil wir die erste
Eigenschaft der Weisheit von oben, nemlich die Keusch=
heit zu wenig in acht nehmen, und die Selbstmittheilung
zu bald anfangen, und zu weit, oft bis in die offene
See der Welt hinein ausdehnen, ehe wir die Selbst=
vervollkommnung genug. getrieben, so kommen wir in
viele Weltschematismen hinein, wovon wir viele Schlacken
in unsere Erkenntnis und in unsern Wandel bekommen,
und hernach wie Leute werden, die zwischen Himmel und
Erde hangen. So kann unser Geist eine Diana werden.
(Apg. 19, 35.) Da kommt die Handreichung des Welt=
geistes und des Geistes der Gemeinde oft in wunderbare
Collisionen. — An den zwei Lehren vom Magnetismus
und der Electricität kann man sich die Lehre von der
Handreichung des Geistes in vielen Stücken deutlicher
machen. Bei den Unvollständigkeiten dieser Handrei=
chung wollen wir doch nicht an einander müde werden,

unsere Bemühungen nicht viel über das Lücken-Verzäunen (Jes. 58, 12.) hinaustreiben, sondern im Bande des Friedens, in der Kraft des Geistes Jesu immer mehr mit Ernst der Verläugnung dem Ziel entgegen bringen, daß wir zu dem großen und lieblichen Eins, das uns unser Haupt vorgesteckt hat, (Joh. 17.) und zu der herrlichen Erzversammlung aller Heiligen in dieser und jener Welt nach Ablegung mancher Hüllen und Hülsen unter den bewirkenden Einflüssen des Hohepriesterthums Jesu durchbrechen.

— Frage: Darf ich, anstatt die Menschen geradezu oder auch durch Umwege, die freilich die Umstände erfordern können, auf Buße und Glauben an den Herrn Jesum zu führen, ihnen, auch wenn der Grund mit Buße und Glauben noch nicht gelegt ist, immer nur ihre Bestimmung zur Gottähnlichkeit und die Herrlichkeit des Königreichs Jesu Christi, wie es in seiner höchsten Vollkommenheit sein wird, vorprebigen, und darf ich davon die nehmliche Wirkung erwarten, die zugestandenermaßen aus der einfältigen Predigt vom Kreuz oder der Buße und Glauben, als dem geraden Weg, entsteht? Antwort: Unser Predigt-Vortrag von Buße und Glauben ist in allweg die Hauptsache; aber es ist auch nicht zu bergen, daß in eben diesen Vortrag sich heut zu Tag eine große Monotonie eingeschlichen, wodurch die Zuhörer „träge zum Gehör" werden, und es kommt oft so heraus, als wenn man Einem immer nur vom Weg und nicht vom Ziel des Weges predigte. Da der Mensch ohne rechte Beweggründe entweder gar nicht, oder ungern oder falsch wirkt, so muß er zur Buße und Glauben durch rechte Beweggründe angetrieben werden. Je mehr diese Beweggründe in die ganze Oeconomie Gottes einschlagen, je mehr sie das verborgene Gefühl des Menschen von seiner Bestimmung berühren, je mehr wird der Mensch dadurch aus seiner Gefühllosigkeit erweckt. Die rechten Beweggründe sind im Wort vom Königreich zusammengefaßt. Aus diesem Gesichtspunct

heraus hat unser Herr selber die Lehre von Buße und
Glauben beseelt, und wir sollten froh sein, wenn wir
unsern magern Begriffen und abstracten Predigten
mehr Leben dadurch geben könnten. Durch das Wort
vom Königreich muß also das Gefühl von unserer
großen Bestimmung wieder aufgerichtet werden. Wir
glaubens nicht, wie viel Kunststücke Satan braucht,
uns unsern Stammbaum oder Ursprung aus göttlichem
Geschlecht und Bestimmung zu demselben zurückzuhalten
und zu verdecken; diesen Kunstgriffen sollen wir durch
Pflanzung eines ganzen Schriftsinnes entgegen arbeiten.
Wenn wir die ökonomische Schreibart (filum) der h.
Schrift recht betrachten, so finden wir, daß alles aus
dem Begriff des Königreichs heraus und in denselben
wieder zurückfließt. Das Wort vom Königreich ist
besonders ein recht adäquates Mittel, uns unsere hureri=
sche Sinnlichkeit, an der wir alle krank liegen, und
den ganzen Hurenschmuck Babylons zu entleiden und
uns zur Beschämung über uns selbst zu bringen. Das
Wort vom Königreich benimmt der Predigt vom Kreuz,
wenn der Vortrag recht symmetrisch ist, nicht das ge=
ringste; denn diese sezt jenes voraus. Es wäre sehr
schön, die ganze Theologie aus der Idee des König=
reichs, wie Oetinger aus der Idee des Lebens, abzu=
leiten. Jenes ist die ökonomische, dieses die theosophische
Schreibart der h. Schrift, und man würde finden, wie
alle Artikel so schön mit diesem Centrum zusammen
hangen. Denn der ganze Gang Jesu war ein Weg
zum Königreich. Beim Wort vom Königreich anfangen
und dadurch einen Muth zum Leiden machen, bleibt
der beste, von allen Propheten und Aposteln angewiesene
Weg. Unser Mangel an Symmetrie der Wahrheit
im Vortrag schadet uns und unsern Zuhörern nicht
wenig; und wir sollten uns prüfen, wie uns einmal
in der Ewigkeit die Censuren hierüber gefallen würden.
Es ist ein großer Fehler, daß wir aus den Mängeln
der Symmetrie so wenig, und über einzelne oft spiz=
findige Determinationen dieser oder jener Wahrheit

so viel Lärmen machen. Man wirft zwar ein, der
Vortrag vom Königreich sei manchem Misbrauch unter=
worfen; allein a) man kann eben dieses auch von dem
andern Vortrag sagen, bei dem wir nur beswegen den
Misbrauch nicht so merken, weil wir ihn schon gewohnt
sind; b) kömmt viel Misbrauch daher, weil das Wort
vom Königreich oft ungeschickt und disproportionirt
vorgetragen wird. Der Misbrauch bei dem Wort vom
Königreich lauft entweder a) auf Kinbereien, oder b)
auf ein träges Speculiren und Räsonniren ohne Kraft,
oder c) auf ungläubiges Spotten hinaus. Was die
Kinbereien betrifft, so haben die Apostel selber diese
Periode der Kindheit auch durchlaufen unter vieler
Gebult ihres Herrn. Was das müßige Speculiren
betrifft, so gehts in diesem Fall dem Wort vom König=
reich wie einer guten Arznei mit einer trägen und von
ihrem Ton abgekommenen Natur, die die Arznei aus
eigener Schuld nicht angreifen wird. Was aber den
unglaubigen Spottgeist betrifft: wer wills diesem recht
machen? — Auch das Wort vom Königreich ist in
Wahrheit ein Wort des Kreuzes. Das Königreich ist
vom Herrn selber durch Leiden erobert=worden, — es
gibt für uns keinen Eingang in dasselbe ohne den
Weg der Leiden; — es ist gegenwärtig mit einer ver=
ächtlichen Hülle bedeckt; — der Weg zur Offenbarung
desselben geht durch viele Aergernisse, Hindernisse und
Widersprüche von Satan und Welt, und das Bekennt=
nis dieses Worts gegen die Welt erfordert schon eine
Verbindung, sich der Schmach gern zu unterwerfen,
und besonders auch in der Schrifterklärung sich zu
dem Thörichten Gottes zu bekennen, welches die heu=
tigen Gelehrten so sehr als das Kreuz Christi fürchten.
Wenn Pilatus einmal die Gläubigen über den Artikel
vom Königreich inquiriren und examiniren wird, da
wird man sehen, wer diesen Artikel mit einem wahren
oder nur mit einem bloßen Discursglauben gefaßt hat.

D. 10. October 1780. bekam mein Gottfried
einen heftigen Anfall von Erbrechen und Durchfall

und eine so starke Hize, daß er oft nicht bei sich selber
war und man eine schwere Krankheit vermuthete. Es
drückte mich sehr darnieder und ich ging darauf ins
Gebet. Da bekam ich beim Beschluß das Verheißungs=
wort Hos. 6, 2. Dieses Wort ging auch, dem Herrn
zum Preis, in Erfüllung. Den andern Tag zeigte
sich eine gute Hoffnung, und den dritten konnte das
Kind wieder auf sein. Den Sonntag darauf kam das
obige Evangelium v. 21. Trin. wieder vor, und ich
war durch diese Uebung und Erfahrung darauf zube=
reitet. Ich predigte von dem Glauben, der Jesum an
sich zieht, wie bei demselben sich zeige 1. ein Ernst,
die Hilfe im Gebet zu suchen, 2. ein Friede, mit wel=
chem man das empfangene Verheißungswort bewahrt.
Denn eben diß kostete mich Uebung, das Wort Hos.
6, 2. durchzubehaupten, da die Krankheit noch nicht
gehoben war und meine Natur manches Nein in dieses
göttliche Jawort hinein warf; 3. eine Gewisheit, daß
mans durchbehauptet: diß hat der Herr gethan, daß
man die Genesung nicht natürlichen Mitteln zuschreibt
und die Kraft Jesu hinaus votirt, sondern dem Herrn
Jesu die Ehre der Hilfe allein läßt."

Im Frühling 1780 ergriff ihn selbst eine gefähr=
liche Krankheit, durch welche er veranlaßt wurde, sich
nach einem Gehilfen umzusehen. Er war so glücklich,
diesen in einem Manne zu finden, dessen Denkart mit
der seinigen vollkommen stimmte, und der mit herz=
licher Liebe und Theilnahme in den schweren Prüfun=
gen, welche jezt eben seiner warteten, ihm als Tröster
und Helfer zur Seite stand. —

Zwar schien sich ihm gerade am Ende dieses Jahrs
eine für seine Familienverhältnisse äußerst günstige
Aussicht zu eröffnen, indem nach der Beförderung des
Pfarrers Hahn in Kornwestheim sein Schwiegervater
auf eine besondere Bitte an den Herzog, seinen Tochter=
mann zu bedenken, eine günstige Antwort erhielt, wie
denn der Herzog wirklich im Anfang des folgenden
Jahres Harttmann die Pfarrei Kornwestheim über=

trug. Mit besonderer Freude hofften beide Ehegatten
die Nähe ihres Oheims, des Waisenpfarrers Beck in
Ludwigsburg, noch genießen zu können; aber Gott
hatte es anders beschlossen. Noch vor der Ernennung,
am lezten Tage des Jahrs 1780 starb der Waisen-
Pfarrer Beck, dessen Verlust für Harttmann gerade jezt,
bei der Aussicht, ihm nahe zu kommen, doppelt schmerzlich war, und dem er aus vollem Herzen den Nachruf:
„Still, er wird jezt heimgerufen," nachsandte.

Aber noch ein weit empfindlicherer Verlust sollte
ihn treffen. Mit dem Anfang des Januar erkrankte
seine zärtlich geliebte Gattin — damals (d. 8. Jan.
1781.) schrieb er in sein Tagbuch (es ist der lezte
Eintrag): „O lieber Heiland, schon etliche Tage habe
ich auf dich zugestürmt wegen der Krankheit meiner
lieben Frau. Ich habe dir deine Hilfe abtumultuiren
wollen; das Leiden hat kaum bei mir den Abstand
genommen, so habe ichs schon wieder abgewiesen und
wegbeten wollen, ohne zu fragen, warum du es sendest?
und als ob es an uns beiden nichts zu läutern gäbe.
Ich habe die äußerlichen Folgen der Krankheit allein
aus der finstern Natur angesehen, und meinen Willen
wollte und konnte ich nicht unter den deinigen bemüthigen. Aber wie gütig und wie heilig bleibst du!
heilig, indem du deinen Willen nicht vergißt, und die
Majestät desselben über den meinen behauptest, der
eben hinunter muß; aber auch gütig, theils darin,
daß du meinen Willen mit aller Langmuth bei allen
Protestationen unsrer Natur auswartest, mich nicht
gleich wegweisest, sondern in Gedult anhörst; theils
auch darin, daß du meinen Willen auf eine so freundliche Weise, ohne mit deinen Majestätsrechten auf mich
zu bringen, zu einem freiwilligen Gefangenen deines
Willens machst. Denn da du meiner lieben Frau
einen Eindruck von der Gnade gegeben, da du unser
beider Herzen gegen einander öffnetest, unsre Untreuen
gegen dir zu bekennen, uns in unsern Abweichungen
von den Spuren deiner Gnade zu erkennen, 2c. da ist

auf einmal die Härtigkeit meines Willens, der sich noch
dazu in die Glaubens-Montur verhüllte, der sich vor
der Demüthigung über die Natur hinaufschwingen
wollte, gebrochen. O wie wollen wir so oft das heilige
Feuer aus dem Himmel heimlich stehlen und uns eine
falsche Glaubensmacht über die Natur heraus nehmen,
da wir doch nicht anders als durch die Gemeinschaft
mit deinem Tod Herren über die Natur werden können.
O wie subtil muß das Gemerk sein, bis man Gött=
liches und Menschliches, Natur und Gnade in sich
unterscheidet! Herr, ich bin dein: sei du durch deinen
Geist der tägliche Scheider in mir. Herrsche mit deinem
himmlischen Friedens=Regiment über meinen Willen,
und lege eben Ehre an mir, meiner l. Frau und
Kindern ein auf Zeit und Ewigkeit. Wir sind dein
mit Leib und Seel, hilf uns o Immanuel! Amen." —
     Aber ungeachtet seines Gebets und seiner Sorgfalt
nahm die Krankheit eine immer bedenklichere Wendung,
und entrieß ihm seine Gattin den 2. Merz 1781. Er
glaubte kaum, diesen Schlag zu überleben, und tiefer Kum=
mer erfüllte sein Herz, den der Zuruf seines treuen Ge=
hilfen Meier treulich schildert. Auch für seine äußere
Lage war dieser Verlust eben jezt, da er nach Korn=
westheim abziehen sollte, doppelt empfindlich. Durch
den Beistand seiner Freunde, namentlich Meiers, wurde
auch dieses überwunden, und er bezog im April seine
neue Stelle.

25. Abschieds=Predigt zu Illingen,
gehalten am Sonntag Lätare d. 25. Merz 1781.

     Wir sind dißmal bei einander, ein Wort des Ab=
schieds noch zu reden. Die Haupt=Absicht hiebei in
meinen Augen und nach meinem Herzen ist diese, daß
ich dem Herrn Jesu die vierjährige Verbindung, in
der wir gestanden, zu seinem Gnadenthron niederlege,
und ihn bitte, daß er diese Verbindung beim Abschied
aufs neue heilige und versöhne, und als Priester des
Hauses Gottes einen Segen der Unvergänglichkeit darauf

lege. An dem Lätare-Sonntag habe ich vor vier Jahren
das erste Zeugnis des Evangeliums unter euch abge=
legt; an eben diesem Sonntag beschließe ich nun auch
das Zeugnis des Evangeliums in eurer Mitte. Der
Herr, der an meinem hiesigen Lauf das A und der
Anfang gewesen, der wolle nun auch das O und das
Ende daran sein, und über diese vier Jahre die reini=
gende Kraft seines Blutes und das Wohlgefallen seiner
Gnade so ausbreiten, daß sie einmal in dem hellen
und untrüglichen Spiegel der Ewigkeit ihm zum ewigen
Preis und Ehre, und uns zum ewigen Heil, zu ewiger
Freude da stehen und entgegen leuchten. Er sei zu
diesem Ende auch jezt in unserer Mitte. Wir wollen
ihn darum in einem glaubigen Gebet anrufen 2c.

Ich will auf den Myrrhenberg gehen und zum
Weihrauchhügel, so redet der Bräutigam mit seiner
Braut Hohel. 4, 6. Es kommen im Hohen-Liede
mehrere Gänge vor, die der Bräutigam und die Braut
mit einander thun, z. E. es kommt da vor ein Gang
zu den Hirtenhäusern, ein Gang in den Weinkeller,
ein Gang in den Garten, ein Gang zu den Weinbergen,
und hier ein Gang zum Myrrhenberg und zum Weih=
rauchhügel. So gibts auch im Lauf eines Glaubigen
mancherlei Gänge, da uns der Herr bald auf einen
lieblichen, bald auf einen traurigen Plaz führt. Wir
wollen dißmal bei dem Gang zum Myrrhenberg und
zum Weihrauchhügel stehen bleiben, indem uns unser
Passionstheil darauf hinführt, der uns den Herrn
Jesum am Oelberg, als auf dem rechten Myrrhenberg
und Weihrauchhügel darstellt. Von dem Oelberg aus
will ich also auch von euch Abschied nehmen. Ich
denke, es sei ein tauglicher Plaz dazu. Der Herr hat
mir ohnehin diesen Plaz seit einiger Zeit besonders
wichtig, und wie ich die Zuversicht zu ihm habe, ge=
segnet gemacht. Ich will also zum Abschied euch aus
unserem Passionstheil vorstellen den lezten Gang
eines Lehrers mit seiner Gemeinde I. auf
den Myrrhenberg, II. auf den Weihrauchhügel.

1. Der Gang auf den Oelberg war der lezte, den
Jesus mit seinen Jüngern that. Denn da wurde er
gefangen genommen, und die kleine Heerde der Jünger
wurde zerstreut, ein jeder in das Seine. Auf diesem
Gang zum Oelberg haben die Jünger Dinge gehört
und gesehen und gefühlt, die ihnen die drei Jahre über,
da sie um ihren Herrn waren, nie vorgekommen. Denn
da sahen sie ihn auf dem Myrrhenberg. Was soll
ich von diesem Myrrhenberg zu euch sagen? Wir
können wenig davon erklären, was da mit Jesu vor=
gegangen, und der Herr will uns auch unsre Unmün=
digkeit hierin gerne zu gut halten, bis einmal die
künftigen Zeiten des Reichs Jesu und die Ewigkeit
uns diese verborgenen Dinge aufschließen. Doch wenn
wir schon wenig davon verstehen, so wollen wir wenig=
stens mit einem offenen Auge da stehen. Sehet da
Jesum, wie er anfangt zu zittern und zu zagen, wie
er mit dem Tode ringt, wie ihm der blutige Angst=
schweiß aus dem ganzen Leibe bringt. Diß ist ein
Anblick, der unsere ganze Seele erfüllen muß. Wenn
wir das, was mit Jesu hier vorgegangen, nach den
kurzen und wichtigen Anzeigen der h. Schrift bedenken,
so kommt es dabei auf folgendes an. Dieser Oelberg war

1. eine Schule des Gehorsams. Denn da hat er,
der Sohn, an dem, das er litt, den Gehorsam gelernt.
Er war zwar schon seit 33 Jahren der gehorsame
Sohn des himmlischen Vaters, der in allem Treue
bewiesen und sich nach dem Wink seines Vaters ge=
richtet hatte. Er durfte also nicht erst von vorne an=
fangen; aber hier hatte er doch aufs neue zu lernen.
Da kostete es ihn einen neuen Kampf, zu allem Willen
des Vaters über ihn und an ihn Ja und Amen zu
sagen. Er hats aber doch gelernt, und zur innigen
Freude seines Vaters glänzte sein Gehorsam an diesem
Oelberg wie geläutertes Gold aus dem Feuer hervor.
Dieser Oelberg war

2. ein Opferplaz, da aller Menschenwille im Feuer
verzehrt und in den Willen Gottes hinein geleitet

wurde. Was hat es Jesum gekostet, bis der ewige
Geist, dem in unsrer Menschheit alle Gänge verriegelt
und verschlossen worden, weil wir Fleisch wurden,
wieder in der Menschheit Jesu hindurchbrach und sich
die verschlossenen Gänge und Kanäle wieder öffnete!
Auch da gilts und hat schon angefangen, was wir in
einem Himmelfahrtsliede singen: „Christus schließt
auf mit großer Kraft, vorhin war alles verschlossen."
Dieser Oelberg war

3. ein Plaz, da aller Zorn Gottes verschlungen
und in Liebe verwandelt worden; denn da hat der
Sohn den Zorn Gottes getragen, der über uns alle
ging. Da ging ihm das Wasser bis an die Seele
und die Fluth wollte ihn ersäufen; aber er hat doch
sein Haupt wieder emporgehoben, und von da an sind
wir vom künftigen Zorn errettet.

Sehet, das sind einige kurze Anzeigen, was an
diesem Plaz, auf diesem Myrrhenberg vorgegangen.
Ich will nur noch einige Erinnerungen, als Abschieds=
worte beifügen.

1. Vergesset den Oelberg und den Myrrhenberg
Jesu nicht: da ist der Anfang zu unserer ewigen Er=
rettung und Versöhnung gemacht worden, und was im
Christenlauf mit Einem vorgeht, das hat da seinen
Grund. Es wird euch wohl kommen, wenn sich euer
Glaube darauf berufen darf in Nöthen, in Aengsten,
im Gefühl der Sünde und des Zorns Gottes. Da
gibt nichts als dieser Myrrhenberg eine wahre Be=
ruhigung.

2. Lasset euch in eurem Lauf gerne auf diesen
Myrrhenberg führen. Jesus geht freilich nicht gleich
von Anfang mit Einem dahin; er weiß, wann es Zeit
dazu ist; er kann auch nicht einen jeden gleich auf die
höchste Anhöhe dieses Berges führen; denn da war er
nach unserem Passionstheil ganz allein: 40 bis 50
Schritte davon waren drei seiner vertrautesten Jünger,
und die andern waren noch weiter hinweg. Er wird
also auch wissen, wo er einem jeden von uns einen

Plaz auf diesem Myrrhenberg anweisen soll. Indessen, wenns einmal dazu kommt, so lasset euch gerne dahin führen. Es ist Einer noch nicht weit gekommen, wenn er nicht auch auf diesem Myrrhenberge gestanden. Was ist aber dieser Myrrhenberg? Antwort: ein jeder Plaz, wo unser menschlicher Wille geschlachtet, und in den Willen Gottes unter manchem Kampf verschlungen wird. Der Herr hat mich vor meinem Weggehen von euch auch noch auf den Myrrhenberg geführt, und mich inne werden lassen, was es koste, bis der menschliche Wille zerbrochen wird. Ich habe es wohl gefühlt und fühle es noch; ich danke ihm aber doch, obwohl mit Thränen, daß er mich dahin geführt. Ich übergebe mich auch ihm, wenn er mich auf diesem Myrrhenberg noch auf weitere Anhöhen führen will. Ich habe zu ihm gesagt: „Dein Wille geschehe an mir, o Gott;" und diß will ich nimmer widerrufen. Seitdem unser Herr auf dem Myrrhenberge gestanden, seitdem ist er auch den Seinigen zugänglich. Was an mir, an meinem Innersten, an meinem ganzen Lauf sowohl aufs Vergangene als Künftige noch von Menschen= willen hangt, das nehme der Herr in sein Opferfeuer am Oelberg hinein, daß es die Flamme des Herrn verzehre, ihm zu einem süßen Geruch in seiner Nase und mir zu einem süßen Durchbruch zur Freiheit des Geistes. Ja, Amen! Aus diesem Grunde sage ich euch zum Abschied: habt den Myrrhenweg lieb!

3. Machet den Myrrhenberg zu einem Sammelplaz der Liebe, da ihr euch an den Herrn Jesum und an einander anschließt. Kinder dieser Welt suchen zu ihrer Verbindung lustige Pläze aus, aber eben deswegen hält ihr Band so wenig. Gläubige aber verbinden sich auf dem Myrrhenberg. So hat sich Jesus mit seinen Jüngern auf dem Oelberg verbunden. Der Herr hat auch mich auf dem Myrrhenberg mit ihm und mit euch verbunden. Er lasse es auch bei dem Bund der Liebe und der Hoffnung, den ich heute vor drei Wochen auf dem Kirchhof unter der hellen Sonne betend und

weinend gemacht habe, sein ewiges Verbleiben haben, und unser Band, das noch zum Abschied unter Leiden geschlossen worden, hier und in jener Welt vor seinem Angesichte grünen. — Nun wollen wir auch noch

II. zum Weihrauchhügel gehen. Auch diesen finden wir in unserem Passionstheil auf dem Oelberg. Wer da Jesum beten hört, der wird sagen, daß es der rechte Weihrauchhügel sei. Wie lieblich wird der Geruch des Weihrauchs gewesen sein der von dieser Stätte aus dem Herzen Jesu zum Thron des Vaters aufge= stiegen! Und wie hat dieser Rauch durch alle Lüfte, durch alle Gegenden der Erde und des Himmels hin= durch geduftet! So ist. seit Adams Fall nie gebetet worden auf der Erde, als damals auf dem Oelberg. Was machte aber an diesem Gebet den lieblichen Ge= ruch aus? Antwort, das, daß der Menschenwille als ein Opfer verzehrt worden und sich das Himmlische wieder herausgeschieden. Der willige Geist, der vorher in so viele Hülsen verschlossen war, wurde durchs Opferfeuer losgemacht und stieg als ein lieblicher Geruch auf. Es waren kurze Worte, die Jesus ge= betet, aber sie waren wie gediegenes Gold.

Nun auf diesen Weihrauchhügel weise ich euch zum Abschied hin. Es hat auch dieser Hügel, wie der Myrrhenberg, verschiedene Anhöhen: lernet also eine Stufe nach der andern besteigen. Ich will euch auch hievon einige Stücke zum Nachdenken vorlegen.

1. Auch ein schwacher Gläubiger, der noch die Trägheit des Fleisches bei aller Willigkeit des Geistes fühlt, soll doch auf diesen Weihrauchhügel fleißig gehen. Dazu hat Jesus seine Jünger etliche mal erinnert. Sie konnten freilich nicht viel beten, aber doch muntert sie der Herr dazu auf. Wenns euch also noch so sauer geschieht, wenns noch so unvollkommen hergeht, so betet doch.

2. Glaubet, daß ihr auf dem Weihrauchhügel am besten bewahrt seid gegen die Anfechtungen. So lang ein Herz leidet und glaubt und im Gebet beständig

bleibt, so bleibt es unbezwungen. Besonders traget euern Weihrauch zusammen, und betet gemeinschaftlich.

3. Lernet nach und nach die höchste Stufe auf diesem Weihrauchhügel ersteigen, nemlich lernet mit Aufopferung eures ganzen Willens beten. Diß ist erst das rechte Meisterstück des Gebets. Dazu muß uns aber der Herr selber nach und nach unter manchem Feuer der Anfechtung zubereiten.

Diß sind nun meine Abschiedsworte an euch vom Oelberg aus. Ich will diesem nur noch Einiges hin= zufügen.

Zuvörderst preise ich den Herrn Jesum, der mich zu euch geführt und mich sein Evangelium unter euch verkündigen lassen. Er hat einmal in Jllingen einge= kehrt; die Siegesfahne seines Evangeliums soll auch hier stehen bleiben, und ich bekenne mich noch am Ende meines Laufs mit allen, die Jesum lieb haben, zu diesem Evangelium. Ihm übergebe ich auch den hier ausgestreuten Samen zur Verwahrung und zur treuen Pflege. Es soll kein Körnlein davon verloren gehen. Er brauche aber auch mich noch ferner als ein Gefäß seiner Barmherzigkeit und als ein Werkzeug seiner Gnade, und lasse mich ferner als einen treuen Arbeiter erfunden werden. Die Verbindung in die er mich gesezt hat mit euch, lasse er mir und euch auf Zeit und Ewigkeit gesegnet bleiben, und drücke aufs neue sein Siegel darauf. Auf diese bisherigen Stücke will ich auch zum lezten mal in eurer Mitte das h. Abendmahl genießen, in welchem uns der Herr unsere Gemeinschaft mit ihm, mit seinem Evangelium, und mit uns unter einander auf die Ewigkeit versiegeln wolle.

Möget ihr noch einige Erinnerungen ins Ganze annehmen, so sind es diese zwei:

a. Lasset euch durch die himmlische Weisheit zu rechten Hausvätern und Hausmüttern ausrüsten; denn diese sind die vornehmsten Personen, die das Reich Christi bauen helfen.

b. Habt Achtung und Liebe gegen alle, die sich zu ihm bekennen, weil Jesus an jenem Tage so darauf sehen wird, wie man sich gegen die Seinigen angelassen hat.

Ich erinnere mich aber auch mit dankbarem Herzen der Liebe, die ich und mein Haus von euch genossen habe. Der Herr sei reicher Vergelter für alles und lasse seinen Segen mit euch sein. Er segne alle und jede, von unserem lieben Pfleghof an, bis auf die lezte Hütte. Er segne die Obrigkeit, die Schule, den Lehr=, Wehr= und Nähr=Stand, und sein Auge und sein Herz seien alle Wege mit Jllingen.

26. Kornwestheim 1781—1793.

In Kornwestheim war nun Harttmann des berühmten Phil. Mat. Hahn Nachfolger, wie es sein Freund Kraft 11 Jahre zuvor in Onstmettingen gewesen war. Hahn hatte ein neues geistiges Leben in die Gemeinde gebracht, und diese war ihm so ergeben, daß sie ihn nicht wollte ziehen lassen. Einige Freunde wollten daher Harttmann bange machen, und fürchteten eine Misstimmung der Gemeinde. Er selbst war darüber unbesorgt. Schon von Oetingers Hause und von Onstmettingen her mit Hahn genau bekannt, wußte er, daß sie in dem einen Ziele der Verherrlichung des Reichs Gottes zusammentreffen; und da es ihm nicht um seine, sondern um die Ehre seines Herrn zu thun war, so zog er getrost hin. Er bat in der Antritts=Predigt die Gemeinde, daß sie ihn aufnehmen möchten wie Kinder, die auch den zweiten Vater wie den ersten lieben; und es knüpfte sich bald ein Band der Liebe zwischen ihm und der Gemeinde, wie bei dem vorigen Hirten, bei dessen frühem Scheiden (2. Mai 1790) er von den Hinterlassenen berufen wurde, die Leichen-Predigt zu halten, in der er sagte, er stehe hier auch im Namen seiner Gemeinde, an der er der Nachfolger des Verstorbenen geworden sei, und wünsche, daß auch sein Abschied eine süße Frucht für die Ewigkeit bringen möchte. Er förderte unter Gottes Beistande das von Hahn angefangene Werk, und wirkte nicht ohne Segen an der Gemeinde.

Schon in seinen früheren Wirkungskreisen hatte sich Harttmann, wie wir sahen, nicht auf die öffentliche Verkündigung des Evangeliums und auf die gewöhnliche Privatseelsorge beschränkt, sondern auch bei den außerordentlichen Privaterbauungsstunden der sogenannten Pietisten eifrigst mitgewirkt. In Kornwestheim fand er eine zahlreiche, von Hahn gestiftete Gemeinschaft vor, mit der er sich von Anfang in ein freundliches, brüderliches Einvernehmen sezte. Es ist daher von Interesse, zu erfahren, welche Ansichten vom Gemeinschaftswesen Harttmann hatte. Und davon gibt ein Aufsaz b. b. 8. und 9. August 1782. ausführliche Kunde. Hier ist er:

„Die Grundfehler einer Gemeinschaft einzusehen, ist schon der Weg, dieselben zu heben. Es gibt Fehler, die man an ihren Ort gestellt sein lassen und übersehen muß, weil sie theils eine nöthige Folge der Zeitverfassung sind, theils weil sie sich mit der Zeit selbst heben. Da ist mit Gegenanstalten nicht viel zu machen. Aber die Grundfehler zu erkennen, ist etwas. Wenn ein Mensch in der nöthigen Aufmerksamkeit auf sich selbst und die Zucht der Gnade in seinem Innern, und in einer redlichen Begierde nach der Wahrheit steht, so kann ich gleich mit ihm anstehen, und spüre einen verborgnen Magnetismus; wo es aber an einem von den zwei ersten Stücken oder an beiden zugleich fehlt, so spüre ich eine Entfernung. Diese zwei Stücke scheinen mir die Grundfehler unserer Gemeinschaften zu sein, und diese sind die Quelle vieler Unlauterkeiten. Viele Anstalten sind nicht gut, taugen auch nicht für die Gemeinde in der Wüste; sie sind plausibel und reizen den fleischlichen Sinn; aber man wird zulezt überdrüßig. Vor lauter Menge der Regeln wissen wir zulezt keine. Eine Grund-Reparation wird schwer-

lich ohne das Wort Jeſ. 1. zu Stande kommen: Zion
muß durchs Recht erlöst werden. Das Gericht muß
am Hauſe Gottes anfangen. Gott muß die Vorwürfe,
die ihm die Welt über ſeine Gemeinde macht, zuerſt
hinwegthun, alsdann kann er erſt an die Welt.

1. Daß ein gewiſſer Nachlaß in der Kraft der
Gottſeligkeit ſich bei den meiſten Gemeinſchaften von
Erweckten und Glaubigen offenbare, iſt nicht nur ein
allgemeines Gefühl, ſondern auch eine allgemeine Klage
der Redlichen. Und daß dieſer Nachlaß ſich ſeit 10
bis 20 Jahren immer merklicher offenbare, beklagen
diejenigen am meiſten, die mit David ſagen können:
Ich gedenke der vorigen Tage. Worin aber dieſer
Nachlaß beſtehe, was die Haupturſachen davon ſeien,
was für Gegenmittel vorzukehren ſein möchten, läßt
ſich nicht wohl beſtimmen.

2. Dieſer Nachlaß läßt ſich deſto ſchwerer beſtimmen,
da er wie eine von langer Zeit her geſammelte Krankheit iſt, bei der ſich nothwendig deſto mehr verwickelte
Symptome zeigen müſſen, je mehr vor- und mitwir-
kende Urſachen darunter verborgen liegen. Doch kann
man ſo viel davon beſtimmen, daß die vornehmſten
Size des Lebens, nemlich H a u p t und H e r z (nach
Jeſ. 1, 5.) angegriffen und wenigſtens in großer Gefahr ſind.

3. Von den Haupturſachen dieſes Nachlaſſes ließen
ſich wohl manche aufführen, z. E. eine theils zu frühzeitig, zu einſeitig, zu weit getriebene, theils eigenmächtig beſchränkte Erkenntnis; die beim Suchen der
Weisheit nicht genug beobachtete Keuſchheit der himmliſchen Weisheit, wobei man manche falſche Waare oft
unwiſſend eingehandelt und hintennach als ächt aufge-
drungen hat; die allzugroße Gleichgiltigkeit gegen eine
reine, geſunde und dem Wort Gottes gemäße Schreib-
und Mundart; ein allzu liberaler Anſchlag derjenigen
Männer und Lehrer, die noch nicht als Kinder und
Zeugen der Wahrheit ſich legitimiren können, und denen
man doch noch immer einen für ſie genug honorabeln

und besser proportionirten Plaz unter den mancherlei
Werkzeugen Gottes anweisen könnte, wie z. E. Gellert;
die vielerlei Zänkereien über Erkenntnissachen, wobei
gemeiniglich Wahrheit und Liebe zugleich verlieren;
eine noch fleischliche und deswegen mit falschem Eifer
verbundene Anhänglichkeit auch an redliche Knechte
Gottes und auf der andern Seite wiederum ein über
bewährte und in ihrem Erkenntnisgrund legitimirte
Knecht Gottes sich wegsezender, eigenliebiger und
unter Wahrheitsliebe verstellter Erhebungsgeist; ein
immer mehr um sich greifender, im Finstern schleichen-
der, und nur je und je durch unbedachtsame Zungen
verrathener richterischer Sinn; ein in den Gemeinschaften herrschender Latitudinarismus, da man mehr
auf Zahl als auf Wahl sieht; ein von den oft aus
gut gemeinter aber selten glücklicher Klugheit theils
beibehaltenen theils immer neu gesuchten Welt-Con-
nexionen noch nicht genug abgeschäumter Zustand der
sämmtlichen Gemeinschaft; ein gleich nach der Er-
weckungszeit zu früh sich einbringender Lehrgeist, worunter die Zucht, die Liebe und die Reinigkeit der
Wahrheit und der Lehre Noth leiden; eine auf die
gering scheinenden Eigenschaften der Zionsbürger (nach
Pf. 15.) verächtlich herabschauende Freiheit des Wandels
u. s. w. — Dieses mögen wohl vornehmliche Haupt-
quellen dieses Nachlasses sein. Aber wer will dafür
stehen, daß nicht auch hier die Ursachen und Indica-
tionen mit der Krankheit selber gar leicht verwechselt
werden können?

4. In die vorzukehrenden Gegenmittel sich besonders
und im Einzelnen einzulassen, möchte eben so schwer
sein. Noch eher ließe sich sagen, vor was man sich
hiebei in acht zu nehmen habe, und wie diese Gegenmittel nicht sein sollen, nemlich nicht zu weitläufig,
und durch große Anstalten mehr das Fleisch reizend
und hingegen den Geist ermüdend; nicht voreilig, sondern auf eine gelassene Hoffnungs-Aussicht in die von
dem Herrn zu erwartenden Zeiten der Besserung

(Ebr. 9, 10.) gegründet; nicht zu s c h a r f, sondern in der rechten Proportion mit dem schon genug ent=kräfteten Körper der Gemeinschaft. Ueberhaupt aber wird sich erst am besten an Gegenmittel denken lassen, wenn man sich vorher sämmtlich unter das Wort des Herrn von Herzen gedemüthigt hat: Zion muß durchs Recht erlöst werden. Jes. 1.

5. Wenn man die Mängel der Gemeinschaften in der Kürze angeben sollte, so könnte man es in zwei Stücke zusammenfassen. Es fehlt nemlich auf der einen Seite an der Zucht der Gnade im Innern, und der nöthigen Aufmerksamkeit auf sich selbst; auf der andern Seite an einer redlichen Begierde nach Wahrheit und einer heiligen Behandlung derselben. Das erstere ist vornehmlich ein Mangel des Salzes und das andere ein Mangel des Lichts. Durch Salz und Licht möchte also dem kranken Haupt und Herzen am besten aufge=holfen werden, daß das Feuer des Herzens und das Licht des Verstandes wieder hergestellt wird. Denn wenn bei zwei Gläubigen, die auch von entfernten Gegenden zusammen kommen, diese zwei Stücke sich zeigen, da kommt gewis ein Magnetismus der Liebe und eine Handreichung des Geistes unter ihnen in Gang.

6. Zu dem rechten Salz möchte man wieder ge=langen, wenn man sich mehr angewöhnte, den zwar beugenden aber nöthigen Blick auf den alten Menschen nicht zu früh aus den Augen zu sezen und die ersten Hindernisse der Wahrheit in sich selber zu entdecken; die Verläugnung seiner selbst in den mancherlei vor=kommenden Fällen nicht als eine Antiquität der vorigen Zeiten des Christenthums zu tractiren, sondern sie als ein immer fortwährendes Gesez in der Nachfolge Christi zu verwehren; in den Zueignungen der Wahrheit, im Reden von derselben, in Forschung derselben nicht über die Proportion seines geistlichen Alters hinüber zu schreiten, weil man dadurch gerne ein geistlicher Junker wird (Spiritualismus); nicht zu bald außer sich zu wirken, ehe man zu einer inneren Befestigung des

Herzens gekommen ist; durch selbst angemaßte Freiheit die Marken und Grenzsteine zwischen dem Reich Christi und der Welt nicht zu verrücken; durch übereiltes Urtheilen über andere Gläubige, über die Anstalten Gottes in der gegenwärtigen Zeit, über seine mancherlei Werkzeuge nicht sein Auge und seine innere Kraft zu verlieren, und mit Gedult auch etwas auszuwarten; unter Darreichung der von Petrus (2 Petr. 1, 5. 6. 7.) empfohlenen sieben Stücke sich zum Glauben der Auserwählten bewährt machen zu lassen. Diese und noch mehrere Stücke könnten dem zarten Gewächs des Verständnisses, welches doch die erste Pflanze bei der Erweckung ist, mit einem guten Erfolg aufhelfen.

7. Zum Licht des Verstandes zu gelangen, hat es der Herr in unserer Zeit an hinlänglichen Mitteln nicht fehlen lassen, und kommt es nur auf eine kluge und dankbare Benuzung derselben an, die aber freilich immer auch mit einem Bekenntnis zu dem Thörichten Gottes verbunden sein muß. Es gibt vornehmlich zweierlei Gattungen von Wahrheiten, nemlich Wahrheiten außer uns und Wahrheiten in uns. Zu jenen gehört die Lehre von der Haushaltung Gottes, von der Stadt Gottes, vom Reich Christi, vom Zustand nach dem Tod 2c. Zu diesen gehört die Lehre von der Wiedergeburt, Erneurung, Heiligung, Inwohnung Gottes, vom Leben Gottes und Christi in uns, von Leib, Seele und Geist, vom äußern und innern Menschen 2c. Diese zweierlei Gattungen von Wahrheiten müssen immer in einer unzertrennlichen aber auch verhältnismäßigen Verbindung mit einander tractirt werden, denn wenn man aus den ersteren nur eine Nahrung des Fürwizes, nur Alleen und Spaziergänge für den Naturmenschen machen, und nicht auch seine Verbindlichkeit zu der andern Classe von Wahrheiten anerkennen will, so verlieren sie ihre freimachende Kraft und lauft es zulezt auf eine Vereitelung des Sinnes hinaus. In diesem Betracht bleiben die beiden Männer, Bengel und Oetinger, Knechte Gottes, die einen besondern

Beruf, unſer gegenwärtiges Geſchlecht in dieſe beiderlei Wahrheiten einzuleiten, durch die ihnen hiezu vom Herrn geſchenkte Gnade aufweiſen können. Und ob man wohl Keinen auf das Zeugnis dieſer Männer einzig und allein einzuſchränken begehrt, ſo wird doch auch Keiner ſich mit Grund berechtigt anſehen können, dieſen Werkzeugen des Herrn nur ſo über den Weg zu laufen, oder ungegrüßt an ihnen vorbei zu gehen.

8. Einen rechten Erkenntnisgrund zuerſt in ſich, und, ſo viel Einem vergönnt iſt, auch in Andern zu legen, iſt etwas Nöthiges und Seliges; wenn es aber nicht auf eine Heiligung des Herzens in der Wahrheit hinausläuft, etwas Gefährliches. Es muß deswegen Schaden nach ſich ziehen, wenn man mit einer Natur= hize auf die Erkenntnis hineinfällt, wenn man gleich Syſteme bauen will, und nicht auch, wenigſtens auf eine Weile, mit wenigen Sachen fürlieb nimmt, wenn man aus Undank gegen das Bekannte immer nur auf neue Erfindungen ausgeht, wenn man die heiligen Lehren des Worts von ihren inneren Wirkungen, die ſie auf unſer Herz haben, abſchält, wenn man ſie von dem Thörichten Gottes und von ihrem Zuſammenhang mit dem Kreuz Chriſti ausleert, und ſie eben damit deſto beſſer der Welt zu empfehlen glaubt; wenn man ſich gerne in einer zerſtreuten Vielwiſſenſchaft verliert, ohne die Wahrheiten an einen Centralpunct anzuheften; wenn man ſich zu viel auf den eigenen Forſchungs= und Prüfungs=geiſt heraus nimmt, und nicht auch gerne ſich unter die lehrbegierigen Prophetenkinder eine Weile hineinſtellt. Eben ſo ſchädlich iſt es auch auf der andern Seite, wenn man an den nächſten beſten Lehrpuncten genug hat, ohne die ganze h. Schrift zu leſen, und die vielen Aufgaben der h. Weisheit nach einander durch Schlüſſe zu lernen; wenn man nicht begehrt (nach Kol. 1, 9.) mit Erkenntnis des Willens Gottes in aller Weisheit und geiſtlichem Verſtand er= füllt zu werden; wenn man ein falſcher Eklektiker iſt, und ſich lieber allein an einen lieblich beredten Apollo,

als an einen tief grundlegenden Paulus, ober in die
Blicke der Herrlichkeit uns erhebenden Petrus hält,
da man alle drei benüzen ſollte und dürfte; — wenn
man ſich lieber von Andern als Bürgen unſers Glau=
bens= und Erkenntnis=Grundes tragen läßt, als daß
man mit eigenen Augen ſieht und in eine innere
Geiſtesgemeinſchaft mit den Kindern und Bekennern
der Wahrheit einzubringen ſucht; — wenn man ſich
nur mit nachgeſprochenen Formeln behilft und alſo auf
dieſem Weg nie zu einer dem innern Menſchen ange=
meſſenen Sprache kommt; wenn man zum Nachſinnen
zu träg iſt, und in Sammlung ſeines Erkenntnisgrundes
den nöthigen Blick auf die Beilage der Wahrheit in
jener Welt und auf jenen großen Bewährungstag aus
den Augen ſezt. — Alle dieſe Seitenſprünge zur Rechten
und zur Linken halten das Gewächs der Wahrheit auf,
und ſind Urſachen, warum ſo Wenige in der Erkenntnis
der Wahrheit zu einem feſten und gewiſſen Geiſt
kommen.

9. Es bleibt zwar in Abſicht auf die Erkenntnis
der Wahrheit auch unter Glaubigen immer noch eine
Verſchiedenheit, die ſich nach dem von dem Herrn be=
ſtimmten Standpunct eines jeden gegen das Reich
der Wahrheit richtet. Dieſer Grund der Verſchieden=
heit könnte und ſollte auch unter Glaubigen Salz und
Frieden pflanzen, und manchen liebloſen Beurtheilungen
und übel angebrachten Zumuthungen begegnen. In=
deſſen gibt es auch ſolche Wahrheiten, die zu jeder
Zeit die Looſung und das Feldgeſchrei der Glaubigen
ſein müſſen, und an deren Erkenntnis und Bekenntnis
etwas gelegen iſt. So möchte ſich das Glaubensbe=
kenntnis unſerer gegenwärtigen Zeit mehr als jemals
auf die zwei Grund=Artikel, welche der Anfänger
und Vollender des Glaubens in ſeinem geiſtlichen und
weltlichen Verhör bei ſeinen Leiden ſo ernſtlich be=
hauptet und mit ſeinem Blut verſiegelt hat, zuſammen=
faſſen laſſen, nemlich in das Bekenntnis von Jeſu,
den Sohn Gottes, und in das Bekenntnis von dem

Königreich. Im ersteren liegen zugleich alle aus der
Menschwerdung Jesu fließende Geisteswahrheiten und
die wichtige Lehre der Versöhnung, im andern aber
die ganze massive Darstellung der in h. Schrift so
ernstlich betriebenen lezten Dinge. Durch das erstere
Bekenntnis sollen wir uns gegen das schleichende Gift
des falschen Propheten, durch das andere aber gegen
den Taumelbecher des Thiers und der Hure vornehmlich verwahren lassen.

10. Uebrigens ist alles Bisherige mehr nicht, als
ein Inventarium des Elends, das einigermaßen uns
zu einer wahren Demüthigung des Herzens und zu
einem Verlangen nach den ersten Stufen der gebrochenen
Wahrheits= und Freiheits=Bahn behilflich sein kann.
Mit vielem Deliberiren über unsere Cur wird nicht
viel ausgerichtet werden. Der Herr weiß am besten,
wie er die Brüche seines Zions heilen und das ver-
dunkelte Licht wieder herstellen soll, wenn wir nur
dabei unser Pensum von Gedult und Glauben der
Heiligen gerne täglich aufs neue lernen.

Wie der Zustand der Gemeinschaften bisher einem
ausgeworfenen Nez gleich war, und es das Ansehen
hatte, der Herr habe Absichten auf die Ausbreitung
seines Reichs darunter, so läßt es sich jezt, wie es
scheint, nach und nach zu einer Scheidung an, und es
möchte die große Anzahl der Gemeinschaftsglieder sehr
zusammengeschmelzt und dem zweimal ausgemusterten
Heer Gideons gleich), aber alsdann auch desto auser-
lesener und zuverläßiger werden. Daneben scheint auch
der Gedanke, den ein Beobachter unserer Zeit gemacht,
nicht unwahrscheinlich zu sein, daß nemlich die wirklichen Krankheiten in den Gemeinschaften dißfalls eine
Aehnlichkeit mit dem menschlichen Körper haben, der
meistens eine Krankheit durchzumachen hat, wenn es
in der menschlichen Natur eine neue und große Evo-
lution gibt. Der verworrene Zustand in den gegenwärtigen Gemeinschaften könnte also in diesem Betracht
als ein Wachsthumsfieber angesehen werden. Bei

solchen Fiebern sind allzuviele Arzneien nicht angelegt, ja wohl bisweilen gefährlich."

Bei diesen Betrachtungen ließ es aber Harttmann nicht bewenden, sondern nahm die Leitung der Privat= versammlungen in Kornwestheim selbst in die Hände, und leitete sie auf eine musterhafte Weise. Um dabei nicht blos das Gefühl, sondern auch den Verstand, die Kenntnis der christlichen Wahrheiten und das Nach= denken darüber zu wecken, legte er die in den Gemein= schaften weit verbreiteten Oetinger'schen Predigten zu Grund, und verfaßte eine Anzahl Fragen darüber, welche die Leute beantworten mußten, und über die er dann weitere Erklärungen gab. So wollte er darauf wirken, daß Jeder in den Stand gesezt würde, Rechen= schaft zu geben von dem Grunde der Hoffnung, die in ihm ist, aber auch die gewöhnlichen Vorkommnisse des Lebens nach christlichen Grundsäzen zu prüfen. Außer= dem bekam er dadurch Anlaß, die Leute besser kennen zu lernen und individuell auf sie zu wirken.

In diese Periode fallen auch die meisten seiner Lieder. Am Ende d. J. 1781. wurde er von dem Stadtschreiber Laur in Besigheim gebeten, ihm ein Grablied auf seinen verstorbenen Schwager zu dichten. Es war diß der Repetent Obrecht, Sohn des ver= storbenen Archivars Obrecht, der nach einer halbjährigen Auszehrung am 27. Dec. im Hause seines Schwagers Laur starb. Von der damaligen Philosophie hingerissen, hatte sich Obrecht von dem einfachen Glauben an die Lehre der h. Schrift in vielen Puncten verloren, war aber durch seine Krankheit zur völligen Ueberzeugung von der Nichtigkeit seiner Theorie und zu der Erkennt= nis von dem einzigen Heil in Christo gekommen. Daher beschreibt das Lied den Kampf mit dem Irrthum und den Sieg des Glaubens zur völligen Seelenruhe und Hoffnung des ewigen Lebens in einer sehr anschaulichen und ansprechenden Weise.

Bald darauf stimmte er ein Trauerlied an auf den am 10. Febr. 1782. erfolgten Heimgang des

Prälaten Oetinger, der ihm seit mehr als 20 Jahren
Lehrer und väterlicher Freund gewesen, und dem er
bei allem Spott und Haß der Welt mit unveränder=
licher Treue und Dankbarkeit ergeben blieb. Was er
in ihm liebte und ehrte, das spricht dieses Lied in der
Weise aus, daß es zugleich als eine Darstellung des
beiden gemeinsamen Glaubens= und Hoffnungsgrundes
angesehen werden kann.

Einige Wochen später starb sein Nachbar, Pfarrer
S t a u d t in Pflugfelden, ein gewissenhafter und eifriger
Hirte seiner Gemeinde. Den Schmerz über diesen
Verlust spricht der Nachruf aus, in welchem H a r t t=
m a n n die Arbeit und Hoffnung eines treuen Dieners
Christi mit einer Wärme beschreibt, wie sie nur aus
einem mit dem Hirtenlaufe selbst vertrauten und den=
selben innig liebenden Herzen kommen konnte.

Aber auch fröhliche Ereignisse gaben ihm Anlaß
zu Dichtungen. Im Jahr 1786. wurde sein gleich=
gesinnter Amtsgehilfe und treuer Hausfreund, Meier,
zu der Pfarrei Grünwettersbach befördert, und feierte
am 20. April sein Hochzeitfest in dem ihm lieb ge=
wordenen Pfarrhause zu Kornwestheim. H a r t t m a n n
schloß die Hochzeit=Predigt über 2 Kor. 6, 16. mit
folgender Anrede an den Bräutigam: „Wir sind durch
die gute Schickung Gottes zusammengeführt worden,
und der Herr hat uns durch seine Gnade in die sechs
Jahre im Frieden und in der Liebe bei einander er=
halten. Sie, mein l. Br., haben manche helle, aber
auch trübe Stunden in der Gemeinschaft der Liebe
mit mir durchgemacht. Diese Liebe bleibe auch auf
dem Denkzettel der Liebe angeschrieben. Und da unsere
Liebesverbindung auf dem Bunde Gottes beruht, so
wird sie auch durch die äußere Trennung nicht auf=
hören; denn die Christenliebe ist etwas, das über Land
und Meer zusammenhangt. Der Herr wolle also auch
durch die Kraft der Gemeinschaftsliebe sein Wort an
uns erfüllen: Ich will in ihnen wohnen.“ Diese
Gedanken drückt auch das Lied: Heil zum Schritt in

Amt und Ehe, aus, welches Harttmann bei dieser Veranlassung dichtete. Rede und Lied ließ ein Freund des Bräutigams, Stadt=Pfarrverweser J. G. Conz in Gailborf drucken.

27. Zweite Verheirathung.

Seine verstorbene Gattin hatte ihm zwei Söhne hinterlassen (ein dritter war bald nach der Geburt gestorben) und deren Erziehung, sowie der zu dem Diensteinkommen der Pfarrei Kornwestheim gehörige Kleinzehenten, machten ihm eine neue Gehilfin noth= wendig. Besonders sprach ihm der Gatte seiner Schwester zu, und da er zu keinem Entschluß kommen konnte, so überraschte ihn dieser auf einmal mit der Auffor= derung, mit ihm nach Plochingen zu reisen um die Person, welche er ihm vorgeschlagen hatte, und die eben in die Gegend gekommen war, kennen zu lernen. Es war diß Sophie Elisabeth, eine Tochter des Dekans Becherer in Tuttlingen, und Witwe des Diaconus Straßheim daselbst, die ein bedeutendes Vermögen besaß. Aber gerade, was Andere zu einer derartigen Verbindung geneigt macht, das war für ihn ein Ab= haltungsgrund; er erklärte, sie sei ihm zu reich. Seine Ansichten drückt folgender Brief an den Kammerrath Reischer sehr bestimmt aus:

„M. l. Br.! Du wirst gestern meinen Brief mit zwei eingeschlossenen erhalten haben. Meine Gesinnung in der bewußten Sache habe ich dir auch erklärt. Gestern Abend nun kam mein l. Schwager von Eß= lingen, der mich in die Sache, die in meinem Gemüth wenigstens auf eine Weise beigelegt war, wieder hinein trieb. Dadurch kamen meine Gedanken wieder aufs neue in das Sieb, und ich bin oft ganz rathlos. O lieben Brüder, nehmet meine Sache auch in euer Gebet und traget sie in einem gemeinschaftlichen Glaubens= sinn dem Herrn vor. Mir liegt daran, in einem tiefen und verborgenen Respect gegen mein gegenwärtiges und künftiges Loos zu handeln und zu wandeln und weder zur Rechten noch zur Linken auszuweichen. Der niedrige Glaubenssinn und mein und meiner lieben Kinder Erbe mit und unter dem Volke Gottes ist und bleibt auch durch die Gnade des Herrn mein einziges Augenmerk bis in jene Welt hinein. Mit diesem Sinn sei auch diese Sache auf und in sein treues und mitleidiges Priesterherz hinein gelegt. Er erbarme sich meiner und meiner Kinder. Amen.

Es wäre mir lieb gewesen, wenn ich mit einigen von euch hätte gründlich aus der Sache reden können; allein es scheint, es sei keiner so keck gewesen, sein Recht, das ihm die Liebe an mich gegeben hätte, zu gebrauchen. Meine erste Verbindung ging durch den Rath und Gebet der Brüder; und dieser Weg ist mir indeß noch achtungswürdiger geworden. Wir alle hatten damals Anfangs scheinbare Anschläge; doch gab der Herr auf unser gemeinschaftliches Gebet der Sache eine unvermuthete Wendung. Das Menschliche ging voran, hernach kam das Göttliche, und so ging es nach dem Recht und Gepräge der göttlichen Führung. Ich flehe zum Herrn, er wolle auch noch ferner sein göttliches Siegel auf meinen Weg drücken. Sei so gut und conferire mit den l. Brüdern Eisenlohr, Reuß und Nonnenmacher über diese Sache. Bei diesen aber soll es bleiben. Vor Menschen wollen wir stille und vor dem Herrn laut sein.

Nach dem von meinem l. Schwager mir gemachten Antrag soll ich die Person, die gegenwärtig in Kirch=heim ist und nächstens nach Aichelberg und Plochingen kommt, besehen, und deßwegen nächsten Montag an lezteren Ort reisen. Ich gab auf Zureden das Jawort, obschon jezt noch in meinem Gemüth weder Ja noch Nein ist, und ich bei einem noch nicht determinirten Sinn meinen Augen und meinen äußern Sinnen mich nicht gerne blos stelle. Ueberdiß ist mir seit dem 6. October, als dem Tage „Fides", eine andere Person durch eine unvermuthete Schickung ins Gemüth gebracht

worden, die ich noch nicht hinausbringen kann, worüber
ich aber auch noch keine ganze Entscheidung habe. Da
wäre es mir freilich lieb, wenn der Herr dieser Reise
eine ihm gefällige Wendung oder Abwendung geben
möchte. O wie müssen wir unsre Abirrungen von
den einfältigen Glaubenswegen so oft mit Schmerzen
empfinden, und was ist für ein unruhiges Gedanken=
meer in unsern Herzen, wobei wir unser eigenes Wort,
geschweige des Herrn Wort, nicht hören! Der Herr
schelte auch diesen Sturm und bedräue dieses Meer,
daß es still werde. Es laufe nur auf das Wort
hinaus: Doch triumphirt zuletzt dein hoher Rath.

Hier hast du einen Abriß meines gegenwärtigen
Zustandes; nimm ihn in deine Liebe hinein. Der
Herr stimme euer Herz zu einer brüderlichen Theil=
nehmung vor seinem Gnadenthron, wo ich meinen Sinn
schon dargelegt habe und durch die Gnade seines Geistes
ferner darlegen werde. Was mich noch umtreibt, ist
das Menschliche, denn das Göttliche macht Ruhe.
Dieses Ziel der Ruhe lasse der Herr nahe sein!"

Am folgenden Sonntag (20. Trinit.) predigte
Harttmann über das Thema: wie ein Gläubiger
allen Fleiß anwende, seinen Beruf und Erwählung fest
zu machen, 1. daß er die große Einladung Gottes
recht erkennen und glauben lernt, 2. daß er es als
eine unverdiente Gnade und Ehre ansieht, 3. daß ihm
gegen den himmlischen Beruf die Welt immer mehr
gering werde. — Mit solchen Gedanken trat er seine
Reise an. Aber auch nachdem die Verbindung schon
zu Stande gekommen war, peinigte ihn immer noch
der Gedanke, daß der Reichthum ihm Schaden bringen
möchte. In dem auf seine Hochzeit gedichteten Liede
spricht sich dieser Sinn stark aus. Es darf aber mit
Wahrheit gesagt werden, daß ihm der Besitz zeitlicher
Güter nachher so wenig als vorher zum Strick wurde,
indem er sich streng an die apostolische Vorschrift hielt,
1 Kor. 7, 30. f.: Die da kaufen, als besäßen sie es
nicht, und die dieser Welt brauchen, daß sie derselben

nicht misbrauchen; denn die Gestalt dieser Welt ver=
gehet.

28. Personalien seiner zweiten Gattin. *)

Sophie Elisabeth wurde b. 17. Nov. 1748 zu
Dornhan, geboren. Ihr Vater, Johann Georg Becherer,
ein Jugendfreund Oetingers und des Kanzlers Reuß,
war damals Stadtpfarrer zu Dornhan, zuletzt Dekan
in Tuttlingen; ihre Mutter hieß Anna Elisabeth, g.
Mebold aus Sulz a. N. Ihren zärtlich besorgten
Eltern lag hauptsächlich diß an, sie von der ersten
Kindheit an zum Wohlgefallen des Herrn und zum
Preis seines Namens zu erziehen. Sie ließen es da=
her auch an allem dem, was zur Bildung ihres Herzens
in der Furcht Gottes, zur Verwahrung vor den Aerger=
nissen der Welt, zur Beförderung in der Erkenntnis
Gottes und Jesu Christi erforderlich sein mochte, nicht
ermangeln.

Es blieb ihr auch immer ein herzlicher Dank gegen
den Herrn, der ihr solche für ihr wahres Heil besorgte
Eltern geschenkt, und es zeigte sich durch ihr ganzes
Leben hindurch immer etwas von der Pflanze dieser
gesegneten Erziehung, und eine gute Bewahrung gegen
manche Versuchungen der Welt. Bei ihrer Confirma=
tion genoß sie neben dem Unterricht ihres Vaters auch
noch den Unterricht des damaligen Diaconus und nach=
maligen Dekans Späth, von welchem Unterricht, wie
sie mehrmals sagte, manche tiefe Eindrücke in ihrem
Herzen zurückblieben. Nach zurückgelegten Schuljahren
wurde sie von ihrer Mutter zu den häuslichen Ge=
schäften angehalten, welche mütterliche Anleitung sie
nachher oft mit kindlichem Dank erkannte, und sich
auch in den späteren Jahren derselben nachzukommen
bestrebte. Unter die guten Schickungen Gottes über
sie in ihren ledigen Jahren rechnete sie auch den halb=

---

*) Von dem Gatten selbst bei ihrem Begräbnis aufgesezt.

jährigen Aufenthalt in dem Hause des damaligen
Dekans Oetinger in Herrenberg, wo auf die ersten
Samenkörner ihrer Erziehung noch manches gute Korn
nachgesteckt wurde.

Im 18 Jahr ihres Lebens (1766) gefiel es der
Vorsehung Gottes, sie in den Ehestand einzuführen,
da sie sich unter Einwilligung ihrer Eltern mit dem
damaligen Diaconus in Tuttlingen **M.** Straßheim
verheirathete, mit welchem sie in die 11 Jahre eine
gesegnete Ehe genoß. Aus dieser Ehe wurden 2 Söhne
erzeugt, Christian Wilhelm und Georg, von welchen
der erste noch in Tuttlingen starb. Als die erste Ehe
durch das im April 1777 erfolgte Absterben ihres
Gatten getrennt wurde, begab sie sich zu ihrer Mutter
nach Sulz, wo sie die Jahre ihres Witwenstandes
zubrachte, bis die Vorsehung Gottes sie in den zweiten
Ehestand einführte. Diß geschah d. 21. Nov. 1781.,
da sie mit H a r t t m a n n (bei dessen Schwager) in
Ober=Eßlingen ehelich verbunden wurde. In dieser
Ehe trat sie zwei noch unerwachsene Söhne, Gottfried
Jonathan und Immanuel Friedrich an, welche sie vom
ersten Tag ihres Ehestandes an mit mütterlicher Liebe
aufnahm, und an zärtlicher Treue und Pflege, wie
auch sorgfältiger Erziehung zur Furcht des Herrn
nichts bei ihnen ermangeln ließ. Dagegen brachte sie
einen beinahe 11jährigen Sohn von guter Gemüths=
art und vorzüglichen Anlagen bei.

Mit väterlicher Liebe nahm H a r t t m a n n den
Knaben auf; und es lag ihm daran, denselben durch
eine gute Erziehung zu seinem künftigen Beruf zu
bilden, fand aber bei dem ohnehin weichen Gemüth
der Mutter, für die der Knabe in ihrem vierjährigen
Witwenstande fast alles gewesen war, manche Schwie=
rigkeit. Er zog es daher vor, diesen Sohn in die
musterhafte Aufsicht und Leitung des durch Charakter
und Kenntnisse gleich ausgezeichneten Präceptors Seiz
in Kirchheim u. T. zu bringen, da ohnehin die Vor=
bereitung zur Aufnahme in das Kloster den Besuch

einer öffentlichen Schule faſt nothwendig bedingt. Hier
entwickelte ſich der ſittliche und geiſtige Charakter des
Knaben ſehr vortheilhaft zur großen Freude der Eltern.
Um ſo ſchmerzlicher fiel ihnen ſein frühes Scheiden
im Juni 1783 (zu Kirchheim) das von allen, die ihn
kannten, herzlich betrauert wurde.   Dieſen Verluſt er=
ſezte ihr der Herr durch drei Kinder, die ſie in zweiter
Ehe gebar, nemlich eine Tochter, Johanne Eliſabeth,
g. b. 3. Dec. 1783, und zwei Söhne, Gottlieb Friedrich,
g. b. 7. Apr. 1785. und Karl Auguſt Gottlob, geb.
b. 8. Merz 1787., welch lezere Geburt der Herr als
einen Weg zu ihrer Abforderung in jene Welt aus=
erſehen hatte.   Sie bewährte ſich gegen ihren Gatten
mit Aufrichtigkeit und Treue, mit zärtlicher Liebe, mit
ſorgfältiger Pflege, und gegen alle ihre Kinder als
eine treue, zärtliche, unermüdete und für ihr leibliches
und geiſtiges Wohl beſorgte Mutter.   Gatte und Kinder
begleiteten ſie bei ihrem Hingang in jene Welt mit
dem Zeugniß: Sie hat viel geliebet und ſchickten ihr
unter viel Thränen den Wunſch nach, daß der Herr
für alle dieſe Liebe ihr Lohn ſein und ihren Liebes=
ſinn unter den Zurückgebliebenen als ein gutes Erbe
bleiben laſſen wolle. —

In ihrer Haushaltung ſuchte ſie ſich als eine treue
Hausmutter zu beweiſen, und ſich auch gerne unter
das Beſchwerliche dabei zu bemüthigen.   In den Pflich=
ten gegen den Nebenmenſchen war ſie ihrem Gatten
der rechte Arm der Liebe, und diente mit Freuden.
Das Amt ihres Gatten ſuchte ſie mit einem guten
Wandel zu zieren, und es war ihr ernſtlich angelegen,
alles, was dem Evangelium Chriſti von ihrem Hauſe
aus ein Hinderniß machen könnte, ſorgfältig zu ver=
meiden.   Mit dieſem Zeugniß aber iſt es keineswegs
auf eitles Rühmen angeſehen, ſondern es iſt nur die
Sprache einer zärtlichen und dankbaren Liebe aus dem
Munde der Zurückgelaſſenen.   Das Unvollkommne,
Lückenhafte und Verſäumte ſtellte ſie ſelbſt unter dem
bemüthigen Gefühl ihrer Untüchtigkeit gerne als einen

dunkeln Schatten hin, der das eigentliche Werk des
Geiftes Gottes in ihr und durch fie defto mehr erhöhen
foll. Zu dem Werk des Geiftes an ihr gehört be=
fonders auch biß, daß fie feit geraumer Zeit in eine
tiefere Erkenntnis von dem Verberben des menfchlichen
Herzens, in ein Leibtragen über fich felbft, in ein fehn=
liches Verlangen, immer mehr zum Erbtheil der Hei=
ligen im Licht tüchtig gemacht zu werden, und alfo
eben badurch immer weiter in den Glauben des Sohnes
Gottes eingeleitet wurde. Mit diefen feligen Anfängen
des Werks der Gnade fei fie auch dem treuen Priefter
Jefu übergeben, und der in ihr angefangen hat das
gute Werk, der wird es auch vollenden bis an jenen
Tag.

So fchnell und unvermuthet mir ihr Hingang war,
fährt Harttmann fort, fo fehe ich doch hintennach,
wie der Herr allerlei Vorbereitungen dazu machte,
woraus ich manches hätte merken können, wenn nicht
die natürliche Liebe mich achtlos gemacht hätte. Schon
in ihrem erften Wochenbett mit der Elifabeth hatte fie
einige liebliche Träume. Harttmann veranlaßte fie,
diefelben aufzuzeichnen. Sie that es mit folgenden
Worten:

„Es war mir, als wären wir in einer Dachkammer,
worin fich viele Bettladen ohne Himmel und mit
fchlechten Betten, befanden; die Fenfter waren fchlecht,
der Boden löchericht und dem Dache fehlten viele Ziegel.
So da fizend, hob ich meine Augen auf gen Himmel,
wo ich den l. Heiland fah, mit dem Kreuz in der
Hand, fo fchön, daß ich noch nie in der Welt etwas
Aehnliches gefehen habe, weiß und nur fubtiles Roth
darin. Ich rief meinen l. Mann; aber indem ich
rief, verfchwand der l. Heiland, und fein Bild ver=
wandelte fich in eine Jungfrau, welche das Kreuz bei
fich hatte. Mein Mann fah den l. Heiland nur noch
im Verfchwinden, die Jungfrau dagegen fah er ganz,
und hatte eine fo große Freude über ihre Schönheit,
daß er nimmer vom Fenfter weg wollte und mir die

Zeit lange machte. Ich machte auch im Traume ben
Schluß baraus, baß er bas Göttliche allem vorziehe,
was in ber Welt ift. Wenn ich nur einmal ben l.
Heiland fo fehen barf, fo ift mir bie ganze Welt nichts
bagegen.

Ein anber mal träumte mir, ich fahre in einem
Gefährt einen fteilen Berg hinab, unb hatte große
Angft. Enblich kam ich in ein Gartenhaus, bas nicht
viel vorftellte, unb fanb barin meinen fel. Ernft, ber
aus einem Buche fo fchön fang, baß ich mich wunberte.
Zulezt fang ich auch mit ihm. Der Traum war fo
lebhaft, baß ich beim Erwachen bie Wärterin fragte,
ob fie mich nicht im Schlaf hätte fingen gehört; benn
ich hätte gerne gewußt, was für ein Lieb es war,
worauf ich mich nicht mehr befinnen konnte.

Am Enbe bes Wochenbetts träumte mir, mein
Mann fei mit zwei anbern Perfonen in ber Stube,
unb finge mit ihnen: Wie lieblich finb beine Woh=
nungen, Herr Zebaoth! Ich fragte, ob man benn bie
Pfalmen auch finge? Sie ließen fich aber nicht ftören,
unb fagten hernach, ich höre es ja!" Harttmann
fezt hinzu: Aus biefem Pfalm finb mir kurz vor ihrer
lezten Nieberkunft, beim Morgenfegen bie lezten Worte
fo einbringlich geworben, wie wenn fie wirklich zu mir
fagte: Herr Zebaoth, wohl bem Menfchen, ber fich
auf bich verläßt.

Was ihren Hingang betrifft, fo war, wie gefagt,
ihre lezte Nieberkunft bie Veranlaffung bazu. Schon
ihre Schwangerfchaft war mit vielen Befchwerlichkeiten
unb manchen bunkeln Vorempfinbungen verbunben.
Sie nahm mich einmal befonbers unb fagte, es ahne
ihr, fie könnte bißmal fterben. Sie fragte mich auch,
wie es mir zu Muthe fei: ich konnte aber nicht viel
antworten. Auch meine Elifabeth, ihre erftgeborne
Tochter, führte vor ber Nieberkunft einige bebenkliche
Reben. Sie fiel z. B. ber Mutter öfters um ben
Hals unb fagte: „O liebe Mutter, bleibe bei mir!"
Einen ober zwei Tage vor ber Nieberkunft fagte bas

Kind beim Nachtessen: „Aber gelt, Mamma, es stirbt
niemand von uns," eine Rede, die allen tief zu Herzen
ging. Die Niederkunft ging zwar (d. 8. Merz 1787.)
unerwartet schnell und glücklich vorüber, aber sie hatte
doch die Heiterkeit nicht, wie in den früheren Wochen-
betten, und man merkte wohl, daß allerlei in ihrem
Gemüthe vorging. Die ersten Tage des Wochenbetts
waren sehr erträglich, aber am fünften Tag (13. M.)
zeigte sich schon Fieber, Kopfweh und kurzer Athem.
Sogleich wurde der Arzt zu Rathe gezogen, der sie
am folgenden Tage besuchte, und eine Arznei verordnete,
auf deren Gebrauch Besserung zu erfolgen schien, welche
jedoch von kurzer Dauer war, weßhalb neben dem
ersten noch andere Aerzte consultirt wurden. Allein,
da sich frühzeitig eine schleichende Entzündung gebildet
hatte, so hatten die verordneten Arzneien nicht die ge-
wünschte Wirkung, und es zeigte sich nach und nach
deutlicher, daß es auf eine Trennung von den Ihrigen
angesehen sei. Sie selbst wurde in ihrem Innern darauf vorbereitet. Am sechsten Tage nach der Geburt
berief sie ihren Gatten ans Bett, und sagte: Heute
ist Ernsts Namenstag. Sodann machte sie auf den
Fall ihres Todes einige Verordnungen wegen der Kinder,
indem sie der Elisabeth ihren Schmuck und dem Gottlieb einige von ihren Büchern bestimmte; dann bestellte
sie noch einiges in der Haushaltung, mit der Bemerkung, sie habe wollen diese Sachen vorher wegräumen,
damit sie nicht mehr dafür sorgen oder daran denken
dürfe; übrigens könne ja der Herr sie wieder gesund
machen. Darauf befahl sie mir, ich sollte über ihre
Krankheit auch mit den zwei größeren Kindern reden;
sie wisse, daß dieselben sie lieb haben. Ich ging mit
Wehmuth von ihrem Bette weg und betete zu dem
Herrn, redete auch mit den zwei größeren Kindern
wegen ihr, die sehr bewegt waren. Weil aber die
Krankheit damals noch einen regelmäßigen Verlauf
ohne merkliche Verschlimmerung hatte und auch nach
dem Urtheil der Aerzte nicht gefährlich aussah, war

ich einigermaßen beruhigt. Am Mittwoch (14. Merz)
Morgens 2—3 Uhr war ſie ſehr unruhig, und die
Wärterin holte mich ihretwegen aus dem Bett. Ich
traf ſie zwar bei ſich ſelbſt an, aber doch in großer
Fieberhize und mit einem ungewöhnlich heftigen Puls.
Ich rebete mit ihr aus dem Liebervers: „Willſt du
wanken in Gedanken, fall in die Gelaſſenheit; laß den
ſorgen, der auch morgen Herr iſt über Leib und Freud.“
Darauf wurde ſie bald ruhig, und der Puls ging eine
Viertelſtunde nachher wieder recht orbentlich. Was
aber damals in ihrem Gemüthe vorging, zeigte eine
Erzählung, die ſie mir an dieſem Tage machte. Sie
ſagte: Die vorige Nacht iſt vieles in mir vorgegangen.
Jezt kann ich glauben, daß man entzückt werben kann.
Ich bin zwar nicht entzückt geweſen, es war mir aber
immer im Traum angſt, ich möchte entzückt und bann
lebenbig begraben werben. Ich war bei lauter Verſtorbenen, wie unter freiem Himmel; ſie ſahen alle
zufrieden aus, es war aber eine unbeſchreibliche Stille
unter ihnen. Da ich hin und wieder unangebaute
Pläze ſah, verwunderte ich mich und fragte, ob man
hier nicht arbeite? worüber man gegen mich lächelte.“
Sie bekam barauf ein Verlangen, wieder zu ihrem
Mann zu kommen, wobei ihr Führer, ben ſie aber
nicht kannte und nicht beſchreiben konnte, ſie verſicherte,
ſie dürfe nicht ſterben.“ Darauf hörte ſie in einem
großen Saal einen ſchönen Geſang, wovon ſie aber
nichts behielt, als das Wort: Hallelujah. Sie wünſchte
in dieſen Saal hinein zu ſehen und zu gehen. Wirklich öffnete er ſich auch, ſie konnte aber nicht hinein
kommen; es ſei ihr geweſen, wie wenn der Saal immer
weiter von ihr fortgerückt würde. Bei dieſem Geſang
habe ſie geſagt, ſie habe auch auf Erden ſchon ſchöne
Muſik gehört, ſie hätte ſichs hier noch ſchöner vorge-
ſtellt. Sie habe aber über dieſen Tabel in ihrem
Innern ſogleich eine Beſtrafung empfunden, auch habe
man ihr geſagt, es gebe noch ſchönere Muſik im Himmel
vor dem Thron Gottes, aber dieſe dürfe man nicht

sogleich hören. In eben diesem Traum hatte sie auch
eine tiefe Traurigkeit, wie sie sich ausdrückte. Sie
konnte auf mein Befragen diese Traurigkeit zwar nicht
eigentlich benennen oder bestimmen; doch sagte sie, es
sei ihr biß ein Schmerz gewesen, daß sie die (sieben)
Seligkeiten und Ueberwindungen (welche sie meine zwei
größeren Kindern oft hersagen ließ) nimmer wußte,
und überhaupt habe sie eine tiefe Empfindung von der
Ewigkeit, und wie viel zur Tüchtigmachung in jene
Welt gehöre. Endlich wurde sie von ihrem Führer
gefragt, ob sie nicht ihre Ehevorfahrerin sehen wolle?
sie wäre nicht weit weg. Darüber sei sie erschrocken
und habe gedacht, sie müßte, wenn sie meine erste Frau
sehen würde, sterben; er aber habe sie versichert, sie
dürfe nicht sterben. Demohngeachtet habe sie es ausge=
schlagen. Und daran erwachte sie.

Dieser Traum machte mir wegen der darin ge=
schehenen wiederholten Versicherung des Lebens viele
Hoffnung ihrer Genesung, und das um so mehr, da
ihre Krankheit bis dahin mit keiner merklichen Ver=
schlimmerung verbunden war. Es machte mir auch
noch nach ihrem Tode Bedenklichkeit, warum sie auf
diese Art sollte getäuscht worden sein. Endlich kam
mir der Gedanke, ihr Führer habe es selbst nicht ge=
wußt uud ihre Abberufung sei vermöge einer besonderen
Entschließung des Herrn verfügt worden.

Als ich am lezten Abend (Donnerstag 22. Merz)
auf ihrem Bette saß, lächelte sie einmal und sagte:
„Ei, was sehe ich da!“ Als ich sie fragte, sagte sie,
es wäre unten an der Bettlade ein weißes Knäblein,
etwas größer als mein Immanuel, vorbeigegangen;
sie habe es aber vorher schon einmal gesehen. — Weil
sie sehr übel hörte, so konnte ich nicht mehr viel mit
ihr reden, was sie selber bedauerte und auch mir den
Abschied von ihr besonders schmerzlich machte. Der
Herr ersezte mir diesen Abgang hintennach durch eine
in ihm gegründete Gemeinschaft mit ihrem Geist.

Die lezte Nacht lag sie meist im Schlummer da,

hatte auch einen starken Schweiß, weßwegen sie zwi=
schen 12 und 1 Uhr das Hembe wechselte. Hernach
wurde sie ruhig, und ich legte mich ein wenig auf die
Bank, bis man mich Morgens (23. Merz) um 5 Uhr
weckte. Ihr Bewußtsein war von nun an erloschen,
und so rückte nun die Stunde der Auflösung stark
heran, und der Herr nahm sie unter dem Gebet und
den Thränen der Ihrigen und in Anwesenheit einiger
Gemeindeglieder am Freitag (23. Merz) vor Mittag
um 10 Uhr aus ihrer Fremblingschaft in jene Welt
auf. Ihre Gesichtsbildung hatte nach dem Tode noch
eine Weile das Gepräge einer Leidenden, aber im
Sarge blickte etwas Liebliches und Zufriedenes aus
ihrem Angesicht hervor.

Ihr Leichenbegängnis war mit vielen Eindrücken
aller Anwesenden, die in großer Anzahl zugegen waren,
verbunden. Nach der Parentation, welche H. M. Tafel,
als mein dermaliger Vicarius und an meiner Trau=
rigkeit vielen Antheil nehmender Freund gehalten,
sprach ich vor dem offenen Grabe nachstehendes Gebet:

Herr, deine Hand hat deinen Knecht gedemüthigt;
du ziehest mir abermals den Trauer=Sack an und
stellst mich ins Dunkle. Was soll ich sagen vor dir?
Nimm alle Gedanken meiner Vernunft und Natur
gefangen unter deinen gehorsamen, stillen Leidens=Sinn,
und laß doch noch aus meinem Herzen und Munde
das Bekenntnis hervor. brechen: „Ein Fels bist du,
alle deine Wege sind unsträflich; treu bist du und ist
kein Böses an dir. Du Herr allein machest meine
Finsternis licht." Heute ists gerade sechs Jahre, daß
du mich als einen seiner Stüze Beraubten zu dieser
Gemeinde geführt, und heute stellst du mich wieder
auf eben diesen dunkeln Weg. Ich bin damals mit
deinem süßen Immanuels=Namen aufgezogen, und er
ist mir heute noch eben derselbe. Ich nenne ihn
also auch vor diesem offenen Grabe als die neue künf=
tige Losung für mich und meine l. Kinder, und sage:
Immanuel, Gott mit uns! „Gott mit uns (in der

gegenwärtigen und) in aller Noth; neben uns und in
uns Gott! Gott für uns zu aller Zeit, troz dem, der
(und was) uns thut ein Leid." *)

Du wirſt auch dieſe Traurigkeit in Freude zu
verwandeln wiſſen; „und iſt dir diß ein ſchlechte Kunſt:
wen du umfängſt mit Lieb und Gunſt, dem iſt ge=
ſchwind geholfen." **) Aber jezt gib auch einen und
den andern Tropfen, ſo viel das beklemmte Herz faſſen
kann, (verwundet iſt es genug dazu) von den Reben
der ſüßen Ewigkeit in unſre Herzen, und nimm meinen
müden Pilgerlauf und den Lauf der l. Meinigen, er
ſei wo und wie er wolle, in deine prieſterlichen Er=
barmungen hinein, wenn er nur mit deinem ewigen
Liebesvorſaz über mich und die Meinigen immer mehr
harmonirt. Laß mich auch jezt ein Wort des Glaubens,
der Liebe und der Hoffnung vor dieſem offenen Grabe
zu deinem gewis auch offenen Ohre reden. Du heißeſt
mich hier ein Weizenkorn zum Erſterben in die Erde
ſäen: laß dieſe Ausſaat viele Frucht bringen an mir
und meinen fünf verwaisten Kindlein, beſonders dieſe
Frucht, daß wir troz dem einreißenden niederträchtigen
Eſausſinn, nach Preis, Ehre und Unvergänglichkeit
trachten, und unſern Lauf nach dem Kleinod des himm=
liſchen Berufs durch nichts verrücken laſſen. Du
nimmſt eine zärtliche Gehilfin und eine treue Mutter
mit tauſend Schmerzen unſrer Liebe hinweg. Sei du
für ihre Liebe ihr großer Lohn, und bei ihrem Grabe
laß das Geſez der Liebe aufs neue unſer Erbe ſein.
Und da du mir durch die Anweſenheit meiner Gemeinde,
vieler entfernten Freunde und beſonders deiner Zions=
geſellſchaft in meinem Leiden eine Erquickung ſchenkeſt,
ſo erneure mich auch mit dieſen in dem Bunde der
Liebe. Was ich in den vorigen Eheſtandsjahren wider
das Gebot der Liebe geſündigt, das gebe ich in dein
Gericht, in dein Reinigungsfeuer, aber auch in dein

---

*) Aus dem Liede: Treuer Wächter Iſrael ꝛc. V. 8.
**) Aus dem Liede: Noch dennoch mußt du drum nicht
ganz, V. 6.

Prieſterthum hin, wo du Worte der Gnade und des Friedens über mich reden wolleſt. Unſre l. Entſchlafene übergebe ich dir mit dem Bekenntnis der Hoffnung, daß du der Lebendige ſeieſt. Ihre Hülle bedecke mit dem ſtillen Schatten deiner Liebe und laß ihr Fleiſch ruhen auf Hoffnung. Ihren Geiſt nähre als der Bräutigam mit deiner Liebesflamme und ziehe ihn hin in deine lieblichen Wohnungen und in deine Vorhöfe, wo ein einziger Tag beſſer iſt, denn ſonſt tauſend, und wovon du ihr noch in dieſem Leben einen Vorblick gegeben. Thue einen Blick deiner Kraft in dieſes offene Grab hinein, aber auch in die vielen hier ver= ſchloſſenen Gräber, an denen du dich als den großen Töpfer beweiſen wolleſt. Ach daß du manches Gefäß der Ehre hier einmal hervorrufen dürfeſt! Meiner l. Gemeinde verſiegle mein bisher unter ihnen geführtes Zeugnis deines Evangeliums mit einer bleibenden und bis in jene Welt reichenden Frucht. Ich bin dein mit allen, die du mir gegeben, mit allen den l. Meini= gen, von welchen keines ſoll dahinten bleiben.

„Ach, Herr, ſei gnädig beſtändig den Meinigen (und wir ſind ja die Deinigen) den Deinigen allen; Laß deine Führung uns einzig und immer gefallen, laß uns in Sünde und Ungnad auch nimmermehr fallen. Weis uns den Weg zu dem lebendigen Steg, darauf wir ins himmliſche Vaterland wallen. *) Amen.

Die Leichen=Predigt hielt Pfarrer Biberſtein von Pflugfeld über Pſ. 126, 6.: Die mit Thränen ſäen, werden mit Freuden ernten. Der Kanzelgruß, worin er ſowohl meiner ſel. Frau, als auch mein und meiner Kinder ſegnend gedachte, war mir eine große Erquickung. Der Herr laſſe dieſen Segen ſeines Knechts auf uns allen ruhen und ſegne auch ihn dafür! Nach dem Leichenbegängnis war mir das, was mir Pfarrer Hildebrand von Möglingen von ſeinen Eindrücken auf dem Kirchhof ſagte, ſo einbringlich,

---

*) Aus dem Liede: Dir, o getreuer Gott, V. 4.

daß ich es als eine Stärkung vom Herrn annehmen
konnte. Er sagte, in Ansehung meiner sei ihm das
Wort eindrücklich geworden: Lasset uns beweisen als
die Diener Gottes in Nöthen und Aengsten, und in
Ansehung meiner bewegten Gemeinde das andere Wort:
Ists Trübsal oder Angst, so geschieht es euch zu gut.
An beiden Worten bewahre mir der Herr meinen
Antheil! Ueberhaupt lasse er aus diesem Tode manche
Lebensfrucht für mich und die Meinigen erwachsen, und
bei den vielen beschwerlichen Folgen, die diese Trennung
für mich und meine l. Kinder in unserm weitern Lauf
haben wird, lasse er uns allemal wieder erfahren, daß
er auch in diesem Betracht dem Tode die Macht ge-
nommen habe. Er bestätige uns nach seiner ewigen
Erbarmung das unverlezliche Erbrecht an das Wort:
Es ist alles euer: es sei Paulus oder Apollos, es sei
Kephas oder die Welt, es sei das Leben oder der Tod,
es sei das Gegenwärtige oder das Zukünftige; Alles
ist euer; ihr aber seid Christi, Christus aber ist
Gottes. Amen.

Kurz darauf erhielt ich (Harttmann) von dem
Helfer Baumann in Mezingen unter Urach, dessen
Frau, eine geb. Späth, und ehemalige Schulkame=
rädin meiner Frau gewesen, folgenden Brief:

In der Nacht vom 9—10. Mai sah meine Lore
im Traum die sel. Frau Pfarrerin. Sie sah sehr
freudig und vergnügt aus. Ihr Gesicht dünkte sie als
mit einem dünnen feinen Nesseltuch bedeckt, Arme und
Hals ebenso. Der übrigen Kleidung erinnert sie sich
nicht, als nur, baß sie dunkel gewesen. Ihre Geber=
ben waren wie im Leben, wenn sie munter war. Sie
wandelten mit einander als durch einen grünen Wald,
der aber keine hohen Bäume, sondern nur niedrige
zarte Sträucher hatte, die nicht grasgrün, sondern
mehr apfelgrün aussahen. Meine Lore ging und
redete mit ihr in dem völligen Bewußtsein, daß sie
nicht mehr auf der Welt sei, und fragte sie um die
Ursache ihres Todes. Sie antwortete, sie habe vor

der Niederkunft einen Blutverlust gehabt und an der
Seite ein Geschwür bekommen, welches so schmerzhaft
gewesen, daß sie es nicht habe anrühren können: an
dem sei sie gestorben. *) Darauf fragte sie meine Lore:
Ei, ist es wahr, daß dir deine Frau Vorfahrerin
vor deinem Tod erschienen ist? Sie antwortete: Ja,
und sie habe zu ihr gesagt: „Nicht dahin, nur da her!"
Bei diesen Worten jauchzte sie laut und freudig auf,
so daß es meiner Lore den ganzen Tag in den Ohren
schallte. Darauf sagte sie, sie sei aber noch weit unten,
nur in den untersten Stufen. O, antwortete meine
Lore, wenn mich mein l. Heiland nur auch so weit
brächte! Wie bist du aber doch noch vollends so weit
gekommen? Sie antwortete: durch einen Mann Namens
Rheinwald. Zugleich deutete sie auf einen Plaz
hin mit den Worten: ich will ihn morgen um diese
Zeit dahin bringen, da kannst du ihn sehen. Meine
Lore fuhr fort: Weißt du auch, daß deine Mamma
gestorben ist? Sie antwortete ganz unbewegt und gleich=
giltig: Nein! Endlich fragte meine Lore: darfst du
auch so lange da bleiben? Sie antwortete: Ja! Darauf
wandelten sie noch eine Strecke mit einander weiter,
bis sie an ein schönes offenes Thal kamen, in welches
die Selige hinein ging. Meine Lore sah ihr noch eine
Weile nach und freute sich über ihre Heiterkeit und
Pracht. Auf einmal aber war es meiner Frau, als
stände sie in der Wohnstube an einer Kommode, um
etwas zu suchen. Erst nach einiger Zeit wachte sie
auf, und erzählte uns sogleich alles mit großer Freude.
Der ganze Traum war durchaus deutlich und lebhaft,
und sie fühlte sich durch denselben an Leib und Gemüth
erquickt.

29. Schluß der Wirksamkeit in Kornwestheim.

Harttmann, der jezt mit 5 Kindern und einem
ausgebreiteten Hauswesen einsam da stand, sah wohl

---

*) Diß war wirklich so; sie bekam diesen Schmerz einige
Wochen vor der Niederkunft.   Anm. Harttmanns.

ein, daß er wieder eine Gehilfin nöthig habe; und
bißmal war es der Expeditionsrath Eisenlohr, dessen
Rath und Anweisung er folgte. Dieser glaubte, ihm
die Witwe seines Freundes, des Pfarrers Heselen
in Korb, Johanne Friederike, eine Tochter des Amt=
manns Huber in Heppach, als geeignet für seinen
Sinn und seine Verhältnisse empfehlen zu können, und
fragte auch, da sich dieselbe damals als Erzieherin in
dem van der Seußen'schen Hause in Altona befand,
bei ihr an, ob sie geneigt wäre, diese Verbindung ein=
zugehen. Da sie bejahend antwortete, und er in den
Umständen eine göttliche Führung erkannte, so entschloß
er sich zu der dritten Verbindung, und wurde am 11.
Nov. 1788. zu Groß=Heppach getraut. Ihr mit vieler
Erkenntnis gepaarter Verstand und ein wahrhaft christ=
licher Sinn entsprach auch ganz den Bedürfnissen und
Verhältnissen des Gatten, so daß ihm — diß sind seine
eigenen Worte, — die Führung Gottes, die ihn mit
dieser seiner damals so weit entfernten Ehegattin ver=
band, ein dankwürdiges Denkmal des über ihm gnädig
offen stehenden Auges seines himmlischen Vaters blieb.
Und ungeachtet mancher Körperleiden, welchen sie un=
terworfen war, stärkte doch Gott ihre Gesundheit so,
daß sie ihn noch um einige Jahre überlebte, und er
so bis zu seinem Ende sich der Hilfe einer treuen und
gleichgesinnten Lebensgefährtin erfreuen durfte. Das
einzige Kind, Christiane Heinrike Louise, welches ihm
in dieser Ehe d. 28. Merz 1790 geboren wurde, starb
schon am 24. des folgenden Monats.

Unter diesem mancherfachen Wechsel seines häuslichen
Lebens nahmen, außer seinen alten Freunden in Stutt=
gart, besonders zwei gleichgesinnte Nachbarn und Amts=
genossen, die Pfarrer Biberstein in Pflugfelden und
Hildebrand in Möglingen, sich seiner mit aufrichtiger
Liebe an und dienten ihm auch in geistiger Hinsicht
zu vielfacher Ermunterung. Dem ersteren mußte er
d. 14. Jan. 1792. noch ins Grab nachsehen. Hilde=
brand hatte ihn gebeten, ihm die Leichenpredigt über

Joh. 12, 24. zu halten. „Es geschieht mir sauer, schreibt er, diesen werthen Nachbar und lieben Freund zu verlieren. So geht eins nach dem andern in jene Welt. Der Herr lehre uns nur in dieser ungläubigen Welt zu trachten nach dem ewigen Leben. Die geän=derte Gesinnung der Gemeinde, die nun um den Sohn supplicirt, hat nicht in dem Menschen ihren Grund, denn der Mensch ist *) ein veränderliches Ding, sondern sie ist eine Lenkung des Herrn, und beruht auf dem Wort: Wenn Jemands Wege dem Herrn wohl gefallen, so macht er auch seine Feinde mit ihm zufrieden."

Außer diesen war Expeditionsrath Eisenlohr in Stuttgart sein beständiger Correspondent. Als er d. 22. Apr. 1795 starb, schrieb er: „Nun habe ich wieder einen guten, treuen Freund weniger in der Welt."

Mit einem weiteren Kreise stand Harttmann durch Conferenzen und Correspondenzen in Verbindung, wodurch wissenschaftliche und praktische Fragen in An=regung gebracht wurden, wobei sich indeß vor allen Flattichs Einfluß bemerklich machte.

Es ist schon oben bemerkt worden, daß Hartt=mann sich in die Oekonomie durchaus nicht einließ; dagegen lebte er ganz seinem Beruf. Auf seine öffent=lichen Vorträge bereitete er sich immer gewissenhaft vor; die Predigten concipirte er bis zu seinem Rück=tritt vom Amt. Diß, sagte er, sei nothwendig, weil beim Predigen aus dem Stegreif es gewöhnlich auf das Sprüchwort hinauslaufe: Junge Blätter, alte Bettler. Die schriftliche Vorbereitung faßte er jedoch nicht so, als ob ängstlich jedes Wort niedergeschrieben und memorirt werden müßte, vielmehr meinte er da=mit eine übersichtliche Aufzeichnung der Hauptideen und ihres Zusammenhangs, die ausführlich und zu=sammenhängend abgefaßt sein müssen, um für den unmittelbaren Gebrauch einen vollständigen Ueberblick, für die Zukunft einen vollständigen Rückblick zu gewähren,

---

*) ens varium et mutabile semper.

wobei für die freie Bewegung im öffentlichen Vortrag
noch genug Spielraum blieb. So lange er Pfarrer
war, schrieb er seine Predigten gewöhnlich erst am
Sonntag Morgen, und zwar gewöhnlich mit derjenigen
Ausführlichkeit, wie sie in der nach seinem Tode heraus=
gegebenen Sammlung vor Augen liegt. Es war ihm
in seinen Predigten immer darum zu thun, die Wahr=
heit nicht blos dem Verstande, sondern auch dem Herzen
nahe zu bringen, und Stacheln in das Gemüth seiner
Zuhörer einzudrücken. Und diß gelang ihm um so
mehr, weil ihm alles, was er sprach, Sache des Her=
zens, der innigsten Ueberzeugung, der Erfahrung und
der regsten Theilnahme war; ja sehr oft stellen diese
Predigten auf sehr interessante Weise das vor, was
sein Inneres bei bestimmten Anläßen auch des Privat=
lebens fühlte und welche höhere Rücksichten ihn dabei
leiteten.

Sein kindlicher Sinn machte ihn vorzüglich geeignet,
mit Kindern umzugehen; und da hiezu noch seine
Vertrautheit mit der h. Schrift kam, so waren seine
Katechisationen für Kinder und Alte von Interesse.

Mit besonderer Liebe widmete er sich der Privat=
seelsorge, namentlich dem Krankenbesuch, und Mancher
verdankte ihm wohlthätige Anregung zur Umkehr oder
Beruhigung und Trost; denn er hatte eine besondere
Gabe, an das Herz zu reden.

Zu diesem öffentlichen Wirken machte er sich durch
fortgeseztes tägliches Privatstudium tüchtig. Dahin
gehört vor allem die tägliche Lesung der h. Schrift,
und zwar im Grundtext, welches er immer mit der
Feder in der Hand that; und zwar bezogen sich seine
Bemerkungen nicht sowohl auf die buchstäbliche Er=
kenntnis, sondern hauptsächlich auf die lebendige Auf=
fassung und Aneignung des Gelesenen.

Außerdem aber versäumte er nicht, auch mit den
wichtigsten Erscheinungen der Litteratur sich bekannt
zu machen. So zogen ihn besonders die sprachwissen=
schaftlichen Forschungen von Moriz an. Hinsichtlich

der Philosophie erklärte er, die wahre Philosophie ge=
höre zum Geheimnis des Herrn, das bei den Frommen
ist. „Die Kantische Philosophie (schreibt er b. 29.
April 1795) haßt meine Seele, denn sie ist eine wahre
Feindin der Schrift. Ein eigentliches philosophisches
System gibt es unter den Neueren nicht. Ein jeder
glaubt, was er will, und die meiste Philosophie ist
dazu eingerichtet, die Offenbarung der h. Schrift zu
unterbrücken.“

Daß er die damals einreißende rationalistische
Richtung wohl kannte, beweist sein Glaubensbekenntnis
über die h. Schrift; aber eben dieses zeigt auch, wie
tief er sich in seinem Innersten davon verlezt fühlte,
und wie wenig er sich in die seichte Erklärungsweise
der h. Schrift zu finden wußte. Um so ansprechender
waren ihm Anfangs bei seiner lebhaften Phantasie die
Schriften von Herder. Besonders interessant war
ihm die älteste Urkunde des Menschengeschlechts, die
Erläuterungen aus der morgenländischen Quelle. Je=
doch faßte er diese Spuren der biblischen Wahrheit in
einem andern Sinn, theils als Offenbarungen der
Weisheit auf der Gasse, theils als Ueberbleibsel der
ältesten Offenbarung an die Menschen auf. Noch mehr
entsprachen seiner eigenen Ansicht die kräftigen Aus=
fälle Herders auf die damalige Exegese, selbst eines
Michaelis, über den er oft äußerte, daß er noch in
Tübingen seine exegetischen Schriften lange Zeit ohne
Nuzen durchgearbeitet habe. Auch über Klopstock
traf sein Urtheil, daß die Masslabe am besten mit den
Worten Mat. 27, 28.: „sie zogen ihn aus und legten
ihm einen Purpurmantel an,“ charakterisirt werden
könne, mit der von Herder (Brief 47 über d. Stub.
d. Theol.), wenn auch etwas versteckt ausgesprochenen
Ansicht zusammen. Von Herders späteren theologischen
Schriften jedoch wandte sich sein Gemüth mit innigem
Bedauern ab. Dagegen war er vollkommen bebriedigt
durch Koppen. Mit Mistrauen, sagte er, habe er
Anfangs das Buch in die Hand genommen, da die

damaligen theologischen Schriften sonst ihm so wenig
Ausbeute gewährten, aber mit jeder Seite sei seine
Hochachtung gegen den Manu gewachsen. Diß be=
stimmte ihn auch, sich seine Schrift über Erziehung zu
verschaffen, die ihn ebenso befriedigte. Doch kehrte er
immer wieder zu den alten bewährten Führern, Bengel
und Oetinger zurück.

Außer dem beschäftigte er sich viel mit medicinischen
und chemischen Schriften. In seiner Gemeinde ertheilte
er manchen medicinischen Rath, so lange er der Sache
auf den Grund zu sehen glaubte; wenn sich aber die
Zufälle verwickelten, so rieth er, zum Arzt zu gehen,
und theilte diesem seine Bemerkungen mit, die er meist
richtiger zu geben vermochte, als der Kranke selbst,
daher sie dem Arzt in der Regel sehr willkommen
waren.

Auch selbst manche chemische Versuche, z. B. über
Krystallisation, über Vitriol ec. stellte er an. Lange
hielt sich bei ihm ein an dem Bergwerk zu Königsbronn
mit großem Vortheil für die Besitzer arbeitender Che=
miker, Welker, auf, dessen liebenswürdige christliche
Persönlichkeit sich ihm so sehr anschloß, daß er — ein
Fremder ohne Familienverbindung — ihm bei seinem
Tode seine Bücher vermachte.

Außer diesen Privatarbeiten beschäftigte ihn die
Erziehung seiner Söhne, denen er den ersten Unterricht
in den alten Sprachen selbst gab, und wobei er be=
sonders den Grundsäzen seines eigenen ehemaligen
Lehrers, Mebold und Flattichs folgte, dessen pädago=
gische Blicke er im Manuscript gelesen hatte.

Am Ende seines Aufenthalts zu Kornwestheim
schrieb er seine Erklärung des Confirmationsbüchleins,
welches unter dem Titel: Schriftmäßige Erläuterung
des evangelischen Lehrbegriffs, welcher bei dem Unter=
richt der Confirmanden im Herzogthum Würtemberg
zu Grunde gelegt wird, besonders zur Wiederholung
des Confirmationsunterrichts eingerichtet, nebst einem
unsrer gegenwärtigen Zeit angemessenen Glaubensbe=

kenntnis von der h. Schrift ꝛc. — im Jahr 1793 zu
Stuttgart gedruckt wurde. Dieses Büchlein wurde
durch den Wunsch von Freunden, daß Harttmann
etwas über die Glaubenslehre schreiben möchte, ver=
anlaßt, und enthält nicht sowohl eine Erklärung des
Confirmationsbuchs, als vielmehr eine, wenn man
dieses herausnimmt, in sich zusammenhängende Ab=
handlung über die vornehmsten Glaubenslehren, nach
der Ordnung des Confirmationsbuchs, an das er sich
anschloß, theils weil er selbst es hochschäzte, theils
weil er glaubte, daß Erwachsene vom Volk, für welche
er eigentlich schreiben wollte, lieber dem bekannten lieben
Leitfaden, als einem neuen Plan folgen würden. *)
Diß geht aus der dem Büchlein vorgesezten Zueignung
an seine Gemeinden Jllingen, Kornwestheim und Zazen=
hausen hervor, wo er sagt: „Theuerste Gemeinden!
Die Verbindung, in welche ich durch meinen Dienst
am Evangelium mit euch gesezt worden, und eure
Aufnahme des Zeugnisses der Wahrheit bleibt mir
immer in dankbarem Andenken sowohl vor dem Herrn,
als gegen euch, und macht mir jede Gelegenheit er=
wünscht, mich darin zu erneuern und den Herrn zu
bitten, daß er dieses heilige Band unter uns erhalte,
bestätige und uns dasselbe noch an jenem Tag zur
Ehre, Ruhm und Freude werden lasse. Die hier im
Druck ausgehende Erklärung des Confirmationsbüch=
leins ist größtentheils unter dem Vorbereitungsunter=
richt eurer Kinder auf die Confirmation entstanden.
Jch wünsche von Herzen, daß bei Lesung derselben
manches damals ausgestreute Körnchen der Wahrheit
zum Keimen und Wachsen kommen möge, und manche
etwa vergessene Eindrücke des Geistes bei allen denen
erneuert werden, die unter meinem Dienst confirmirt
worden sind.‟

---

*) Es erschien etwa 30 Jahre später in zweiter und i. J.
1848 in dritter Auflage mit Zusäzen aus den Predigtmanuscripten
und besonders aus den Schrifterklärungen des Verfassers, besorgt
von dessen Sohne.

Der gesammte Inhalt ging aus der innigsten, im Leben erprobten Ueberzeugung des Verfassers hervor, der (ebendas.) mit voller Wahrheit sagen konnte: „Was ich in diesen Blättern geschrieben, habe ich durch Gottes Gnade auch glauben gelernt, und wünsche, hoffe und bitte, daß der Herr es mir unter täglicher Vermehrung seines Lichts und seiner Kraft als eine theure Beilage bewahre, und an jenem Tage mich erfahren lasse, daß nicht nur ich bei dem Glauben und der Verkündigung seiner ewigen Wahrheit selig geworden, sondern mit mir noch Viele, Viele, die mich und mein Zeugnis gehört haben."

Grundzug seines Lebens war der lebendige Glaube an das göttliche Wort, das er durch genaue Kenntnis der Grundsprachen, durch treues Forschen seines Inhalts und Zusammenhangs im Einzelnen und Ganzen, vornehmlich aber durch stete Anwendung auf Herz und Leben sich ganz angeeignet hatte. So war er einer der lezten Repräsentanten der Bengel-Oetinger'schen Schule, welche im Wort ihren festen Grund hatte, und daher an die jezt beliebte Herrnhutische Lehrweise, welche jener tiefern Forschung und allseitigen Auffassung der Schrift entbehrt, bei aller sonstigen Achtung sich nicht anschließen konnte. Die ganze Schriftwahrheit sollte nach seinem Ausdruck im Gläubigen, besonders im Lehrer reflex werden, b. i. ihn nicht nur selbst mit Licht und Wärme erfüllen, sondern diese auch wieder ausstrahlen, ja selbst die Sprache sich nach der Schrift bilden. Darum verwarf er in geistlichen Liedern und Reden die unbiblische Sprache und den gesuchten Wortschmuck, der blos augenblicklich anrege, aber keinen bleibenden Eindruck zurücklasse. Keiner, meinte er, soll seinen Ausdruck über das ihm verliehene Maas steigern, sondern der Sache Meister werden, dann gebe sich die Redekunst von selbst, wobei er sich auf Horaz (de art. poet. V. 40. f.) berief; im Geistlichen aber hänge ohnediß alles von der Beweisung des Geistes und der Kraft ab. 1 Kor. 3, 4. Er

selbst suchte ohne Streben nach Kunst sich nur klar
auszubrücken, und war dabei um Sprachrichtigkeit
nicht ängstlich bekümmert; dafür aber war er durchaus
frei von leerem, herzlosem Gerede, vielmehr hatte seine
Rede eine Gediegenheit, ja oft einen aus der Fülle
des Gemüths stammenden natürlichen Schwung, selbst
in Privatarbeiten. Seine ganze Ansicht stellt die Abhandlung über Inhalt, Eigenschaften und Lesung der
Schrift um so klarer dar, da er sie, als der Verleger
während des Drucks noch einige Bogen mehr zu haben
wünschte, eigentlich improvisirte, und somit ganz ein-
fach darlegte, was sein Innerstes stets bewegte. Er
sagt in der Zueignung darüber: „Das angehängte
Glaubensbekenntnis von der h. Schrift nehmet in Liebe
als die Stimme eines Lehrers an, der sich besonders
in gegenwärtiger Zeit verbunden und gedrungen fühlt,
euch die frische und lautere Quelle des Worts anzupreisen und euch Gott und dem Wort seiner Gnade
zu empfehlen." Wer übrigens in dem Büchlein die
Lehre von der Vorsehung, den lezten Dingen u. a.
vermissen sollte, dem ist zu bemerken, daß H a r t t m a n n,
jedesmal am Schluß seines Unterrichts die Offenbarung
Johannis erklärte, und darin die göttliche Regierung
bis zur Vollendung des Reichs Christi in einfachen
und sehr ansprechenden Zügen schilderte, wobei er
Bengels Auslegung folgte.

Die Abschiedspredigt in Kornwestheim scheint sich
nicht erhalten zu haben; die lezte Predigt in dem
Filial Zazenhausen dagegen enthält folgende Abschiedsworte: „Ist je ein Wort, von dem man sagen kann,
es sei nicht auf die Erde gefallen, so ist es das lezte
Wort Jesu auf Erden, nemlich das Wort: Siehe, ich
bin bei euch alle Tage bis an der Welt Ende. Diß
Wort geht unterdessen in ununterbrochener Erfüllung
fort, und wird auch so fortlaufen bis zu der großen
Versammlung aller Glaubigen zu dem Herrn Jesu,
da sie bei dem Herrn sein werden allezeit. Es ist ein
Wort, dessen sich Lehrer und Zuhörer zu erfreuen

haben. Es war eigentlich an die Jünger geredet, denen Jesus kurz vorher den Auftrag gegeben, alle Völker der Erde zu lehren und zu Jüngern zu machen. Er wollte sie also damit seines täglichen Beistandes bei ihrem Lehramt versichern. Weil aber noch das Wort dabei steht: bis an der Welt Ende, und die Jünger und Apostel ja ihren Amts-Lauf bald vollendet haben, so sieht man daraus deutlich, daß Jesus darunter auch alle nachfolgende Lehrer gemeint habe und seine große Verheißung auch diese angehe. Und weil Lehrer und Zuhörer zusammen gehören, so geht diß Wort auch die lezteren an. Denn wenn der Herr Jesus mit einem Lehrer ist, so müssens die Zuhörer auch spüren und zu genießen haben. Ueberhaupt muß man nicht begehren, daß man Einem diese Wahrheit lange beweist, denn die Erfahrung muß Einen überzeugen. Liebe Zuhörer, es ist nun bald an dem, daß ich meinen bisherigen vieljährigen Amtslauf unter euch nach dem Willen des Herrn beschließen soll. Und diß will ich thun im Aufsehen auf dieses Wort Jesu. Ihm sei Lob, Ehre und Preis, daß er in diesen mehr als zwölf Jahren mit mir gewesen ist und mich zum Amt des Evangelii unter euch gestärkt. Habt ihr schon von dieser Stätte aus wenige Zeugnisse von mir gehört, welches ich wünsche, daß es öfters geschehen wäre und hätte geschehen können, so habt ihr es doch in der Mutterkirche gehört, und ich wünsche und flehe von Herzen, daß ihr von dem angehörten Wort das Zeugnis noch spät in euch erfahret, der Herr sei mit mir gewesen. Und wer unter euch bei meinem geringen Dienst dieses Wort Jesu hat genießen dürfen, der freue sich heute auch mit mir, wenn er sagen kann: Ich habs auch an meinem Herzen erfahren, daß der Herr mit meinem Lehrer und mit seinem Wort war. Diß würde die größte Freude für mich und euch nicht nur auf dieser Welt, sondern auch in der Ewigkeit sein. Dieses Wort nehme ich als einen Fels der Zuversicht mit in mein neues Amt; denn ich möchte keine Stunde

in Blaubeuren sein, wenn ich nicht glauben könnte und
dürfte, daß der Herr mit mir sei. Ich lasse es aber
auch euch zurück; denn wie könnte ich ruhig von euch
weggehen, wenn ich nicht glauben könnte, der Herr
werde bei euch sein. Er wird manches angehörte Wort,
das wie vergessen scheint, wieder lebendig machen; er
wird das Gute, das er in Einem und dem Andern
angefangen, erhalten und bewahren; er wird auch mit
neuen Anträgen seiner Gnade unter euch sein; da wirds
darauf ankommen, wer es sich zu Nuzen machen will.
Lebet also wohl mit mir in dem Wort Jesu: Siehe,
ich bin bei euch alle Tage bis an der Welt Ende.
Es wird eine Zeit kommen, da sich der Herr Jesus
von seiner immer mehr umstehenden Christenheit wird
zurückziehen müssen, daß er nicht wird bei ihnen sein
können; da wird er, wie bei Hosea, sagen müssen:
Ich bin zwar der Heilige unter dir, aber ich will nicht
in die Stadt kommen. Auf eine ähnliche Weise wird
er mit seinen Christen sprechen müssen. Und doch
wird ein Häuflein übrig bleiben, dem das Wort gilt:
Ich bin bei euch. Unter diesem kleinen Häuflein wün=
sche ich, wenn wir diese Zeit erleben sollen, daß ich
und ihr auch einmal erfunden werden mögen. Mit
diesem Herzenswunsch gehe ich von euch. —"

30. Harttmann als Dekan in Blaubeuren.
1793—1795.

So wirkte Harttmann gegen 13 Jahre in Korn=
westheim. Indeß war er im Sommer 1788 zum
Dekanat=Examen berufen worden und hatte i. J. 1791
im Sinn, sich um das Dekanat Cannstadt zu bewerben.
Er schrieb darüber d. 23. Dec. 1791: „Ich hatte schon
mein Memorial um Cannstadt an das geheime Kabinet
durch Seckendorf eingeschickt. Weil ich aber hintennach
keine Ruhe in meinem Herzen darüber hatte, und
glaubte, wie ich noch glaube, daß dieser Weg wider
das wahre Decorum eines Knechts Christi und wider

die Achtung, die ich der bisherigen treuen Führung meines Gottes schuldig bin, laufe, so ließ ich mir durch H. v. Seckendorf mein Memorial wieder zurückerbitten, welches ich auch erhielt. Es liegt mir daran, keinen Weg einzuschlagen, der mir an meinem Innern nachtheilig, vor Gott misfällig und den Meinigen schädlich werden möchte. Die Urtheile der Leute über diesen meinen Schritt sind verschieden; ich genieße aber, Gott Lob! desto mehr Beruhigung in meinem Herzen darunter, und weiß gewis, daß der Herr auch auf eine künftige Beförderung und Dienstveränderung für mich und also auch für mein Haus sorgen wird. Der Gehorsam gegen seine Führung ist mir mehr, als Ehre und Weltglück. Diß schreibe ich dir, daß du weißt, in welchem Sinn ich in dieser ganzen Sache gehandelt, aber nur zu deiner Nachricht, mit Andern brauchst du nicht davon zu reden." Im Jahr 1793. wurde ihm das Dekanat Blaubeuren übertragen. Er schrieb nach seiner Ernennung an seinen Sohn: „Ich wünsche, daß dieser Weg Gottes mit uns dir zum Segen werden möge. Wie ich durch diese Beförderung in neue Beschwerden hinein komme, wodurch Gott den Zucker der Eitelkeit, der dem Aeußern nach an dieser Beförderung hängt, mir entleiden will, so wünsche ich, daß auch meine Kinder aufs neue den Weg der Demuth und Niedrigkeit wählen, und zu dem Sinn heran wachsen, bei dem ihnen alle Eitelkeit der Welt immer geringer in ihren Augen wird. Der Herr lehre uns immer aufs neue die künftige Welt und die Ehre vor Gott lieb gewinnen!" Die große Entfernung von dem bisher gewohnten Freundeskreise war ihm zwar schmerzlich, doch folgte er im Glauben dem neuen Ruf, der einerseits seine Thätigkeit mehr in Anspruch nahm, andererseits aber ihn der Sorge für den Unterricht seiner Kinder durch eine gute lateinische Schule, die er hier antraf, enthob. Durch die Verkündigung des Worts wirkte er erweckend und belebend auf die Gemeinde, und wenn auch manche Jüngere, von der

schöngeistigen Zeitströmung ergriffen, seine Sprache
altmodisch fanden, so wurden doch seine Predigten mit
Eifer besucht und blieben nicht ohne segensreichen Ein=
fluß. So bezeugt z. B. der ehrwürdige, wahrhaft
fromme Professor der Theologie in Tübingen, Dr. J.
G. Wurm († 3. Dec. 1847 als Dekan in Nürtingen)
von seinem gerade in diese Zeit fallenden Aufenthalt
im Kloster Blaubeuren: „Nicht ohne gesegneten Ein=
druck auf mein Herz blieben auch manche Vorträge
des ehrwürdigen Dekans K. F. Harttmann, welcher
damals in Blaubeuren angestellt war." Was dieser
allein bedauerte, war der Umstand, daß die Leute sich
ihm nicht auch durch Hausbesuche näherten und sich
zu einer Gemeinschaft verbanden. Aber man war in
jener Gegend gewohnt, den geistlichen Vorstand mit
scheuer Ehrfurcht zu betrachten, und er war nicht lange
genug da, um dieses Vorurtheil ganz zu heben. In=
deß machte sein anspruchloses und liebevolles Benehmen,
dem es doch nicht an der aus einem geheiligten Innern
kommenden Würde fehlte, einen wohlthuenden Eindruck,
und besonders den Landleuten erschien seine Uneigen=
nützigkeit, da er sich für Amtsgeschäfte, z. B. Berichte,
nicht belohnen ließ, wie es wohl früher mißbräuchlich
der Fall war, so befremdend und staunenswerth, daß
sie oft in sonderbare Aeußerungen ausbrachen.

In seinem Amt als Dekan war es sein besonderes
Augenmerk, die Würde und den Einfluß des geistlichen
Standes und Amtes aufrecht zu erhalten, eingedenk
der Worte Oetingers (Grundweish. der Rechtsgelehrs.
S. 68.): „Die Geistlichen sollen sich in acht nehmen,
weil sich der Civilstand über das Christenthum vieles
herausnimmt, die Grenzen des Gehorsams gegen Gott
und Menschen nicht zu verwirren. Der Gehorsam
und die Gedult gegen die einreißenden Mißbräuche hat
seine Grenzen. — Was für Langmuth und Gedult
muß man im Denken, Urtheilen, Suspendiren seiner
Gedanken und doch nöthiger Präcision und Decision
in sonderlichen Vorfallenheiten haben, daß man nicht

aus Menschenfurcht blos das Sichere erwähle, sondern
bei der Wahrheit bleibe, beschworen von Paulus
1 Tim. 5, 20. 21." Ein Fall der Art schien Hart=
mann bei der Hulbigung i. J. 1795 gekommen zu
sein. Es war verordnet, daß dieselbe nicht durch eigens
ausgesendete Commissäre, wie 1793, sondern durch die
Oberbeamten eingenommen werden soll. Ausgenommen
waren einige untergeordnete Beamte und selbst die
Kaufleute, welche den Titel Commerzienrath führten;
die Pfarrer dagegen sollten dem Oberamtmann per=
sönlich Handtreue geben. Harttmann erblickte darin
eine Herabwürdigung des geistlichen Standes. Er
schreibt darüber an einen Freund: „Die Hulbigung
machte mir zu schaffen. Ich wollte mich meiner Pa=
storen annehmen, welche einseitig ohne das Dekanat zur
Hulbigung citirt waren. Und weil das einseitige
Oberamt niemals ihr competentes Forum ist, machte
ich durch einen Expressen eine Anfrage bei dem Con=
sistorium; es wurde aber auf dem General=Rescript
beharrt. Um doch etwas von Gegenprotest zu thun,
entschloß ich mich, ob ich schon meine Hulbigung ein=
geschickt hatte, meine Herrn Pfarrer anzuführen, und
nochmal mit ihnen dem Oberamt zu hulbigen. Wie
es aufgenommen wird, will ich erwarten. — Es that
mir wehe, daß in dem General=Rescript die Pastoren
von den Honoratioren unterschieden waren. Meine
Münsinger Pastoren haben mit Unterscheidung prote=
stirt und bezeugt, daß sie die einseitige Citation des
Oberamts zur Hulbigung zwar materiell für giltig
erkennen, aber formell gegen alles für sie in Zukunft
erwachsende Präjubiz collegialisch protestiren; welches
ich ganz gebilligt, und ihnen auch vor einem billigen
Forum nicht kann misdeutet werden. — Ihr Juristen
wollet Priesterthum und Königreich immer trennen,
und ersteres in lezterem verschlingen." Auch in dieser
häcklichen Sache verfuhr Harttmann mit solcher
Sanftmuth und Milde, daß man wohl sehen konnte,
es sei ihm allein um das Recht und Ansehen der

Kirche, nicht um seine Person zu thun gewesen; daher
auch das gute Verhältnis mit dem Oberamtmann nicht
getrübt wurde, der noch nach langer Zeit bei zufälli=
gem Zusammentreffen Harttmann seine ungeheuchelte
Achtung bezeugte.

Die Diöcese Blaubeuren begriff damals 21 in 4
Oberämtern zerstreute Orte, die zum Theil 10 Stunden
vom Dekanatssiz entfernt waren, und doch alle Jahre
bereist werden mußten. Es ist daher nicht zu ver=
wundern, daß dieses Amt einem Mann, wie Hartt=
mann, der das Reisen ohnehin nicht liebte, sehr be=
schwerlich fallen mußte. Am 23. April 1795. schrieb
er daher: „So bald es mit meiner Gesundheit wieder
besser steht, werden meine Visitations=Reisen wieder
anfangen. Wenn der Herr mir nur noch eine Er=
quickungszeit und eine Befreiung vom Dekanat und
der Stadtluft schenkte! Ich will gerne mein voriges
Hirtenleben wieder ergreifen. Gefällt es ihm aber
nicht, so schenke er mir nur Gedult und Kraft und Wil=
ligkeit zum Ausharren!" Als daher das Dekanat
Reuffen erledigt wurde, versuchte es Harttmann,
sich bei dem Consistorium wieder ins Andenken zu
bringen. In seinem Gesuch um diese Stelle sagte er,
er suche blos Ruhe und die Nähe der Seinigen. Seine
Bitte wurde gewährt. Die Stadt Blaubeuren aber
gab ein Memorial um seine Belassung ein, welches
jedoch keine Berücksichtigung fand. Da er indeß nur
zwei Jahre auf dieser Stelle gewesen war, so sollte er
nach dem bestehenden Recht der Stadt die Hälfte der
Aufzugskosten erstatten. Die städtischen Behörden
wollten dieselbe nachlassen, aber die Regierung willigte
nicht ein.

31. Das Dekanat Reuffen 1795.

Im Spätherbst 1795 bezog Harttmann die
neue Stelle, die, sowenig auch die Amtswohnung seinen
Wünschen entsprach, doch sonst ihm einen höchst an=

gemeſſenen Wirkungskreis eröffnete. Harttmann ſelbſt
ſchrieb d. 9. Dec. 1795: „Wir haben uns zu wehren, mit
dem engen und düſtern Hauſe zufrieden zu ſein. Der Herr
laſſe nur ſeinen Frieden wieder in mein Herz kommen,
und mache mich ſeines Weges gewis;" — und d. 16.
Dec. „Mit dem Angewöhnen gehts etwas beſſer.
Der Herr ſchenke uns nur Geſundheit und Frieden,
und lehre uns, in dieſer Welt wenig oder nichts ſuchen
und begehren." Die Liebe womit ihm Stadt und
Diöceſe entgegen kam, erleichterte Vieles. Der
Schulmeiſter Kullen von Hülben, deſſen Name
in jener Gegend noch lange in geſegnetem Andenken
ſtehen wird, beſuchte ihn gleich beim Aufzug in dem
benachbarten Neuffen, um ihn willkommen zu heißen
und beim Einzug Hilfe zu leiſten. Kullen traf ihn
eben in großer Aufregung, weil die engen Räume der
Amtswohnung ſeinen Hausrath nicht faſſen wollten.
Als Kullen den wenig verhüllten Unwillen ſah, fragte
er freundlich ernſt: „Herr Special, iſt das auch aus
dem lautern Strom (Off. 22.)?" und die Hize fiel
ſogleich. — *)
    Einige Jahre ſpäter äußerte er ſich in einem von
der Synode damals allen Geiſtlichen abgeforderten
Gutachten über ſeine Verhältniſſe folgendermaßen:
„Ueber den Zuſtand meiner Gemeinde und in Ver=
gleichung mit andern Orten betrachtet, kann ich den
Herrn preiſen. Die in gewiſſer Art iſolirte Lage
meiner Gemeinde, die geringe Zahl der Reichen und
Angeſehenen darin, das meiſt auf den Feldbau be=
ſchränkte Gewerbe, ein einträchtiges Verhältnis zwiſchen
dem weltlichen und geiſtlichen Amte, machen das übri=
gens doch einreißende Verderben der gegenwärtigen
Zeit weniger fühlbar, vielleicht das Gefühl davon er=
träglicher. Indeß zeigen ſich auch hie und da die
Zeichen der Zeit, z. B. ein nach und nach allgemein
werdender Ungehorſam, welchem mehr auszuweichen

---

*) Chr. Kullen erzählte mir die Anekdote i. J. 1845.
                                                    B. H.

als entgegen zu arbeiten einem klugen Geistlichen zur
Maxime werden muß, ein manchfacher Misbrauch der
Sonntage, ein merkliches Sinken der Hochachtung gegen
das Wort Gottes und somit gegen den Lehrstand überhaupt. Böses Beispiel, besonders der Angesehenen
(Jer. 5, 4. 5.), gegen welche sehr schwer ein Gegenmittel zu finden, die nach allen Theilen immer mehr
überhand nehmende und über die Bestrafung hinaus
gewachsene Ungerechtigkeit, ein über alles sich verbrei-
tender und keiner Schranken sich bewußter Räsonnir-
geist. Diese und noch mehr nicht so genau zu be-
stimmende Uebel, deren ganzen Ursprung man nicht
nennen kann und darf, lassen einem Lehrer nichts als
die Klagen Jeremias übrig. Ich meines theils habe
es mir zum Grundsaz gemacht, die Hilfe eines höheren
Arms, selbst auch die mit der äußern Stellung meines
Amtes verbundene Hilfe so wenig als möglich zu gebrauchen, und mich neben der Gedult und dem Wort
des Zeugnisses gut dabei befunden. Denn die dem
Geistlichen nach den gesezlichen Ordnungen noch eingeräumten Befugnisse sind meist, so begründet sie sind,
doch ein Rohrstab. Im eigentlichen Lehramt bemerke
ich noch immer die sehr geringe, theils aus Mangel
an Uebung, theils von dem Druck der Geschäfte und
Sorgen, theils aus Eitelkeit, Wolluft ꝛc. herrührende
geschwächte Empfänglichkeit der Zuhörer. Die Wirkung
der Predigt ist daher mehr Erweckung, als Pflanzung
der Lehre, und ein Geistlicher muß sich meistens begnügen, wenn er durch erstere etwas gewinnt. — Vom
h. Abendmahl entziehen sich Manche Jahre lang, und
bei einem großen Theil der ordentlichen Communi-
canten bleibt Einem nichts als Hiskias Wunsch
2 Chron. 30, 18. übrig. Bei den Wenigsten kann der
Geistliche sein Amt als Hirte, bei Wenigen als eigent-
licher Lehrer thun. Im öffentlichen Amt ist er meistens Paraklet und ist meist froh, wenn man es noch
willig annimmt."

In eben dieser Eingabe breitet sich Harttmann,

über die örtlichen Verhältnisse hinausgehend, über die
Zustände der vaterländischen Kirche im allgemeinen
aus, indem er sagt: „Die Magistrate sind meist eine
Kette von Familien, die dann im Ort das Uebergewicht
haben. Die Wahlen sind oft das gerade Widerspiel
von dem Wort des Herrn 2 Mos. 18, 21. 5 Mos.
1, 13. Daraus läßt sich ein Schluß auf die Amtsführung machen, und welche Unterstützung von dieser
Seite die Kirche zu gewarten hat. So wurde ein
Mann, der der weltlichen Obrigkeit wegen naturalisti-
scher Principien angezeigt war, wenige Wochen darauf
in den Senat aufgenommen, nachdem er vorher im
Ort hatte auskommen lassen, er lasse sich die Ehre
200 fl. kosten. Und doch, wenn man solchen Leuten
ein Zeugnis ertheilen sollte, würden sie als lauter
rechtlich unangreifbare Männer prädicirt. Wie weit
aber solche Leute über die allgemeine Kirchenzucht sich
erhaben glauben, wie weit sie derselben durch Thun
und Lassen entgegen arbeiten, könnte mancher Lehrer
gut nachweisen, wenn ihn nicht die Klugheit an das
Wort erinnerte: Ein Gescheidter wirds verhehlen.
Die Kirche kann sich deßhalb auf beide Arme in manchen Orten nicht verlassen, da der eine lahm, der
andere verrenkt oder gar zerbrochen ist, und wenn
cleri tabes, fori tabes d. i. Fäulnis des geistlichen
und Verfall des weltlichen Standes (nach Andreä)
zusammentreffen, so ist der Schaden sehr bedenklich.

Gegenstand der Convente sind theils auffallendes
Aergernis, theils Vergehen gegen die erste und zweite
Tafel. Aber Aergernisse werden theils nicht angegeben,
theils können viele, wie Fluchen, Schwören, Misbrauch
der Sonntage 2c. nicht mehr, wenigstens nicht ohne
Ausnahme und Unterscheidung gerügt werden. Die
meisten Vergehen der andern Classe sind unter dem
Vorwand, daß es vor die Civilgerichte und nicht hieher
gehöre, nicht rügbar. Ein Sonn= und Feiertags=rausch
gehört etwa dahin; allein eine Bestrafung desselben ist
eine stillschweigende Berechtigung desselben an Werk=

tagen, weil die Trunkenheit an diesen Tagen, wenn
sie nicht enorm ist, von der Obrigkeit nicht gestraft wird.

Die Ehedissidien suche ich wo möglich diesem Ge=
richt zu entziehen, weil sie meistens vor dem Kirchen=
convent nur bitterer und langwieriger gemacht werden.
Die Strafen dieses Collegiums, allein vom Gutdünken
der Richter abhängig., sind von geringem Nachdruck,
und es wäre zu wünschen, daß durch andere Ahndun=
gen dem erschlafften christlichen Ehrgefühl ein neuer
Antrieb gegeben würde.

Die Einigkeit zwischen der Obrigkeit und der Geist=
lichkeit leidet eine weite Deutung. Das gemeinschaft=
liche Amt mit den Vorwörtchen Ober= oder Unter= ist
ein noch unerklärter Ausdruck. Das bürgerliche Amt
hat alles gemeinschaftlich mit dem geistlichen bis auf
die Kanzel und den Altar (denn die übrige Kirche ist
schon **mixti fori**); in vielem, was noch zur geistlichen
Gerichtsbarkeit gehören möchte, ist die Gewalt nicht
gleich. Ich meinerseits abstrahire mir zu meinem Ver=
halten hierin das Verhältnis zwischen Sonne und
Mond, und wenn ich mich hienach bescheide, verhüte
ich.am besten alle Sonnenfinsternisse. Der Präcedenz=
streit ist in manchen Orten eine bittere Wurzel, zu
deren Ausrottung ich meinerseits, ohne daß es mich
sauer ankommen sollte, das Meinige beitragen wollte.
Es scheint aber leider eine gewisse Antipathie zwischen
beiden Ständen, wo nicht zu einem stillen Gesez, doch
zu einer lauten Observanz geworden zu sein, und der
Schaden davon fällt auf die Kirche zurück. Die Ver=
achtung der kirchlichen Befehle ist größer, als man
weiß. Meine Hochachtung würde gern den Beweis
zurückhalten, den mir das Gefühl abfordert. So wurde
mir in meiner Amtsführung schon unter das Gesicht
gesagt, es sei nur vom Consistorium befohlen. Ein
Beamter äußerte sich über einen Consistorialbefehl mit
dem Wort: Man legt ihn eben **ad acta**. Wie gerne
wird bei solchen Verhältnissen ein redlicher Kirchen=
diener mit dem ihm noch übrig bleibenden Zeugnis

des Worts als dem edelsten Theil seines Amtes sich begnügen!

Im Bauwesen hängt der Kirchenbiener oft von der Laune des Verwalters ab, besonders wenn sich dieser nicht nur als Aufseher des Hauses, sondern sogar den jeweiligen Bewohner desselben als seine Klienten und Untergebenen ansehen zu dürfen glaubt, so daß man fürchten muß, einen Schaden im Bauwesen anzuzeigen, woburch aus einem kleinen Uebel meist ein größeres wird. Mir gab einmal ein Verwalter über zerbrochene Fensterscheiben in Gegenwart seiner Handwerksleute und einiger Gäste, bie bei mir waren, einen Verweis, der eher für einen seiner Handwerksleute, als für mich gepaßt hätte. Ich bachte an Salomos Wort: Der Wizige verbirgt seine Schmach, und zog mich nach kurzer Antwort stillschweigend zurück. Um so mehr habe ich schäzen gelernt, wenn ein kirchenräthlicher Verwalter mir seine Lindigkeit kund werden läßt.

Hochzuverehrende Väter unsrer vaterländischen Kir= che, nehmen Sie mit väterlicher Huld und Nachsicht diesen Erguß meines Herzens auf, der ein Resultat meiner mehrjährigen Amtsführung ist, und den ich in den Schoos meiner würdigsten Herrn Vorsteher am besten niederzulegen glaube, von denen ich mir auch mit Zuversicht die huldreichste Nachsicht verspreche, wenn die mir gnädigst vergönnte Eröffnung meines Herzens mich etwa über die beabsichtigten Grenzen geleitet haben sollte. Vorschläge zu Verbesserungen sind über die Sphäre meiner Einsichten. Was ich mir von dem Herrn erbitte, ist der einem Kirchenbiener so nöthige Geist der Kraft, der Liebe und der Zucht, 2 Tim. 1, 7., und das, womit ich mich bei dem sinkenden Zustand der Kirche gegen die Macht der Ermüdung zu stärken suche, ist jenes Wort 5 Mos. 36, 36.: Der Herr wird sein Volk richten, aber seiner Knechte wird er sich erbarmen; denn er weiß, daß ihre Macht da= hin ist."

32. Harttmanns Wirksamkeit in Neuffen,
Verhältnis zum Kullen'schen Hause in Hülben.

Harttmann traf in Neuffen für seine Vorträge einen empfänglichen Boden, und hatte bald die Freude, schöne Früchte zu sehen und in Manchem ein geistiges Leben zu wecken. Auch solche, welche sich nicht ent=schieden dem Glauben zuwandten, wurden aufmerksam und bekamen wenigstens gute Eindrücke. Doch seine Wirksamkeit beschränkte sich nicht blos auf das Städt=chen, seine Predigten wurden von der ganzen Umgegend besucht, und namentlich wurde er für die Ueberreste der von Fricker gebildeten glaubigen Seelen im Uracher Thale und auf der Alb ein erwünschter Stüzpunct.

Aber auch viele Glaubige von der hintern Alb, welche den gesalbten Mann schon in Blaubeuren kennen gelernt hatten, kamen oft seinen Predigten zu lieb viele Stunden weit her. *) Sie nahmen gewöhnlich ihren Weg über Hülben, um bei dem Schulmeister Kullen zu übernachten, dessen Haus schon damals der Sam=melpunct für die hin und her zerstreuten Glaubigen war, und sich durch ganz unglaubliche Gastfreiheit auszeichnete. Für Kullen und seine Gattin war es eine kleine Uebung, daß sie Sonntag für Sonntag eine Anzahl von Leuten beherbergen sollten, die eigentlich nicht zu ihnen auf Besuch kamen, daß man sich mit ihnen hätte erfreuen und von ihnen lernen können, sondern ihre Herberge nur als Mittel für einen andern Zweck gebrauchten. Sie schickten sich darunter. Aber was für Gedanken darüber manchmal in ihren Herzen vorgehen mochten, das hat Kullen gegen Harttmann selbst einmal gar ehrlich herausgegeben. Dieser sagte ihm nemlich, es kommen des Sonntags oft und viel Leute zu ihm, die, wenn er sie frage: „wo habt ihr übernachtet?" antworten: beim Schulmeister. Ob er denn so viele Leute über Nacht behalten könne und

---

*) S. J. Kullen Fünfzig Erbauungsstunden S. XXIII. ff.

dieser Gastfreiheit nicht müde werde?" Darauf ant=
wortete Kullen, es habe ihm auch schon wollen zu viel
werden, aber dann müßte er denken, er (Harttmann)
frage die Leute, und diese würden es ihm dann sagen,
sie haben beim Schulmeister in Hülben wollen über
Nacht bleiben, aber er habe sie nicht behalten. Er
müsse also schon dem Herrn Special *) zu lieb die
Leute behalten, ob er wolle oder nicht. Darüber lächelte
Harttmann und freute sich der Ehrlichkeit, mit der
Kullen gerade die Denkweise des natürlichen Herzens
in den Vordergrund stellte, ohne dessen zu erwähnen,
was er um des Herrn willen schon an vielen armen
Gliedern Christi gethan hatte, auch wenn kein Mensch
darum wußte. (Kullen bemerkt hiebei, Harttmann
selbst sei vorher mit Laienbrüdern noch nicht so nahe
bekannt gewesen, **) obwohl er als Student schon im
Glauben stand; und als er bald nachher als Repetent
nach Tübingen kam, habe er gottesfürchtige Studenten
unter Gottes Segen wieder zu einer regelmäßigen Ge=
meinschaft zusammengefaßt, die vorher unter ihnen
erloschen war. Er habe sich nemlich auf das gewohnte
Stundenzimmer begeben, um, wenn ja Niemand komme,
dort allein zum Herrn zu beten und sein Wort zu
betrachten.) Gleich bei seiner Antritts=Predigt in
Neuffen erkannten die Brüder der Umgegend gar wohl
das in ihn gelegte Geistesleben. Doch spürten sie bei
seiner hohen Erkenntnis noch einigen Mangel der Er=
fahrung. Daher besprachen sich Etliche, daß sie auf
einen bestimmten Tag bei ihm zusammen kommen und
ihm ihren Sinn recht offen darlegen wollen. Sie
hätten dabei gar gerne gehabt, daß er mit seiner Gabe
und Erkenntnis sich auch der Gemeinschaften mehr
annehmen möchte. Auf den bestimmten Tag aber kam

---

*) Hülben, als Filial von Dettingen, gehörte schon damals
in das Dekanat Urach.
**) Diß gilt doch nur von jener Gegend, da wir sahen, daß
Harttmann schon in Tübingen und später in Jlingen und Korn=
westheim mit Leuten aus dem Volk in engeren Beziehungen stand.

ein heftiges Schneegestöber. Dennoch machte sich Kullen auf den Weg nach Neuffen. Er behauptete, der Teufel habe ihm immer gesagt, er soll nur wieder heimgehen, die andern Brüder kommen gewis nicht; aber er sprach immer zu sich: „gehen mußt du!" Der Teufel accorbirte endlich mit ihm, er soll wenigstens in ein anderes Haus gehen; was denn wohl die Frau Speciälin sagen werde, wenn er so wüst und naß daher komme. (Von einem Schirm wußte man damals fast noch nichts bei gemeinen Leuten, und die ganze Kleidung eines so einfachen Landmanns vom alten Schlag soll nicht viel über 2 fl. gekostet haben.) Er aber blieb dabei: „in des Herrn Specials Haus mußt du, so bist du bestellt!" Er war überzeugt, das sei der Wille Gottes und über= wand endlich sein Nichtwollen. Da habe ihn, so er= zählt er, freilich die feine Frau etwas kalt empfangen, als er so naß in ihr Haus kam, und der Herr nicht viel freundlicher. Er aber sezte sich aufs Ofenbänklein, und Harttmann ging vor ihm auf und ab. Da merkte Kullen, daß ihn der Geist Gottes innerlich be= schneide. Er wurde freundlicher, stellte ihm einen Stuhl an den Tisch und sezte sich neben ihn. Nun sagte Kullen: „ich will Ihnen meinen ganzen Lauf darlegen, und was es zu beschneiden braucht, das schneiden Sie weg; aber wenn Sie mir nicht etwas Besseres dafür bieten können, so lasse ich mir das Meinige nicht nehmen. So erzählte er denn einen Umstand um den andern; und als er fertig war, sagte Harttmann: „ich bin Sein Bruder." Und von da an waren sie ein Herz und eine Seele, wovon noch Briefe Zeugnis geben. Den Segen, welchen er für beide mit sich brachte, hatte der Teufel verhindern wollen.   .

Nun kam Kullen und Brüder aus Dettingen öfters in Harttmanns Hause zusammen und genoßen viele Freude des Geistes in dieser Gemeinschaft. Im Eifer des Gesprächs, wo sie an nichts Aeußeres mehr dachten, soll der alte Christoph Handel einmal sogar seinen breieckigen Hut aufgesezt haben. Das merkte er erst, als sie gehen wollten, und sagte zu den andern: „Warum habt Ihr mirs aber nicht gesagt?" Es war ihm eine Verlegenheit, daß er so unbescheiden gewesen sei; denn er achtete das Amt hoch. Aber das nahm Harttmann nicht übel; denn diese Unachtsamkeit kam daher, daß sie mit einander so hoch im Geist erhoben waren.

Bald hernach fing Harttmann an, in seinem Hause Versammlungen zu halten. Einmal aber traf ihn Kullen ziemlich muthlos. Er klagte, daß man im Wirthshaus wieder gesagt habe, was er in der Stunde gesprochen hatte. Kullen antwortete: „Herr Special, jezt gehts den rechten Weg, nun ists, wie es vom Heiland heißt in jenem Leidenspsalm: „In den Zechen singt man von mir." (Pf. 69, 13.) Ein andermal fragte ihn Harttmann: „Wie gehts ihm auch in seiner Schule?" Kullen erwiederte: „Wenn ich meinem Herrn Pfarrer und Herrn Special Schule halte, so gehts nie gut, und ich bekomme nichts als Streit mit meinen Schülern; wenn ich aber dem Herrn im Himmel Schule halte, dann habe ichs gut, und die Kinder mit mir. Daraus schließe ich, sezte er hinzu, daß der Herr Jesus besser ist als Pfarrer und Special. Harttmann antwortete: „Ja, viel, viel besser!" —

Ein anderer gläubiger Mann der Nachbarschaft kam auch zu Harttmann, um ihn kennen zu lernen. Dieser fragte ihn, ob er der Stundenhälter in seinem Orte sei? Ja, das sei er, war die Antwort. „Kann er das Wort Gottes erklären?" fragte nun Harttmann, und jener antwortete: „Nein, sondern das Wort Gottes erklärt mich" (oder wie es in seiner schwäbischen Mundart lautete: „verklärt mich.")

Auch Kullens Kinder kamen hie und da in die geistvollen Vorträge Harttmanns. So hat es sein Sohn Johannes von sich erzählt, daß er am Pfingstfest Morgen einmal mit einem andern Knaben zu ihm in die Predigt ging, nachdem er am gleichen Morgen

einen neuen Rock erhalten hatte. Nun fragte H a r t t =
m a n n im Eingang der Predigt gar ernsthaft: „wie
hat ein jeder von euch auf seinen Pfingsttag sich vor=
bereitet?" Dem jungen Kullen wars, als sehe er dabei
eben auf ihn, und sehe es ihm an, daß er heute mehr
an seine neuen Kleider, als an die Gnade des Pfingst=
festes gedacht hatte.

33. Das Predigtbuch.

Einen noch größeren Wirkungskreis verschaffte ihm
die Herausgabe seines Predigtbuchs i. J. 1800. Schon
oft hatten Freunde, auch vom geistlichen Stande, sich
seine Predigthefte erbeten und sie erhalten, und fast
eben so oft war er zur Herausgabe eines Jahrgangs
aufgefordert worden; aber der bescheidene Mann hatte
es immer abgelehnt, da ja treffliche Predigtbücher ge=
nug vorhanden seien. Nur eine eigene Art von Nö=
thigung bestimmte ihn endlich dazu. Der bekannte
Pfarrer P r e g i z e r erklärte ihm nemlich bei einem
Besuch: Herr Special, ich verlasse ihr Haus nicht, bis
Sie mir versprechen, ein Predigtbuch heraus zu geben.
So ließ er sich endlich bestimmen, ergänzte die meist
am Schluß nicht vollständig ausgeführten Concepte,
und überließ den Verlag dem Buchhändler J u e s gegen
die einzige Bedingung, den Preis des Buchs nicht über
einen Gulden zu sezen. *)

Ueber seine Predigtweise spricht er selbst sich in

---

*) Es erschien i. J. 1800, wurde 1812 zum zweiten mal
und kürzlich von der evang. Gesellschaft in Stuttgart zum britten
mal aufgelegt. Eine zweite Sammlung veranstalteten i. J. 1830
der † Professor Dr. Joh. Chr. Fr. S t e u b e l und † Dekan
M. Joh. Gottf. P r e f f e l in Tübingen. Sie fanden, wie sie
selbst sich ausdrückten, in H a r t t m a n n s Papieren einen so
reichen Schaz evangelischer Wahrheit, daß ihnen die Auswahl
schwer wurde, weßhalb sie nur die am vollständigsten ausgear=
beiteten Stücke in die Sammlung aufnahmen. Seine B e i ch t=
r e d e n erschienen in diesem Jahre bei C. F. O s i a n d e r in
Tübingen.

der Vorrede folgendermaßen aus: „Gegen meine Leser habe ich mich vornehmlich über zwei Stücke zu erklären, nemlich was ich geschrieben, und wie ich geschrieben. Was also den Inhalt dieses Buchs betrifft, so war es mir darum zu thun, die theuern Wahrheiten von Christo, von seinem Leben, Leiden, Tod, Auferstehung, Priester= thum und Königreich, und von der in Christo erschienenen und die ganze Welt umfassenden Menschenfreundlichkeit Gottes (so viel ich aus dem tiefen Meer dieser Wahr= heiten fassen konnte) vorzutragen; denn ohne diese unentbehrlichen Wahrheiten ist ein jedes Lehrgebäude unsrer Religion wie ein Haus ohne Fundament. Einer immer lichteren und kräftigeren Erkenntnis und einem aller öffentlichen und verborgenen Scham trozenden Bekenntnis derselben wünsche ich auch bis an mein Ende entgegen zu streben. Ich weiß, in jener Welt wird mich nichts mehr freuen, als wenn ich meinen unvergleichlichen Herrn den Seelen im Drang seiner Liebe (2 Kor. 5, 14.) angepriesen habe; und dazu mache er mich durch seinen Geist immer tüchtiger! Sollten in meinen Vorträgen hie und da warme und nach manchem Urtheil vielleicht allzu freimüthige Aeuße= rungen in Rücksicht auf die heutigen Widersprüche gegen diese Wahrheiten vorkommen, so entschuldige man es mit dem Wort: was man nicht hat oder glaubt (denn das Glauben ist ein Haben) um das wehrt man sich nicht. Es ist ja dem Heiland nicht um unser Demonstriren und Polemisiren (denn beides kann er besser als wir), sondern um unser Bekenntnis zu thun. Er schenke uns nur den Geist des Glaubens, wie ge= schrieben steht: Ich glaube, darum rede ich. 2 Kor. 4, 13. Die heutzutag beliebte Moral oder Sittenlehre hoffe ich nicht ganz vergessen zu haben. Alle obbe= melde Wahrheiten haben ohnehin etwas Praktisches und sind für den Verstand und das Herz. Sie sind wie bei einem Gewebe der Zettel, und ihr Einfluß auf das Sittliche ist der Eintrag. Nun sezt aber lezteres das erstere voraus. Die menschliche Natur,

die kränker ist, als man glaubt, kann nicht blos durch
diätetische Vorschriften, sondern muß durch eine höhere
Arznei, die außer ihrer Sphäre liegt, kurirt werden.

Was nun das Wie bei diesen Vorträgen betrifft,
nemlich die Schreibart, so meine ich, hie und da das
Wort zu hören: Du bist ein Galiläer, denn deine
Sprache verräth dich. Ich kanns gelten lassen, will
auch gerne mich als einen Idioten in der Rede bekennen.
Es ist schwer, mit der, dem größten Theil der Zuhörer
angemessenen Sprache allemal auch die rechte Sprache
der h. Schrift zu verbinden. Und da zu dem Wie
nicht nur der Ausdruck, sondern auch eine schriftmäßige
Zusammenstellung der Wahrheit gehört, so ist ein rechter
geistlicher Vortrag, der auf der einen Seite den lang
gewohnten Formeln und auf der andern dem Gesuchten,
dem Menschengefälligen, dem Uebertriebenen in der
Schreibart auszuweichen weiß, eine Sache, die auf
einer höheren Schule gelernt werden muß, und wobei
man nicht auf alle Ohren Rücksicht nehmen kann, soll
und darf. Wir Lehrer haben alle nöthig, daß unser
Zungen mit einer glühenden Kohle von dem himm=
lischen Altar berührt und entsündigt werden (Jes. 6,
6. 7.); und unsern Herrn bei unserm Vortrag um
eine gelehrte Zunge zu bitten, mit den Müden zu
rechter Zeit zu reden. Jes. 50, 4. Bei einem ein=
fältigen und zur Fassung der Meisten sich herablassen=
den Vortrag werden wir mehr gewinnen, als bei einer
Mund= und Schreibart, wobei wir uns selbst und
Andern gefallen wollen. Die himmlischen Wahrheiten
bedürfen es, Gott Lob! nicht, erst durch unsern Mund
ihren Nachdruck zu bekommen, sondern sie sollen den
Redner, ich wollte lieber sagen: den Zeugen, (denn
diesem muß die Sache vergegenwärtigt sein) und durch
denselben die Hörer bewirken und beleben. Die Um=
sezung göttlicher Wahrheiten in gelehrte Worte mensch=
licher Weisheit hat etwas Gefährliches und führt im
Verborgenen etwas Beraubendes mit sich, wobei der
Müde noch mehr ermüdet, derjenige aber, der einen

Gefallen daran findet, in der fruchtlosen Einbildung,
etwas zu verstehen, das man doch nicht versteht, liegen
bleibt. Ist die h. Schrift ein Buch für alle Zeiten,
(und dieses Recht wird selbst der künftige Gerichtstag
ihr gegen alle vorherigen Widersprüche versiegeln,) so
haben wir Lehrer auch eine heilige Verpflichtung auf
uns, die Mundart der Männer Gottes zu respectiren,
und auch unsre Rede durch dieselbe und nach derselben
bilden zu lassen. Es wird uns doch das Bekenntnis
noch übrig bleiben (Jac. 3, 2.): wir fehlen alle mannch-
faltig und warten noch auf die Verheißung (Jes. 57,
19.): Ich will Frucht der Lippen schaffen. Erst die
völlige Erfüllung dieser Verheißung wird der traurigen
Sprachverwirrung ein Ende machen. Jeder treue und
aufrichtige Zeuge der Wahrheit behält bei aller Be-
mühung, sich mit den heiligen und gesunden Worten
zu conformiren, in Sprache und Ausdruck etwas Eigenes, das theils von der Bildung seiner Gedanken
unter den göttlichen Schickungen und Unterweisungen,
von seiner ursprünglichen Seelengestalt u. s. w. ab-
hängt, theils durch das Stückwerk unsrer Erkenntnis,
durch die Gestalt seiner Zeit und noch durch viele
andere Dinge seine besondere Modification und Ein-
schränkung erhält. Der Herr seiner Knechte wird
schon alles dieses aus einander zu scheiden und auch
ihre noch unvollkommene Mundart bei dem Dienst
seines Evangeliums doch zu gebrauchen wissen. Auch
diese Vorträge werden von diesem verschiedenen Eigenen
etwas haben. Man vertrage also diese Melodie, und
lasse dem Verfasser, wie jedem Vogel, seinen eigenen
Gesang. Das Mangelhafte und Unvollständige meiner
Mundart fühle ich vielleicht mehr, als manche sachverständige Richter mir sagen könnten und würden.
Paulus sagt: Es ist mancherlei Art der Stimmen in
der Welt, und derselben ist doch keine undeutlich.
(1 Kor. 14, 10.)

Ich hoffe, auch diese meine Stimme werde, wenigstens auch einem Theil meiner Leser, sei er groß oder

klein, nicht undeutlich sein. Und was überdieß an dem
Was und Wie meiner Vorträge in einen gerechten
und gutmeinenden Tadel fallen möchte, das hoffe ich
mit derjenigen Weisheit aufnehmen zu können, die sich
gerne sagen läßt. Jac. 3, 17."

Dieser Tadel blieb nicht aus. So begierig das
Buch auch von Vielen gekauft wurde, — die ganze
Auflage war in Kurzem vergriffen — so freundlich
auch selbst einige ihm früher Unbekannte im Aus=
land sich darüber gegen ihn selbst aussprachen, so fand
es doch in der Erlanger Litteratur=Zeitung einen sehr
beißenden Tadler. Harttmann äußerte sich d. 18.
Febr. 1801. hierüber so: „Die Recension meines
Predigtbuchs, sagt man, sei im Land verfaßt worden.
Man machte mir darin den Vorwurf, daß ich nicht ein
einziges Verslein aus dem neuen Gesangbuch angeführt
habe. Ich habe aber doch ein einziges angeführt! An
dieses Verbrechen möchte man mir freilich gedenken!
Doch er ist mir nahe, der mir Recht spricht. Man
glaubt, der Dekan Schuler in Freudenstadt *) sei der .
Verfasser." Es war daher zu verwundern, daß dieser
einmal Harttmann in Neuffen besuchte, und noch
mehr, mit welch unbefangener und ungeheuchelter
Freundlichkeit er ihm begegnete.

34. Die Seherin von Kleebronn.

Seit dem Jahr 1791 machte eine somnambüle
Dirne aus Kleebronn, Namens Marie Gottliebin
Kummer in der Gegend von Brackenheim und Besig=
heim großes Aufsehen. Ihre Bewunderer und An=
hänger hatte sie nicht blos unter dem gemeinen Volke,
selbst unter den angesehensten Beamten und Würden=
trägern fand sie Gönner, Freunde und Fürsprecher,
was sich theils daraus erklärt, daß die Erscheinungen
des Somnambulismus damals noch wenig erforscht

---

*) Er schrieb eine Geschichte des Geschmacks im Predigen
und ein Repertorium biblischer Texte für Casualien.

waren, theils baraus, daß die Antecebentien der Gott=
liebin erst viel später (1796 und 97.) bekannt wurden.
Sie gab nemlich vor, sie sei von Gott dazu ausersehen,
das, was in der Offenbarung Johannis noch unvollendet
und uneröffnet geblieben, zu ergänzen und der Welt
bekannt zu machen.

In einer ihrer ersten Entzückungen sei sie von ihrem
Engel in die himmlische Wohnung des Evangelisten
Johannes geführt worden, wo dieser ihr die Eröffnung
gemacht habe, es müsse über die himmlischen Gestalten
und Offenbarungen von ihr noch mehr geschrieben
werden, als von ihm selbst geschehen sei. Von allem,
was ihr in den himmlischen Wohnungen gezeigt werde,
dürfe nichts zurückbehalten werden. *) Der Zeuge,
der von Gott bestellt sei, diese Offenbarungen aufzu=
schreiben, der Pfarrer H. zu Meinsheim, habe ein
großes Gedächtnis vor dem Thron Gottes; er werde

---

*) Ihre Gesichte gingen nicht über das Gewöhnliche hinaus.
Die Beschreibungen des Himmels, der Stadt und des Throns
Gottes 2c. schließen sich ganz an die Offenbarung Johannis an.
Das einzige Eigenthümliche in ihren Vorstellungen war, daß sie
sowohl im Himmel als in der Hölle mehrere Stufen annahm,
auf welchen die nicht zur ewigen Höllenqual Verdammten nach
und nach weiter an einen erträglicheren Ort, oder in eine höhere
Seligkeit vorrücken könnten. Damit hängt auch zusammen, was
sie über das Gefängnis derer, die in der Sündfluth umgekommen
waren, aussagte. Diese waren in einer großen, finstern, auf
drei Seiten mit einer schwarzen Mauer umschlossenen und nur
vorne etwas geöffneten Höhle gefangen. Bis an die hinterste
Wand wurde sie hindurch geführt, hätte aber nichts darin sehen
oder unterscheiden können, wenn nicht die vier Engel, die auf
den vier Ecken der Mauer Wache hielten, mit ihrem Glanz
einige Helle hineingebracht hätten. Alle diese, wie mit Leibern
umgebenen Geister, waren sehr groß, wild und streng anzusehen;
sie stauchten, rißen und zerrten einander ganz grimmig herum.
Ueber den zu ihnen geführten Geist der Gottliebin schrien sie:
„der Hund!" und wollten auf sie losgehen, so daß sie sich
hinter ihren Engel verstecken mußte, um sich zu schützen. Es
war aber ein großer Unterschied unter denselben. Die Hinter=
sten waren die grimmigsten, und da war das Gebrüll und die
Empörung am ärgsten. Die vordersten aber waren still und
ruhig und schauten immer auf die oben stehenden Engel hin,

von Johannes bei diesem Geschäft ganz besonders un=
terstüzt, nach seinem Tode belohnt und unter die Lehrer
gestellt werden, die ins obere Heiligthum eingehen
dürften. Da der genannte Geistliche (ein Mann, der
sonst das Zeugnis hatte, „daß er von aller Bösartig=
keit des Herzens ganz rein sei und sonst den untadel=
haftesten Wandel geführt habe,") schon vieles von der
Gottliebin und ihren Engelserscheinungen gehört hatte,
so ging er, wie er selbst sagt, recht darauf aus, der
Sache auf den Grund zu sehen. Hiezu bekam er den
ersten Anlaß, als die Gottliebin zu Meinsheim in
ihrer Schwester Hause in Entzückung gerieth. Er be=
richtete darüber an seinen Dekan: das Ernsthafte dabei
und das in der Entzückung gehörte Reden und Singen
habe ihn zu bescheidener und vorsichtiger Aufmerksam=
keit gedrungen, sich nicht äffen oder äffen zu lassen,
viel weniger sich aber an einer Sache zu versündigen,
wobei er nichts Böses, wohl aber etwas Göttliches
bemerkt habe. Der Gottliebin selbst erklärte er „1. so
rein und gut jezt ihre Sache sei, so sehr werde der
Satan suchen, sie zu verführen und die Sachen zu
verwüsten. Er ermahne sie daher zu beständigem,
treuem Ernst und Anhalten an Gott im Glauben,
Einfalt und Gebet; 2. so hoch und weit auch ihre
Entzückungen gehen möchten, so blieben sie doch unter
der Beurtheilung und Prüfung des Worts Gottes;
sie soll also dieses immer hoch achten und sich durch
nichts davon abwenden lassen."

Ihre Entzückungen und Offenbarungen geschahen
so, daß sie während derselben unzusammenhängende,
abgebrochene Worte, Ausrufe, Verwunderungen und
Lobpreisungen vorbrachte, dann aber, wenn die Con=

---

weil sie sich nach Erlösung sehnten. Denn da Jesus bei seiner
Höllenfahrt, wie an alle höllische Pläze, so auch bei diesem Ge=
fängnis vorbeigekommen sei und sich als den Erlöser der Welt
dargestellt habe, so sei die Hoffnung und Sehnsucht derer, die
nicht so schwer als andere gesündigt haben, immer noch auf
Erlösung hingerichtet.

vulsion vorbei war, dem Fragenden alles nach ein=
ander erzählte oder beschrieb, was sie in der Ewigkeit
gesehen und gehört hatte. Dieser schrieb sodann alles,
was er aus ihrem Munde vernahm, auf; und um
der Sache recht auf den Grund zu sehen und sie nach
dem Wort Gottes prüfen zu können, nahm er sie
(1793) zu sich ins Haus. Nach den ersten Ent=
zückungen, unter welchen der Pfarrer H. alles, was
ihrem Munde entfloß, pünctlich niederschrieb, begab
er sich zu Harttmann nach Kornwestheim, um
seine Gedanken und Ansichten über die neuen Pro=
phetenaussprüche zu vernehmen. Sie durchstreiften
alle Propheten, besonders aber die Offenbarung Jo=
hannis mit einander und wechselten allerlei Wünsche
und Gedanken über verschiedene Gegenstände. Des
andern Tages, als H. wieder nach Hause gekommen
war, zeigte der Engel an, die reine Sehnsucht dieser
zwei Männer sei vor Gott aufgestiegen und ihm an=
genehm; es sei Gottes Wille, daß ihnen alles will=
fahrt und geoffenbart werden soll, wovon sie mit
einander geredet hätten. Schon um diese Zeit wandte
sich die Gottliebin auch selbst an Harttmann, unter
dem Vorgeben, von Gott selbst hiezu angewiesen zu
sein. Von nun an wurden die Protokolle über ihre
Visionen Harttmann pünctlich mitgetheilt. Sie
kam im Julius 1794. auch nach Blaubeuren zu ihm,
und machte mit ihren Visionen und Betragen einen
guten Eindruck. Einer Frau aus dem Honoratioren=
stande, die über den Tod eines Sohns trauerte, theilte
sie manches mit, was diese befremdete, weil es eine
Kenntnis von Dingen voraussezte, die sie auf natür=
lichem Wege nicht haben konnte. Auch sagte sie ein=
mal Harttmann selbst, der auf einige Tage verreist,
und von einem vorübergehenden Unwohlsein schnell
befallen worden war, sogleich bei seiner Zurückkunft,
was ihm begegnet sei.*) Dieses bestärkte die Familie

*) Aehnliches wurde mir, als ich in den Jahren 1843 und
44. Vicar in Wahlheim war, von alten Leuten erzählt, welche

Harttmanns so im Vertrauen auf sie, daß ihr
gestattet wurde, auch einmal nach Neuffen zu kommen.
Hier aber wurde Harttmann, bei einer genaueren
Prüfung ihrer Aeußerungen und ihres Benehmens,
an der Lauterkeit ihrer Gesinnung und an der Gött-
lichkeit ihrer Sendung so zweifelhaft, daß er nicht nur
sie selbst sogleich abreisen hieß, sondern auch seinen
Freund H. darauf aufmerksam machte und nachdrücklich aufforderte, allen Verkehr mit ihr abzubrechen;
eine Warnung, welcher derselbe leider keine Folge gab.
Er ließ sich vielmehr von ihr bereden, daß sie einen
Befehl aus der Ewigkeit erhalten habe, des Inhalts,
von seinem Fleisch und Blut müßten die zwei Zeugen
(Off. 11, 3.) kommen, der eine von seiner Frau, der
andere von ihr selbst. Den Gehorsam gegen diesen
Befehl büßte der Pfarrer H. mit dem Verlust seines
Amtes, die Gottliebin mit dem Solde einer Ehebre-
cherin am Pranger und im Zuchthause. (1797.) Während indeß Viele sie später für eine bloße Betrügerin
erklärten, behauptete Harttmann immer, daß unsichtbare, nur keine guten Kräfte, mit im Spiel gewesen seien; denn natürlich lasse sich nicht alles erklären. Sie selbst erklärte zwar vor Gericht alle ihre
Gesichte und Offenbarungen für Lüge und Betrug;
es unterliegt aber kaum einem Zweifel, daß ihr diese
Aussage durch Drohungen und Suggestivfragen des
Instruenten abgenöthigt worden sind. „Sie wurde

_____

die Gottliebin noch persönlich gekannt hatten. Sie hielt sich
nemlich oft bei einer Schwester auf, welche zu Besigheim an
einen Schneider verheirathet war. Diese guten Leute wußten
nicht, was sie von ihr halten sollten. Als sie eines Sonntags
von einem Besuch in Bönnigheim zurückkehrten, warfen sie sich
auf dem Felde unweit Erligheim zur Erde nieder, und baten
Gott um Erleuchtung, zu erkennen, wie sie doch mit der Gottliebin daran wären, ob diese eine Prophetin oder eine Betrügerin sei. Als sie nach Hause kamen, fanden sie diese in Thränen zerflossen. Sie fragten, was ihr fehle? Was mir fehle?
erwiederte sie, wenn auch ihr mir nicht glaubet? Habt ihr nicht
auf dem Felde bei Erligheim Gott gefragt, ob ich eine Prophetin oder eine Betrügerin sei?   D. H.

nemlich nach ihrem Wochenbett von der Regierung in
Stuttgart dem Zuchthaus=Pflegeamte zu Ludwigsburg
übergeben, mit dem Befehl, ſie dort wegen ihrer
Schwangerſchaft zu verhören, ihr allen Umgang ab=
zuſchneiden, und, wenn ſie nicht zum Geſtändnis zu
bringen wäre, ſie bei der Züchtigung der Sträflinge
im Zuchthauſe zuſehen zu laſſen und ſie mit gleicher
Behandlung zu bedrohen, nöthigenfalls ſie mit einer
ihrer Leibesconſtitution angemeſſenen Tracht Schläge
zu belegen, und den Erfolg davon zu berichten. Diß
geſchah, und der Anblick einer Züchtigung im Zucht=
hauſe zu Ludwigsburg wirkte ſo plözlich und ſtark auf
ihre zarten Nerven und Sinne, daß ſie ſich bereit=
willig erklärte alles zu geſtehen." — Später kam ſie
in Verbindung mit der bekannten Frau von Krüdener,
welche ihr geneigtes Gehör ſchenkte, und ſie zu ſich
nahm, als ſie in der Gegend von Bönnigheim ver=
weilte. Von dort aus beſuchte Frau von Krüdener
auch einmal H a r t t m a n n; ihr ganz kurzer Beſuch
aber machte einen ſolchen Eindruck auf ihn, daß er nicht
hätte mit ihren Anſichten übereinſtimmen können, die,
nach ſeiner Meinung, ſie eben für die Täuſchungen
jener entſchieden verkehrten Perſon empfänglich mach=
ten. Ihm ſelbſt blieb von dieſer Geſchichte der tiefe
Eindruck der Stelle Jer. 23, 6.; Jehovah, unſere
Gerechtigkeit."

35. Fortſezung.

Zur Ergänzung des Vorſtehenden folgen hier noch
einige Notizen aus Briefen von H a r t t m a n n. Sep=
tember 1794. H a r t t m a n n mit ſeiner Frau in
Meinsheim.

October: H. zu Rede geſtellt vom Conſiſtorium
gibt Verantwortung. — Viſion über die Kinder des
zweiten Zeugen (Harttmann oder Laur) nach den be=
kannten Aeußerungen über ſie.

12. Jan. 1796. Die Uebung des Wartens iſt

groß. Da wir nach allen Anzeigen dem Ende aller
Dinge nahe ſind, bin ich auf die Sache eben ſo auf=
merkſam, und was ich bisher darin gethan, habe ich
dem Herrn gethan, und will auch um ſeinetwillen
aushalten.

29. Jan. 96. In Meinsheim gehts durch Warten.
Auch hier haben wir in unſerem Theil manche Ah=
nungen, daß Schweres bevorſtehe. Es iſt nicht mehr
der Mühe werth, ſich bei der Welt um Vieles um=
zuſehen. Was mir meinen hieſigen Lauf beſtätigt,
iſt unter anderem auch das Siegel der Niedrigkeit,
und daß ich aus der großen Welt mehr herausge=
kommen bin.

17. Febr. 96. In Meinsheim will das Warten
lange werden. Auf die Naturordnung darf man frei=
lich nicht ſehen; doch kann ja eine Ausnahme ſtatt
haben. Der Herr mache doch in dieſer Sache Licht!

13. April 96. Ich habe wirklich eine Correſpon=
denz von lauter Zweifeln mit dem H. Pfarrer in
Meinsheim, und wir können an der Sache nimmer
mit ganzem Muth anſtehen, da manches in den Vi=
ſionen vorkommt, was gegen das ausdrückliche Wort
der h. Schrift lauft, wiewohl H. Pfarrer alles bei=
zulegen weiß. Wie ich höre, wird H. Special (Mög=
ling) in Brackenheim Commiſſär in der Sache werden.
Doch ſoll H. Pfarrer H. geſchont werden. Er ver=
dient es auch, da er gewis optima fide in der Sache
handelt. Ich habe an dieſer Sache Manches gelernt,
und wird mir noch Manches zu lernen übrig bleiben.
Wer redlich iſt, dem werden die Aergerniſſe nicht
ſchaden.

20. April 96. Das beſtändige Aufſchieben der
Verheißung kann ich nicht mit der Gottliebin reimen.
Uebrigens verwerfe ich deswegen nicht alles, und
glaube, daß beſonders von dem, was ſie vom Zuſtand
der Verſtorbenen geſehen, (bis wohin vermuthlich ihre
Gabe reicht), Manches wahr und zutreffend ſei. Von
dem Verhör erwarte ich nicht viel Entſcheidung wegen

der Vorurtheile des Unterſuchungsrichters. Die Entſcheidung wird von den Zeiten Gottes abhangen.

27. April 96. Von der Sache der Gottliebin komme ich unvermerkt weg; ich weiß nicht, wie es mir damit geht. Immanuel *) hat in ſeinem lezten Brief uns ſehr treuherzig und wohlmeinend gewarnt; woraus ich ſeine Liebe gegen ſeine Eltern ſah. Wir begehren ihn auch in ſeiner Anhänglichkeit an die Sache nicht irre zu machen, ſo wie wir auch nicht alles verwerfen. Es iſt auch im Geiſtlichen nichts ohne eine gewiſſe Vermiſchung (mixtura), beſonders was in die unſicht= bare Welt hineinlauft, wo ein concursus und confluxus von mancherlei Wirkungen ſtattfindet. Bei ſolchen Wirkungen darf man nicht immer nur paſſiv ſein, ſondern darf und ſoll durch die Wahrheit ein gewiſſes reagens in ſich haben, ohne gerade dagegen in ſich zu opponiren, wenn man nur nicht aus Abſichten und Antrieben fleiſchlicher Weisheit dabei handelt.

29. Jun. 1796. Meine Correſpondenz nach Meins= heim geht nimmer ſehr ſtark, weil ich bisher meiſtens Zweifel gegen die Sache vorgebracht, die man mir nicht ganz zu gut halten will. Die amtliche Unter= ſuchung hat nun ihren Anfang genommen; es ſcheint aber, die rechten Männer dazu fehlen. Ich kann jezt keine Zuſtimmung heucheln, begehre auch meine vorige Zuſtimmung nicht zu verläugnen, ſondern will ruhig die ganze Sache auswarten.

18. Jan. 1797. Wir beide haben uns nun in der Sache gerade heraus erklärt. Ich ſchickte vor 14 Tagen der Gottliebin einen Beitrag an Geld; dieſer aber wurde zurückgeſchickt und bezeugt, ich habe ein Saulsherz, und wolle mich mit dieſem Geld nur ab= kaufen u. ſ. w. Allein alles diß berührt uns nicht. Wie ich vorher, ſo weit ich ſah, an der Sache ange= ſtanden, ſo will ich auch nun ehrlich mit meiner neuen

---

*) Imman. Friedr., der zweite Sohn Harttmanns, geb. 24. Jul. 1777., geſtorben als Uhrmacher in Marbach d. 14. Merz 1801.

Ueberzeugung herausgehen. Immanuel steht so tief in der Sache, daß er schon in einigen Briefen gegen uns protestirt. Es gibt seinem Gemüth nicht die beste Richtung, er verschlimmert sich seine Lage und macht sich seinen Gang beschwerlicher.

25. Jan. 1797. Stadtschreiber Laur von Besig= heim schrieb mir wegen Meinsheim einen sehr zudring= lichen Brief, der mich aber doch in meinen wirklichen Gesinnungen nicht umstimmt. Er ist aufs neue wieder für die Sache eingenommen. Was wird er erst auf meinen lezten Brief antworten, in welchem ich noch mehr herausgegangen bin?

1. Febr. 97. Ich theile einige Briefe von Stadt= schreiber in Besigheim mit, der der Sache noch sehr geneigt ist.

16. Febr. 97. Seit einiger Zeit liegt viel unaus= gesprochener Drang in meinem Gemüth. Der Herr mache meine Finsternis licht, und schenke uns auch wieder Zeiten der Erquickung. Ich begehre auf dieser Welt keine Freude, als am Reich Gottes und an meinem eigenen Hause und was dazu gehört. Ps. 128. Gedenke noch ferner deiner Eltern und Geschwister in deinem Gebet.

9. Mai 97. Ich habe die Briefe H—s an dich alle durchlesen: das ganze Pfarrhaus in Meinsheim ist eben der Sache gewis, und wir bleiben bei unsrer Gesinnung.

21. Juni 97. Denke, was mir lezthin von der Gottliebin geschrieben worden! Sie wurde mit einem Knäblein entbunden (9. Jun. 1797. zu Brackenheim während der Untersuchung durch das gemeinschaftliche Oberamt). Man hat die Schwangerschaft bisher als außerordentlich angegeben: wie weit man damit bei der Entbindung hinaus langen wird, wird sich zeigen. Nun ist die Sache zur obrigkeitlichen Untersuchung reif; da wird man andere Beweise begehren. Ich bin froh, daß man mich von der ganzen Sache nichts hat wissen lassen, und daß ich völlige

fünf Vierteljahr davon weg bin; doch hätte
ich meine immer sich einstellenden Zweifel von vorn
herein nicht überhören sollen. Die gute Sache wird
auch etwas darunter zu leiden bekommen. Der Herr
lasse den Widerwärtigen sich nicht zu viel rühmen!
27. Juni 1797. Das Kind der Gottliebin soll
H. selbst getauft haben, und bei seiner Verantwortung
beclarirt haben, daß diese Geburt etwas Außerordent=
liches sei.
15. Nov. 1797. In Meinsheim sieht es traurig
aus, und wird H. Pfarrer, da er das **pancium pa-
ternitatis** gestanden, vermuthlich seinen Dienst verlieren.
Er und seine Frau sind von Herzen zu bedauern.
Es bleibt mir ein unaussprechlicher Dank gegen die
Treue Gottes, daß ich noch bei Zeiten von der Sache
hinweg gekommen. Auf dem Weibsbilde liegt eine
große Verantwortung, daß sie an diesem Mann zu
einer Isebel geworden ist."

36. Auszüge aus Briefen.

Im April 1795. schreibt er an seinen Sohn der
die Rechte studirte: Kein Weltglück wünsche ich meinen
Kindern, sondern die goldene Mittelstraße. Die Zeit
ist kurz, schreibt Paulus 1 Kor. 7. — die dieser Welt
brauchen, daß sie dieselbe nicht misbrauchen; denn das
Wesen dieser Welt vergeht. Es stehen große Revo=
lutionen im Weltreich bevor, die gewis auf das Stu=
dium der Rechte auch Einfluß haben werden, und auf
welche ich deine Aufmerksamkeit gerichtet sehen möchte.
Daher wünsche ich, daß du in den Fächern des Rechts
vornemlich auf die allgemeinen Begriffe Rücksicht nehmen
möchtest, und besonders das Naturrecht dir bekannt
machen, sowie alles, was ins allgemeine Völkerrecht
einschlägt. Die nahen babylonischen Zeiten werden
das **Jus** sehr reformiren. Diß ist mein Gutdünken;
im übrigen magst du, da ich in diesem Fach nicht be=
wandert bin, Sachverständige um Rath fragen.

22. Jun. 1796. (an denselben): Hoffacker hätte ich dir noch als Lehrer wünschen mögen. Er war ein Mann der solid war und die Schrift ehrte. Eine seltene Erscheinung unserer Zeit! Das nehme ich den neuen Juristen übel, daß sie zweifeln, ob und wie weit es ein göttliches Recht gebe. Man schämt sich alles Göttlichen. Der alte Spanische Jurist Hopper hat diese Leute thatsächlich widerlegt und viel von seinem Recht aus der Schrift abgeleitet, und er war noch dazu ein Katholik. Oetinger hat einen kleinen Auszug daraus gemacht.

20. Jul. 1796. Gott gibt bei allen Beschwerden dieser Zeit noch viele Milderung. Er gedenkt über uns nach seiner Güte. Præsens tempus cautam in titeris prudentiam requirit.

31. Aug. 1796. Mein väterlicher Wunsch ist, daß alle meine Kinder die Offenbarung Johannis mit starken Griffeln in sich geschrieben hätten; denn auf euch wartet das Meiste. Unsre Zeit nähert sich dem Abfall 2 Thess. 2, 1. ff. Da kommts darauf an, wer bei aller Schmach doch am Wort Gottes und der Lehre Jesu bleiben will. Wir sind ohne Zweifel in Absicht auf die lezten Dinge weiter vorgerückt, als wir wissen. Und je näher man dabei ist, desto weniger wird man es glauben. Das Recht wird namentlich auch eine andere Gestalt gewinnen, besonders das öffentliche.

18. Jan. 1797. Die meisten Menschen sind der höchsten Regeln der Geradheit nicht fähig, weil sie selbst nicht zu nahe hin wollen, und die Geradheit nicht mehr lieben, als ihr Leben.

1. Febr. 97. Ich lerne, wie Gott mich und die Meinen durch Erfahrungen der Ungerechtigkeit von der Welt abtrennen und uns zeigen will, wir sollen nicht viel bei derselben suchen. Wir leben in der Zeit, da die Ungerechtigkeit überhand nimmt.

22. Febr. 97. Wenn ich nur von allen Menschen weg sehen, und unter allem die Hand Gottes sehen

könnte, so würde mich nichts beunruhigen können.
Der Herr ist doch mit Allen, die auf seine Güte warten.

— In einer Welt, wie diese ist und immer mehr
wird, soll uns nichts, was wider das Recht geht,
mehr auffallen. In dem Spruch: Wir warten eines
neuen Himmels und einer neuen Erde, heißt es nur
von der künftigen Erde, daß darauf Gerechtigkeit wohne;
auf der gegenwärtigen gehört sie zur Zahl der Emi-
granten.

16. Merz 97. Ich wünsche und bitte Gott, daß
meine Kinder in der gegenwärtigen Zeit eine gute
Beilage der Wahrheit in ihr Herz bekommen, da der
Unglaube so sehr überhand nimmt, wie ich mit Schmerzen
aus den gelehrten Zeitungen sehe. Es muß so weit
kommen, bis die Kinder der Wahrheit den Kindern
der Lüge und des Unglaubens die kirchliche Gemeinschaft aufkünden. Deßwegen müssen leztere mit der
Sprache noch mehr heraus; die wahre Kirche wird
dadurch mehr gewinnen und kann eher zu Kraft kommen.

16. Aug. 97. Wenn S t o r r ins Consistorium
kommt, will ich nicht viel darauf rechnen; denn was
ist ein Einziger gegen so viele? Er ist ohnehin ein
Mann, der gerne nach der Lindigkeit und Sanftmuth
handelt, er wird auch auf diesem Plaz viel mehr als
irgendwo eine **palaestra** (Kampfschule) finden.

7. Nov. 97. Das Project der Abschaffung der
Feiertage, das G r i e s i n g e r betrieben, fällt in eine
ungeschickte Zeit, und könnte dem Credit des Consistoriums beim Publicum einen neuen Stoß geben.

2. Mai 1798. Gestern hatten wir Besuch von
dem Herrnhutischen Emissär M o s e l und seiner Frau.
Es sind artige und umgängliche Leute.

Anfangs April 1799. Verspruch der Johanne mit
Bengel. Der Herr bestätigte diesen neuen Weg auch
in der Folge mit seinem gnädigen Wohlgefallen.

23. Oct. 1799. Gott hat an der Versorgung
deiner Schwester gezeigt, daß sein Auge über euch
offen stehe. Er wirds noch ferner zeigen. Er lasse

euch so vor ihm wandeln, daß er euer Gott sein kann, und ihr besonders in Christo zu ihm sagen könnet und dürfet: Du bist unser Gott!

Juni 1799. Gegenwärtig sammle ich hier für die englische Mission, und habe bereits 52 fl. beisam=men. Die Willigkeit der Leute ist sehr groß.

8 Tage später: Mit meiner Collecte hat es einen gesegneten Fortgang gehabt. Es ging bei den meisten so willig.

10. Dec. 1799. Da ihr Kinder tiefer in die lezten Zeiten hinein kommet, so seid ihr unserm elterlichen Herzen oft besonders nahe; und wir wünschen und flehen für euch, daß ihr im Glauben durch Gottes Macht bewahrt werdet zur Seligkeit. Auch das lezte Sonntags=Evangelium hat mich in diesem Gefühl er=neuert.

18. Dec. 1799. Bestimmtes läßt sich nichts sagen, als diß: Es geht großen Veränderungen und dem Ende entgegen. Unsere beste Vorbereitung darauf ist vornehmlich: im Gegenwärtigen getreu sein (da der Mensch so wenig und ungern darauf sieht) und an den Aussichten in die Zukunft lernen, was man jezt schon nöthig habe, auch uns zum voraus der uns alle durchbringenden Gottesmacht durch Gebet empfehlen.

Ende October 1800. Quartier von einem franzö=sischen Offizier und seiner Frau. Unsre Quatiersleute sind den ganzen Tag in der Stube: da singt, spielt, raillirt man! Wann wirds ein Ende nehmen? Das weiß der Herr! Wir müssen uns alsdann meist in der Kammer aufhalten. Da sizen wir, als wenn wir nicht ins Haus gehörten. Wie ich Zeit zum Stu=biren bekomme, muß ich allemal der guten Schickung des Herrn überlassen. Meine Gedanken sind halb französisch, halb deutsch.

13. Nov. 1800. Unser Quartier haben wir noch; und wie lang es währen wird, wissen wir nicht.

3. Dez. 1800. Die Rede Dobbs im Parla=ment ist voll der lebhaftesten Ueberzeugung, daß näch=

stens eine große, der Erbe vortheilhafte Revolution
ausbrechen werde. Es ist doch bedenklich und lieblich,
daß solche Ahnungen immer allgemeiner werden, auch
in Gegenden, wo vorher das prophetische Wort nicht
besonders getrieben worden, da gerade in den Gegenden,
wo es vorher so bekannt war, wie z. B. bei uns, die
Gleichgiltigkeit dagegen offenbar zunimmt. Die Rede
ist nicht sine afflatu quodam divino geschrieben. Dem
Herrn sei Dank, daß er uns noch solche Stimmen
hören läßt! Er schenke auch Ohren dazu; denn je
näher es einmal der Zukunft des Herrn geht, desto
mehr wird die Sprache des faulen Knechts im Schwang
gehen: Mein Herr kommt noch lange nicht.

19. Mai 1801. Besuch des Missionars Nagel
und seiner Frau. Es sind artige, liebe Leute. Er
hat eine sehr ausgebreitete Erkenntnis vom Reich
Gottes beinahe durch ganz Europa und erzählt uns
manche angenehme Anekdoten.

. Wenn man in einem Winkel der Erde ist und
man erfährt auch wieder etwas Gutes von andern
Gegenden, das thut wohl. In unserm Land sucht
er besonders die Gemeinschaften zu einer besseren Einrichtung und näherem Anschluß zu bringen.

37. Lauffen am Neckar. 1803—1812.

Harttmann konnte sich in Neuffen nie recht
angewöhnen: die enge und düstere Amtswohnung,
sowie das rauhere Klima des Städtchens schien seiner
Gesundheit nicht zuträglich zu sein. Während sich
nemlich in Kornwestheim seine Gesundheit immer mehr
befestigt hatte, wollte ihn in Blaubeuren und Neuffen
der Katarrh selten verlassen, und am lezteren Orte
wurde er von einem heftigen Schleimfieber befallen,
von welchem er jedoch wieder vollkommen genas. Er
bewarb sich daher bald um andere Stellen, fand aber
bei dem Consistorium kein geneigtes Gehör. Hatte
er doch schon gegen das neue Gesangbuch v. J. 1791.,

welches an mehreren Orten durch militärische Exe=
cution eingeführt worden war, sich rückhaltlos erklärt:
und zuletzt hatte er sich gar an der Sache der Gott=
liebin betheiligt, welche dem Consistorium nicht geringe
Verlegenheiten bereitet hatte! Einige Auszüge aus
Briefen an seine Söhne zeigen, wie er diese peinliche
Wartezeit hinnahm.

Anfangs 1799. wurde er von Bietigheim aufge=
fordert, sich um das dortige Dekanat zu bewerben;
er hielt sich an Ps. 91, 15.

Im Februar dieses Jahrs kam von Ludwigsburg
ein gleiches Ansinnen. Er schrieb: (20. Febr.) „Ich
habe nicht im Sinn, mich zu rühren, da sich Viele
melden werden. Ich weiß gewis, der Herr wird an
mich denken und ohne mein eigenes Wirken für mich
sorgen. Wenn ich mein Memorial wegen Bietigheim
zurücknehmen könnte, thäte ich es.“

6. Merz. „Mit Ludwigsburg ist es nun entschieden;
und ich bin wohl zufrieden; der Herr weiß, was uns
gut ist. Nun lasse er auch bei dem Künftigen allein
seinen Willen entscheiden!

3. April. „Der Herzog hat dem Consistorium die
Weisung gegeben, bei einem besseren Dekanat mich
vorzuschlagen. Auch biß sei dem Herrn gedankt, der
die Herzen der Großen lenkt, wie Wasserbäche!“

Im April 1800. kamen die Kornwestheimer um
ihn ein. Er erklärte dem Consistorium, daß er es
in einem so außerordentlichen Fall nicht auf seine
Entscheidung ankommen lassen könne, indem eine solche
Veränderung ihm präjudicirlich werden könnte, wenn
nicht der Herzog bei dieser Veränderung öffentlich
bezeuge, daß sie nicht durch Misfallen an seiner Amts=
führung veranlaßt sei. Wenn man nicht glauben
könnte, daß man unter einer höheren Hand stände,
so möchte man alles aufgeben. Aber Gott sizt im
Regimente 2c.“

Bei der Bewerbung um Lustnau i. J. 1801. fiel
er wieder durch. Er schrieb darüber: „Wir sind

Gott Lob! ruhig dabei und können glauben, daß der
Herr doch dabei seine gnädige Hand über uns habe.
Wir wollen die Stunde Gottes unter seiner Dar=
reichung von Gedult und Glauben erwarten."

1803. bewarb er sich um Kirchheim u. T. Er
schreibt darüber: „da man im Consistorium vermuthen
konnte, der Herzog würde mich wählen, so ließ man
mich aus dem Vorschlag weg. Der Herr wird auch
noch einen Plaz für mich behalten haben; er sizt doch
im Regimente und mein Weg ist vor ihm." Und
als es entschieden war, schrieb er: „Wir bleiben, so
lange der Herr will, noch auf der Expectantenbank
sizen; Er stärke uns dazu mit neuer Gedult und
lasse uns an seinem Weg und Herzen nicht scheu
werden. Der Herr lehre mich nur von allen Men=
schen hinweg sehen und desto unverrückter auf ihn.

Ueber seine Bewerbung um Göppingen im gleichen
Jahr, schreibt er: „Ich bin ruhig, und denke: Gott
sizt im Regimente und führet alles wohl. Ich wünschte
in dieser Sache (nach Micha 5, 6.) zu sein wie das
Gras, das auf niemand harret, noch auf Menschen
wartet."

Aber so gerieth es ihm doch nicht ganz; denn
später schrieb er: „Mit Göppingen bin ich eben wieder
durchgefallen. Es ist tief in unser Gemüth einge=
drungen und wir haben uns gegen Finsternis und
Ermüdung mächtig zu wehren. Da ich zu einer
eigentlichen Beförderung keine Aussicht habe, so ge=
denke ich mich um Lauffen zu melden; denn hier wird
meiner Seele lange zu wohnen. Der Herr gedenke
einmal wieder in Gnaden an mich."

Was ihm seinen Aufenthalt in Neuffen in der
lezten Zeit so gar entleidete, war folgendes Ereignis.
Im Jahr 1802, gerade am Freitag vor Christfest,
brannten zwei Häuser ab, die nur durch einen kleinen
Zwischenraum von seiner Wohnung getrennt waren.
Die Gefahr, in der er schwebte, war groß. Nun
wendete zwar Gott das Unglück gnädig ab; als aber

an die Stelle der abgebrannten Häuser neue gebaut
wurden, wurde das ohnehin schon düstere Dekanathaus
noch mehr verdunkelt. Er schrieb darüber: „Meine
Nachbarn, die mir die Helle auf einer Seite ziemlich
verbaut haben, indem ihre Häuser vom Boden an
fünf Stock hoch sind, haben mich zu dem Entschluß
gebracht, mich um Lauffen zu melden. In meinem
Gesuch äußerte ich, daß ich seit Kornwestheim offenbar
zurück diene, und daß auch durch Lauffen meine Be-
soldung nicht vermehrt werde, daß mein zu hoch ta-
xirtes Vermögen bisher ein stilles Motiv gewesen,
mich bei eigentlichen Promotionen auf Erspectanz zu ver-
weisen. Indeß würde mir Lauffen angenehm sein, weil ich
dadurch aus manchen Beschwerlichkeiten meiner hiesigen
Lage versezt werde. Ich denke, biß kann genug sein.
Werde ich doch ernannt, so sehe ich, daß man mich
nicht befördern will.“ Nach der Ernennung schrieb er:

„Wir sind Gott Lob! wohl zufrieden damit und
unsre Gemüthsruhe wurde nicht gestört. Wenn nur
meine l. Kinder an meinem niedrigen Lauf nicht irre
werden; die niedrigen und heimlichen Wege sind im
Grunde doch die besten. Ich kann auch hieran lernen,
wie Gott seinen Kindern pflegt das Kreuz zu mindern
und das Glück zu sparen. Ich sehe auch bißmal wieder
die Gesinnung des Consistoriums und was ich weiter
zu gewarten hätte. Der Herr helfe uns jezt durch
die bevorstehenden Unruhen mit Muth und Gedult
hindurch.“

Der Entschluß sich um Lauffen zu bewerben, war
zunächst durch den Wunsch eines Theils dieser Gemeinde
in ihm geweckt worden, und seine Gattin hatte ihn
begünstigt, weil sie von ihren Jugendjahren, wo sie
ihren Oheim, den Dekan Steck, öfters besucht hatte,
einen günstigen Eindruck von der Lage und den Verhältnissen des Städtchens in sich trug. Und so bezog
er im Julius 1803 diese Stelle. In seinem zu der
Investitur verfaßten Lebenslauf erklärt er sich über

seine bisherigen Amtsveränderungen so: „Was bei
diesen sämmtlichen Bedienstungen in meinem Innersten
vorgegangen, ist dem bekannt, der Herzen und Nieren
prüft und bleibt seinem Gnadenthron hinterlegt. Beim
Zurückschauen auf dieselben bleibt mir nichts als Beu=
gung und Dank übrig: Beugung über alle Versäum=
nisse, über welche der Herr die Kraft seiner Versöhnung
reichlich ausbreiten wolle, bemüthiger Dank für allen
Gnadenbeistand in meinem Amt, für alles Wort, das
er mir in meinen Mund gegeben, für alle Liebe, die
er mich bei meinen sämmtlichen Gemeinden hat finden
und genießen lassen, und besonders für die Gnade, daß
er mich von keinem dieser Orte ohne Segen des Evan=
geliums hat weggehen lassen.‟

Auch in Lauffen durfte er sich dieses Segens er=
freuen. Denn ob er gleich diesem Städtchen nicht das
gleiche Zeugnis, wie seinem früheren Wohnort, Neuffen,
geben konnte, da der Geist der Zeit hier sich merklicher
fühlen ließ, und namentlich auch sich manche Verächter
und Spötter des Christenthums fanden, so kehrte doch
das Wort nicht leer zurück, sondern bezeugte sich an
Vielen fruchtbar, und die Gegner der Wahrheit mußten
doch im Stillen deren Kraft anerkennen, und seinen
Charakter wie seine amtliche Wirksamkeit ehren. Zwei
weltliche Beamte kamen nach einander mit dem größten
Vorurtheil gegen ihn in das Städtchen, und ließen
ihn ihre Gesinnung deutlich fühlen. Harttmann
nahm diß nicht nur mit ungetrübter Ruhe seines Ge=
müths hin, sondern zeigte auch jene ungeheuchelte Liebe,
die den Gegner zu gewinnen sucht. Er blieb immer
wohlwollend und bewies sich besonders in Tagen der
Krankheit als so treuen Seelsorger und Freund, daß
beide ihm nachher volles Zutrauen und wahre Erge=
benheit bewiesen.

Dieses Urtheil über den sittlichen Zustand dieser
Gemeinde wird bestätigt durch folgende Sage. Hartt=
mann wurde, derselben zufolge, von einem unbekann=
ten Mann, der tief in der Nacht die Hausklingel zog,

zu einem Kranken gerufen. Voll Eifer und Aufopferung, wo es galt, Seelen mit dem Wort des Lebens
aufzurichten, stand er sogleich auf und ging in das
bezeichnete Haus. Als man dort nichts von ihm
wissen wollte, ging er, Misverständnis vermuthend,
in einige andere Häuser, wo er denken konnte, daß
man ihn verlangt habe. Als er jedoch auch hier erfuhr, daß man nicht nach ihm geschickt, eilte er, nichts
Gutes ahnend, nach Hause, wo er denn auch wirklich
fand, daß ein verkappter Mann mit geschwärztem
Angesicht in seiner absichtlich herbeigeführten Abwesen-
heit seine Frau überfallen, und von ihr die Ausliefe-
rung ihres baaren Geldvorrathes verlangt hatte. Er
hatte jedoch nur Grund, dem Herrn zu danken, durch
dessen Beistand und Schuz die muthige Frau, die mit
dem Diebe ringend, um Hilfe rief, die drohende Gefahr abwandte. *)

Das aber, was Harttmann sein Amt in Lauffen
besonders schwer und drückend machte, war erstlich der
Legendenstreit, und dann die Verwicklungen, in welche
er über Schulangelegenheiten mit d'Autel gerieth.

38. Der Legendenstreit.

Bekanntlich wurde mit dem 1. Januar 1809 ein
neues Kirchenbuch (Liturgie) eingeführt, das aus neueren
Agenden und sogenannten Erbauungsschriften zusam-
mengesezt, die christlichen Lehren wenigstens in der
Sprache, wenn auch nicht immer im vollen Sinn des
Rationalismus darstellte, und bei der Taufe und Confirmation alte in Absageformel ganz überging. Das
Ganze sowohl, als namentlich diese Einzelheit brachte
unter dem Volk und besonders unter dem kirchlich und
religiös gesinnten Theil desselben, eine große Bewegung
hervor. Auch Harttmann war schmerzlich, schon

---

*) S. Koch, Geschichte des Kirchenlieds 3. B. S. 169 f.
In Harttmanns Papieren findet sich von dieser Sage keine
Spur.   D. H.

durch die Form des Buches berührt, welches in seinen
gespreizten schleppenden Perioden und modernen Formeln
gerade das Gegentheil der einfachen Bibelsprache dar=
bot, die er für die normale Form der ächten Gebets=
sprache erkannte; noch mehr aber über manche Glau=
benslehren, besonders die Gottheit Christi, die Gegen=
wart im h. Abendmahl, die Wirkungen der Taufe,
sich in so vagen Ausdrücken bewegte, daß freilich ein
Geistlicher, dem sein durch tiefes Studium und reiche
Erfahrung lieb gewordener Bibelglaube mehr galt, als
die Menschenfündlein neuerer Philosophie und Theo=
logie, nur eine große Gefahr für unsere alte symbolische
Lehre und den reinen Glauben darin erblicken konnte,
indem damit einem Latitudinarismus Thür und Thor
geöffnet war, der mit der engen Pforte und dem
schmalen Weg des Schriftglaubens nicht vereinbar war.
Vom Volk hatten hievon Wenige eine klare Einsicht.
Desto mehr stießen sich Viele daran, daß die Frage:
Widersagest du dem Teufel? in die: Entsaget ihr allem
Unglauben und Aberglauben? verwandelt war. *) Denn
da sehr viele gerade der Halbgebildeten oder vielmehr
Verbildeten unter dem Volk nicht blos die Lehre vom

---

*) Der Widerwille gegen diese Entsagungsformel hat sich
unter dem religiös gesinnten Theil des württemb. Volks bis in
die neueste Zeit erhalten. Selbst die veränderte Fassung der=
selben in dem Kirchenbuche v. J. 1843. (bei der Taufe: „Ent=
saget ihr allem ungöttlichen Wesen, allem fündhaften Gedanken,
Worten und Werken?" und bei der Confirmation: „Entsaget
ihr dem Reiche der Finsternis und allem ungöttlichen Werk und
Wesen?" stieß noch auf Widerspruch. Einer unserer höchst ge=
stellten Geistlichen erklärte damals dem Erfinder der zuletzt an=
geführten Formel, dem Consistorial=Rath Flatt, daß sie nicht
präcis schriftgemäß und daher unberechtigt sei. Auch ein Mann
aus dem Volk, der ehrliche Gemeinschaftsvorsteher L. in C.
weigerte sich noch vor etwa 12 Jahren, seinen Sohn nach dieser
Formel confirmiren zu lassen, und erhielt auf seine Bitte von
der Oberkirchenbehörde die Erlaubnis, denselben mit der alten
Formel: „Widersagest du dem Teufel?" privatim confirmiren
zu lassen. Da der Ortsgeistliche sich hiezu nicht verstand, so
wurde dem L. vom Consistorium gestattet, seinen Sohn aus=
wärts confirmiren zu lassen. Auf seine Bitte vollzog ich die

Teufel, sondern noch vieles andere, was die h. Schrift lehrt, zum Aberglauben rechneten, so konnte der Schein entstehen, als ob man eben damit dem in der Bibel doch fest gegründeten Glauben an die Existenz und die Wirkungen des Teufels und noch anderem eben so Begründetem entsagen sollte. Der Widerspruch verdiente also allerdings volle Beachtung, zumal in einer Zeit, wo ohnehin so Manche am Glauben Schiffbruch gelitten hatten, und es wurde deßwegen von manchen Geistlichen stillschweigend nachgegeben. Dieses würde auch Harttmann gethan haben; allein die Taufen gehörten ausschließlich zu den Amtsverrichtungen des Diaconus. Dieser, ein Mann von seltenen Gaben und Kenntnissen und großer Charakterfestigkeit, war der Ansicht, daß der Widerstand nicht sowohl aus der Gewissenhaftigkeit, als von der Aufreizung einzelner Partheigänger herrühre, und bestand mit eiserner Beharrlichkeit auf dem Buchstaben der Agende. Er war der aufrichtige Hausfreund Harttmanns, und verbrachte manche Stunde vertraulicher Unterhaltung mit jenem, dessen **bonitas naturae**, (wie er sich ausdrückte, d. h. dessen trefflichen Charakter) er anerkannte. Natürlich kam auch dieser Gegenstand zur Sprache. Es wurden alle Gründe gegen ihn vorgebracht; allein sie scheiterten an der Festigkeit seines Willens. Aber so schmerzlich für beide Theile diese Verschiedenheit der Ansicht und Handlungsweise war, das freundschaftliche collegialische Verhältnis blieb ungestört. Wie sehr indeß Harttmanns Ansicht auf Gründe und lebendige Ueberzeugung gebaut war, beweisen folgende Bemerkungen, die er über die Sache um jene Zeit niederschrieb.

Handlung, wurde aber von einem Collegen denuncirt, daß ich bei dieser Handlung den Exorcismus angewendet, d. i. den Teufel ausgetrieben hätte. Wahrscheinlich hielt er die alte Renunciationsformel für eine Beschwörungsformel. Das K. Consistorium stellte mich zwar darüber in der mildesten Form durch das Decanatamt zur Rede, gab aber der Sache keine weitere Folge.

D. H.

„Ob man in den Legenden den Teufel nenne oder nicht, ist nicht gleichgiltig. Ich weiß zwar keine Stelle, worin Christus oder die Apostel ein ausdrückliches Entsagen geboten hätten. Apg. 8, 37. ist kein Anfangspunct der Zeit, weder in der Frage noch in der Antwort bestimmt. Auch 19, 5. ist nichts der Art erwähnt; aber der Ausdruck: Taufe zur Buße V. 4. enthält etwas der Art; so wie das Bekenntnis der Sünde Mt. 3, 6. ein Entsagen in sich schließt; und dem gleichbedeutend ist das: was sollen wir thun? Luc. 3, 10. 11. Auch ist von Naeman 2 Kön. 5, 17. ein ausdrückliches Entsagen geleistet. Wollte man also streng nach dem Wort zu Werke gehen, so wäre die Frage vom Entsagen lieber ganz, als allein die Meldung des Teufels wegzulassen, und nur die Frage: Glaubest du an den dreieinigen Gott? oder: glaubest du an Christus? beizubehalten. Allein wenn man die Taufe etwas genauer betrachtet, so schließt sie doch ein Entsagen ein. Sie heißt und ist eine Taufe zur Buße und eine Taufe zum Glauben. Als Bußtaufe schließt sie allerdings nur die Frage ein: Willst du nicht mehr gegen Gott sündigen? Aber in der Taufe zum Glauben liegt die Frage: Nimmst du die Erlösung durch Christum mit dem tiefsten Dank an? Die Erlösung aber hat eine doppelte Beziehung auf den alten und den neuen Zustand. Jener ist der Zustand unter der Gewalt des Satans, dieser der der Befreiung durch Christum. Jene Lehre von der Gewalt des Satans geht durch die ganze h. Schrift, und ist so gut als die Lehre von der Dreieinigkeit, Menschwerdung, h. Geist, Wiedergeburt, ein Stück der göttlichen Offenbarung; und die beiden Hauptstücke der Erlösung: Befreiung von Satans Gewalt und Versezung ins Reich des Sohns stehen Kol. 1, 13. Ebr. 2, 14. f. ausdrücklich neben einander. Da nun gerade heutzutage die Lehre vom Satan bestritten wird, so sollte sie bei der Taufe nicht verschwiegen werden. Die Agende ist als öffentliches Bekenntnis zu schwach und nach-

giebig gegen den Unglauben gerade zu einer Zeit, wo
am Bekenntnis so viel gelegen ist. Es möchten bald
zwei Parteien sein, von denen die eine sagt: Ich sage
ab allem Unglauben, auch dem, der troz den Zeug=
nissen Christi und der Apostel keinen Teufel glaubt;
die andere: Ich entsage allem Aberglauben, auch dem,
welchem träumt, es gebe einen Teufel.

Wiefern nun ein Laie oder Geistlicher gegen eine
Agende der Art protestiren dürfe, ist eine wichtige Frage.
Man kann sagen, es werde dadurch Gährung und
Unzufriedenheit erregt. Allein Gährung ist, da ein=
mal obige zwei Partheien da sind, schon da; und es
fragt sich blos, ob man entweder das Misfallen am
Alten und die Lust nach dem Neuen oder das Mis=
trauen gegen das Neue und das Genügen am Alten
bekämpfen soll? Darauf dient zur Antwort: Gesezt
auch, daß im Alten Einiges unbrauchbar wäre, so ist
doch die Sorge, ob man nicht beim Hingeben der
Schale auch um einen Theil des Kerns komme, wenig=
stens nicht zu verargen. Spreu ist Spreu; aber würde
der Landmann besser thun, wenn er den geschroteten
Kern statt des Spelts aussäete? Gerade da, wo das
Samenkorn am Spreu ansizt, befindet sich der kleine
Keim, und davon geht beim Schroten etwas verloren.
— Wenn wir der Sorge der Redlichen heute gehor=
samlich durch gute Erklärung aushelfen, so ist die
Frage, ob nicht morgen ein Anderer sich gerade an
das Vorliegende (den Buchstaben) halte. Der Ueber=
gang von Recht zu Unrecht, vom Wahren zum Fal=
schen geht immer durch einen Mittelweg. Diß lehrt
die Erfahrung.“

Gemäß dieser Ueberzeugung behielt Harttmann
nicht nur bei der ihm zukommenden Confirmations=
handlung die alte Frage bei, sondern wandte sich auch
wegen vorgekommener Irrungen in der Diöcese im
Januar 1809 an das Consistorium, und begleitete im
Juni desselben Jahres die Bittschrift eines Bürgers
um Beibehaltung der alten Formel mit einem nach=

brücklichen Beibericht. Aber Freunde in Stuttgart
bestimmten ihn, die erstere Eingabe zurück zu nehmen,
weil Anfrage nur neue Beschränkung bringen könne,
und es am besten sei, wenn Lehrer und Zuhörer sich selbst
helfen. Je unklüger die Rationellen seien in ihrem Eifer,
desto vorsichtiger müssen die sogenannten Pietisten sein.
Bei der zweiten schrieb Süßkind, daß er sehr wünsche,
daß der Diaconus lieber durch Belehrung oder Nach=
geben die Sache beilegen möchte — so lange wolle er
die Bittschrift zurückbehalten. Renz achtete auf diesen
Wunsch Süßkinds nicht; die Taufe wurde mit einem
Pathen, einem Mann der nicht im besten Ruf stand,
gehalten, und eine Formel gewählt, bei der nur die
Einwilligung des Pathen erfordert wurde. Hartt=
mann schrieb darauf an Süßkind, und entwickelte ihm
seine ganze Ansicht ohne alle Schminke, jedoch mit der
dem Vorgesezten schuldigen Achtung. Es hieß in die=
sem Schreiben unter anderem: „Ich bedaure, daß
Diaconus sich nicht zum Nachgeben bewegen ließ. —
Was habe ich nun als Vorsteher dabei thun können
und sollen, da ich in manchen Fällen weder auf Be=
folgung eines guten Raths noch auf Gehorsam mir
Rechnung machen darf? Und bei dem allen bin ich
noch vielen verkehrten und übereilten Urtheilen und
Vorwürfen, warum ich als Vorsteher mich der Sache
nicht besser annehme, ausgesezt. Die Sache wird doch
zulezt vor das ganze Consistorium gebracht werden
müssen; aber da wünsche ich von Herzen, daß hierin
mit Schonung gehandelt würde, da in dem ganzen
Publicum die schuldige Achtung gegen dieses Collegium
so weit gesunken ist. Ich wage es also wiederholt,
bei dem großen und anbetungswürdigen Haupt der
Gemeinde, Jesu Christo, angelegentlich zu bitten, die
Macht, die der Herr Ihnen vertraut hat, nicht zum
Verderben, sondern zum Besten zu gebrauchen."
    Süßkind, der schon in seinem ersten Schreiben
bedauert hatte, daß die Liturgie solche Wirkungen habe,
nahm diese Erklärung in einer Weise auf, die ein

Beweis für die Redlichkeit seiner Gesinnung ist. Da
diese von Gegnern schon oft angegriffen worden ist,
so möge zur Ermöglichung eines unpartheiischen Ur=
theils der betreffende Theil seines Schreibens v. 26.
Jul. 1809 hier eine Stelle finden.

„Die offene Darlegung Ihrer Ansichten und Ge=
sinnungen, in der quästionirten Sache, schreibt er,
war mir sehr angenehm, wenn ich gleich darin als
Verfasser der neuen Liturgie zum Theil meine Lection
bekomme. Ich kann das aber, wenn es im Geist der
Redlichkeit und Liebe geschieht, wie in Ihrem Schreiben,
wohl leiden; habe auch davon Anlaß zur Prüfung
meiner eigenen Handlungs= und Denk=Art in der wider
meine Absicht und Vermuthung Anstoß erweckenden
Sache genommen, und bin mir auch jezt noch bewußt,
wenigstens redlich und in keiner dem Ansehen des mir
über alles theuern Worts Gottes zu nahe tretenden
Absicht gethan zu haben, was geschehen ist.

In einem Lehrbuch der Religion würde ich den
Satan nicht übergangen haben; nur in eine Liturgie
schien es mir, wie noch manches andere, was in h.
Schrift steht, und an dessen Uebergehung sich niemand
stößt, nicht zu gehören, weil eine Liturgie kein Lehr=
buch des chr. Glaubens, sondern eine Sammlung von
Herzenserhebungen und unmittelbar mit der Gottselig=
keit und dem praktischen Christenthum zusammenhan=
genden Wahrheiten sein soll, für welchen Zweck mir
die Lehre vom Satan (so wenig ich sie läugnen oder
auch nur ihren entfernten Zusammenhang mit wich=
tigen Wahrheiten in Abrede ziehen will) nicht gerade
nöthig schien. Am wenigsten schien sie mir in dem
Taufformular an ihrem Orte zu sein, da sie gerade
in diesem Zusammenhang nirgends in der h. Schrift
vorkommt, und mir aus Erfahrung der häufige höchst
unchristliche Misbrauch bekannt ist, der gerade bei der
Taufe damit getrieben wird. Daß ich darüber und
über noch manches andere, worin ich es nicht Allen

recht machen konnte, da und dort mißkannt und wohl
gar als ein Mann angesehen werde, der zur Beför=
derung des Abfalls vom Christenthum mitwirke, das
will mir zwar manchmal empfindlich fallen; doch habe
ich gelernt, mich darüber mit dem Gedanken: „der
Herr ists, der mich richtet," zu beruhigen. Ob die,
die so laut ihre Stimme wegen jener Auslassung er=
heben, es unredlich meinen, lasse ich da, wo Thatsachen
nicht die Gewissenhaftigkeit verdächtig machen, gerne
unentschieden und gebe gern zu, daß Manche es wirk=
lich redlich dabei meinen; nur sollten die Redlichen
auch für eine redliche Belehrung sich empfänglicher
zeigen. Wie geneigt ich übrigens bin, mit Schonung
zu handeln und in der Kirche nichts zu verderben,
werden E. H. daraus abnehmen, daß nicht ohne meine
Mitwirkung der Antrag gemacht worden ist, daß, wo
es Gewissenshalben verlangt wird, des Satans bei der
Taufe und Confirmation erwähnt werden dürfe. Ob
der Antrag höchsten Orts genehmigt werde, steht noch
zu erwarten. Ich besorge nur, daß damit noch man=
chen Unruhigen doch noch kein Genüge geschehen, son=
dern noch mehr Freiheit verlangt und der Liturgie
noch mehr vorgeworfen werden wird.

Sehr bedauerlich ist nur, daß Herr Pfarrer Frie=
derich (in Winzerhausen) nach seinen neusten eigen=
händig unterschriebenen Geständnissen das, was er
versprochen hat, gar nicht hält, bei Taufe und Abend=
mahl die neue Liturgie (ungeachtet ihm der Gebrauch
des Satans stillschweigend indulgirt (nachgesehen)
wurde) nun gar nicht mehr brauchen will, und seine
Entfernung vom Pfarramt nun doch nicht mehr zu
vermeiden sein wird. Mäßigung und Schonung ist
gegen ihn gewis, so weit es nur immer möglich war,
bewiesen worden." *)

---

*) In der so sehr exuterirten Sache Friedrichs schrieb Süß=
kind kurz vorher: „Möchten nur Herr Pfarrer Friederich und
seine Anhänger bedachtsamer und nüchterner handeln! Ich sorge
nach dem, was ich neuerdings höre, die Mäßigung, mit der

Diese Verhandlung betraf, wie aus Obigem er=
hellt, die Taufhandlung, die Harttmann nicht un=
mittelbar berührte; er handelte hier also rein im
allgemeinen Interesse der Wahrheit und eigenen Ueber=
zeugung. Er für seine Person fuhr fort, wie bisher,
bei der Confirmation sich der alten Frage zu bedienen,
was von vielen Geistlichen ohne alle weitere Folgen
geschah. Er aber wurde im Jahr 1810 benuncirt
und unterm 7. August 1810 zur Verantwortung auf=
gefordert. In seiner Verantwortung bezog er sich auf
die schon im Juni 1809 an Süßkind aus Anlaß der
Bitte jenes Bürgers in Lauffen gegebene Erklärung
seiner Ansichten, zum Beweis, daß er immer offen
gehandelt habe. Ehe sie dem Consistorium übergeben
wurde, erhielt Süßkind die Schrift und schrieb sogleich
zurück, daß er ihn stark compromittiren würde, was
gewis nicht seine Absicht sei. „Das Wenigste, was
mir, wenn Ihre Erklärung vor den König kommt,
als Lohn meiner wenigstens redlichen Sorgfalt für
meine Ruhe zu Theil wird, ist, daß ich wieder (wie
es mir zum Lohn der gegen H. Pfarrer Friederich
bewiesenen Schonung erging) auf immediaten Befehl
vor dem Staatsministerium erscheinen und die Er=
klärungen der Königlichen Ungnade anhören muß.“
Da er (Harttmann) diß wohl nicht beabsichtige, so
hoffe er, es werde ihm selbst lieb sein, wenn er ihn
darauf aufmerksam mache. Natürlich ließ nun Hartt=
mann die Stelle in seiner Verantwortung aus, deren
vorzüglichster Inhalt war:
„Wie kann ich sowohl im Ganzen, als bei feier=
lichen Handlungen, die ein Bekenntnis zur ganzen
Lehre Jesu voraussezen, einen Lehrpunct verschweigen,
der von 1 Mos. 3, 15. bis Offb. 20., also auch durch
die ganze Zeitdauer, da Christus noch mitten unter
seinen Feinden herrscht, von der h. Schrift so nach=

---

er hier behandelt worden ist, möchte ihres Zwecks verfehlen und
die Sache zu meinem Bedauern den Ausgang nehmen, den ich
so gerne vermieden sehen möchte.“

brücklich betrieben wird — ohne welchen ein Haupt=
zweck der Erscheinung Jesu im Fleisch (1 Joh. 3, 8.
Ebr. 2, 14.) ganz miskannt bliebe, — der einer von
den wichtigsten Gegenständen ist, wovon der Geist die
Welt noch immer überzeugt (Joh. 16, 8. ff.) — der
mit den Schriftbegriffen vom Königreich des Herrn so
genau verwoben ist (Kol. 1, 13.) — der ein nie zu
vergessender Grund der christlichen Wachsamkeit (1 Petr.
5, 8.) und des Christenkampfs (Jac. 4, 7.) ist — der
eigentlich den Grund des bei so vielen hellen Beweisen
der Wahrheit noch immer herrschenden Unglaubens
der Welt (nach 2 Kor. 4, 4.) enthält — der mir aus
dem theuern Schaz der Verdienste meines Herrn ein
so tröstliches Hauptstück zueignet, das unser sel. Luther
bei Erklärung des zweiten Hauptstücks so lieblich an=
preist — der bisher von den Bekennern unserer Re=
ligion gewissenhaft beibehalten worden? Ich weiß zwar
wohl, wie von den neueren Exegeten diese und noch
mehrere Parallel=Schriftstellen behandelt werden; es ist
mir aber schwer zu begreifen, wie die verkehrten Er=
klärungen dieser Stellen, besonders aber der Stellen
Joh. 8, 44. Eph. 2, 2. 6, 12. mit den apologetischen
Grundsäzen von der Autorität der h. Schrift verein=
bart werden können. Bei diesen Gründen sei mir er=
laubt, um Gewissensfreiheit, die auch weltliche Behör=
den außer Verfolgungszeiten zugestehen, bevotest zu
bitten. Sowohl in meinem theologischen Studium
auf der Universität, als auch in meinen nachmaligen
Amtsjahren war es mir unter der Leitung der gött=
lichen Gnade immer vorzüglich um gewissenhafte Be=
handlung der göttlichen Wahrheit zu thun und mich
zu derselben zu bekennen; der Herr wolle auch noch
jezt nach seiner mächtigen Gnade mich als einen zu
der Ewigkeit immer mehr heranreifenden Greis be=
wahren, daß ich eine unverlezte Beilage seiner Wahr=
heit in jene Welt hinüber bringe.
In dieser Rücksicht würde mir schwer fallen zu
besorgen, daß diese meine gewissenhafte Aeußerung als

Ungehorsam gegen Königliche Befehle möchte angesehen
werden. Da in der gegenwärtigen Liturgie des Teu=
fels mit keinem Wort und der Höllenpforten als eines
unbestimmten Ausdrucks nur zweimal gedacht wird,
so hoffe ich, es werde mir nicht misdeutet werden,
wenn ich daraus auf eine beabsichtigte Ausschließung
dieses Lehrpunctes schließen zu können glaubte. Wenig=
stens war es mir auffallend, daß in der neuen Liturgie,
besonders beim Confirmationsact dieser Lehrpunct ganz
übergangen sein soll, da ja 1. in dem öffentlich auto=
risirten Gesangbuch in dem hieher gehörigen Lied:
Ewig, ewig bin ich dein 2c. V. 7. eine ausdrückliche
Erwähnung des Satans und der Welt als etwas
nicht Ueberflüssiges vorkommt, und mir 2. in Bezug
auf Erwachsene und besonders die Confirmationshand=
lung das einer besonderen Berücksichtigung werth schiene,
was der sel. S t o r r *) in seinem Compendium §. 52.
bemerkt, daß man im Allgemeinen wenigstens von den
Versuchungen des Satans wissen und auf sie aufmerk=
sam gemacht werden müsse, um desto behutsamer zu
werden. Und sollte nicht gegen die Einwendung, daß
dieser Lehrpunct nicht nothwendig in eine Liturgie ge=
höre, der Wunsch für die Erwähnung desselben durch
jenen Paragraphen und durch das Citat in der Note
14 der deutschen Uebersezung sich rechtfertigen lassen,
das ich seiner hieher gehörigen Beziehung wegen wört=
lich beiseze: „Eben damit die Stellen der h. Schrift
vom Satan nicht misbraucht oder misverstanden werden,
muß man davon reden. Verwirft man die ganze
Lehre geradehin, so empört man durch die auffallenden
Gewaltthätigkeiten, die man sich bei manchen Stellen
erlauben muß, den Verstand der Zuhörer zu sehr, als
daß sie nicht fühlen sollten, man wolle ihnen wirkliche

---

*) Das S t o r r'sche Compendium war vom Confistorium
zum Gebrauch bei den Diöcesen=Disputationen der Geistlichen
vorgeschrieben, und war somit als Vorbild der öffentlich gelten=
den Lehre sanctionirt. Freilich würde sich H a r t t m a n n zu
manchem Lehrpuncte dieses Buchs nicht bekannt haben.

Lehren der h. Schrift wegläugnen; sie behalten also auch die irrigen Zusäze, von deren Falschheit man sie aus der Schrift selbst durch gehörige Erläuterungen und Bestimmungen der Wahrheit hätte überzeugen können, nur um so gewisser, weil sie schon einmal auf den Verdacht gekommen sind, daß man ihnen auch da widerspreche, wo sie die Wahrheit unläugbar auf ihrer Seite haben." — Es wird also durch Verschweigung dieser Lehre dem Aberglauben, als dem einen Zielpunct der Liturgie, viel mehr aufgeholfen, da der Zuhörer ohnehin sich vorstellt, daß heutzutage unter diesem Wort gerade die ächten Lehren des Christen= thums gemeint seien, anderntheils wird der Unglaube; als das zweite, dem die Liturgie zu begegnen sucht, bestärkt, indem Manche, selbst Lehrer der Schulen und Kirchen sich unter dem Vorwand, als wäre es in der Liturgie gebilligt, sich angelegen sein lassen möchten, diese und mit der Zeit noch mehrere Lehren als etwas Fabelhaftes darzustellen, und so den traurigen Zustand in der Religion herbeizuführen, dessen Folgen der Preußische Staat nach öffentlichen Blättern so schmerz= lich gefühlt und als Wirkungen von großem religiösem Fall wehmüthig erkannt hat.

Was aber den zweiten Punct betrifft, über den sich der Beklagte zu rechtfertigen hat, so wünscht er nach der Weise der Römer (Apg. 24, 8. 25, 16.) behandelt zu werden, die auch im Naturrecht begründet ist, um sich vollständig gegen seine Kläger, besonders wenn es Amtsbrüder sein sollten, verantworten zu können, da derselben sich keiner den Königlichen Be= fehlen nachtheiligen Aeußerungen bewußt ist, so wenig er auf der andern Seite bergen kann, daß er eine aufrichtige Apologie und Empfehlung dieser Liturgie niemals hat auf sich nehmen können, da ein mit dem bisherigen Lehrtypus bekannter Lehrer noch über einige andere Puncte der Liturgie Bedenklichkeiten haben könnte, die er sich zu einem freimüthigen Gebrauch derselben beseitigt wünschen möchte."

Das Rescript, welches d. d. 14. September hierauf erfolgte, lautet also: „Aus Eurer Verantwortung über die uns zugekommenen Nachrichten von Eurem Verhalten in Hinsicht des Gebrauchs der neuen Liturgie haben Wir zu ersehen gehabt, daß Ihr euch wirklich beim Confirmationsact durch Einschiebung der in der alten Liturgie stehenden Formel, welche des Teufels ausdrücklich Meldung thut, eine Abweichung von der Vorschrift erlaubt habt.

Wir können Euch nicht verhalten, wie Wir die Gründe, mit welchen Ihr diese Abweichung zu rechtfertigen suchet, keineswegs genügend zu finden vermögen. Es ist eine ganz irrige Voraussezung, welche den Gemeinden vielmehr durch gründliche Belehrung der Geistlichen benommen, als durch Einstimmung in dieselbe genährt werden sollte, als ob es bei dem veränderten Tauf- und Confirmations-Formular auch auf eine Aenderung der bisherigen Lehre und namentlich auf eine Ausschließung oder gar Läugnung der biblischen Lehre vom Satan angesehen sei. Es kann Euch selbst doch nicht entgehen, daß weder Christus noch die Apostel in irgend einer Stelle gerade bei der Taufe ein Bekenntnis dieses speciellen Lehrpuncts vorgeschrieben haben, daß die Weglassung der alten Formel bei der Taufe und Confirmation sowohl im Beispiel Jesu und der Apostel als in dem notorisch sehr weit verbreiteten, keineswegs unschädlichen Misverstand und Misbrauch derselben ihren guten Grund hat, daß zum Bekenntnis und Vortrag der biblischen Lehre vom Teufel sonst in Predigten, Catechisationen und Gebeten Gelegenheiten genug sich darbieten, bei welchen Wir den schriftmäßigen Vortrag derselben zu beschränken nie gemeint waren, daß überdiß bei der Confirmation das ausdrückliche Bekenntnis derselben, welches Ihr für nöthig erachtet, in der 10. und 19. Frage und Antwort des neben der Liturgie noch bestehenden von den Confirmanden öffentlich zu recitirenden Confirmationsbuchs wirklich abgelegt wird, und ein wiederholtes Bekenntnis

gerade dieses Lehrpunctes bei einer und derselben Feier-
lichkeit unmittelbar vor der Confirmation eben so wenig
nöthig sein kann, als die Wiederholung anderer wenigstens eben so wichtigen Artikel, wie z. B. des Artikels
von der Erlösung, dem Weltgericht 2c., welche gleichfalls unmittelbar vor der Einsegnung der Confirmanden
weder nach der alten noch nach der neuen Liturgie
wiederholt werden; daß ferner diß bei der Taufe der
Fall ist, indem nach dem fünften Formular, dessen
Gebrauch Jedem frei steht, ein Bekenntnis der Höllenfahrt Christi (S. 32) abgelegt wird, in welchem das
Bekenntnis der Lehre vom Teufel unläugbar enthalten
ist, da nach der ausdrücklichen Erklärung der Bekennt-
nißschriften unserer evangelischen Kirche (**Form. conc.
Art.** 9.) bei der Höllenfahrt an nichts anderes, als
an den Sieg Christi über den Satan und sein Reich
gedacht werden kann; daß endlich, wenn auch das Wort
Teufel, doch die Lehre vom Teufel keineswegs in der
neuen Liturgie übergangen ist, indem nach Eurer eigenen
Bemerkung der Ausdruck Höllenpforten zweimal vorkommt, und dieser keineswegs unbestimmt ist, indem
er zunächst in dem Zusammenhang, in welchem er
vorkommt, durchaus nichts anderes als die Macht und
das Reich des Teufels anzeigen kann und soll.

Wir versehen uns nun zu Euch, daß Ihr bei wei-
terer ruhiger Ueberlegung diese und ähnliche Gründe
auf Eurer bisherigen Gewohnheit, den Confirmanden
die Frage der alten Liturgie: „Widersaget ihr dem
Teufel?" vorzulegen, nicht beharren, sondern euch künftig jeder von unserer allerhöchsten Vorschrift abweichen-
den Verrichtung dieses Acts enthalten, und dadurch
unsern auf die Erhaltung der Ruhe und Ordnung in
der Kirche gerichteten Absichten entsprechen werdet, wie
Wir denn hierüber Eurer alleruntertthänigsten Erklärung in Bälde entgegen sehen wollen."

Es fällt in die Augen, daß diese Entgegnung auf
Harttmanns Bedenken nicht zutraf. Auf den Grund,
daß die Lehre vom Teufel mit den wichtigsten, theore-

tischen und praktischen Wahrheiten in Verbindung stehe,
wird gar nicht eingegangen; der Nachweis, daß Un=
glaube und Aberglaube bei dem jezigen Zeitgeist durch
die in Rede stehende Abänderung der Liturgie eher
genährt als gehoben werde, und daß man durch dieses
Verfahren in geraden Widerspruch mit Gesangbuch
und Compendium trete, ganz umgangen, und selber im
Widerspruch mit sich auf Frage 9. sich bezogen, die
ja gerade für die Beibehaltung der Formel spricht.
Die Erklärung, daß in Gebeten ꝛc. sich Gelegenheit
genug darbiete, des Teufels zu erwähnen, muß es ja
eben auffallend und bedenklich machen, daß in der Li=
turgie diese Gelegenheit nie benüzt wurde.   Und wenn
endlich gesagt wird, daß Christus und die Apostel nicht
so getauft hätten, so hätte ja eher die Frage ganz weg=
gelassen, als eine solche substituirt werden sollen, welche
gerade zu der Vermuthung Anlaß gab und berechtigte,
daß man den Teufel blos in eine Personification des
Unglaubens und Aberglaubens verwandeln wolle.   Die
Antwort war insofern leicht.   Allein kurz vorher hatte
Harttmann ein Schreiben von Süßkind d. d. 12.
September erhalten, worin dieser schreibt:

„Ueber Ihre Erklärung ist zwar noch nicht im
Consistorium referirt, aber dieselbe doch von Herrn
Director Schmidlin gelesen worden.   Er wünschte
auch aus alter herzlicher Hochachtung für Sie, welche
er öffentlich bezeugt hat, daß doch Ihre Sache glück=
lich könnte abgethan werden, ohne vor den König zu
kommen.   Sollten E. H. sich immer noch in Ihrem
Gewissen außer Stand finden, des Jahrs einmal bei
der Confirmation (denn Taufen haben Sie ja ohnehin
nicht zu verrichten) die den Satan nennende Frage
nicht einzuschieben, (was freilich einem Dritten um so
mehr **salva conscientia** möglich scheinen sollte, da es
ja, aller übrigen Gründe nicht zu gedenken, unverwehrt
bleibt, selbst in der Confirmationsprebigt, ja selbst in
einem Gebet babei des Satans mit allem Nachdruck
zu gedenken; so bliebe noch ein Auskunftsmittel übrig,

das Sie, wie mich dünkt, bei Ihrem hohen Alter um
so unbedenklicher ergreifen dürften, nemlich den Con=
firmationsact selbst dem Diaconus zu überlassen. Es
wird nun ohne Zweifel nächstens auf Ihre Erklärung
ein Rescript ergehen, in welchem Sie aufgefordert
werden, zu erklären (was Sie noch nicht gethan haben),
daß Sie künftig bei Confirmations= und Taufhand=
lungen von der Vorschrift, nach welcher die Frage vom
Satan wegbleiben soll, nicht mehr abzuweichen gedenken.
Ich glaube, Alles würde alsdann abgethan sein, wenn
Sie diese Aufforderung mit einer ganz einfachen be=
jahenden Versicherung, jedoch ohne ausdrücklich zu sagen,
daß Sie die Confirmation einem Andern übertragen
wollen, beantworten. Ich kann nichts finden, was in
einer solchen Erklärung gegen das Gewissen wäre.
Wenn die Aufforderung unbestimmt und so gehalten
ist, daß darin eben sowohl die Enthaltung vom Con=
firmiren selbst, als die Enthaltung von jener Frage
begriffen sein kann, aber weder das eine noch das
andere ausdrücklich genannt ist, so haben Sie in der
Antwort auch keine Verbindlichkeit, sich bestimmter zu
erklären, als man es verlangt; und wenn man hiesi=
gen Orts mit der unbestimmten Erklärung (welche der
Enthaltung vom Confirmationsact selbst nicht gedenkt)
zufrieden ist, so können Sie ganz ruhig dabei sein.
Dabei wünschte ich noch weiter, daß Sie von andern
Stellen der Liturgie, welche Ihnen nicht genügen, doch
nichts mehr sagten; helfen Sie in solchen Stellen durch
gelinde Einschiebungen und Abänderungen des Aus=
drucks in der Stille und ohne Aufmerksamkeit zu er=
regen, nach, und ich hoffe, es wird Ihnen keine weitere
quaestis status mehr gemacht werden. Endlich noch
die Bitte, diesen Brief und seinen Inhalt ganz für sich
zu behalten. Wenn etwas davon an gewissen Orten
emanirt, so werde ich wieder als ein Mann, der sich
mit Widerspenstigen (wie man alsdann sagen wird)
in Unterhandlungen einlasse, gezüchtigt, und, — was
bei weitem wichtiger ist, als alle persönlichen Unan=

nehmlichkeiten, die ich gern leide, wenn ich Gutes da=
durch wirken kann) es wird eine Katastrophe herbei=
geführt, welche gerade die Uebel in sich schließt, die
ich mit Beseitigung aller persönlichen Rücksichten um
des allgemeinen Besten willen so sehr vermieden wünschte.
Der Herr sei mit Ihnen.   Mit ungeheuchelter Hoch=
achtung, Ihr ꝛc." dazu kamen noch andere Aufforde=
rungen von redlichen und christlich gesinnten Freunden,
besonders in Stuttgart, er möchte nachgeben; und so
erwiederte er d. 27. September:

„Die mir ertheilte herablassende Belehrung verehre
ich mit devotestem Dank.   Durch die darin dargelegten
Gründe, unter welchen der, daß das Bekenntnis der
Lehre vom Satan doch in dem noch bestehenden Con=
firmationsbüchlein abgelegt wird, ein vorzügliches
Gewicht für mich hatte, fühle ich mich zwar bei ruhi=
gem Nachdenken noch nicht völlig überzeugt, daß eine
ausdrückliche Meldung des Teufels in der Confir=
mationsformel nicht in mancher Hinsicht auch für die
Zukunft gewünscht werden könnte; demungeachtet
werde ich mich den allerhöchsten Befehlen, sofern sie
eine wörtliche Beibehaltung der neuen Liturgie auch
in diesem einzelnen Punct vorschreiben, nicht entziehen,
sondern meiner Ueberzeugung von der Wichtigkeit der
Erinnerung an die erwähnte biblische Lehre auf eine
andere Weise nachdrücklich Genüge zu thun suchen.
Nur kann ich der innern Anforderung nicht wider=
stehen, E. K. M. nochmals in tiefster Ehrerbietung
den Wunsch vorzulegen, daß den Gemeinden und ihren
öffentlichen Lehrern in Betreff gewisser Puncte der
Liturgie, welche in einzelnen Orten Bedenklichkeiten
erregen, einige Freiheit nach Beschaffenheit der Um=
stände und Localitäten gestattet werden möchte."

Zu gleicher Zeit schrieb H a r t t m a n n an S ü ß=
k i n d : „E. H. werden die von mir geforderte Er=
klärung erhalten haben.   Ich kann nicht bergen, daß
ich sie kaum mit halber Beruhigung niedergeschrieben,
besonders wenn meinem am Ende beigefügten Wunsch

gar nicht sollte willfahrt werden. Denn es ist Wunsch von mehr Gemeinden und Lehrern, als man glaubt. Die mir vorbehaltene Aeußerung bei meiner Gemeinde kann nicht wohl geschehen, ohne das Consistorium zu compromittiren, was wieder neue Verantwortung nach sich ziehen könnte. Kann denn die neue Liturgie ein Ansehen fordern, das heutzutage von Manchen selbst nicht einmal dem heiligen Wort Gottes eingeräumt wird? E. H. bitte ich also gehorsamst, biß als eine Beilage zu meiner Erklärung anzusehen, mein be= drängtes, von zweierlei Rücksichten angefochtenes Ge= müth zu schonen, und dieselbe den bisherigen Acten beizulegen. Gewissenszwang ist etwas Schweres!"

Welche Empfindungen und Gedanken ihn leiteten, erhellt aus folgender Aeußerung an seinen Compro= motionalen Härlin, vom 4. September, noch ehe die Entscheidung auf seine Verantwortung erfolgt war: „Ich bin vom Consistorium aufgefordert worden, mich zu verantworten, warum ich bei der Confirmation die Frage vom Entsagen nach alter Weise beibehalten. Gott hat mir die Gnade gegeben, mich mit einer ge= wissen Freimüthigkeit schriftlich zu verantworten, und ich erwarte nun das Resultat. Man wird heutzutag in solchen Fällen auch oft von Brüdern nicht recht beurtheilt. Petrus gibt seine Stimme: das wider= fahre dir ja nicht! und man kommt in ein Gedräng, weil man noch in dem gefährlichen Zwischenstand zwischen Krieg und Frieden steht, und man dabei Maaßregeln zu nehmen Gefahr läuft, die nicht immer mit der wahren Klugheit überein kommen. Traurig ists, daß wir selbst von unsern Collegen Delationen zu befürchten haben. Man kümmert sich jezt zu wenig um den Laien nach der alten Maxime Joh. 7, 49. Es fällt mir öfters ein, was Oetinger im Compendium (S. 332.) schreibt: „Der eigentliche Geist des Antichristenthums liegt darin, daß er die Laien als bloße Weltlinge ansieht, und statt des sensus communis eine weltförmige Philosophie ein=

führt, von welcher einst geläugnet werden wird, daß
Christus im Fleisch gekommen sei, und von der am
Ende das Fleisch Christi selbst in ein idealistisches
Wesen oder in einen phantastischen Leib wird aufgelöst
werden." Wir sind für den gegenwärtigen Zeitgeist
schon zu alt, und unsere Jeremiaden finden keine
offene Ohren mehr. Der Herr schenke uns nur eine
Festigkeit des Glaubens und umschanze uns mit seiner
Wahrheit, daß wir nicht irren.

Bei dieser Stimmung konnte er sich bei der ihm
abgedrungenen Erklärung, ob sie gleich einen sehr
starken Vorbehalt enthält, nicht beruhigen, und gab
daher, nachdem am 10. October ohne alle Rücksicht
auf seine Bitte um Erleichterung blos die gnädige
Annahme seiner Erklärung erfolgt war, gleich unterm
29. October folgendes Gesuch ein:

„Hochpreißliches Consistorium hat die Gründe mei=
ner Verantwortung nicht für genügend erkannt, und
mich befehligt, bei künftigen Confirmationsacten die
neue Formel beizubehalten, und mich darüber in Bälde
zu erklären. Bei der mir so kurz eingeräumten Zeit
wußte ich meinem beunruhigten Gewissen nicht anders
einige Ruhe zu verschaffen, als daß ich einestheils
bezeugte, wie ich meiner Ueberzeugung bei und vor
der Gemeinde eine nachdrückliche Genüge zu thun
suchen werde, theils die Hoffnung hegte, es werde
auf meinen am Ende beigefügten Wunsch allerhuld=
reichste Rücksicht genommen werden, um so mehr, da
von mehreren Lehrern und Gemeinden die Entsagung
des Teufels beibehalten wird, ich mich auch versichert
halte, daß unser allergnädigster König seine getreuen
Unterthanen mit einem Gewissenszwang zu beschweren
keineswegs gesonnen sei. Da ich aber auf dem ersten
Weg meiner Ueberzeugung vor der Gemeinde eine
nachdrückliche Genüge zu thun bei dem Drang meines
Gewissens gar leicht ein H. Consistorium compromit=
tiren und mich neuer Verantwortung aussezen, auch
eine solche Handlung als inconsequent auffallen könnte,

so weiß ich meiner innern unwiderstehlichen Ueber=
zeugung auf keinem andern Weg Genüge zu thun,
als mein mir auf ein halbes Jahr hin abgefordertes
und von mir in der Uebereilung wirklich gegebenes
Wort zurück zu nehmen, und um gnädigste Schonung
meines Gewissens, dessen Ruhe in meinen Augen
einen mit nichts zu vergleichenden Werth hat, devotest
zu bitten. Nicht zu gedenken, daß es mir schwer
fallen würde das durch Gottes Gnade bisher erhaltene
Zutrauen meiner Gemeinden zu mir als einem ächt
evangelischen Lehrer gering zu schätzen, da ohnehin
beim gegenwärtigen Verfall des Kirchlichen der zum
Predigtamt erforderliche Credit der Lehrer merklich zu
sinken anfängt. Was noch von neuen auf das Ganze
sowohl im Bürgerlichen als Kirchlichen sich beziehenden
Gründen in der Sache könnte angeführt werden, will
ich der Zeit überlassen, oder mir auf sich ereignende
weitere Fälle und deren schuldige Anzeige bei allen
höchsten Behörden vorbehalten" 2c.

Hierauf wurde unterm 14. December auf Geneh=
migung des Königs ihm, als einem längst vor Ein=
führung der Liturgie Angestellten, dieser Wunsch ge=
währt. Bald wurde auch ein allgemeines Rescript
erlassen, nach welchem die vor Einführung der neuen
Liturgie Angestellten nicht an den Gebrauch jener
Frage gebunden sein sollten.

So hatte Harttmann durch sein besonnenes
und gewissenhaftes Verfahren das Verdienst, eine all=
gemeine Erleichterung herbeigeführt zu haben; und
dennoch hatte er von Manchen, namentlich von dem
Pfarrer Friederich und andern eigensinnigen Parthei=
männern immer noch den Vorwurf zu hören, daß er
jenen verlassen habe; er hätte sich, wie jener, sollen
abschaffen lassen. Aber den Weg, welchen Friederich
eingeschlagen hatte, konnte er unmöglich billigen. Nach=
dem diesem in den Osterfeiertagen 1809 zu Ein=
führung der neuen Liturgie ein Vicar zugesendet worden
war, der nicht die geringste Schwierigkeit bei der

Harttmann.   16

Gemeinde fand, er aber doch bei seiner Weigerung,
die Liturgie zu gebrauchen, beharrte, wurde er vor
das Consistorium berufen, wo ihm (nach obiger Aeu=
ßerung Süßkinds) stillschweigend eingeräumt wurde,
die alte Absageformel wider den Teufel zu gebrauchen.
Friederich versprach hierauf, die Liturgie zu gebrauchen.
Als er aber nach Hause gekommen war, hielt er sein
Wort nicht, gab auch keine weitere Erklärung dar=
über, bis er durch den Dekan zur Rede gestellt, und
die Sache vor den König gebracht wurde, der ihn
sodann wegen Renitenz entließ, und Süßkind wegen
seiner Nachgiebigkeit vom Staatsminister einen Ver=
weis geben ließ.

39. Berwicklungen in Schulsachen.

Gleichzeitig mit den Verhandlungen über die Li=
turgie hatte Harttmann manche Unannehmlichkeiten
wegen der neuen Einrichtungen in den Schulen zu
erfahren. Es handelte sich dabei um die damals be=
sonders von Zeller in Heilbronn so hoch gepriesene
Pestalozzische Methode, womit die Schulen beglückt
werden sollten. Harttmanns Ansicht in dieser An=
gelegenheit ging dahin, daß bei Zeller und seinen
Schülern viel unbesonnene Bewunderung der Pesta=
lozzischen Methode zu Grunde liege, daß vieles
Spielerei sei, die sich nur kurze Zeit halten könne,
daß durch das Spielende dieser Methode dem Ernst
und der Würde des Unterrichts Eintrag geschehe; daß
dabei auf manche Nebenfächer, die überdieß dem Fas=
sungsvermögen der Kinder nicht angemessen seien, ein
allzugroßes Gewicht gelegt werde; daß dadurch nur ein
scheinbares Verstehen erzielt werde, welches doch im
Grunde nur etwas auswendig Gelerntes sei; daß auf
diese Weise nur ein neuer Mechanismus begründet
werde, welchen die Methode beseitigen wolle; und daß
endlich durch solches Treiben der religiösen Bildung,
dem einfachen Glauben, mittelbar entgegengewirkt werde.

Dieser Ansicht Harttmanns stimmte auch der ein-
sichtsvolle und besonnene Diaconus Renz in Lauffen
vollkommen bei.

Nun wollten in dem benachbarten Dorfe Thalheim
(an der Schozach) der Vicar und Provisor, die beide
die Amtsverweserei hatten, die Pestalozzische Methode
spornstreichs einführen. Es kam darüber zum Widerspruch von Seiten der Bauern, welche sich an den
Dekan wandten, und von diesem zwar beruhigt, aber
nicht in dem Sinn der enragirten jungen Männer zurecht gewiesen wurden. Auf die Klage des Vicars
wurde die Sache an das Consistorium berichtet, und
es erfolgte ein Rescript, über welches Harttmann
an Süßkind schreibt:

„Im Rescript vom 2. Mai wurde großes Be-
fremden über mein Betragen in dieser Sache geäußert,
ohne mir zu sagen, worin mein Fehler bestehe, ohne
mich zu hören, ohne dem Vicar einen wohlverdienten
Verweis darüber zu geben, daß er gegen einen Bürger
äußerte, der Dekan habe ihm nichts zu befehlen, und
daß er vorher mit mir nicht conferirte, sondern mir
geradehin ein Exhibitum, worin er um Erlaubnis zu
Einführung der Pestalozzischen Methode bittet, zuschickte,
und einen Beibericht verlangte. Ich habe aber das
Gesuch zurückbehalten, obwohl es H. d'Autel verlangte,
und werde es behalten, bis mir das Consistorium dasselbe abfordert.

Im obigen Befehl wurde ich zugleich angewiesen,
daß ich auch in der Folge den bereits ertheilten und
noch zu ertheilenden Weisungen über diesen Gegenstand
bei jeder sich ergebenden Veranlassung, besonders bei
der Kirchenvisitation, Kraft geben, die Autorität des
Pfarramts (und es ist doch nur ein unbotmäßiger
Pfarrverweser da) sowie den Eifer des Schulmeisters
(wieder nur ein Provisor, der, wie der Vicar, nichts
nach dem Dekan fragt) in Einführung einer bessern
Lehrmethode zu unterstüzen wissen, und zu einer immer
fortschreitenden Vervollkommnung in den Schulen mit-

16*

wirken werde. — Wenn diß ein Befehl des hohen Ober=Consistoriums ist, so muß ich bekennen, daß ich mich für jetzt zu einer solchen Mitwirkung nicht verstehen kann. — Außerdem erging ein Erlaß an das gemeinschaftliche Oberamt Heilbronn und Lauffen, worin uns aufgetragen wurde, die Sache nochmals gemeinschaftlich zu untersuchen, und nöthigen Falls mit Strafen vorzufahren (um ja aus einem kleineren Uebel ein größeres zu machen). Ich muß mir aber die gemeinschaftliche Untersuchung verbitten, da ein Beklagter und Unverhörter, der selbst als schuldig angesehen wird, derselben nicht anwohnen kann, und da ich überdiß an den zu besorgenden Folgen keinen Antheil zu nehmen begehre.

Gleich darauf erhielt ich einen andern Erlaß, worin mir bei den Provisoratstabellen die größte Nachläßigkeit zur Last gelegt wurde, wieder ohne mir Anlaß zu einer Verantwortung zu geben.

Unter solchen Umständen will es Einem sauer werden, sich gegen Anfälle der Ermüdung zu wehren, theils weil man bei den gehäuften Geschäften meistens das Edlere und Nöthigere seines Amts, nemlich die Verkündigung des Worts und die Privatseelsorge, hintanseßen muß; theils, weil die meisten Ahndungen Männer treffen, denen es um eine gewissenhafte Amtsführung zu thun ist, während andere leichtsinnige, in den Lehrsäßen — ich will nur sagen — gleichgiltige Kirchendiener einer wohlverdienten Ahndung sich zu entziehen wissen.

E. H. halten mir die von mancherlei Gefühlen abgedrungene Freimüthigkeit zu gut, und tragen Gedult mit mir. Das Verderben unserer Zeit und Gemeinden ist größer, als man es ansieht, und erinnert mich oft an die Klagen eines Ihrer längst entschlafenen Vorgänger, der sich über den damaligen Zustand so äußert: „Die Kirche erstorben, das Recht verdorben, all Ordnung ein Dunst, all Schweiß umsonst, das Heilige entehrt, das Gewissen verkehrt, die Taube

verdächtigt, der Rabe berechtigt, der Fromme soll
sterben, der Schlechte ihn erben — das ist das Ver=
derben." *)

Und seine eigene Lage schildert er so: „Große Brast,
ungleiche Last, der Magen schwach, das Gedächtniß
flach, des Brods Entbehren, vielfach Entehren, die
frühe Mattheit, an allem Sattheit, der Verführung
Trug, der himmlische Zug, macht mir Sterbenslust
genug. **)

Aus Anlaß der Thalheimer Unruhen hatte Hartt=
mann auch an b'Autel geschrieben und ihm das Un=
botmäßige und Unbesonnene des Verfahrens von Seiten
des Vicars und Provisors vorgehalten, und ihm ge=
zeigt, wie Uebereilung hier gar nicht am Plaze sei.
Er erhielt folgendes, im Original mit Interpunctions=
und Schreibfehlern reichlich gewürzte Antwortschreiben:

„E. H. gütiges Schreiben war mir besonders an=
genehm, theils weil es Vertrauen gegen mich äußert,
das ich gewis zu würdigen weiß, theils weil es mir
Gelegenheit gibt, mich Ihnen offen mitzutheilen, was
in einem freundlichen Schreiben leichter geschehen kann,
als in Rescripten. Als ich Ihren Brief erhielt, war
bereits wegen der Thalheimer Unordnungen im Collegio
decretirt. Ihr Schreiben konnte also keinen Einfluß
mehr auf biß Conclusum haben. Die in Ihrem eigenen
Bericht angegebene Unterredung mit den Bauern hielt
man den Umständen nicht ganz angemessen. E. H.
hätten im äußersten Fall durch eine Anfrage beim
Ober=Consistorium aller Verlegenheit entgehen können.
Ihr amtliches Benehmen wurde weder mir noch einem

---

*) *Cleri tabes, fori labes, ordo confusus, sudor pro-*
fusus, religio pulla, conscientia nulla, columbae cen-
sura, corvi usura, boni supplicium, mali pretium sunt
nostrum exitium.
**) *Onus impar, jugum dispar, stomachus debilis,*
panis defectus, frequens despectus, procax senium,
nausea rerum, contagii periculum, coeli desiderium
urgent meum obitum. Joh. Valent. Andreae.

andern privatim geschildert; die Acten und ihr eigener
Bericht gaben uns eine Darstellung desselben. Ihren
Vicarius kenne ich nicht, habe auch nie ein Schreiben
von ihm erhalten. Wenn er sich auf mich beruft, so
kann es nur mit einer von dem Schul=Inspector Zeller
an mich gemachten Anfrage zusammenhängen. Aller=
dings sagte ich diesem, daß jeder seiner Zöglinge, der
die neue Methode in seiner Schule einführen wolle,
zuvörderst in einem Exhibitum an das K. Ober=Con=
sistorium darum ansuchen solle, damit von der höheren
Behörde die etwaigen Hindernisse beseitigt werden.
Sie werden aus dem Ihnen zugekommenen Rescripte
ersehen, daß das Collegium mit dieser meiner Ansicht
einverstanden ist. Lassen sie also immer das Ihnen
zugekommene Exhibitum mit der nun dem Schulmeister
abgeforderten Beschreibung seiner Methode an die Be=
hörde abgehen, und fügen Sie die Bemerkungen, die
Ihnen nöthig scheinen, in Ihrem Berichte bei. Be=
fürchten Sie, der Provisor sei nicht im Stande, die
neue Methode richtig zu lehren, so wollen wir dafür
sorgen, daß ein Mann, der mit ihr bekannt ist, das
Ganze leite. Uebrigens hege ich das Vertrauen zu
E. H., daß Sie mit Ihrem bedeutenden Einfluß, den
Sie in Ihrer Gegend auf die Gemüther haben, die
gute Sache unterstüzen werden. Ein Mann, wie Sie,
kann durch einige günstige und belehrende Aeußerungen
an das mit Vorurtheilen erfüllte Volk viel wirken.
Ich habe nicht das Vergnügen, Sie persönlich zu kennen;
aber in Heilbronn schon war Ihr Name mir mit Lob
genannt und Ihr Charakter und Ihre Religiosität mir
von einer rühmlichen Seite geschildert worden. Um
so mehr hoffe ich, daß die neuere Art zu lehren, die
blos auf Rechnen, Schreiben, Zeichnen, Singen und
Lesen sich beschränkt, und welcher nur das Vorurtheil
einen Einfluß auf Religion zuschreiben konnte, an
Ihnen darum einen Beschüzer finden werde, weil sie
die heranwachsenden Menschen für ihre Bestimmung
zweckmäßig bildet. Sie waren gewis oft schon Zeuge,

mit welchem elenden Mechanismus die meisten unserer
Schulmeister bisher diese Gegenstände betrieben haben,
und müssen sich als Freund des Guten freuen, wenn
eine Art zu lehren erfunden worden ist, die Lehrer
und Schüler mit Freude erfüllt. Kommt nicht alles
Gute von Gott, und arbeiten wir nicht unserem Be=
rufe als Werkzeuge Gottes gemäß, wenn wir das Gute
befördern? Haben Sie noch Zweifel gegen die Vorzüge
der Methode, so gehen Sie nach Heilbronn, und Sie
werden gewis sich freuen über die Fortschritte der
kleinen Kinder und über die Freude und rege Lust,
mit der die Kleinen lernen. Pestalozzi ist ein frommer
Mann. Lesen Sie sein Buch: Wie Gertrud ihre
Kinder lehrt und Sie werden gewis den alten Mann
lieb gewinnen. Auch die neue Schulbisciplin lehrt
die Kinder schon frühe die Geseze, die sie zu beobachten
haben, als Gottes Gebote achten, und eine eigene
Tabelle in den Schulen enthält die biblischen Sprüche,
die den Kleinen die Pflichten lehren, die ihnen Gott
zu erfüllen befiehlt.

Nehmen Sie diese herzliche Sprache gerne auf und
schreiben Sie ihre Worte dem innigen Wunsche zu,
in Ihnen einen Beförderer auch dieser guten Sache zu
gewinnen.

Wenn der Vicarius zu rasch handelt, so leiten Sie
es durch Ihre Vorsicht; aber verzeihen Sie es dem
jungen Mann, der aus einer guten Absicht fehlt.
Ihnen wird es leicht sein, ihn durch herzliche Beleh=
rungen mit Ihren Vorsichtsmaßregeln übereinstimmend
zu machen, sowie ich auch überzeugt bin, daß Sie die
Bauern zu Thalheim von dem Vorurtheil, als werde
die Religion durch die neue Methode gefährdet, durch
Ihre Belehrungen zu heilen im Stande sind. Können
ja auch hier die Worte unsers Luthers einstweilen
jeden Zweifel beruhigen: Ists Sache von Gott, so
wirds bestehen, und ists Sache von Menschen, so wird
es untergehen. Warten wir also ruhig den Erfolg ab,
damit wir nicht durch Hindern des Guten uns Vor=

würfe zu machen haben. Solche Worte, von einem
Manne, wie Sie, gesprochen, mit dem Vertrauen, das
Sie besizen, aufgenommen, werden gewiß ihre Wirkung
nicht verfehlen, und Sie werden das Verdienst sich
erworben haben, das durch Belehrung und durch den
Geist der Liebe zu bewirken, was, durch Befehle be=
wirkt, immer unangenehme Empfindungen zurückläßt.

Es soll mich herzlich freuen, wenn Sie meinen
Brief mit Liebe aufnehmen und mir Ihr Vertrauen
noch ferner schenken. Ich liebe und achte jeden Red=
lichen, und freue mich, wenn unter meinen Amtsbrü=
dern ich welche mit diesem Prädicat näher kennen zu
lernen das Vergnügen habe. Ich bin mit Achtung
und Liebe E. H.   b'Autel.

Lassen wir uns durch die höfische Feinheit des
Ausbrucks nicht irren, so tritt uns in diesem Schreiben
die widerliche Erscheinung eines hohlen Canzleimenschen
entgegen, der in der Einbildung eigener Unfehlbarkeit
und im übermüthigen Bewußtsein seiner Amtsgewalt
die Würde des Alters und der durch Erfahrung ge=
reiften Einsicht übersieht und in dem Untergebenen
nur ein Werkzeug erblickt, welches sich den Einfällen
und Absichten des Höheren gedanken= und willenlos
zu fügen hat.

Was die Sache selbst, um die es sich hier handelte,
betrifft, so könnte der Tadel, der so zuversichtlich gegen
Harttmann ausgesprochen wird, zu der Vermuthung
Anlaß geben, als ob er, bei allen theologischen Tugen=
den, die ihn schmückten, doch auf dem Gebiete der
Erziehung und des Unterrichts eine schwächere Seite
gezeigt, oder bei seinem hohen Alter den gesteigerten
Anforderungen, die sein Beruf von dieser Seite ihm
stellte, nicht mehr ganz gerecht geworden wäre.

Was die erstere Vermuthung betrifft, so hat zwi=
schen ihm und b'Autel die Geschichte ihren unpartheii=
schen Richterspruch gethan. „Zu beklagen ist, so sagt
Raumer in seiner Geschichte der Pädagogik 2. Th.
S. 394, daß die praktischen Versuche Pestalozzis und

seiner Mitarbeiter in verschiedenen Disciplinen neue Lehrweisen aufzustellen (und gerade darum handelte es sich zwischen Harttmann und b'Autel, nicht um die Principien) so vorzugsweise Anklang und Nachahmung fanden. Eine Prüfung der tiefen Principien Pesta= lozzis, Einsicht in den Widerspruch zwischen diesen Principien und seiner Praxis hätte vielmehr antreiben müssen, neue, den Principien wirklich entsprechende Wege ausfindig zu machen. Das gilt z. B. von seinen fälschlich sogenannten Uebungen der Anschauung. Die meisten Nachahmer des großen Mannes haben sich gerade in seine Schattenseite, daß er einen neuen Mechanismus in die Erziehung einführte, verliebt. Wenn jener Mechanismus, jene ganz äußerlichen päda= gogischen Kunstmittel und Kunstgriffe, wenn sie einst bis zur Unkenntlichkeit modificirt oder ganz zurückge= treten und vergessen sein werden, — dann werden noch Pestalozzis „Lienhard und Gertrud rc. fortleben und fortwirken, sind auch diese Werke, wie alles Mensch= liche, nicht ganz rein und fleckenlos." Sein Glaubens= bekenntnis anlangend, gestand Pestalozzi selbst: „Ich ging schwankend zwischen Gefühlen, die mich zur Re= ligion hinzogen, und Urtheilen, die mich von derselben weglenkten, den todten Weg des Zeitalters." Doch sezt Raumer (S. 391) mildernd hinzu: dieses Bekennt= nis fanden wir in Schriften wie im Leben (Pestalozzis) bestätigt, doch so, daß in seinen frühesten und wieder in seinen spätesten Schriften das religiöse Gefühl den skeptischen Verstand überflog."

Die andere Frage, ob Harttmann bei seinem hohen Alter auch noch den gesteigerten Anforderungen genügte, die sein Beruf als Bezirksschul=Inspector ihm auferlegte, können wir aus einem amtlichen Berichte Harttmanns, der uns vorliegt, zur Genüge beant= worten: Er lautet:

„Die meisten Schulen warten auf Zeiten der Bes= serung. Schreiben, Lesen, Rechnen und ein kleiner Gedächtnisvorrath sind am Schluß der Schuljahre das balb berechnete Erbe der Meisten. Die Uebungen des Nachdenkens sind sehr selten, noch seltener eine auf rechte Grundsäze gebaute Schulzucht, die in manchen Stücken wohl auch über die Schulstunden hinausgehen dürfte. Das Sittenverderbnis der Jugend ist offenbar. Zu einer so nöthigen Bildung des Willens und Herzens fehlt es manchen Lehrern theils an der nöthigen Einsicht oder Anleitung, theils leider am innern Grunde selbst. Die geringen Besoldungen und die daraus entstehende Sorge für das eigene Fortkommen sind eine Versuchung zu mancher Ermüdung und zu einem leibigen non plus ultra. Die neuverordneten Schultabellen werden von Vielen nicht selbst, sondern durch einen Collegen verfertigt, und Viele wollen daran ermüden, weil ihnen für die Mühe aus den Cassen nichts bezahlt wird — ein kleiner Beleg zu dem, dem Magistrat zu ertheilenden Zeugnis, wiefern er sich des Schulwesens annehme."

40. Amtsniederlegung.

Während so den ehrwürdigen Greis Vieles drückte, wozu auch kam, daß sein Sohn,*) der ihn bisher als Vicar unterstüzt hatte, anderswohin berufen wurde, erschien im October 1811. die neue Königl. Verordnung wegen der Kleidung der Geistlichen, welche zunächst durch die auffallende Kleidung einiger jüngeren, die der König Friederich bemerkt hatte, veranlaßt war. Diese Verordnung lautete: Sämmtliche Geistliche der evang. Confession sollen bei kirchlichen Verrichtungen und bei feierlichen Gelegenheiten den bisher eingeführten Kirchenrock, jedoch mit einem stehenden Kragen, und auf der Brust, statt der Haften, mit Knöpfen tragen. Der Ueberschlag soll etwas länger sein, als

---

*) M. Gottlieb Friedrich Harttmann, g. Kornwestheim 7. April 1785. Repet. 1810. Professor am Seminar in Maulbronn seit 1814. auf Ansuchen entlassen 1831. wanderte nach Chambersburg in Nordamerika aus, wo er kinderlos starb.

bisher. Zu dieser Kleidung wird ein Barret getragen. Die Haare dürfen nicht gekräuselt sein, sie werden glatt getragen, am Hinterhaupte rund abgeschnitten, und reichen bis an das Ende des aufstehenden Kra= gens. Zur ordinären Kleidung müssen entweder schwarze oder graue oder dunkelblaue Röcke, bis auf die Mitte des Körpers zugeknöpft und mit viereckigten gerade herunter geschnittenen Schössen getragen werden. An den blauen und grauen Röcken müssen die Knöpfe ebenfalls schwarz sein. Auch die Unterkleider sind schwarz ꝛc.

Bei der bekannten Gesinnung des Königs und seiner Günstlinge gegen den geistlichen Stand, und nach den Gerüchten die sich über die Erfindung dieser seltsamen Auszeichnung, besonders des Barrets, dieser scheußlichen kegelförmigen Verlängerung des Kopfs, ver= breiteten, mußte sie als Jronie erscheinen. So sah auch das Volk die Sache an. Die meisten sahen darin eine Verachtung der Kirchendiener, nur mit dem Unterschied, daß ein Theil sich darüber freute, ein anderer trauerte. Nach dem Verfahren in der Reform des Gesangbuchs und der Liturgie, besonders des Tauf= formulars, und noch mehr nach den bekannten Schul= verordnungen, welche auf Unglauben und Gering= schäzung des Bibelworts deuteten, erblickte man nun gar in dem Barret eine Annäherung an den Katho= licismus. Harttmann dagegen fand in den ge= häuften Angriffen auf die bisher bestehende kirchliche Lehre und Disciplin eine nur zu deutliche Bestätigung dessen, was J. A. Bengel schon vor mehr als 50 Jahren bemerkt und geahnet hatte. Es stand ihm eben darum fest, daß es an dem sei, sich gegen die neue Kleiderordnung zu verwahren; nur war er An= fangs unschlüssig, welchen Weg er einschlagen sollte. Endlich entschloß er sich, sich an den Cultminister v. Jasmund zu wenden, und ihn zu bitten, bei dem König entweder auf Dispensation oder auf Entlassung anzutragen. Er schrieb:

„Ohne mich darauf einzulassen, was die neue Amtskleidung bei den Gemeinden für Wirkungen haben möchte, ist mein Hauptgrund gegen alle weitere Neuerungen die apokalyptische Ansicht, die durch die Weltbegebenheiten mir zur vollen Ueberzeugung geworden ist. Dieser Grund ist es auch, der mich bei der Amtskleidung um so mehr bedenklich macht, da bei dem Publicum eine fast allgemeine Ahnung einer Religionsreform bemerkt werden kann. Ich würde mich bei allen meinen bisherigen Gemeinden, die meine bißfällige Ueberzeugung aus meinen Amtszeugnissen (öffentlichen Vorträgen) kennen, selbst widerlegen, und mich vor denselben als ein wankelmüthiger Heuchler darstellen. Ich bin aber weit entfernt, andere meiner Amtsbrüder zu gleichen Gesinnungen zu veranlassen, noch viel mehr Andersdenkende lieblos zu beurtheilen. Ich fühle in allweg das Gewicht der K. Verordnung zu sehr, als daß ich dißfalls eine demüthigste Bitte um allergnädigste Ausnahme wagen dürfte, und unterwerfe mich in tiefster Unterthänigkeit derselben Gerechtigkeit, die mich etwa deswegen zu einer weiteren Amtsführung unfähig erklären sollte. Nur würde es mir schmerzlich fallen, wenn Se. Majestät einen Schritt, wozu mich nichts als die innigste Ueberzeugung auffordert, als sträflichen Ungehorsam ansehen wollten; denn ich weiß nur allzuwohl, unter welchen Umtrieben meines Gemüths ich zu diesem Entschluß gekommen, bei welchem mir nur ein unbegrenztes Vertrauen zur göttlichen Vorsehung übrig bleibt, und bei dem mein Vermögen, das bei meinen (nicht einträglichen) Diensten und den auf die Studien dreier Söhne gewendeten Kosten eher ab als zugenommen, auch den entferntesten Schein einer trozenden Widersezlichkeit abschneidet. Es ist überdiß ein Entschluß, den mir noch andere Rücksichten abnöthigen, wie das immer tiefere Herabsinken des lutherischen Lehrsystems, das in eine kraftlose Moral umgewandelt wird, mit Uebergehung alles Dogmatischen und Positiven; die

zunehmende Geringschäzung des Lehrstandes mit ihrem
nachtheiligen Einfluß auf die Vorträge desselben; so
mancher auch bei sonst gut denkenden Zuhörern im
Hintergrund liegende Argwohn der Unzuverläßigkeit
der Lehrer; die sich schon in den Schulen offenbarende
Unbotmäßigkeit der Jugend; die Gleichgiltigkeit gegen
das Wort Gottes bei dem größern Theil des Volks
und der sich dazu schlagende Spottgeist über alles
Göttliche; die sich immer mehr hervorthuende allge=
meine Besorgnis einer religiösen Reform — lauter
Stücke, die einen gewissenhaften Lehrer in seiner Amts=
führung ermüden möchten."

Der Minister erwieberte, daß er dem König sein
Schreiben nicht vorlegen könne, ohne ihn zuvor noch=
mals auf die Gründe des Königs aufmerksam zu
machen. Das Barret sei auch im Preußischen ein=
geführt, und werde von katholischen Geistlichen nicht
getragen. Der traurige Verfall aber sollte ihn eher
bestimmen, auf seiner Stelle zu bleiben. Der Mi=
nister hatte aber auch den Grafen S e ck e n b o r f be=
stimmt, ein Schreiben ergehen zu lassen, welchem er
ein Gutachten von H a r t t m a n n s Freunden, R e u ß,
M o s e r, R i e g e r und D a n n beilegte, das von
Moser und Rieger verfaßt war. Seckendorf war aber
dabei so ängstlich, daß er ihn bat, das Gutachten im
Original zurück zu senden und keine Abschrift davon
zu nehmen. Daß indeß die Gründe für H a r t t m a n n
nicht überzeugend waren, geht aus dem Erfolg hervor.
Dem Minister erwieberte er, daß die Berufung auf
Preußen ihn eher bedenklich mache als beruhige, da
Preußen der Staat sei, in dem die Abweichungen von
der reinen Lehre ihren Anfang genommen. Auf den
zweiten Punct antwortete er blos negativ, daß er
seine apokalyptische Ueberzeugung niemand aufbringe,
die sich darauf gründe, daß B e n g e l schon vor 60
Jahren eine Beschreibung unserer Zeit gegeben, daß
man glauben möchte, er lebe wirklich in unsern Zeiten.
Es ergab sich daraus von selbst seine Gedankenfolge,

daß er nicht hoffen könne, den Strom zu hemmen, vielmehr durch sein Abtreten ein Zeugnis gegen den= selben abgebe für die, welche darauf achten wollen. Zugleich schloß er eine einfache Bitte um Entlassung bei, die ihm auch gewährt wurde. Am 5. April 1812. hielt er folgende

41. Abschieds-Predigt in Lauffen

über 1. Petr. 5, 10. 11. Der Gott aller Gnade, der uns berufen hat zu seiner ewigen Herrlichkeit in Christo Jesu, derselbe wird euch, die ihr eine kleine Zeit leidet, vollbereiten, stärken, kräftigen, gründen.

So ist denn das heutige Zeugnis das lezte, das ich in meiner hiesigen, mehr als achtjährigen Amts= führung und zum Beschluß derselben an eure Ohren und Herzen zu bringen habe. Es ist auch das aller= lezte von meiner ganzen, in die 40 Jahre bestandenen Verkündigung des Evangeliums in mehreren Gemeinden, indem ich mit Ende vorigen Jahrs von unserem aller= gnädigsten König auf mein allerunterthänigstes Bitten meine huldreichste Entlassung von meinem Amt er= halten habe.

Ich bin es mir wohl bewußt, daß die Urtheile der Menschen über diesen meinen Schritt sehr verschieden sind. Allein ich bitte euch, überlasset mich hierüber dem Herrn, der mich richtet, und auf dessen Barm= herzigkeit bis ins ewige Leben hinein ich warte. Er lasse unser leztes öffentliches Beieinandersein ihm zur Ehre und uns zum Segen gereichen, und uns alle erfahren, daß er auch heute in unserer Mitte gewesen sei, darum wir ihn jezt gemeinschaftlich bitten wollen. 2c.

Es ist eine wichtige Verbindung, in welcher Lehrer und Zuhörer mit einander stehen, eine Verbindung, die nicht nur in diese Welt herein, sondern auch in jene Welt hinüber und bis auf jenen Tag des Gerichts hinausreicht, wo ein jeder Theil wird Rechenschaft zu geben haben, der eine von dem, was er geprebigt, der

andere von dem, was und wie er gehört. Was wird
es einmal für ein Gewinn für mich und euch sein,
wenn so mancher unter euch ausgestreute Same des
Worts nicht nur ins Herz aufgenommen worden, sondern auch zum unter sich wurzeln und über sich Frucht
bringen gekommen ist! Der Herr lasse mich und euch
Barmherzigkeit vor ihm finden an jenem Tag, damit
es uns dort noch freuen möge, mit einander verbunden
gewesen zu sein. Eben so wolle er auch in einem
jeden, wo er das gute Werk angefangen, dasselbe
hinausführen bis auf jenen Tag. Mit diesem Vertrauen zu Gott durch Christum verlasse ich nun meine
liebe Gemeinde und übergebe sie dem Gott aller Gnade.
Aus diesem Grunde habe ich auch die verlesenen Tex-
tesworte gewählt, aus welchen wir unter Gottes Beistand betrachten wollen das gute Vertrauen eines
Lehrers zu Gott durch Christum bei dem Abschied von
seiner Gemeinde.

Unser Text macht den Beschluß an mehreren vor-
angegangenen herzlichen Erinnerungen des Apostels
Petrus an seine zerstreuten Gläubigen. Diese Erinnerungen enthalten ihren ganzen Christenstaat, wie sie
sich als gehorsame Kinder, die sich ihrer Erlösung
durch das kostbare Blut Jesu Christi wohl bewußt seien,
der Heiligung zu befleißen, wie sie als Wiedergeborne
und durch den Gehorsam der Wahrheit Gereinigte sich
unter einander in herzlicher Liebe anzufassen haben;
wie sie als Gäste und Pilgrime sich in der Verläugnung üben und sich zu Erfüllung aller ihnen vorkommenden alltäglichen Pflichten sollen bereit finden lassen,
wie sie besonders auch mit dem rechten Leidenssinn
sollen ausgerüstet sein; wie sie durch Demuth und
Niedrigkeit immer gegen den Hauptfeind sich sollen
gerüstet finden lassen — lauter Erinnerungen, die noch
heut zu Tag ein jeder wahrer Christ sich selbst in
seinem besonderen Theil soll gesagt sein lassen.

Nach diesen sämmtlichen Erinnerungen macht er
nun den Beschluß mit einem herzlichen Vertrauen zu

Gott, dieser werde sich auch weiterhin aller ihrer wei=
teren Bedürfnisse annehmen und sein Werk in ihnen
selber ausführen.

Der Grund dieses Vertrauens beruht auf zwei
Stücken: einestheils weil Gott ein Gott aller Gnade
sei, anderntheils weil sie schon daran einen großen
Beweis seiner Gnade haben, daß er sie zu seiner ewigen
Herrlichkeit berufen habe.

Gott ist also ein Gott aller Gnade, der es uns
an so mancherlei Beweisen seiner Gnade nicht will
fehlen lassen. Wie viele und mancherlei Gnade hat
Gott auch schon seit vielen Jahren her an alle Glieder
dieser lieben Gemeinde gewendet, an Alte und Junge,
wo man von keinem wird sagen können, Gott habe
sich ganz unbezeugt an ihm gelassen. Er hat an einen
jeden seinen himmlischen Beruf ergehen lassen; alle
sind eingeladen worden; diß wird die Ewigkeit, diß
wird jener Tag einmal offenbaren. Und zu was hat
er uns eingeladen? Wahrlich nicht zu Sachen, die
man auch in dieser vergänglichen Welt finden kann,
aber wieder verlassen muß, sondern zu einer immer=
währenden Herrlichkeit, zu herrlichen Dingen, die kein
Auge gesehen, kein Ohr gehört, die in keines Menschen
Herz gekommen sind. Wer diesen Beruf im Gehorsam
des Glaubens bereits angenommen hat, der wird täg=
lich mehr einsehen, was er auch noch weiterhin davon
zu erwarten hat. Denn wo Gott bei einem Menschen
einmal mit seiner Gnade hat ankommen können, da
macht er fort von einer Stufe zu der andern; da will
er an einem solchen alles Wohlgefallen seines Willens
und das Werk des Glaubens in der Kraft erfüllen.

In unserm Text führt Petrus mehrere Geschäfte
dieser Gnade an. Er redet von einer vollbereitenden
Gnade, der es daran liegt, uns zu etwas Ganzem zu
bringen; die uns gern ohne Mängel und Tadel dar=
stellen, die uns durch und durch an Geist, Seele und
Leib heiligen will, damit wir einmal etwas werden zu
Lobe seiner herrlichen Gnade, daß Engel und Menschen

sich wundern werden, was die Gnade aus so weit
herab gesunkenen Menschen machen kann. Nur ist zu
bedauern, daß selbst Christen aus einer vom Fleisch
verborgenen List sich selbst das Ziel zu niedrig stecken
und nicht mit ganzem Ernst nach Preis, Ehre und
Unvergänglichkeit trachten. Wie möchte es Manchen
in jener Welt noch schmerzen, zu sehen, wie die Gnade
ihn gern weiter gebracht hätte, und wie er sich selber
darum verkürzt, weil es zu keinem königlichen Geist
bei ihm gekommen ist.

Es ist eine Gnade, die uns stärken will. Die
Gnade sieht es wohl, was für arme Kinder wir oft
sind, die auf schwachen Füßen stehen, wenn sie uns
nicht geschwind ihre Gnadenhand reichen würde, die,
wie Petrus schreibt, gar leicht aus ihrer eigenen Festung
entfallen könnten. Wie hat Petrus selber diese stär=
kende Gnade bei der Versuchung, seinen Herrn zu ver=
läugnen, so mächtig erfahren! Und wie ist die Gefahr
desto größer, je mehr man sich solchen Versuchungen
gewachsen zu sein glaubt, und wie gut ist es, wenn
man nach Petri Erinnerung (C. 1.) die Zeit seines
Erdenwandels in einer dem Christen wohl anstehenden
Furcht zubringt! Alsbann kann man mit Paulus sagen:
Wenn ich schwach bin, so bin ich stark. Diß ist eine
Bemerkung, in der wir uns täglich sollten erneuern
lassen.

Es ist eine kräftigende Gnade. Wie die vorher=
gehende stärkende Gnade einen Christen vornehmlich
gegen sich selber verwahrt, so rüstet die kräftigende
Gnade ihn vornehmlich gegen alle von außen auf ihn
stoßende widrige Macht aus. In dieser Kraft will
sie uns allen unsern Feinden überlegen machen. Da
kann man sagen mit Paulus (Röm. 8.): in dem allem
überwinden wir weit; denn Jesus hat uns das Wort
gegeben: meine Schafe sind mein, und niemand wird sie
aus meiner Hand reißen. Wie wird seine Kraft ein=
mal werden gepriesen, wo er sich als Held hat so
mächtig erwiesen! Wie wird ein Gläubiger ihm die

Ehre geben und bekennen müssen: ach in diesem und jenem Umstand wäre ich unmöglich durchgekommen, wenn deine Kraft mich nicht durchgebracht hätte.

Zu dieser vorhergehenden dreifachen Gnade kommt auch noch die gründende Gnade. Diese macht uns zu Leuten, deren Haus auf einen Felsen gebaut ist, das sich weder vor Regen noch Wassergüssen noch Sturmwinden zu fürchten hat. Vor einem gegründeten, gewurzelten Christen muß die Welt und ihr Fürst Respect haben! Ein solcher läßt sich nimmer von allerlei Wind der Lehre hin und her treiben, er bleibt fest und unerschütterlich, wie der Berg Zion. Wie wird sich diese Gnade mit den vorhergehenden Geschäften derselben, besonders in der lezten Stunde der Versuchung, die über den ganzen Erdkreis kommen wird, an den lezten Gläubigen so herrlich beweisen!

Und mit welchem Vertrauen zu Gott durch Christum kann ich auch diese meine liebe Gemeinde diesem Gott aller Gnade ruhig überlassen! Es kann freilich bei dem Abschied eines Lehrers nicht ohne manche tief eindringende Empfindungen seiner Seele abgehen, besonders wenn er an die mancherlei Menschengattungen, an so mancherlei Seelengestalten denkt; und wie vielerlei sind derjenigen Seelen, an denen sich der Gott aller Gnade noch zu verherrlichen hat! Erlaubet es meiner Liebe zu euch und der Aufrichtigkeit, die ich als ein Knecht des Herrn euch schuldig bin, daß ich mich hierüber etwas näher erkläre.

Es gibt unter uns noch Seelen, die bei einer bloßen äußerlichen christlichen Ehrbarkeit stehen bleiben, und sich dabei nicht wollen überzeugen lassen, daß sie Jesum noch nicht kennen; die sich dabei für bekehrt halten, und unter diejenigen zählen, die der Buße nicht bedürfen, wenn sie schon von der Liebe Gottes in Christo noch nichts geschmeckt haben.

Es gibt solche, die sich an eine äußerliche Gemeinschaft der Christen anschließen, die manches mitmachen, von denen man aber bei dem allem noch nicht

sagen kann, daß in ihrem Geist kein Falsch sei, die
die Tücke und Falschheiten ihres Herzens noch nicht
näher haben kennen lernen.

Es gibt Unwissende, die bei reichlicher Verkündi=
gung der Wahrheit Vieles vergeblich anhören, und
dabei, ihnen unbewußt, in einer wirklichen Erstorben=
heit und im Dunkel und Finsternis bleiben. Diese
möchte ich an das im neuen Testament so oft vor=
kommende Wort: „wir wissen, ihr wisset", oder:
„wisset ihr nicht?" erinnern. Diesen möchte ich das
doppelte Wort Jesu zum Nachdenken empfehlen: sehet
zu (nicht nur) was ihr höret, (sondern auch) wie
ihr höret!

Es gibt Satte und Selbstkluge, die schon genug
gehört haben, die alles, was man ihnen predigt, schon
lange wissen, die athenienfische Ohren haben, und
immer etwas Neues hören wollen, die sich auch über
erfahrene Lehrer wegsezen.

Es gibt auch solche, die nimmer so weit zu dem
Spottgeist Ismaels haben, welche lästern, was sie nicht
verstehen, und glauben, was sie selbst verdrehen. Diese
mögen sich vorsehen, daß sie nicht zulezt in den feind=
seligen Kriegsgeist gerathen und erklärte Feinde der
Wahrheit und ihrer Bekenner werden.

Endlich gibt es auch freche und rohe Sünder, die
nach dem Willen des Fleisches und der Welt in Si=
cherheit dahin leben, die ihr Herz gegen alle War=
nungen verschlossen haben, und zu der Familie der=
jenigen gehören, die kurz vor der Sündfluth lebten.

Ich sage dieses nicht, einer oder der andern von
diesen mancherlei Seelengestalten bittere und beschä=
mende Vorwürfe zu machen, sondern ich möchte sie
gerne zu leztenmal noch zu einem heilsamen Nach=
denken bringen, wie viel Geschäft sie dem Gott aller
Gnade schon gemacht haben, und wann Gott einmal
mit dem großen Reichthum seiner Gnade bei ihnen
werde ankommen können, daß man nicht ihretwegen
sorglich werden muß, die göttliche Gnade, die ein

Mancher schon so lange verschmäht hat, werde schwer=
lich über ihm bleiben.   Wie selig würde ich mich
schäzen, wenn es mir mit dieser lezten Warnungsstimme
bei Manchen durch den mitwirkenden Gott aller Gnade
gelingen sollte! Wie viele Gnade, die sie noch nicht
empfangen haben, würde auf sie warten!

Doch ich muß noch mit andern Classen dieser Ge=
meinde reden, und auch diesen ein Wort an ihr Herz
legen.   Es gibt unter euch manche Gerührte, die keine
Ruhe mehr bei ihrem bisherigen Lebenswandel haben,
die manche Bestrafung des Geistes in ihrem Innern
erfahren, und überzeugt sind, daß sie in diesem Zu=
stand in die Länge nicht bleiben können.   Für diese
bitte ich den Gott aller Gnade: ach, laß ihnen keine
Ruhe, bis ihr Herz dir theuer verspricht, daß es fort
im Tod und Leben dir sich wolle ganz ergeben.

Und diejenigen, die bei manchen kräftigen Rüh=
rungen doch wieder zurückgegangen sind, möchte ich
an die Frage erinnern, die Gott Mich. 6, 3. an sein
Volk gemacht hat: was habe ich dir gethan, mein
Volk, und womit habe ich dich beleidigt? das sage mir!

Es gibt unter euch erweckte Seelen, bei denen es
zu einem wirklichen Entschluß und zu einer ernstlichen
Uebergabe an Jesum und seine Lehre gekommen, bei
denen der Ruf der Gnade so kräftig geworden, daß
sie wirklich des himmlischen Berufs theilhaftig wurden.
Diese erneure der Geist der Gnade in der täglichen
Bitte: Ach, daß ich nun wachte recht und den Gna=
denzug bedächte, wie du, Herr, Herr, der Gerechte,
mich willst haben recht und schlecht! Zu einem guten
Anfang gehört auch ein rechter Fortgang; denn nur
wer bis ans Ende beharrt, der wird selig.

Es gibt Erweckte, die nach einem gemachten An=
fang doch noch mit manchen Ueberbleibseln angewohnter
Sünden zu kämpfen haben, die gerne los werden
wollten und es doch nicht sogleich können.   Diese
empfehle ich dem Gott aller Gnade, der sie im Kampf
wider solche Sünden stark mache und die noch über=

bliebenen Kanaaniter aus ihrem Herzen austreibe.
Er weiß am besten die rechten Zeiten, unser Unkraut
auszureuten, und zu machen, daß aus des alten Men=
schen Asch und Modern doch der neue muß auflodern.

Endlich gibt es auch solche begnadigte Seelen, die
zu einer Versicherung ihres Gnadenstandes gekommen
sind, an denen die Gnade ihr ganzes Werk fortsezen,
und nicht nur berufen, sondern auch vollbereiten, stär=
ken, kräftigen, gründen kann. Diese bereite die Gnade
so zu, daß sie ihr ganzes Wohlgefallen an ihnen haben
kann!

Liebe Zuhörer, wenn jezt ein Lehrer bei seinem
Abschied einen Ueberblick in seine ganze Gemeinde
hinein thut, wie mag es ihm zu Muthe sein, wie
manche sorgliche Empfindungen würde es bei ihm
geben, wenn er nicht denken dürfte: an allen diesen
mancherlei Seelengestalten wird sich die Gnade doch
noch verherrlichen; aus ihrer (der Gnade) Schuld
wird keine einzige Seele zurückbleiben; und wie kann
er es dieser Gnade zutrauen, es werde seine bisherige
Arbeit an seiner Gemeinde gewis nicht ganz vergeblich
sein, und die Gnade werde auch seine Mängel und
Lücken, über die er sich am Schluß seines Amtslaufs
zu bemüthigen hat, ergänzen, aber auch manches aus=
gestreute Wort, das noch unwirksam unter der Erde
da liegt, wieder zu einem guten Aufkommen und
Wachsen beleben.

Dieser Gnade übergebe ich alle meine mehr als
achtjährige Arbeit bei dieser Gemeinde an Gesunden,
Kranken und Verstorbenen, an Alten und Jungen,
besonders an den Confirmirten, an Bekehrten und
Unbekehrten. Sie gebe, daß wir in dieser und jener
Welt inne werden, wir seien nicht umsonst bei ein=
ander gewesen! Diese Gnade bestätige alle Zeugnisse
der Wahrheit, die ich in diesem Hause an meine Ge=
meinde gebracht; und es soll von dieser Stätte aus
kein anderer Name genannt werden, als der einzige
Jesusname, der unter dem Himmel den Menschen zum

Seligwerden gegeben ist, und der noch auf der ganzen
Erden wird geglaubet und gelobet werden. Der Herr
thue auch fernerhin den Mund meiner würdigen H.
Amtsbrüder, sowohl meines bisherigen H. Amtsge=
hilfen, als auch meines künftigen H. Amtsnachfolgers
auf, denselben als göttliche Kraft und göttliche Weis=
heit zu verkündigen.

Und nun, liebe Zuhörer, nehmet noch zur Lezt
ein Wort der Erinnerung von mir in Liebe auf.
Haltet über dem euch verkündigten Wort des Lebens
mir zur Ehre auf den Tag Christi, daß ich nicht ver=
geblich gelaufen, auch nicht vergeblich gearbeitet habe.
Erneuert euch öfters vornehmlich in denjenigen Wahr=
heiten, die euch an den jährlichen Festtagen verkündigt
werden, denn in diesen habt ihr den ganzen Rath
Gottes zu eurer Seligkeit. Ich hoffe, auch in meinem
geringen Theil mit Paulus (Apg. 20, 27.) sagen zu
können, daß ich euch von dem ganzen Rath Gottes
nichts verschwiegen habe. Ein rechter Glaubensblick
in diesen Rath Gottes wird euch allein die rechte Kraft
und Ausdauer geben, würdiglich zu wandeln dem Gott,
der euch beruft und berufen hat zu seinem Königreich
und ewigen Herrlichkeit.

Strebet nach dem großen Glück der Mit=
genossenschaft an der Trübsal, am Königreich und
an der Gedult Jesu Christi. Petrus nimmt bei dem
manchfaltigen Geschäft der Gnade das Leiden mit in
die Rechnung.

Bewahret das Wort seiner Gedult, so wird er euch
auch bewahren. Mit diesem Wort der Gedult ist das
menschliche Herz noch so wenig bekannt; doch habe ich
euch manches davon verkündigt. Was ich euch auf
die Zeichen unserer gegenwärtigen Zeit
aufmerksam gemacht habe, davon nehme ich nicht das
Geringste zurück. Ich bekenne mich auch noch am
Beschluß meines Amts feierlich zu dem großen
Manifest des Königreichs Jesu in heiliger
Offenbarung, und das um so mehr, da man heut

zu Tag in der Christenheit immer gleichgiltiger dagegen wird, und es nicht an Leuten fehlt, die dieses
ehrwürdige Buch beinahe für einen Traum halten. —
Der Teufel hat einen großen Grimm, weil er weiß,
daß er noch wenige Zeit hat; deßwegen sucht er sein
bald abgelaufenes Stundenglas so viel möglich zu
verbergen.

In eurem Betragen gegen einander haltet besonders
über der Gerechtigkeit in den gemeinsten Dingen,
und über der Liebe; so wird das mit Macht einreißende Verderben euch nicht auch dahin reißen; denn
Jesus hat es als ein Zeichen der lezten Zeit angegeben, daß die Ungerechtigkeit überhand nehmen, und
die Liebe in Vielen erkalten werde.

Unserer ledigen und Schul-Jugend empfehle ich die
ihnen so wohl anstehende Bescheidenheit und die Lection
des Gehorsams, die eine zuverläßige Quelle der Weisheit ist; so wird der Herr sie gegen so manchfaltige
Versuchungen der gegenwärtigen Zeit zu bewahren
wissen.

Zum Beschluß segne ich im Namen des Herrn alle
Vorsteher dieser Gemeinde nach allen ihren Aemtern
und Verhältnissen. Bei dem Lehrstand schaffe der Herr
manche Frucht der Lippen; den obrigkeitlichen Stand
schmücke er mit dem Geist und Sinn Rehemias, dem
auch das Heil Jerusalems am Herzen lag; so wird
der Herr auch eines jeden unter ihnen zum Besten
gedenken. Den Schullehrern theile er zu ihren Geschäften Weisheit, Treue und Geduld mit, und mache
sie an ihren Kindern zu Gefäßen seiner Barmherzigkeit
und zu Werkzeugen seines Geistes. Im Haus- und
Ehestand bereite sich der Herr noch manches Haus und
Herz zu seinem Tempel und Wohnung; denn alles Gute
in einer Gemeinde soll von Rechtswegen schon im Haus-
stande seinen Grund und Anfang nehmen.

Aller Liebe, die ich und mein Haus von sämmtlichen Gliedern dieser Gemeinde in meinem bisherigen
Aufenthalt unter euch auf mancherlei Weise genossen

habe, gedenke der Herr zu einer reichlichen Vergeltung, und lasse sie auf seinem Denkzettel angeschrieben bleiben, sowie auch das bleibende dankbare Andenken an die= selbe meinem Herzen unvergeßlich bleiben wird.

Und so segne ich dich noch, meine liebe Gemeinde, mit dem Segensgruß, mit dem ich dich bisher viel hundertmal gesegnet habe: Die Gnade Jesu Christi, die Liebe Gottes, des Vaters und die Gemeinschaft des heiligen Geistes sei mit euch allen, auch mit mir und meinem Hause. Er verherrliche an uns allen seine Herrlichkeit und Kraft in die ewigen Ewigkeiten! Amen.

42. Verhältnis zu Johannes Kullen.

Man fühlt es dieser Rede an, wie sehr Hartt= mann seine Gemeinde am Herzen lag und wie schwer ihm der Abschied von derselben wurde. Eben so un= gerne ließ ihn die Gemeinde, und besonders der glau= bige Theil derselben ziehen. Unter diesen lezteren be= fand sich damals ein Jüngling, der später in seinen männlichen Jahren in großem Ansehen bei den württem= bergischen Gemeinschaften stand, und einen bedeutenden Einfluß auf dieselben ausübte. Es war diß der i. J. 1840 verstorbene Institutsvorsteher Johannes Kullen in Kornthal, der, schon als Knabe mit Harttmann bekannt (vgl. S. 199. f.) und seit 1805 als Provisor in Lauffen angestellt, beinahe täglichen Zutritt in Harttmanns Hause hatte und einer seiner begabtesten Schüler und Anhänger war. Er besuchte nicht nur die Erbauungsstunden, welche Harttmann in seiner Amtswohnung hielt, regelmäßig, sondern schrieb auch die Predigten des theuern Mannes oft noch um Mit= ternacht in der kalten Schulstube aus dem Gedächtnis nieder oder aus dem Manuscript ab, welches er von Harttmann entlieh. Oft, wenn Kullen zehen Stun= den lang in der Schule und in Häusern Unterricht gegeben hatte, war er Abends noch zu seiner Erholung

im Dekanathause, und der würdige Alte beantwortete
dem lernbegierigen Jüngling mit Freuden seine ver-
ständigen Fragen, wobei er, nach Kullens Ausdruck,
war wie ein Faß, das herrlich floß, wenn nur Jemand
es anzustechen verstand. So war er eines Tages in
dem Hause des Hutmachers E. mit ihm zusammen,
und Harttmann erwähnte zufällig der Philosophie.
Kullen fragte, ob nicht alle Philosophie vom Teufel
sei? Harttmann antwortete: „das kann man nicht
sagen; in jeder meiner Predigten ist Philosophie, nur
darf ich sie nicht mit verkaufen, so wenig, als der
Hutmacher den Model mit verkauft, über den er seine
Hüte spannt." (vgl. oben S. 24 ff.)

Wie Harttmanns Reden in dem Herzen dieses
Jünglings, und also auch anderer Empfänglichen, ein-
schlugen, davon nur einige Beispiele. Im December
1806. schreibt er an seinen Bruder: „Herr Special
zeigte neulich am Grabe seiner achtjährigen Enkel-
tochter, die meine Schülerin war, wie lieblich es sei,
wenn ein Kind auch mit seinem Heiland bekannt sei;
und ich fand mich als einen treulosen Lehrer, der durch
Wort und Beispiel viel mehr hätte dazu beitragen
sollen, dem zu wenig am Heil der Kinder liegt, und
der zufrieden ist, wenn sie in andern Stücken wohl
bestehen, die Jeder lehren kann. Ich vergaß Essen
und Trinken über dem Gedanken an meine Versäumnis
und die oft unweisliche Behandlung. Aber Gott ver-
gab mir und erfüllte mein Herz mit Liebe zu ihm
und meinen Kindern, daß ich nachher ganz anders unterrichtete. Meine Absichten zielen jezt darauf, wie ich die
Liebe zum Heiland in die Kinderherzen pflanzen möchte.
Es war gesegnet und ging mir seitdem nach, wollte
aber schon ein wenig veralten. In der Ewigkeit wird
es drum einem Lehrer wenig Ehre machen, wenn er
nur für diese Zeit seine Kinder unterrichtet, und darüber die Hauptsache versäumt oder lässig treibt. Aber
damit können wir dem Heiland Ehre machen, wenn
wir einen Samen in ihr Herz zu bringen suchen, der

seiner Zeit aufgehen und Früchte bringen kann. Wir wollen recht einfältig und kindlich mit ihnen reden; denn mit den Kindern müssen wir ein Kind werden. Wer weiß, wie es seiner Zeit Frucht bringt! Drum mache ich getrost fort."

Und am 31. Mai 1807. schreibt er an eben den=selben: „Herr Special predigte heute davon, wie wir uns mit allem, was wir thun, in das prüfende Licht der Ewigkeit hineinstellen sollen. Laß uns nicht nach=lassen im Guten, daß wir nicht abkommen von dem Weg, auf den uns der l. Heiland geführt hat! Wir sollten vielmehr wachsen im Gebet und in der Uebung des Worts Gottes, wie im Aufmerken auf unser Herz, und uns bei allen Fehlern an den Heiland halten, und Antheil suchen an der Fülle seiner Gnade. Ja, die Sünde scheidet uns und unsern Gott von einander! aber wir wollen es nur nicht lange anstehen lassen, bis wir mit dem Heiland wieder Gemeinschaft suchen."

Harttmann war es indeß nicht blos gegeben, einzelne gute Rührungen in den Seelen hervorzurufen, die meist vorübergehender Natur sind, er bewährte sich vielmehr als ein göttlich versiegeltes Werkzeug beson=ders auch dadurch, daß er etwas Neues in die Seele zu pflanzen und den ganzen Menschen auf eine höhere Stufe des Glaubenslebens zu erheben verstand. Da=von ist wiederum Kullen ein Exempel. „In seinem neunzehnten Jahr, gerade am Charfreitag, ging ihm ein neues Licht in die neutestamentliche Gnade auf; was er vorher stückweise geglaubt und erfahren hatte, das wurde ihm jezt in einem so concentrirten Licht gezeigt und zugeeignet, daß er hinfort Kraft hatte, der Sünde zu widerstehen, und wenn sie doch einen Sieg über ihn gewann, er nun nicht wieder ganz an der Gnade irre wurde, als müßte er alles verloren geben. Seine Seele war tief davon durchdrungen: was er bisher sprüchwortweise aus der Schrift gefaßt hatte, daß er in der Versöhnung Jesu jezt mit einem mal

alle seine Sünden getilgt glauben konnte. Sein Herz
war inniglich erquickt. Es war eine Zeit, ähnlich der,
die die Jünger nach der Auferstehung des Herrn hatten.
Von einer Predigt und Versammlung zur andern lebte
er gleichsam von dem Genuß des gehörten Worts.
Die Schrift war ihm geöffnet und sein Herz brannte
davon. (Luc. 24, 32.) Durch den Geist wurde die
Liebe Gottes in sein Herz ausgegossen, und daraus
kam eine Freudigkeit des Geistes, die ihm viele nach=
folgende Leidensproben nicht mehr rauben konnten.
Er konnte sich seines Gottes, ja der Trübsal rühmen.
War zuvor etwas unmöglich, o so gab sichs jezt ohne
Bemühn! Denn er trat in die Todes= und Lebens=
gemeinschaft mit Christo ein, und sein Friede wurde
ihm auch bei den Anfällen von Fleisch und Sünde
von nun an seltener gestört. Er fühlte sich über das
Irdische erhaben und ein himmlischer Wandel fing bei
ihm an. Das war eine glückliche Zeit, worin er fast
täglich neue Erfahrungen im geistlichen Leben machte.
Seinen irdischen Beruf als Lehrer der Kinder brachte
er in die engste Verbindung mit dem himmlischen
Beruf. Er faßte die Kinder an mit der Liebe, womit er
geliebt wurde. Daher kam dann das innige Verhältnis,
das gerade in Lauffen zwischen ihm und den Schülern sich
bildete. — Von dem Herrn war solches an ihm geschehen;
und doch waren ohne Zweifel Harttmanns evan=
gelische Vorträge das Werkzeug dazu gewesen. Kullen
betrachtete ihn daher als seinen geistlichen Vater, und
ehrte seinen Abschied von Lauffen mit einem theilneh=
menden Gedicht, begleitete ihn auch einige Stunden
weit, und schrieb dann, es sei wohl ein großer Schritt,
den Harttmann thue aus Amt und Ehre; aber er
sei so vergnügt unterwegs mit Pfarrer Frieberich
zusammen gewesen, wie Einer, der einen Sieg ge=
wonnen habe.

43. Harttmanns Lebensabend.

Harttmann nahm nun an der Seite seiner Gattin seinen Ruhesitz zunächst in der Stadt Eßlingen, deren Lage ihn und sie von keinem Theil ihrer Verwandtschaft im Lande zu weit zu entfernen schien, und wo ihn ein Hausbesitzer dringend eingeladen hatte, zu ihm zu ziehen. Hier lebte er in stiller Zurückgezogenheit, nur daß er zuweilen noch auf die Aufforderung der dortigen Geistlichen predigte, die ihm mit achtungsvoller Liebe entgegen kamen. Besonders erfreute er sich des Umgangs mit einem alten Freund, Dr. Williardts, der mit seinem ganzen Hause ihm die aufrichtigste Liebe und Zuneigung bewies, und, was noch mehr war, im ganzen Sinn mit ihm übereinstimmte. Bei der bequemen Lage seines Wohnorts bekam er manche Besuche, welche zu seiner Ermunterung gereichten. Besonders aber waren der oben erwähnte Kullen und der Bürgermeister Hoffmann von Leonberg bemüht, ihn in ihr Interesse zu ziehen. Sie beabsichtigten nemlich, aus der großen Zahl von Gläubigen, die mit der Kirche zerfallen, und großentheils im Begriff waren, auszuwandern, separirte Gemeinden im Vaterlande zu bilden, welchen Harttmann als Bischof vorstehen sollte. Vermuthlich stand es mit diesem Plan in Verbindung, daß ihn Hoffmann einmal nach Leonberg zu sich einlud, und ihn bestimmte, in einem benachbarten Orte zu predigen. Wenigstens stand er früher nicht, wie in Hoffmanns Lebensabriß behauptet wird, in irgend einem, viel weniger in einem lebendigen Verkehr mit Hoffmann, den er höchstens beiläufig gesehen und gesprochen hatte. So angelegentlich jedoch Hoffmann und Kullen ihn zu bestimmen suchten, in ihren Plan einzugehen, so lehnte er doch den Antrag aufs entschiedenste ab, weil er eine solche Separation nicht billigen konnte, und sie für ein Unrecht gegen die Kirche erklärte, die noch unter Laien und Geistlichen so viele lebendige Glieder zähle. So bewährte sich Harttmann auch in dieser Probe, die ihm unter dem Schein des Glaubens und der Bruder= liebe vom christlichen Bruderkreise bereitet wurde, als einen wachsamen und treuen Knecht Gottes, der Geist= liches geistlich richtet, und von niemand gerichtet wird.

Es wartete aber vor seinem Hingang noch eine Probe anderer Art auf ihn, die er gleichfalls helden= müthig bestand. Der jüngste Sohn, Karl August Gottlob (geb. d. 8. Merz 1787.) der sich als prak= tischer Arzt in Lauffen niedergelassen hatte, und auf Irrwege gerathen war, starb zu Lauffen in seinem besten Alter d. 24. Dec. 1813. Auf die Nachricht von seinem Erkranken war der alte treue Vater mit seiner treuen Gehilfin herbeigeeilt, und hatte sichs, trotz aller eigenen Gebrechlichkeit, nicht nehmen lassen, dem geliebten Sohn in seinen lezten Tagen und Stunden zärtlich beizustehen. Ja er hatte selbst noch die Kraft (d. 26. Dec. 1813) folgendes Gebet an seinem Grabe zu sprechen:

„Herr Jesu Christe, Fürst des Lebens! Mit banger Furcht müßten wir diese Todtengefilde betreten, wenn wir nicht glauben dürften, daß du dem Tode die Macht genommen, und Leben und Unvergänglichkeit durch dein noch fortwirkendes Evangelium ans Licht gebracht habest. Du hast es ja selbst vom Himmel aus bezeugt: Ich war todt, und siehe, ich bin lebendig in die ewigen Ewigkeiten, und habe die Schlüssel der Hölle und des Todes. Diese Schlüssel sind ja die höchsten Beweise deiner göttlichen Liebesmacht, mit welcher du dich auch an unserm lieben Verstorbenen verherrlichen wolltest. Es hat dich noch nie gereut, daß du in die Welt gekommen bist, Sünder selig zu machen, und dieses selige Geschäft führst du noch auf dem Thron der Gnade als der vom Vater in Ewig= keit verordnete Priester fort, als derjenige, der auf dem Thron der Freuden den Sündern huldreich zu= gethan ist. Sei gepriesen für alle, um deiner Für= bitte willen über ihm reichlich waltende göttliche Güte,

Gebult und Langmuth, die von deinem, in sein Herz
gelegten Samen immer noch etwas übrig behalten.
und wovon du auch bei seiner heftigen Krankheit noch
beruhigende und tröstende Spuren geschenkt hast. Er
ist von uns beiner treuen Pflege auch in jener Welt
demüthig und gläubig übergeben, und du wirst im
großen Hause deines Vaters ihm auch ein Räumlein
anzuweisen wissen und ihn deine priesterlichen Anstalten
genießen lassen. Er gehört doch auch in die Zahl,
die du, o Jesu, geliebet; hat gleich sein sündlich Thun
vielmal dein treues Herz betrübet, so mache doch dein
theures Blut auch alle sein Verschulden gut: laß es ihn
gläubig fassen. Deine theure Versöhnungsgnade breite
sich über seinen 27jährigen Lebenslauf aus, und be=
sonders auch über diejenigen Plätze, auf welchen ihn
dein Auge nicht gern gesehen hat. Die Seufzer, die
während seiner Krankheit je und je aus seinem Herzen
gegen dir aufgestiegen, nimm du auf als derjenige,
der die Seufzersprache wohl versteht. Seinen Wunsch,
nur noch 10 Jahre zu leben, laß als einen guten
Vorsaz, das Versäumte herein zu bringen, ihm aus
Gnaden gelten.

Du hast ihn unmittelbar vor dem Fest beiner
Menschwerdung in jene Welt abgerufen; an dieses hat
er ja schon als Mensch ein Recht, das du ihm nicht
begehrst streitig zu machen. Laß es ihn in seinem
vollen Umfang auch dort genießen, damit er einmal
an jenem Tage ein froher Zeuge von der Wahrheit
jenes englischen Lobspruchs werde: an den Menschen
ein Wohlgefallen! Denn in deiner heiligen Menschheit
ist Rath und Hilfe für allen Schaden, den die Sünde
in unserer Menschheit angerichtet; und deine Cur ver=
bessert nur die so verdorbene Natur. Sei gelobet,
daß du ihn auch in seinem Beruf als ein gesegnetes
Werkzeug bei so vielem äußern Schaden der kranken
Menschheit zu brauchen gewürdiget hast.

Aus seiner noch offenen Gruft laß an alle, mit
denen er umgegangen, die Stimme mit Macht erschallen:

Wie gar nichts sind alle Menschen, die so sicher leben! und durchdringe eine jede Seele mit den unausweich= lichen Kräften der Ewigkeit. Vergib ihm, vergib allen, deren Gesellschaft ihm auf dem Wege zur Ewigkeit nicht nüzlich war, ihre Sünden, und laß seinen Tod für sie eine ernstliche Aufforderung zur Buße werden.

Allen, die theils aus theilnehmender, fürbittender, theils aus wirklicher thätiger Liebe sich besonders noch in der lezten Krankheit seiner angenommen, besonders dem Hause, worin er krank und todt gelegen, sei ein reicher Vergelter!

An den leidtragenden Eltern, Geschwistern und Schwager beweise dich als den Gott des Trostes, und heile selber die Wunden, die du geschlagen hast, und laß auch diesen Tod wohlthuende Früchte auf diese und jene Welt bringen. Besonders richte seine zärt= lich liebende Mutter, deren innigste Theilnahme auch ihre Gesundheit angegriffen, mit einer über alle Schwach= heit siegenden Lebenskraft wieder auf.

Und nun nimm unsern lieben Verstorbenen hin als deinen Todten, den du in deinem treuen priester= lichen Herzen und Händen bewahren und behalten wollest, bis aller Liebesrath deines Vaters durch dich an ihm ausgeführt ist; denn darum bist du gestorben und wieder auferstanden, daß du über Todte und Lebendige der Herr seiest.

An uns allen, denen es ein Ernst zum Herrn ist, verherrliche sich die ewige Liebe, und lasse bei diesem Grabe den Entschluß erneuert werden: Liebe, die mich ewig liebet, die für meine Seele litt, Liebe, die das Lösgeld giebet, und mich kräftiglich vertritt: Liebe, dir ergeb ich mich, dein zu bleiben ewiglich. Amen.

44. Harttmanns Heimgang.

Zwei Jahre hatte Harttmann in Eßlingen ge= wohnt; da vereinigten sich i. J. 1815. glücklicherweise verschiedene Umstände, um ihn zu dem Entschluß zu

bestimmen, den Rest seiner irdischen Laufbahn in Tü=
bingen, für das er von seinen Jugendjahren her eine
besondere Vorliebe hatte, und wo seine einzige Tochter
lebte, zuzubringen. Es war der 6. Mai b. J., an
welchem diese mit ihrem Gatten*) und Kinde**) das
Glück hatte den Vater und die Mutter in einem
Orte mit sich vereinigt zu sehen. Dieses Glück sollte
jedoch nur von kurzer Dauer sein. Harttmann
hatte, wie wir sahen, im Anfang seines männlichen
Alters an einer Kränklichkeit gelitten, die ihn nach dem
Urtheil einsichtsvoller Aerzte, vermuthen ließ, daß ihm
das Ziel seines Lebens sehr nahe bevorstehe. Seine
Gesundheit erholte sich jedoch in der Folge so voll=
kommen, daß er sich bis in sein höheres Alter eines
beinahe nie gestörten Genusses derselben dankbar er=
freute. Erst gegen das Ende seiner amtlichen Lauf=
bahn begann sie wieder zu wanken. Was sie jedoch
entscheidend angriff, war der erschütternde Eindruck,
den die Krankheit und der Tod seines jüngsten Sohnes
auf sein Herz und auf seinen zuvor schon geschwächten
Körper machte. Dazu kam im Herbst 1814 ein Krank=
heitsanfall, dessen Folgen er besonders im erschwerten
Sprechen und Gehen zu empfinden fortfuhr, wobei
jedoch die sichtbare Aufrichtung und Erheiterung, die
sich seit seinem Aufenthalt in Tübingen über sein
ganzes Wesen verbreitete, die Hoffnung zu rechtfertigen
schien, daß vielleicht durch die Hilfe Gottes auch seine
körperlichen Kräfte noch für einige Zeit erneuert und
gefristet werden dürften. Zwei in einem kurzen Zwi=
schenraum (um die Mitte des Julius und um die
Mitte des August) auf einander folgende apolektische
Anfälle griffen aber den Rest seiner Lebenskraft zu
sehr an, als daß die weise Sorgfalt seines Arztes
(des Prof. v. Autenrieth) den so innig gewünschten
Erfolg hätten haben können.

---

*) Dr. Ernst Gottlieb Bengel, Prof. der Theologie in Tübingen.
**) Dr. Karl Ernst Albert Bengel, geb. 21. Sept. 1809.
Oberamtsarzt in Maulbronn.

Es erlosch dieses edle Leben ohne Schmerzgefühl
für den Sterbenden und ohne daß er selbst es zu ahnen
schien, b. 31. August 1815 früh um 5 Uhr, wo sich
der entfesselte, glaubens= und liebevolle Geist in das
himmlische Reich seines Herrn emporschwang. Am 2.
September wurde er begraben. Ein einfacher Stein
im botanischen Garten zu Tübingen bezeichnet noch
die Stätte, die seine sterblichen Ueberreste umschließt.
Der gleiche Stein trägt die Namen seiner Tochter und
des Schwiegersohns, Dr. E. G. Bengel. Nach
seiner Beerdigung sprach der damalige fromme und
rechtschaffene Professor der Theologie, Dr. Wurm
folgendes.

45. Gebet und Gedächtnisrede.

Herr der Gemeinde! Im stillen Aufblick unsers
Geistes zu dir in deine himmlische Herrlichkeit, an
welcher deine frommen Verehrer nach Seele und Leib
ewig frohen Antheil nehmen sollen, laß uns Trost und
Ruhe finden für unser tief gebeugtes Herz bei dem
Heimrufe deines treuen Dieners, dessen verwesliche
Hülle wir unter heißen Thränen der Liebe und Dank=
barkeit, der Hochachtung und Freundschaft, der Sehn=
sucht nach Wiedervereinigung mit ihm in der Seligkeit
einer bessern Welt, zu Grabe begleitet haben. Dir,
dem er lebte und starb, seien diese Augenblicke seiner
Todesfeier geweiht! Wie er dich verherrlichte durch
Lehre und Wandel, so laß, nach seinem eigenen aus=
drücklichen Wunsche, *) auch seine Asche noch eine Ge=
legenheit werden zu deiner Verherrlichung. Amen.

In Christo geliebte, verehrteste Trauer=
versammlung!

Mit Empfindungen eigener Art, welche alles
Schmerzgefühl unendlich weit überwiegen, blicken wir

---

*) In einem vor 34 Jahren, in der Erwartung eines nahen
Todes von ihm niedergeschriebenen Aufsaz.

einem Vollendeten in die Ewigkeit nach, der lange
schon in einer solchen Herzensverfassung stand, daß er
dem ernsten Worte Jesu am Schluße seiner Offenbarung
(22, 20.): „Ja, ich komme bald!" mit frommer Sehn=
sucht entgegen rufen konnte: „Amen! Ja, komm, Herr
Jesu!"

Zwar mit inniger Rührung danken wir dem Herrn,
daß er, der bedenklichen Anfälle ungeachtet, welche die
Gesundheit unsers sel. Freundes in den früheren Jahren
seines Lebens erschütterten, das Ziel seiner irdischen
Laufbahn so weit hinausstellte, daß er zur Freude
seiner Familie, zum Segen für Tausende seiner ehe=
maligen Zuhörer, ein Alter von 72 Jahren erreichte.
Indessen nahm ihn doch der Herr hinweg aus unserer
Mitte immer noch zu bald für die Wünsche einer innig
liebenden Gattin, die in der Verbindung mit ihm das
beste Glück ihres Lebens fand; immer noch zu frühe
für die Wünsche zärtlich geliebter Kinder, in deren
Herzen er sich unvergängliche Denkmale der hochach=
tungsvollsten Dankbarkeit errichtet hat, und wovon ein
Theil nur erst seit 4 Monaten seines erneuerten liebe=
vollen persönlichen Umgangs sich freute. Und wie
manche Freunde christlicher Wahrheit und Gottseligkeit,
welche aus dem reichen Schaze seiner geistlichen Er=
fahrungen so gerne Belehrung, Trost und Aufmunte=
rung in ihrem Glaubenslaufe sich mittheilen ließen,
hätten seinem menschenfreundlichen Dasein unter uns
eine längere Fortdauer wünschen mögen! Allein, wenn
schon für unsere Wünsche immer zu frühe, nicht zu
bald kam unserm Vollendeten selbst sein Herr. Hievon
überzeuge uns ein eigener, schon vor mehr als 30
Jahren von ihm geschriebener Aufsaz, der mit den
Worten schließt: „Der Herr Jesus, der mich zu seinem
Eigenthum erkauft hat, dem ich lebe und sterbe, stehe
mir gut für meine Seligkeit und helfe mir mit Ehren,
und, wenn es seinem wohlgefälligen Willen gemäß ist,
bald aus zu seinem himmlischen Reich." Um so
sprechen zu können, um der ernsten Stimme des Herrn:

„Ja, ich komme bald!" mit dem Ausdruck des freudig=
sten Verlangens zu begegnen: „Amen! ja komm, Herr
Jesu!" dazu gehörte eine solche innige Herzensver=
bindung durch Glaube, Liebe und Hoffnung, worin
unser sel. Freund schon lange mit Jesus Christus stand.
In ihm verehrte er, nach den Anfangsworten des h.
Buchs (Off. 1, 5.) woraus unser Text genommen ist,
den treuen Zeugen, in dessen Munde nie ein Be=
trug erfunden worden, und für den er namentlich durch
seine Auferstehung als der Erstgeborne unter den
Todten feierlich erklärt worden ist. Auf diesen ehr=
furchtsvollen Glauben an den ausgezeichneten treuen
Zeugen gründete sich bei unserm theuren Entschlafenen
seine, unter allen Versuchungen eines nach fremder
Lehre lüsternen Zeitalters, unerschütterlich=feste An=
hänglichkeit an die Worte des Sohnes Gottes, als an
Worte des ewigen Lebens, die da bleiben, wenn auch
Himmel und Erde vergehen. Weil er glaubte, und
weil er wußte, an wen er glaubte, so redete er auch,
um die lautere Quelle der Wahrheit, worin er sich
selbst so selig fühlte, auch Andern anzupreisen. Ver=
nehmen wir nur seine eigenen Aeußerungen in einer
sehr herzlichen Zuschrift an seine ehemaligen, ihm
werthen und lieben Gemeinden: „Was ich in diesen
Blättern geschrieben, habe ich durch Gottes Gnade
auch glauben gelernt, und wünsche, hoffe und bitte,
daß der Herr es mir, unter täglicher Verwahrung
seines Lichts und seiner Kraft, als eine theure Beilage
bewahre, und an jenem Tage auch erfahren lasse, daß
nicht nur ich bei dem Glauben und bei der Verkün=
digung seiner ewigen Wahrheit selig worden, sondern
mit mir noch Viele, Viele, die mich und mein Zeugniß
gehört haben." *) Ja, wie sehr wäre zu wünschen,
daß durch die Nachricht von der sel. Vollendung des
treuen und gewissenhaften Lehrers manches von ihm
einst ausgestreute Samenkorn göttlicher Wahrheit zum

---

*) Aus s. **Confirm.=Buch.**

Keimen und Wachsen kommen, manche vergessene Ein=
drücke des Geistes erneuert werden möchten bei den
Gemeinden, welche er einen kürzeren oder längeren
Zeitraum hindurch geweidet hat mit dem Worte des
Lebens!

Anbetungsvoll, mit den freudigsten Huldigungen
seines Herzens und Mundes, verehrte er in Jesus
Christus den Fürsten der Könige auf Erden.
Daher die Unerschrockenheit und Freimüthigkeit des
edeln Bekenntnisses, mit dem er sich nicht scheute auch
öffentlich aufzutreten: „Es wisse, wer es wissen kann,
ich bin des Heilands Unterthan!" Daher seine häufigen
Aufforderungen auch in seinen Kanzelvorträgen an
eine Zuhörer, zu den Höhen aufzusehen, wo der mit
Preis und Ehren gekrönte Herr aller Herren und
König aller Könige zur Rechten der Majestät Gottes
herrscht, als derjenige, welcher unter allen Verände=
rungen und Stürmen in den Reichen dieser Welt sein
Reich erhalten, seine Kirche schützen, sein Wort erfüllen
werde: Siehe, ich bin bei euch alle Tage bis an der
Welt Ende.

Vorzüglich theuer aber war unserm Vollendeten
das Hauptverdienst Jesu, auf welches schon Johannes
seine Jünger mit dem bedeutungsvollen Zuruf hinwies:
Siehe, das ist Gottes Lamm, welches der Welt Sünde
trägt! Mit dem demüthigsten Dank, verehrte er, in
der besondersten Beziehung auf sich selbst wie auf die
ganze Sünderwelt, in Jesus Christus den göttlich er=
habenen Freund und Erlöser, der uns geliebt, uns
gewaschen von unsern Sünden mit seinem Blut, uns
zu Königen und Priestern gemacht hat vor Gott und
seinem Vater. Wie tief und innig der Selige den
hohen Werth der unendlichen Liebe unsers heiligen
Mittlers, die versöhnende Kraft seines Leidens und
Sterbens, aber auch die Heiligkeit der darin liegenden
Verpflichtung zur dankbarsten und thätigsten Gegenliebe
gegen den Herrn, der uns Gott erkauft hat mit seinem
Blut, erkannte und fühlte, davon zeuge uns unter

anberem das Lied, womit wir, einer früheren Anorb=
nung von ihm zufolge *) unsere gegenwärtige Trauer=
anbacht eröffnet haben: Liebe die du mich zum Bilbe.
Aus der Quelle eines durch die innigste Liebe zu Jesu
verebelten Herzens floß bei ihm seine immer freund=
liche, herablassende, dienstfertige, allgemeine und brü=
berliche Liebe, welche ihn allein schon, abgesehen von
allen Vorzügen seines Geistes und Herzens, die öffent=
lich zu rühmen seine Demuth ausbrücklich verboten
hat, in hohem Grabe verehrungswürbig machte.

„Die theuren Wahrheiten von Christo, von seinem
Leben, Leiden, Tod, Auferstehung, Priesterthum und
Königreich, und von der in Christo erschienenen und
die ganze Welt umfassenden Menschenfreundlichkeit
Gottes" — diese Wahrheiten, die in unsern Textes=
worten angedeutet sind, und auf die Gesinnung und
Thätigkeit unsers sel. Freundes den entschiedensten und
wohlthätigsten Einfluß hatten, machten auch den Haupt=
inhalt seiner öffentlichen, zum Theil schriftlich verfaß=
ten Vorträge aus. „Ohne diese Wahrheiten war ihm
jedes Lehrgebäude unsrer Religion wie ein Haus ohne
Grund. Einer immer lichteren und kräftigeren Erkennt=
nis in einem, aller öffentlichen und verborgenen Schaam
trozenden, Bekenntnis derselben wünschte er bis an sein
Ende entgegen zu streben." Und nun, nach seinem wirk=
lich erfolgten Hingang, wie doppelt wichtig müssen uns
besonders auch noch folgende Worte von ihm sein: „Ich
weiß, in jener Welt wird mich nichts mehr freuen,
als wenn ich meinen unvergleichlichen Herrn den Seelen
in dem Drang seiner Liebe angepriesen habe." **)
Einem Manne, der so sichs gesagt sein ließ von seinem
Herrn: „Siehe, ich komme bald. Halte, was du hast,
daß niemand deine Krone nehme" — ihm mußten sie
wohl aus der Seele gesprochen sein die Worte frommer
Sehnsucht nach ewiger unauflöslicher Vereinigung mit

---

*) in dem oben erwähnten Aufsaz.
**) In d. Vorr. z. s. Pred.

dem Göttlichen, an dem sein ganzes Herz mit Liebe
hing: Amen, ja, komm, Herr Jesu!

Heil dem Geiste, der nun schaut, was er geglaubt,
genießt, was er gehofft, und im himmlischen Heilig=
thum mit verklärter Freude in den Lobgesang einstimmt:
Das Lamm, das sich hat schlachten lassen, das uns
Gott erkauft hat mit seinem Blut, ist würdig zu
nehmen Kraft und Reichthum und Weisheit und Stärke
und Ehre und Preis und Lob von Ewigkeit zu Ewig=
keit. Amen.

46. Dem Geiste des Vollendeten.

Aus der Welt, die jedem höhern Sehnen
Stillung einst und frohen Sieg verheißt,
Blick herab auf uns und unsre Thränen,
Du, des theuern Vaters selger Geist!
Bleib uns nah, obgleich dem Aug entschwunden,
Der du, was wir suchen, schon gefunden.

Unser sei der zweifellose Glaube,
Der, als Lebensodem, Dich durchdrang,
Und, das Wort erforschend, doch im Staube
Still anbetend, jede Furcht bezwang.
In dem Sohn dem Vater kindlich trauen,
Führte dich, Unsterblicher, zum Schauen.

Unser sei die ungeschminkte Liebe,
Die in Dir dem Glauben mild entfloß,
Und, geweiht vom Urquell edler Triebe,
Segnend sich in Wort und That ergoß;
Daß sie stets der Deinen Herz erfreue,
Und in ihm, fortsegnend, sich erneue.

Unser sei der Hoffnung Himmelspflanze,
Die in Lieb und Glauben Dir gedieh,
Und, bestrahlt von heilger Zukunft Glanze,
Seligkeit auch trüben Stunden lieh!

Heil! dir sind des Buches Siegel offen!
Bleib uns nah im Glauben, Lieben, Hoffen.

Zu dem Lichtreich, das Dich froh empfangen,
Wo Dir Gott lohnt, was Du uns gethan,
Schaun wir auf. Ein ewiges Verlangen,
Dich zu finden, zieht uns himmelan.
Dreimal Heil Dir, liebevolle Seele,
Siehst Du einst, daß keins von uns Dir fehle!

(D. E. G. Bengel.)

Harttmanns Lieder.

1. Glaubiges Aufsehen auf die Treue des Herrn. *)

Mel. O Durchbrecher aller Bande.

1. Priester, laß von Salems Höhen   Von dem obern
Heiligthum   Heute Gnad und Friede wehen,   Lasse uns, dein
Eigenthum,   Heute mit geschärsten Blicken   Aufwärts in dein
Herze sehn.   Und in Zions güldnen Stücken   Angekleidet
vor dir stehn.

2. Drück mit segensvollem Munde   Unserm neuen Pilger=
lauf,   Unserer Verlobungsstunde   Deiner Gnade Siegel auf;
Sprich dem Vater unsre Namen   Priesterlich ins Herz hinein;
Sag ihm, daß von deinem Samen   Wir auch ein paar
Zweige sein.

3. Führer, mach uns heute neue,   Was in vorger Lebens=
bahn   Deine unvetdroßne Treue,   Deine Lieb an uns gethan!
Möchte dann der Unglaub fragen: Wie wird es in Zukunft
gehen?   O so laß dem blöden Zagen   Diß dein Bild ent=
gegenstehen.

4. Tretet auf, verfloßne Tage,   Sammt der Zeiten schnellem
Strom,   Sagt, wie treulich er uns trage,   Rufet: er ist gut
und fromm!   Leib und Seele, werdet Zungen   Und besingt
die Liebesmacht,   Welcher es an uns gelungen   Und die uns
hindurch gebracht.

5. Höchstgeschäft'ger Liebeswille,   Herz, um unser Herz
bemüht,   Unerschöpfte Lebensfülle,   Die uns täglich in sich
zieht,   Licht im Finstern, Trost im Dürren,   Unermüdete
Gedult,   Sanfte Weisheit im Verirren,   Muttertreue, Vater=
huld!

6. Ohren die stets offen stunden,   Wenn das blöde Herze
bat,   Und wenn aller Rath verschwunden,   Du bequem ge=
sundner Rath,   Gute Hand, die unsre Wege   Immerdar mit
Heil beglückt   Und ihr tröstliches Gepräge   Auch auf unser
Ehband drückt.

7. Und du, Trost der Pilgrimszeiten,   O du, himmlischer
Beruf,   Der uns auf die Ewigkeiten   Und zu Bürgern Zions
schuf,   Steh uns da, gleich tiefen Meeren,   Bleib uns immer=

*) Bei seiner ersten Verbindung mit Luise Bech, Tochter des Assessors Bech
in Canstadt.

dar gewiß. Wenn auch schon der Feind in Heeren Noch so
trozig auf uns stieß!

8. Nun, ihr künft'gen Jahre gebet, Unserm Glauben
Wiederschall! Dem, der heut und gestern lebet, Heiligen
wir eure Zahl; Kommt, und bringet uns den Segen, Den
der ewgen Liebe Rath Schon zum Voraus unsern Wegen
Reichlich zugetheilet hat!

9. Vordrist sei des Geistes Leben, Dieser Keim der Ewigkeit, Deiner Pflege übergeben, Bürge unsrer Seligkeit! Bei
so mancherlei Gefahren Seie deiner Gottesmacht Zuver-
läßiges Bewahren Unsers Glaubens Schild und Wacht!

10. Deines neuen Bundes Klarheit, Ihre Umgestaltungs-
kraft, Die uns durch das Wort der Wahrheit Reif zu deinem
Bilde schafft, Seien unsre Glaubens-Rechte, Deren unser
Herz sich rühmt, Wenn schon Ismaels Geschlechte Spottend
sich derselben schämt.

11. Schreibe zu der Zahl der Deinen Uns auch als ver-
bürget an; Mags der Welt geringe scheinen, Was bekümmert uns ihr Wahn? Laß das Loos der kleinen Heerde,
Den versprochnen weißen Stein, (Off. 2, 17.) Uns weit
größer, als der Erde Ungewiße Hoffnung sein!

12. Unter allen Hindernissen Bleib der Blick auf dich,
o Held, Der voran sich durchgerissen, Immer fester hingestellt; Das gesegnete Exempel Deiner eignen Pilgerschaft
Seie unser Tugendtempel, Eine Quelle frischer Kraft!

13. König, jene frohe Stunde, Da dein Königreich erscheint, Halt mit Zion in dem Bunde Stiller Hoffnung uns
vereint! Jene siebente Trompete, Die dem sichern Weltlauf
droht, Ist den Deinen ein Prophete Von dem Ausgang
aller Noth.

14. Höchster Priester, dein Gebete, Dein mitleidig treuer
Sinn Zieh den Geist zur obern Stätte Oft mit schnellen
Flügeln hin! Laß vom Pflanzen und Begießen Unter deiner
Segenshand Reiche Segensströme fließen Auf des Fürsten
Thron und Land!

15. Nach den elterlichen Segen Und was Zion uns er-
bat, Auf den fernern Lebenswegen Uns zu einer frohen
Saat: Sprich zu uns von deiner Höhe; „Grünet, wachset und
gedeiht!" Damit über unsrer Ehe Erd und Himmel sich
erfreut.

16. Friedensgeist, laß deinen Frieden Stets in unsrer
Mitte ruhn, Liebe, laß uns nie ermüden Und, wie du gethan hast, thun; Denn wie kann die Last der Erben, Die
bestimmte Ritterschaft Besser uns versüßet werden, Als
durch deiner Liebe Kraft?

17. Liebste Braut! durch diß Bekenntnis Unsers Glaubens sei denn heut Das vor Gott beschworne Bündnis Unsrer Treue eingeweiht! Unsers guten Führers Herze, Welches uns verbunden hat, Bleibe unsers Glaubens Kerze Bis zu jener neuen Stadt!

18. Komm und glaub, daß meine Liebe, Die mein Herz dir heut verschreibt, Dir mit unverfälschtem Triebe Treu ist und ergeben bleibt; Doch, weil dieses noch zu wenig, Stärke dich damit viel mehr: „Unser Meister, unser König Ziehet selber vor uns her!"

19. Er, der Anfang und das Ende, Erst und Lezte, A und O, Mach uns Werke seiner Hände Täglich seiner Gnade froh; Und an seinem Hochzeittage, Den Er uns zum Ziel gemacht, Werd einst ohne alle Klage Unsers heut'- gen Bunds gedacht!

2. Bitten und Wünsche des Glaubens beim zweiten Ehebund. 27. Nov. 1781.

Mel. Treuer Vater deine Liebe.

1. Herr, ein Segen deines Mundes Sei das Siegel unsers Bundes Und dein freundlich Angesicht Sei von heut durch unsre Zeiten Bis zum Ziel der Ewigkeiten Unser Leitstern, unser Licht!

2. Mit dir sei's durch alle Riegel, durch des neuen Haus- stands Tiegel Gläubig nochmals hingewagt, Bis einmal der helle Morgen Jener Welt die bangen Sorgen Dieser Wallfarth weggejagt.

3. Laß bei mancherlei Gefahren Unserm Glauben dein Bewahren Bürgschaft der Vollendung sein; Deine Gottes- macht und Treue Sei uns täglich nah und neue, Führ uns durch und aus und ein!

4. Bind in reinen Geistesflammen Unsre Herzen fest zu- sammen, Daß in wahrer Lieb und Treu Bei des Ehstands Prüfungs-Wegen Eins dem Anderen zum Segen Und zum Ziel behilflich sei!

5. Bis die Laufbahn durchgelossen, Seien Glaube, Liebe, Hoffen Unsrer Reise Wanderstab; Bis zum seligen Entrücken Schau mit priesterlichen Blicken Von dem Thron auf uns herab!

6. Mache Haus und Herz zum Tempel Und den Wandel zum Exempel Bei der heiligen Gemein; Laß des Amts und Hausstands Würde Deinem heilgen Wort zur Zierde, Deinem Volk zur Freude sein.

7. An den Pflanzen unsrer Ehen Soll dein Auge Früchte sehen, Die dein Geist hervorgebracht, Und das Loos der kleinen Heerde Bleib trotz allem Reiz der Erde Ihnen sammt uns zugedacht.

8. Sollen wir denn auch mit Beugen Manchen Myrrhen= berg besteigen, Führ, du Glaubensheld! uns an Und auch auf den Weihrauch=Hügeln (Hohesl. 4, 6.) Schwing der Geist mit Glaubensflügeln Sich zu deinem Thron hinan!

9. Sel'ge Geister der Vollendten, Eine Schaar von schon Gekrönten, Zion und die güldne Stadt, Jener Richter auf dem Throne, Das Besprengungsblut vom Sohne, Manche Engel=Myriad, (Ebr. 12, 22. f.)

10. Kurz, der Glanz vom ganzen Himmel Mache in dem Weltgetümmel Unser Herz sich zum Magnet, Der, wenn auch schon Stürme wehen Sich doch stets zu jenen Höhen Als zu seinem Pole dreht.

11. O du allerliebstes Leben! Laß uns nichts am Herzen kleben, Was die Erde in sich hält: Weg, Aegyptens Brod und Schimmel! Unser Wandel ist im Himmel, Unser Erbe jene Welt!

12. Und ihr, liebe Pilgrimsbrüder — Wir sind auch verbundne Glieder — Gebt aufs neue Herz und Hand, Nehmt im alten Bund der Liebe, Mit vereintem Glaubenstriebe, Nehmt uns mit ins Vaterland!

13. Nehmt uns mit: hier gilt kein Weichen Von dem aufgesteckten Zeichen. Schrecklich=liebliches Panier, Du ehr= würdge Kreuzesfahne! Du gehörst zum Reichesplane, Herz und Lippen schwören dir.

14. Unser Aug soll auf dich sehen, Unser Fuß soll dir nachgehen, Ob dem Fleisch auch davor graut. Wirst du nur dem Geist zum Leben, Mag das alte Fleisch schon beben; Es bebt nur die alte Haut.

15. Einfalt, als der Weisheit Quelle, Die Gedult, des Kämpfers Seele, Himmlische Genügsamkeit, Waren dir auf deinem Pfade, Und es mach sie deine Gnade Uns auch täglich zum Geleit.

16. Und so führ uns unverdrossen Mit der Schaar der Reichsgenossen Zu dem Ziel der Sabbatruh; Richte unsern Leib und Seele, Herr, mit deines Geistes Oele, Ganz nach deinem Wunsch dir zu.

17. Ziehe uns und unsre Kinder In die Zahl der Ueber= winder, Mach uns dir jungfräulichrein, Daß wir einst im Hochzeitsaale Bei des Lammes Abendmahle Deine selgen Gäste sein!

3. Uebergabe in die Führung Gottes und seines guten Geistes.*)

Mel. Herr Jesu Christ, du höchstes Gut.

1. So bleibet unser heut'ger Bund Ein Siegel deiner Führung, Und so bekennet unser Mund Mit tiefer Herzens-rührung: Du, Herr, bist beides, fern und nah, Bist, der auch unsern Bund ersah, Du führest uns zusammen.

2. Wär es nicht deine gute Hand, Die uns allein ver-bunden, So trennte uns noch fernes Land Und eine Zahl von Stunden; Nun aber hats dein Rath und Macht Und deine Zeit zu Stand gebracht, Daß wir einander funden.

3. Nun sey denn weiter jeder Schritt Auf dich allein gewaget; Du gehst ja selbst als Führer mit, Den wir zuerst gefraget; Führ auf der neuen Glaubensbahn Mit deinem Geist und Wort uns an, Sei selber Seil und Füh-rer! (Hohel. 1, 4.)

4. Gib uns ein Aug, das auf dich schaut, Ein Herz, das dich nur liebet, Gib einen Geist, der dir vertraut, Und sich nur darauf übet, Daß auf der ganzen weiten Welt Ihm einzig und allein gefällt Das Loos der Auserwählten.

5. Bild uns als deine Pilger zu, Die diese Welt ver-achten, Und jene Stadt, der Heilgen Ruh, Nach der allein wir trachten, Ruf uns stets zu: Enthaltet euch; Verläug-nung ist der Weg zum Reich, Die Anwartschaft zum Erben.

6. Es sei die stete Geisteszucht Der Puls vom innern Leben Und zeitige dir manche Frucht An deinen schwachen Reben! Stets tiefer in dich eingesenkt Und stets mit dei-nem Geist getränkt Gibt Wachsthum und Gedeihen.

7. Brich immer ungefragt entzwei Natur und ihren Willen, Doch laß den Kindschaftsgeist dabei Des Fleisches Unmuth stillen: Durch Scheidung bricht man durch ins Licht Und in der Freiheit durchs Gericht, Durch Sterben in das Leben.

8. So werden wir ein Salz und Licht Zu deinem Wohl-gefallen, Steh'n immer wieder aufgericht, Wenn wir auch straucheln, fallen; So wird dem innern Geistesgrund Dein göttlich Leben täglich kund Beim Kreuze der Erneuerung.

9. Lehr uns aufs Ziel der Ewigkeit Der müden Wall-farth Zeiten Mit rechter Glaubensheiterkeit Und Hoffnungs-blicken deuten, Du, der du gestern, der du heut Der du in alle Ewigkeit Derselbe bist und bleibest!

---

*) Bei seiner dritten ehelichen Verbindung.

10. Es grüne in uns immer mehr Die Pflanze treuer
Liebe; Nur diese machet leicht, was schwer, Sie heitert auf,
das Trübe, Sie solle also lichterloh, Nicht, wie ein schnell
verzehrtes Stroh In unsern Seelen brennen.

11. Sie lehre uns, dir zu erziehn, Die du uns anver-
trauet, Und unser elterlich Bemühn Sei nur darauf ge-
bauet, Daß diese kleine Lämmerschaar Uns einst bei dem
Erlösungsjahr Gleich einem Schmuck umgebe.

12. Und weil von dir und der Gemein Die Eh' ein
Abbild heißet, So laß diß uns der Spiegel sein, In dem
dein Geist uns weiset, Wie Alles an uns zeugen soll, Wir
seien deines Lobes voll Und Muster deiner Heerde.

13. Ja noch ein Wort — wir hörtens gern — Sprich
uns in Herz und Ohren: Ihr seid Gesegnete des Herrn,
Zum Leben auserkoren: Wir sind ja, Herr, dein Eigenthum
Und wollen es zu deinem Ruhm In Ewigkeit verbleiben.

14. Nun, Gattin, auf diß Wort zieh ein In die ver-
waiste Hütte; Du sollest Gattin, Mutter sein; Du bist in
unsrer Mitte Vom Gatten in dem Herrn gegrüßt, Vom
Kindervölklein froh geküßt; Sei meines Hauses Segen!

15. Tritt mit mir in den heil'gen Bund Des Glaubens
und der Liebe; Der Herr mit uns zu jeder Stund Bei
Heiter und bei Trübe; Wahr ists und bleibts, was jener
Bot Des Lammes zeugt: Getreu ist Gott! Wohl uns des
treuen Herren! .

4. Jesus Christus, der Anfänger und Vollender des Glaubens. 1770.*)

Mel. Treuer Vater, deine Liebe.

1. Freund, von leeren Wortgeprängen Oder eitelen Ge-
sängen Bleib dein Tag heut unentweiht; Etwas aus des
Glaubens Munde, Etwas aus des Herzens Grunde, Dieses ist's, was dich erfreut.

2. So besing an deinem Feste Unser Lied das Aller-
größte, Jenen ausgelernten Held, Der bei allen Hindernissen Glaubend sich hindurch gerissen Und zum Muster
aufgestellt.

3. Durch die ungebahnten Stege Und verwachsnen Glau-
benswege Brach er selbst zuerst die Bahn Und führt alle
Glaubenskinder Als Anfänger und Vollender (Ebr. 12, 1.)
In dem Geist des Glaubens an.

*) Zur Feier der ehelichen Verbindung seines Freundes Krafft in Onst-
mettingen.

4. Mit dem erften Schritt auf Erden, Gleich mit feinem
Kinder werden Fing auch fchon das Glauben an (Pf. 22,
10); Ja, er ftieg im Glaubenspfade, Wie ein Licht, von
Grab zu Grabe Bis zum höchften Ziel hinan.

5. Seine treuverwandten Kräfte In dem göttlichen Ge=
fchäfte Glaubend fich herbeizuziehn, Und in kindlichem Ver=
trauen Sich fein ganzes Reich zu bauen, War fein ein=
ziges Bemüh'n.

6. Macht' ihn der geringe Segen Seines Amtes faft ver=
legen, Blieb er doch dem Vater treu, Glaubend trotz des
bittern Spottes, Daß fein Amt doch feines Gottes, Seine
Sach des Herren fei. (Jef. 49, 4.)

7. Wenn er öfters im Gebete Kindlich mit dem Vater
redte Als der wohlgefäll'ge Sohn, Wenn er nur den Na=
men nannte Seines Vaters, den er kannte, War's der
volle Glaubenston.

8. Gings im Aeußern fchon befchwerlich, Stand es oft
bei ihm gefährlich, Blieb er doch in ftiller Ruh. In dem
Mangel traut er Nahrung, In Gefahren die Bewahrung
Seinem lieben Vater zu.

9. Und wer weiß, was in dem Leiden Bis zum feligen
Verfcheiden Seine Seele noch gefpürt, Wie in dem Erlö=
fungswerke Seine ganze Glaubensftärke Sich zulezt noch
concentrirt?

10. Er hat in der Dornenkrone Bis zu feinem künft'gen
Throne Mit des Glaubens Aug gefchaut; Selbft der Feind
mußt feinem Leben, Wenn auch fpottend, Zeugniß geben:
Er hat feinem Gott vertraut. (Matth. 27, 43.)

11. Und wenn Alles wollte fchweigen, Kann Gethfemane
noch zeugen Und die Stätte Golgatha. Wundervolle Sie=
gespläze, Quellen reicher Troftes=Schäze, Saget, was auf
euch gefchah.

12. Sagt, wie er auf's Blut gerungen, Bis der Geift
fich durchgedrungen Und das fchwache Fleifch gedämpft.
Wie er noch vor dem Erblaffen Durch das göttliche Ver=
laffen Glaubend fich hindurchgekämpft!

13. Und welch ftiller Glaubensfriede Herrfcht in feinem
Grabesliede (Pf. 16.), Das fein heimberufner Geift Für
das Werk, das ihm gelungen, Fröhlich noch vorher gefungen,
Eh' er durch den Vorhang reißt?

14. Dreißig Jahre voll Befchwerden, Die er lebte auf der
Erden, Bis zum Gang ins Heiligthum Waren lauter
Glaubensfchritte, Die ihn in die ob're Hütte Förderten
zum Priefterthum.

15. Und nun drückt er unserm Wege Auch das göttliche Gepräge Seines tapfern Glaubens auf, Und wird uns in seinen Händen Noch zu seinem Ruhm vollenden, Denn sein Lauf ist unser Lauf.

16. Ja sein Glaube wird aus Schwachen Schon noch kräft'ge Sieger machen, Denn in unsrer Pilgerschaft Stärket er in dem Gedränge Bei der Hindernisse Menge Uns mit gleicher Glaubenskraft.

17. Wenn er in dem Kreuzestiegel Uns durch das geheime Siegel Seines Geistes heiter macht, Und in unserm Glaubenswallen Priesterliches Wohlgefallen Stärkend uns entgegenlacht,

18. So sind's lauter Lebenskräfte, Die sein priesterlich Geschäfte Uns in unser Herze bringt, Da man sich von Tag zu Tage Und bei jeder Lebensplage Immer weiter aufwärts schwingt.

19. Dieser Lauf, verlobte Beide! Ist euch mehr, als Hochzeitsfreude; Darauf habt ihr stets vertraut Und zum Trotz der alten Schlange Euern Glaubensgrund schon lange Als auf einen Fels gebaut.

20. Dieser Lauf sei deiner Seele Eine reiche Geistesquelle, Freund, die Stütze deines Stands, Sei dir Kraft bei dem Ermatten, In der Hitze dir ein Schatten, Und ein Schmuck des Ehebands.

21. Denkt bei einem jeden Schritte In der armen Pilgerhütte: Diesen Weg ging auch der Herr; So verfließen eure Tage Ohne selbstgemachte Plage, So gehts immer lieblicher.

5. Die Freude am Herrn und an seinen Wegen. *)

1. Von nichts anderm will ich fröhlich singen, Als von jenen göttlich großen Dingen, Wie Jehovah noch regiert; Mitten auf dem schmalen Pilgerpfade Herrscht noch Recht, noch ewig freie Gnade, Die die alte Erde ziert.

2. Hat der Feind auch noch so viel verdorben, Scheint der Arm des Herrn fast wie erstorben Und der Erde Lauf verwirrt, Laßt uns gehen dann in heilge Stille Und erfahren, daß doch Gottes Wille Und sein heilger Rath nicht irrt.

3. Aber freilich nicht in starkem Brausen, Nein, in einem sanften Geistessausen Trifft man diese Spuren an, Denn die irdisch grob geformten Sinnen Werden nichts von dem Geheimnis innen Aus dem hohen Liebesplan.

---

*) Zur ehelichen Verbindung des Prof. Reuß an der Akademie.

4. Wer ist fähig, in den finstern Gründen Das verborgne
Licht zu finden? Wer müht sich mit Fleiß darum? Wer
sucht auch in bittern, schweren Leiden Rechte zu den größten
Herrlichkeiten Durch das Hohepriesterthum?

5. Diese Rechte kann kein Mensch verstehen Ohne in
dem Vorsaz sich zu sehen, Den Gott vor der Welt gemacht;
Nur der Geist im Glauben dringt sich heiter Hin in jene
Tiefen immer weiter, Freut sich des Erlösers Macht.

6. Ebendiß ist seine höchste Ehre, Daß er nicht mit einem
starken Heere, Wie ein Erdenkönig kriegt; Durch der Kinder Heere will er streiten, Und sich dennoch solchen Sieg
bereiten, Daß ihm Alles unterliegt.

7. Kommt, ihr großen Geister, lernt verstehen, Wie so
niedrig Gottes Sachen gehen, Aber lauft nicht schnell davon! Sehet aus dem Tode den aufsteigen, Vor dem alle
Knie sich beugen, Und erblickt ihn auf dem Thron!

8. So ihn schau'n ist seines Volkes Weide Auf dem
schmalen Weg und eine Freude, Der kein Glück der Erde
gleicht. Laßt den Erdenbürgern ihr Ergözen; Was hilft
einst die Welt mit ihren Schäzen, Wenn sie aus den
Angeln weicht?

9. Nur der, der in frohen Geistesbliden Seinem Ziele
näher sucht zu rüden, Lebt als Pilger voll von Muth; Er
kann in die Form der Welt sich schiden, Als ein Diener
unverstellt sich büden, Wie die wahre Demuth thut.

10. Durch die ächte Treue im Geringen Lernt er sich
zum höhern Ziele schwingen Und beim harten Dienst der
Welt Wächst die Sehnsucht weg von unsern Zeiten Nach
dem großen Tag der Ewigkeiten, Der des Lebens Wage
hält.

11. Gibt es in der Stille manchen Schrecken, Um das
innre Kleid nicht zu beflecken, So hält Gottes Treue Wacht
Und hat auf uns in Versuchungsstunden, Die mit heim-
licher Gefahr verbunden, Stets mit Muttertreue Acht.

12. Jeder, der dem Herrn die Treue schwöret, Der ihn
willig durch Gehorsam ehret, Bleibt stets unter seinem Schuz;
Laß die Fälle noch so widrig scheinen, Er weiß sie zum
Ziele zu vereinen Und zu seiner Kinder Nuz.

13. Darum, die ihr Gottes Wege kennet, Ohne daß ein
Andrer sie euch nennet, Laßt nicht sinken euren Muth; Jeder
Lebenstag wird euch aussprechen: Gott kann seine Treue
niemals brechen, Gott ist heilig fromm und gut.

6. Die Regierung Gottes. *)

Mel. So führst du doch recht selig ꝛc.

1. Der Herr regiert! Wer aber will ergründen, Wie er regiert? Diß ist uns unbekannt. Wer will die Tiefe seiner Wege finden? Zu hoch ists unserm kindischen Verstand; Genug, er herrscht, und uns gehts wohl dabei! Die Wege, die er führet, sind gerad, Sie sind voll Gut und Wahrheit, voller Gnad Und Zeugen seiner holden Vatertreu.

2. Zwar will oft die Vernunft in ihren Höhen, Weil sie so wenig überschauen kann, An Gottes Weg viel Wider- sprüche sehen, Sie meistert eigensinnig seinen Plan; Oft gehts nach ihrem Sinn gar ungleich her; Doch martert sie darob kein Zweifelsstrick; Sie glaubt bald ein nothwendiges Geschick, Bald fällt sie auf ein blindes Ungefähr.

3. Warum? weil sie von Gottes Allmachtsstärke Nicht im Zusammenhang, nur menschlich denkt Und seine unabsehbar großen Werke Auf ihren kleinen Horizont beschränkt. Sie denket hoch von ihm und dennoch klein: Im Großen sieht sie seine Wege nur, Im Kleinen findt sie nichts von seiner Spur; Ihr höchstes Licht verdunkelt seinen Schein.

4. Sie lehret keck, daß es sich widerspreche, Frei und zu- gleich gerecht und heilig sein; Sie sieht nicht, wie zu bau'n er oft zerbreche, Und wie er doch vom Bösen bleibe rein, Erkennt nicht, wie er ganz einfältig gibt, Wie er dem Schwa- chen schwach und jedem mißt, Wie er nach seinem Maaß es fähig ist, Wenn er nur redlich Wahrheit sucht und liebt.

5. So denkt Vernunft; allein wie denkt der Glaube? Sein Auge sieht mehr vor, als hinter sich; Und daß ihm nichts die heitre Aussicht raube, Steht seine Hoffnung felsen- fest und ewiglich; Und sezt ihm gleich ein finstrer Zweifel zu, Wo die Vernunft sich irret und verliert, Er wird ihm noch zum Lichtgrund und gebiert Ihm aus der Nacht und Unruh Licht und Ruh.

6. Wie klein pflegt uns das Senfkorn zu erscheinen Ob gleich den Keim zur größten Staude trägt! So, weiß der Glaub, hat Gott dem Weg der Seinen Des Ursprungs Niedrigkeit auch aufgeprägt. Wer nur den Vater kennt, bleibt doch vergnügt, Und wenn die Welt sich ängstlich prophezeiht Und zweifelsvoll nach ihren Gözen schreit, So wünschet er zum voraus, was Gott fügt.

7. Denn Christus herrscht! Wer mag sich immer kränken, Der sein Verdienst und dessen Wirkung ehrt? In seiner

*) Zur ehl. Verbindung seiner Schwester mit Forstverwalter Grieb in Abel- berg. 28. Jun. 1763.

Hartmann.   19

Schule lernt man erst recht denken, Wo an sich selbst des
Vaters Weg er lehrt. Hier geht es durch Geduld, durch
Kreuz und Noth, Auf diesem Wege rizet Dorn und Stein,
Mit Christi Blut muß er bezeichnet sein. Doch nur getrost!
uns führt doch unser Gott!

8. Von Gottes Weg laßt immer froh uns zeugen, Selbst
dann, wenn unsre Wünsch' er nicht erfüllt, Und demuthsvoll
vor seinem Thron uns beugen, Wenn Freude uns aus seiner
Fülle quillt. Er führt uns nur mit seiner Vatertreu Und
schließ den Blick auf seinen Weg uns auf, Daß jeder Schritt
in unserm Lebenslauf Zu jenem Ziel ein selig Nahen sei.

7. Ueber 2 Mose 33, 13. 18.*)
Herr, laß deinen Weg mich wissen, laß mich deine Herrlichkeit sehen.

1. Bei der Laufbahn neuem Schritte Ist doch eine Glau=
bensbitte Einem Pilger, Herr, erlaubt, Der auf seinem
ganzen Wege Nur an deine treue Pflege An dein Herz
und Auge glaubt.

2. Zu dem Licht auf seinem Pfade Möchte er sich gern
die Gnade Moses, deines Knechts, erflehn: Herr, laß deinen
Weg mich wissen, Laß bei Licht und Finsternissen Deine
Herrlichkeit mich sehn.

3. Es ist hier von dem Geschicke Oder dem zweideutgen
Glücke Dieser Welt die Frage nicht, Nicht von dem, was
eignes Dichten Oder unbefugtes Richten Von des Herren
Führung spricht.

4. Was etwa von Gottes Rechte Eitler Vorwiz wissen
möchte, Darum ist es nicht zu thun, Sondern nur, daß
die Gedanken, Bleibend in der Einfalt Schranken, In des
Führers Willen ruhn.

5. Wenn der Phantasien Menge Uns in allerlei Gedränge
Wie in einem Wirbel dreht, Wenn das Herz an jedem
Morgen, Aengstend sich in bangen Sorgen, Wie die Fahn
im Winde steht;

6. Wenn das rothe Meer, die Wüste, Wenn ein irren=
des Gelüste, Unser murrend Herz erschreckt, Wenn ein inneres
Gerichte Uns des Führers Angesichte Wie mit einer Wolke
deckt;

7. Wenn die bangen Leidenszeiten Und des Kreuzes

*) Zur ehl. Verbindung seiner Schwägerin, geb. Beck mit Pf. Osiander
in Hausen bei Brackenheim. 8. Jun. 1784.

Heimlichkeiten Uns noch lauter Räthsel sind; Dann laß deinen Weg uns wissen, So entfliehn die Aergernissen, Wie ein dichter Rauch vom Wind;

8. Und der Glaub wird ein Prophete, Der von Gottes Kabinete Angestrahlt sich aufwärts schwingt, Der durch Ja und Nein im Herzen Und durch alle Zweifelsschmerzen Hin zum Herzen Gottes bringt.

9. Sieht er nur bei allem Dunkeln Seines Führers Auge funkeln, Geht sein Angesicht nur mit, So folgt er durch Dorn und Hecken Seines Führers Stab und Stecken, Der ihm zeichnet jeden Schritt;

10. Und das Wort aus seinem Munde, Daß man vor ihm Gnade funden, Daß er uns mit Namen kennt, Drückt uns auf das Bundessiegel, Daß der Glaub im Leidenstiegel Wie das Gold im Feuer brennt.

11. So erblickt man Herrlichkeiten, Die das vorge Räthsel deuten, Ob der Führer bei uns sei, Und, zur Stärkung dem Gemüthe, Geht des Führers ganze Güte Vor dem Angesicht vorbei.

12. Freilich nur geschärfte Augen Mögen ihn zu schauen taugen, Da die Herrlichkeit verhüllt, Und die Weisheit durch Verstecken Ihrer Kinder unter Decken Rauher Ziegenfelle spielt. (1 Mos. 27, 16. 2 Mos. 26, 14.)

13. Nicht die Wüste sich verbitten Oder Kedars schwarze Hütten Unbeschrien vorübergeh'n, Nicht die Läut'rungswege fliehen Und dem Leiden sich entziehen Hilft, die Herrlichkeit zu sehn,

14. Weil sie selbst nur durch die Plage Unsrer irb'schen Wallfahrtstage Wie ein Licht durch Wolken dringt, Und erst durch viel Prüfungsgrade Uns ihr Lied von Recht und Gnade Lieblich in die Ohren singt.

15. Sie reicht uns in öden Wüsten Stärkungsmilch aus ihren Brüsten, Sie macht Schaden zum Gewinn, Sie verkehrt den Tod ins Leben, Sie macht uns verdorrte Reben Durch das Sterben wieder grün.

16. Sie bereitet uns aus Leiden Lauter reine Salemsfreuden, Sie führt endlich uns nach Haus, Selbst bei dem Gesez in Gliedern Rüstet sie uns doch zu Brüdern Jenes Erstgebornen aus.

17. Sie gehört, als noch verborgen Bis zum Auferstehungsmorgen Zu den Räthseln unsrer Zeit, Und das Kreuz bleibt die Bewahrung Auf den Tag der Offenbarung Der verdeckten Herrlichkeit.

18. Gibts wohl eine größre Freude, Welche uns in allem

Leibe Diesen Erdenlauf versüßt, Als wenn dieses treuen Führers,
Dieses gnädigen Regierers Nähe unser Geist genießt?

19. Er nehm uns in seine Hände, Der vom Anfang bis
zum Ende Unser guter Hirte bleibt, Der durch süß und
bitter Tränken Sein so gnädig Angedenken Immer neu
ins Herz uns schreibt.

20. Unter allerlei Gefahren Mög uns seine Treu bewahren, Daß wir halten seinen Bund, Und sein wunderbares
Leiten Mache seine Herrlichkeiten So uns immer heller kund.

8. Das Heiligungsgeschäft des Herrn bei den Seinen durch Leiden.*)

So wird mehr Gold im Leiden rein geseget,
Der Ofen ist das Kreuz, der Topf das Herz,
Die Schlacke ist, was sich in Gliedern reget,
Der Schmelzer ist mein Freund, die Glut der Schmerz.
Muß gleich das Gold durch Feuer geh'n,
So bleibt es doch verklärt in seinem Tiegel steh'n.

Mel. Treuer Vater, deine Liebe.

1. Endlich bricht der heiße Tiegel Und dein Glaub em-
pfängt das Siegel Als im Feu'r bewährtes Gold, Da der
Herr durch tiefe Leiden Dich hier zu den hohen Freuden
Jener Welt bereiten wollt.

2. Ja, sein Heiligungs-Geschäfte Durch die Ausgebärungs-
kräfte, Die er in die Leiden legt, Ist dem sterblichen Ge-
blüte Und umhülleten Gemüthe Freilich nur halb aufgedeckt.

3. Doch ist Leiden mehr, als Wirken, Weil man sich in
den Bezirken Der Natur so gern verliert, Und wenn Beides nicht beisammen, Man sonst nicht mit Recht den Namen
Eines Gliedes Christi führt.

4. Unter Leiden ätzt der Meister In die Seelen, in die
Geister, Sein allgeltend Bildnis ein; Wie er dieses Lei-
bes Töpfer, So will er des künftgen Schöpfer Auf dem
Weg der Leiden sein.

5. Leiden läßt das Band der Sinnen Nicht ins weite
Feld zerrinnen, Gürtet sie mit neuer Kraft; Zunge, Nase,
Augen, Ohren Und Gesicht sind neu geboren, Stets erfrischt
vom Myrrhensaft.

6. Leiden bringt empörte Glieder Endlich zum Gehorsam
wieder, Macht sie Christo unterjocht, Und durch diese Feuer-
kräfte, Werden manche wilden Säfte Unsers Blutes aus-
gekocht. (2 Kor. 4, 16.)

---

*) Auf den nach vierjähriger Krankheit den 1. Mai 1782 erfolgten Tod des
Obervogts Lauz in Oberjenn.

7. Leiden stimmet unsre Seele Schon in dieser Leibes-höhle In gar süßer Harmonie Mit der Schaar der Pal-menträger, (Off. 7, 9. 14.) Mit dem Chor der Harfenschlä-ger (Off. 14, 2.) Zu der reinsten Melodie.

8. Leiden fördert unsre Schritte, Leiden salbet unsre Hütte Zu dem Schlaf in kühler Gruft; Es gleicht einem frohen Boten Jenes Frühlings, der die Todten Zum Em-pfang des Lohnes ruft.

9. Leiden macht das Wort verständlich, Leiden macht in Allem gründlich, Leiden, wer ist deiner werth? Hier heißt man dich eine Bürde, Dorten bist du eine Würde, Die nicht Jedem wiederfährt.

10. Bruder, solche Leidensschranken Hat dein steigendes Erkranken Stufenweis dir kund gemacht, Da dich mancher Schmerz durchwühlet, Da du manchen Tod gefühlet, Nächte leidend durchgewacht.

11. Zwar die noch gesunden Kräfte Hattest'du zu dem Geschäfte Deines Herrn zuvor geweiht, Aber daß er dich vollende, Krönte deiner Laufbahn Ende Eine bange Lei-denszeit.

12. Gerne wolltest du auf Erden Zweimal Gast und Frembling werden, Weil die Liebe dich verband; Nun so warten nach dem Scheiden Zweimal süße Himmelsfreuden Auf dich in dem Vaterland.

13. Gerne bist du heimgegangen Und stirbst auch nach dem Verlangen Deiner Erdenheimath ab; Denn des Pa-radieses Lüfte Und der obern Heimath Düfte Thauten schon auf dich herab.

14. Und da es dem Herrn beliebte, Daß dich seine Liebe übte Durch des Scheidens Aufenthalt, Fiengst du manch-mal an, zu fragen: Herr, wie lang verzeucht dein Wagen? Komm, Herr Jesu, komm doch bald!

15. Im Gefühl der tiefsten Schmerzen Drückst du deinem matten Herzen Deines Heilands Kreuzbild ein; Selber seines Leibes Lage An dem Kreuz muß deiner Plage Fin-gerzeig der Lindrung sein.

16. Endlich brichst du durch die Hülle Mit der Macht der Seufzer-Fülle, Und der Vorhang reißt entzwei; Wer ermißt von uns hienieden, Wie der Geist von Ruh und Frieden Jener Welt durchdrungen sei?

17. Gehe nun zu jenen Schaaren, Die im Frieden hin-gefahren, Die das Licht des Herrn umschließt; Alle, die uns dorten kennen, Die uns Brüder, Schwestern nennen, Sei'n durch dich von uns gegrüßt.

18. Wir, in Kedar noch zurücke Heften unsre Sehnsuchts=
blicke Immer mehr auf jene Welt; Näher werden wir ver=
bunden, Wann im Glas der Wallfahrtsstunden Einst das
lezte Sandkorn fällt.

9. Die Liebe 1 Kor. 13. *)

Mel. Treuer Bater, deine Liebe.

1. Heil zum Schritt in Amt und Ehe, Wohlgefallen aus
der Höhe Auf die neubetretne Bahn! In euch das Gesez
der Liebe, Wie es uns sanct Paul beschrieben Und der gött=
liche Johann.

2. Liebe, selbst der Gottheit Spiegel, Liebe, der Erlösung
Siegel, Liebe, festes Bruderband, Liebe, Königin der Gaben,
Welch ein Reichthum, dich zu haben, Bürgerin im Vaterland!

3. Theils mit freudigem Entzücken, Theils mit tief be=
schämtem Bücken Schaut man dich, du heiligs Bild! Weit
sind wir von dir verirret, Zorn und Grimm hat uns ver=
wirret, Wir sind rauh, und du bist mild.

4. Wir, ein stetes Selbstverzehren, Du, ein stetiges Er=
nähren, Da es nie an Kraft gebricht; Wir, versengt in
Feurgestalten, Die uns hart gefangen halten, Du, ein
wundersames Licht.

5. Hilf dem Geist zur Gottheit dringen, Sich in Gottes
Herze schwingen, Wo dein hoher Ursprung quillt, Der noch
alle Erdenzonen, Der die Laufbahn der Aeonen Mit viel
tausend Jubeln füllt.

6. Liebe, die uns in dem Lamme Aus des tiefsten Elends
Schlamme Mächtiglich herausgeliebt, Die uns Nahrung,
die uns Hülle Aus der heilgen Menschheit Fülle Reichlich
zu genießen gibt —

7. Liebe, die mit Siegeszeichen In so vielen Schöpfungs=
Reichen Wie ein Held mit Loorbeern prangt, Liebe, welcher
manche Seele Hier und dort mit froher Kehle Ihre ewge
Rettung dankt —

8. Liebe, die an ihren Kindern, Wie an noch verirrten
Sündern Immer Seil und Führer ist, Die in dieser Mör=
derhöhle Gleich dem Samariters=Oele Sich in unsre Wun=
den gießt —

9. Werde doch in unserm Wallen Unsers Herzens Wohl=
gefallen, Unsers Thuns Original, Zieh uns hin in deine
Schule Und bei Pauli Lehrerstuhle Unter deiner Jünger Zahl.

*) Zur ehl. Verbindung des Pf. Meier in Grünwettersbach. 20. April 1786.

10. Mit erleuchteter Aesthetik Ohne bange Arithmetik Uebt man deinen Langmuths=Sinn, Unverdrossen zum Ge= schäfte Gibt man Leibs= und Seelenkräfte Gern zu deinem Dienste hin.

11. Laß nach deinen heilgen Lehren Uns die Gaben Andrer ehren, Daß kein falscher Eifer brennt; Laß vor stürmischem Hochfahren Deine Sanftmuth uns bewahren; Liebe ist nicht insolent.

12. Lehr uns unsre Kräfte messen, Unsre Schwäche nie vergeßen, Liebe sucht kein eitles Lob; Worte, Sitten und Geberden Laß durch dich gemildert werden, Denn die Liebe ist nicht grob.

13. Doch halt uns auch fern von Lügen Und dem tücki= schen Betrügen Durch der Worte leeres Spiel; Nimmer können falsche Mienen Gottes Beifall sich verdienen; Liebe geht gerad zum Ziel.

14. Wenn wir Taubeneinfalt wahren, Lehr uns Schlangen= klugheit paaren, Doch vor Gott sein offenbar; Liebe braucht nichts zu verstecken, Darum scheut sie kein Entdecken; Red= lich ist ihr Sinn und' wahr.

15. Laß uns nicht uns selber leben, Brich die Langsam= keit zum Geben, Liebe sucht nicht Eigennuz; Fremder Lei= denschaften Wittern Soll uns nicht sogleich erbittern, Bei der Liebe ist kein Truz.

16. Lehr uns Andrer Thun erklären, Nichts sogleich auf Argwohn kehren, Liebe muzt nicht alles auf; Bei der Einfalt tiefen Schäzen Findet sie ihr ganz Ergözen An des Guten freiem Lauf.

17. Beim Bedecken, Glauben, Hoffen, Sieht sie schon als eingetroffen, Was die Zukunft erst enthüllt, So wird doch der Langmuth Harren, Schilt Vernunft und Welt gleich Narren, Noch durch die Gedult erfüllt.

18. Endlich, Liebe! sei das Siegel Unsers Laufs, und brich die Riegel Dieser finstern Scheidewand, Daß wir zum Vollkommnen kommen, Und dem Stückwerk ganz entnommen, Bei dir sei'n im Vaterland.

19. Huldigt nun, Verlobte beide, An dem heutgen Tag der Freude, Dieser holden Königin, Werft vor ihren Thron euch nieder, Gebt ihr Haus und Herz und Glieder Willig= lich zum Opfer hin.

20. Bruder, fordern Amt und Pflichten, Deinem Herrn was auszurichten, Liebe sei dir Rath und That. Denn auch mit befugten Rechten Dreiste sich hindurch zu fechten Kommt man meistentheils zu spat.

21. Weißt du, was dein Herze dachte, Da man dir die Nachricht brachte Von der anvertrauten Hut? Liebe macht die Menschen besser, Wird der Schaden immer größer, Liebe gibt stets neuen Muth.

22. Liebe lehrt dich weislich handeln Und in der Gemeine wandeln, Wie es ziemt in Gottes Haus; Liebe zeitigt selbst die Bösen (Denn sie wollen nicht genesen) Thränend zu dem Feuer aus.

23. Will ein Dunst aus untern Klüften Euren Ehstand euch vergiften, Oder gibt es sonst noch Pein, Werft euch ins Gesez der Liebe Es sei heiter oder trübe Täglich durchs Gericht hinein.

24. An dem euch bestimmten Orte Lernt auf Pauls bewährte Worte Als auf einen Leitstern sehn: Lasset alle eure Dinge Große so, wie die geringe In der Liebe nur geschehn.

10. Nachruf der Liebe beim frühen Hingang eines 14jährigen Hirten der Gemeinde. *)

Ich zieh mich auf den Sabbat an
So eilig als ich immer kann.   (Anfg. e. Lieds.)

1. Still, Heerde, Freunde, hemmt das Weinen, Er wandelt noch in den Gemeinen, Der jene sieben Sterne hält, Schlägt er den Hirten, beugt euch stille Und betet an; das ist sein Wille; Er thue das, was ihm gefällt.

2. Er gibt und nimmt uns seine Knechte, Wir ehren seine heilgen Rechte Und weinen, aber murren nicht; Doch was man uns zu Grab getragen, Das dürfen wir auch weinend sagen, Nach der verwund'ten Liebe Pflicht.

3. Tief bleibt uns eingedrückt dein Zeugen, Knecht unsers Herrn! dein tiefes Beugen Vor Licht und Recht im Priesterschild, Dein Glaubensmuth, dein kluges Handeln, Dein ernster Gang, dein weises Wandeln, Dein Blick auf deines Meisters Bild;

4. Dein wachsam Auge auf die Heerde, Daß Jedes recht gepfleget werde, Dein Warnen vor der breiten Bahn! Doch still! der Herr wird nach den Proben Die treuen Knechte selber loben, Wir danken nur und beten an.

5. Wir danken dem, der dich gegeben, Zu predigen das Wort vom Leben; Wir beten an, wiewohl gebeugt; Dort steh'n betäubt und stumm die Heerden, Dort ruft ein Freund, gebückt zur Erden: Ein Hartes hast du, Herr, erzeigt.

---

*) Auf den Tod des Pf. Staubt in Pflugfelden. 19. Apr. 1782.

6. Der lange noch an unsrer Seiten Uns fördern könnte und uns leiten, Wird schnell entrissen — Herr, warum? Schweigt Fragen! frevelnde Gedanken, Zurück, zurück in eure Schranken! Du, Wehmuth! geh ins Heiligthum.

7. Lern vor dem Herrn der Knechte schweigen Und dich vor seinen Wegen beugen, Auch wenn sie uns ein Räthsel sind! Nimmt er den Hirten von den Schafen, So gönne ihm bei seinem Schlafen Die frühe Ruhe, die er findt.

8. Wenn Andre noch auf Zions Mauern Besorgt um Davids Hütte trauern Und Brüche sehen, die ihr drohn, So trifft ihn nicht der Hirtenjammer, Er ruhet nun in seiner Kammer Und wartet auf der Knechte Lohn.

9. Wenn wir, um einst den Herrn zu sehen, Im Leib der Sünde noch mit Flehen Uns fleißigen der Heiligung; So wird, obgleich sein Haus zerbrochen, Zugleich der Geist doch frei gesprochen Vom Leibe der Demüthigung.

10. Du sehntest dich nach dem Erlösen, Entschlafner Freund! von allem Bösen; Was du gefleht, hast du erreicht, Dein uns so schmerzlich Sterbebette Ist deinem Geist die Siegesstätte, Da er gewinnt — das Uebel weicht.

11. Du stammelst mit gebrochnen Worten: Ein Augen= blick, so bin ich dorten; Gottlob! ich zieh im Frieden hin. Das Schaf bleibt in des Hirten Armen, Der Knecht sinkt in des Herrn Erbarmen, Er kennet mich, ich kenne ihn.

12. Was du als Knecht in wenig Jahren Von Tageslast und Hitz erfahren, Ist nun zurück und beigelegt — Wohl dir! dort werden Priesterröcke Nicht schwarz mehr sein, die Todtendecke, Das Trauerkleid wird abgelegt.

13. Wohl dir! muß dich die Liebe missen, So wird das Band doch nicht zerrissen, Es ist ein Band der Ewigkeit. Verwandtschaft mit vollend'ten Geistern Und jener Schaar läßt sich nicht meistern Von Zeit und von Vergänglichkeit.

14. Herr, schärfe unsre Glaubensblicke Auf jene Welt, wir sind zurücke Und ängsten uns im fremden Land; Laß bei den Zeichen unsrer Zeiten, Da Licht und Dunkel ringend streiten, Uns doch den Blick aufs Vaterland!

15. Dort rufst du dienstentlaßnen Greisen, Hier nimmst du deinem Haus die Weisen; Wo bleibt nun seine Förderung? Die Leuchter weichen von der Stelle; Kommt eine Nacht? wirds wieder helle? Wer deutet unsre Dämmerung?

16. Du, Herr! bist Herr, wir bleiben Knechte, Du bist dem glaubigen Geschlechte Ein starker Fels der Zuversicht. Nur still! der Plan der Ewigkeiten Enthüllt das Räthsel unsrer Zeiten, Da wird das Finstere zu Licht!

11. Gnade und Recht. *)

1. Ja, es bleibt dein Krankenbette Uns als eine Kämpfer=
stätte, Tief und ewig eingedrückt; Und du wirst mit man=
chem Beugen, Aber auch mit heilgem Schweigen Unsern
Augen weggerückt.

2. Wir begehren nicht zu klagen; Nur der Glaube möchte
sagen, Was dein Scheiden uns gelehrt, Wie beim glau=
bigen Geschlechte Man die unverlezten Rechte Seines Hei=
ligthums verehrt.

3. Ohne Recht von Gnade träumen, Sich durch süßen
Trost versäumen, Das ist freilich nicht so schwer: Gnad und
Recht beisammen lassen, In den Opfersinn sich fassen, Da
gehts tief und ernstlich her.

4. In dem Läut'rungsfeuer schwizen, Auf Sinais dunkeln
Spizen Nichts, als Schreckensblize sehn', Hingestreckt in
Finsternissen Den Verkläger hören müssen, Und doch nicht
zurücke geh'n.

5. Beim Hinschaun auf vorge Jahre, Beim Anblick der
Todten=Bahre, Bei dem Licht der Ewigkeit, Kämpfend sich
hindurchzubringen, Und von Gnad und Recht zu singen
Vor dem Thron der Ewigkeit:

6. Alle Wissenschafts=Ideen Durch das Feuer lassen gehen,
Die genaue Geisterwag Unter Zittern tief verehren, Und
kein Mene tekel hören, Das den Muth darniederschlag;

7. Christum zum Systeme machen, Wenn die Wizlinge
schon lachen, Und in ihm sein Kindschaftsrecht, Seine Frei=
heit von den Sünden Und sein Bürgerrecht zu finden Unter
Israels Geschlecht:

8. Wahrlich, das ist ein Geschäfte! Der Natur erstorbne
Kräfte Reichen da gewiß nicht hin; Beim Gefühl von dem
Verderben Und bei manchem innern Sterben Reift man
aus zu diesem Sinn.

9. Aber, Herr, wer wills verstehen? Wem will es zu
Herzen gehen? Wer glaubts, daß du heilig bist? Zwerge
wollen mit dir rechten, Aber ach! daß sie bedächten, Daß
der Herr zu fürchten ist.

10. Merket diß, Prophetensöhne, Wenn mit prahlendem
Getöne Euch die stolze Weisheit ruft, Auch aus ihrem Quell
zu schöpfen, Sprecht, wie dort: der Tod in Töpfen! (2 Kön.
4, 40.) Flieht und suchet reinte Luft!

---

*) Auf den Tod eines jungen gelehrten Theologen, (Repetent Obrecht) der
durch eine lange Krankheit zur lebendigen Erkenntnis der evangelischen Wahr=
heit gekommen war.

11. Sich wie Delila verlaufen, Sich mit eignem Lichte
taufen, Lüsten nur nach fremder Kost, Stoppeln, Holz und
Heu nur sammeln, Stotternd was von Christo stammeln,
Bringt im Tode keinen Trost.

12. Lernt bei unsers Freundes Staube Mit uns fragen:
Was ist Glaube? Freund, dich hats der Herr gelehrt; Aber
wie hast du gerungen, Bis dein Geist hindurchgedrungen
Und das Friedenswort gehört;

13. Bis du lerntest, gern dein Leben Als ein Opfer hin-
zugeben Und durch manchen innern Drang Unter vielem
Selbstverlieren Dich hineinphilosophiren In des Heilands
Opfergang;

14. Bis du sprachst: Ich hab ihn funden! Auch in dunkeln
Todesstunden Bleib ich ihm incorporirt, An ihm lern ich
meine Sünden, Und an mir sein Leben finden, In ihm
werd ich durchgeführt.

15. Dieser führe dich im Frieden Zu dem Loos, das dir
beschieden; Stirb in ihm, so stirbts sichs gut! Dich in die
Versuchungshütten, Wiederum zurückzubitten, Dazu fehlte
uns der Muth.

16. Dringe ein zu seinem Samen, Der vor seinem Prie-
sternamen Gläubig droben niederfällt; Lerne dich in ihn
versenken, Er wird schon an dich gedenken Als der Vater
jener Welt.

17. Fühlst du etwa eine Klage Ueber die verkürzten Tage,
Er bringt dirs gewiß herein; Auch dem treuen Mutterherzen
Und dem schwesterlichen Herzen Muß Verlust Gewinn noch sein.

18. Gilt ein Wunsch bei unserm Leiden, So ists dieser,
daß dein Scheiden Gottes Reiche Früchte bring', Ja, dein
Tod weck manche Seele, Daß mit neuer Zung und Kehle
Sie von Recht und Gnade sing'.

12. Blicke auf den alle menschlichen Tage entschei-
denden Tag Jesu Christi. *)

1. Ja wohl, unsre Lebenstage Sind ein Stäublein in
der Wage Gegen jenem großen Tag, Der mit Recht ein
Tag der Tage, Ja die allerschärfste Wage Unsrer Tage
heißen mag.

2. Tag, da des Erlösers Ehre Im Gefolge seiner Heere
Wie ein Bliz durch Wolken bricht, Der dem spottenden Ge-

---

*) Auf die ehl. Verbindung des Pf. Sabir in Kornweßheim mit der Tochter
des Pf. Flattich in Münchingen d. 16. Mai 1778.

schlechte Nach dem längst geschriebnen Rechte Das verdiente Urtheil spricht.

3. Berg, in den der Schweiß gedrungen, Der des Vaters Zorn verschlungen, Oelberg, zittere entzwei, Wenn dereinst von deinen Höhen Eine Stimme wird ergehen, Daß der Herr im Anzug sei! (Zach. 14, 4.)

4. Himmel, wickle dich zusammen, Erde, rüste dich zu Flammen, Adams Welt, dir kommt er, dir! Bebe zitternd ihm entgegen: Ihm zu Füßen sich zu legen, Ist der beste Rath allhier.

5. Oeffnet euch, ihr schwangern Grüfte! Laßt zur Reise in die Lüfte, Lasset die Gefangnen los, Seht sie, gleich den schnellsten Pfeilen Und auf Adlers-Flügeln eilen In den längst erwünschten Schooß.

6. Da steht vor des Richters Throne Wartend auf die Ehrenkrone Die gesammte Erstlingschaft, Die durch Glauben, Hoffen, Lieben Manche edle Frucht getrieben Aus der Wurzel Jesse Saft.

7. Ja, da wird es anders werden, Als es auf der Sünderenerden Mit dem kleinen Häuflein war. Dann beginnt die Saat der Thränen Auf das lieblichste zu grünen Und stellt sich verherrlicht dar.

8. Brüder! laßt das Aug uns stählen, Was den müden Pilgerseelen Aufbewahrt ist, zu ersehn, Laßt uns auf das Ende blicken, Wie der Herr sie einst wird schmücken Und so wundersam erhöhn.

9. Wenn selbst Edle dann erschrecken Und in Hügel sich verstecken Vor des Richters Angesicht, Dürfen sie mit frohen Blicken Ihre Häupter aufwärts rücken Als befreit von dem Gericht.

10. Bisher blieben sie verborgen Mit dem Haupt; jetzt rückt der Morgen Ihrer Herrlichkeit heran, Und die Feinde werden sehen Sie dem Herrn zur Seite stehen, Göttlich-glänzend angethan.

11. Alles Wünschen, alles Hoffen Sehen sie da eingetroffen Und auf einmal ganz erfüllt; Auch das dunkle Gepräge Ihrer vorgen Pilgrimswege Ist nun ihrem Aug enthüllt.

12. Jetzt wird es sich offenbaren, Daß sie Gottes Kinder waren; Ihre göttliche Natur Und damit verbundne Würde Ist nun auch die höchste Zierde Für die ganze Creatur. (Röm. 8, 21.)

13. Ja, sie werden als Erwählte Und zu Gottes Volk Gezählte Priester und selbst Richter sein. Ist das Schlacht-

feld eingenommen. So wird dann die Hochzeit kommen, Braut des Lamms, du darfst dich freun.

14. Unermeßlich ist die Würde Troz der kurzen Erden-bürde Die des Königs Braut erlangt; Esaus Kinder mögen träumen Und das Erstlingsrecht versäumen, Auf! wer treu an Christo hangt!

15. Lasset uns mit Furcht und Lieben In den reinsten Geistestrieben Diesem Tag entgegengehn, Warten und da-rüber leiden, Geist und Fleisch im Tiegel scheiden, Daß wir vor dem Herrn bestehn.

16. Dorthin unter allen Wehen Festen Blickes aufzu-sehen, Wenn die Welt um uns her tobt, Immerdar zu überwinden Und im O das A zu finden, Sei dem Herrn von uns gelobt!

17. Wenn uns will der Muth gebrechen, Oder sonst ein Leiden schwächen, Gibt der Glaub: der Herr ist nah! Uns doch Trost in allen Dingen, Daß wir lernen fröhlich singen: Ja, Herr, komm, Hallelujah!

13. Die acht Seligkeiten. Matth. 5, 3—12.

Mel. Ach wie nichtig, ach wie flüchtig.

1. Wohl recht selig, jezt und ewig, Sind die geistlich Armen, Die, von Allem abgerissen, Nichts von Erdenreich-thum wissen, Allen Ruhm des Eignen missen.

2. Sie sind selig, jezt und ewig, Denn das Reich ist ihnen; Dieses wird mit seinen Schäzen Ihren Mangel schon ersezen Und das matte Herz ergözen.

3. Wohl recht selig, jezt und ewig, Sind, die Leide tragen, Die um Zions Risse weinen Und bis auf des Herrn Erscheinen Sich zum Klagton gern vereinen.

4. Sie sind selig; jezt und ewig Wird der Herr sie trösten; Jenen künftgen Trost zu sehen, Kann man wohl in Säcken gehen, Und hier noch zurückestehen.

5. Wohl recht selig, jezt und ewig, Sind die sanften Herzen, Die bei Jesu Kreuzeszeichen Gern den Erden-bürgern weichen Und durch diese Welt durchschleichen.

6. Sie sind selig, jezt und ewig, Denn sie werden erben Jenes Land, das Gott beschieden, Das sie einst nicht ohn Ermüden Durch gewallt in stillem Frieden.

7. Wohl recht selig, jezt und ewig Sind, die geistlich dürstet, Die das Eigene verachten, Nach dem ersten Bilde trachten: Diese werden nicht verschmachten.

8. Sie sind selig: jetzt und ewig Werden sie satt werden, Sich einst bei dem Auferstehen Satt an ihrem Urbild sehen Und in reiner Seide gehen.

9. Wohl recht selig, jetzt und ewig, Sind, die aus Erbarmen Sich nicht von Bedrängten trennen, Christus im Gefängnis kennen Und sich Mitgebundne nennen.

10. Sie sind selig jetzt und ewig, Denn des Herrn Erbarmen Wird auch ihrer nicht vergessen Und es bleibt ihr Lohn indessen Ihnen jetzt schon zugemessen.

11. Wohl recht selig jetzt und ewig Sind die reinen Herzen: Ihre keuschgemachte Seele Hält sich in der Leibeshöhle Stets bereit mit Lamp und Oele.

12. Sie sind selig jetzt und ewig In dem frohen Schauen, Ihre edeln Glaubensfrüchte Reifen zu dem reinen Lichte Aus des Königs Angesichte.

13. Wohl recht selig, jetzt und ewig, Sind die Friedensstifter. Neid und Argwohn, Zänkereien Und die andern Kindereien Kann ihr Friedensgeist zerstreuen.

14. Sie sind selig jetzt und ewig Als des Höchsten Söhne, Sanfter Geist, der sie belebet, Nach dem Kindschaftsadel strebet, Ueber Alles sich erhebet.

15. Wohl recht selig jetzt und ewig Heißen die Verfolgten, Hier mit Lästergift begossen, Und von Allen ausgestoßen, Sind sie doch die Reichsgenossen,

16. Und recht selig jetzt und ewig, Denn das Reich ist ihnen, Jene königlichen Thronen Und vom Herrn geschenkte Kronen Können alle Schmach belohnen.

14. Simsons Hochzeiträthsel. Richt. 14, 14.

1. Ist des Simsons Räthselfrage Für uns auch am heutgen Tage Noch ein Wort zu seiner Zeit? Gilt es noch für unsre Kreise: Aus dem Fresser kam die Speise, Aus dem Starken Süßigkeit?

2. Worauf sollt' das Räthsel zielen? Sollt es blos ein neckisch Spielen Mit den Unbeschnittnen sein? Nein, das hieße Heimlichkeiten, Die uns Gottes Geist will deuten, Nur auf schnöde Art entweihn!

3. Vielmehr straft es die Philister Und was sonst noch als Geschwister Zu dem Bürger Thimnaths zählt, Der das Räthsel aufzufinden, Und die Lösung zu verkünden, Sich ein fremdes Kalb gewählt.

4. Vorhaut mag es nicht erreichen, Während es ein großes Zeichen Uns von Gottes Weisheit bleibt, Die mit

ihren Kindern spielet, Und ins Thörichte verhüllet, Ihre Wunder durch sie treibt.

5. War nicht diese Räthselrede Schon für Simson ein Prophete Auf den künftgen Heldenlauf? Rieb nicht dieses Löwen Siegen Durch sein wunderbar Erliegen Alle seine Feinde auf?

6. Stellt sie unserm Angesichte Nicht noch mehr in fernem Lichte Jenen Erstgebornen dar? Heil sei dem erwürgten Lamme, Das als Löw aus Juda's Stamme In dem Sterben Sieger war.

7. Aus der Menschheit, die zerrissen, Soll uns nun ein Honig fließen, Der die Augen wacker macht; Aus des Kreuzes Bitterkeiten Ist ein Strom von Süßigkeiten Seiner Heerde zugedacht.

8. Ja, sein Lauf ist das Gepräge Vom gewißen Siegeswege Für die Seinen, — ihm sei Preis! — Da er ihnen Leid in Freuden, Bitterkeit in Süßigkeiten Herrlich umzuwandeln weiß;

9. Da aus Krankheit uns Genesung, Da uns Leben aus Verwesung, Aus dem Zorn die Gnade grünt, Da ein mannigfaltig Sterben Uns, als Testamenteserben, Nur zu der Vollendung dient;

10. Da er seine süßen Säfte, Tod= und Auferstehungs= Kräfte, Auch in unsre Menschheit bringt, Bis nach ausge= führtem Werke, Seine große Simsons=Stärke Allen unsern Tod verschlingt.

11. Diesen Sinn ganz zu erreichen, Dazu dient kein Hin= terschleichen, Keine unbeschnittne Haut; Gebt nur dem Beschneidungs=Messer Euch und fürchtet nicht den Fresser, Weil ihr den Erfolg schon schaut.

15. Auf Oetingers Hinscheiden. 1782.

1. Oetinger wird heimbeschieden Und zieht nun in stillem Frieden Seines Herren Freude zu. Sagt: er ist wohl hie gewesen, Nimmer wird sein Nam vergessen; Segnet dank= bar seine Ruh.

2. Meistens hier nicht wohl genennet, Und von Wenigen erkennet War sein Gang durch diese Welt; Doch ein kurzer Erdentadel Schmälert nicht des Knechtes Adel, Welcher seinem Herrn gefällt.

3. Du bists, Herr, der aus der Ferne Dorten seine sieben Sterne Heilig tadelt, würdig lobt, Der die Arbeit seiner Knechte Nach dem unverletzten Rechte Seines Heiligthums erprobt.

4. Dort, vor deinem Angesichte Leget Oetinger im Lichte
Sein vollbrachtes Tagwerk dar: Möcht ein lauschend Ohr
es hören, Was in jenen obern Sphären Der Bescheid des
Herren war!

5. Gnug, der Herr weiß seine Werke, Seine Trübsal,
seine Stärke, Seine Arbeit, seinen Streit Um die Heilig=
keit der Lehre, Seinen Eifer für die Ehre, Für des Sohnes
Herrlichkeit,

6. Die troz mageren Begriffen, Welche die Vernunft
geschliffen, Immer sein Schibbolet blieb; Welcher er durch
seine Schriften Denkmal' bei der Welt zu stiften, Gern um
Spott zum Lohne schrieb.

7. Er, der Herr, weiß die Gebete, Die er zu der heilgen
Stätte Seines Throns vorangeschickt, Wie ein patriotisch
Trauern Um zerrißne Zions Mauern Oefters seinen Geist
gedrückt;

8. Wie er uns vor dem Propheten Sammt den übrigen
Planeten (Offenb. 16, 13.) Jener bangen Zukunft schreckt,
Und zum Schild in den Gefahren Uns zum Wachen und
Bewahren Des Geduldworts Jesu weckt;

9. Wie er des Reichs Gottes Weiten Und die Leib= und
Lieblichkeiten Der verborgnen Welt uns preist, Und bei
diesen heilgen Lehren, Die der Weltwiz will verkehren, Uns
im Glauben bleiben heißt;

10. Wie er bei der Weisheit Pforten, Um das Licht in
Gottes Worten Ganze Nächte durchgewacht, Wie ihn falsch=
berühmte Künste Oder leere Hoffnungsdünste Nie vom Ziel
hinweggebracht;

11. Wie er in dem Licht gewandelt, Nach des Geistes
Zucht gehandelt Und durch innrer Wahrheit Schein Wollt
ein Licht der Andern werden, Aber auch ein Salz der Erden
Und der Weisheit Werkzeug sein.

12. Kurz er trägt das Wohlgefallen Ohne unser lobend
Lallen Aus dem Mund des Herrn davon; Eine Schaar
von treuen Knechten, Von vollendeten Gerechten, Wartet
seiner droben schon.

13. Lieblich wird er aufgenommen, Freudig heißt man
ihn willkommen, Böhm und Bengel grüßen ihn, Manche
längstverbundne Brüder Ziehen ihn in ihre Lieder Und in
ihre Reihen hin.

14. Wir im Nebel dieser Zeiten Seh'n ihm in die Ewig=
keiten Dankbar, gläubig, lüstern nach; Oeffnen sich einmal
die Pforten Jener Welt, so sind wir dorten Mit ihm unter
Einem Dach.

15. Knecht des Herrn, Wie du entschlafen, Und dein Geist mit Glaubenswaffen Betend sich ins Ewge schwung, So erwarte nun nach Leiden Jenen Tag des Lohns, der Freuden, Jene Morgendämmerung.

16. Was du hier gelehrt, geglaubet, Wird dir nimmermehr geraubet, Ist und bleibet ewig dein; An dem Tag der Offenbarung Wirst du dich nach der Bewahrung Der empfang'nen Beilag freun.

17. Herr, sei für den Knecht gepriesen, Für das, was er uns erwiesen, Lohne ihm in deinem Schooß; Gib bei deines Knechtes Wandern Nun auch Einem und dem Andern Des Elisa frohes Loos!

16. Das selige Scheiden eines glaubigen und treuen Jüngers Jesu. *)

1. Sterben so, daß das Gewissen Keinen Fluch mehr in sich trägt, Weil man ihn zu Jesu Füßen Glaubig betend abgelegt; Sterbend alle seine Flecken Und was sonst die Seele kränkt, Mit dem Blut des Lammes decken, Das er uns hiezu geschenkt;

2. Sterbend einen Heiland kennen, Der so viel an uns gethan, Welcher über alle Sinnen Schnöde Sünder lieben kann; Sterben, daß man noch die Kräfte Aus dem Weinstock Christo zieht, Wenn der Strom der Lebenssäfte Seinen Lauf gehemmet sieht;

3. Wenn der Geist von eigner Stärke Seliglich wie ausgeleert, Sich und alle seine Werke Nimmer selbstgefällig ehrt, Alles aber in dem Lamme, Alles in dem Goel findt, Der in reiner Liebesflamme Sich für unser Heil verpfändt;

4. Sterben so, daß wenn am Rande Jener Welt die Seele steht, Ihr von diesem Vaterlande Schon ein Wind entgegenwebt, Wie es manchem Geist gelungen, Der nun ganz im Lichte schwebt: Welch Glück, das mit tausend Zungen, Hier ein Mensch nicht gnug erhebt!

5. Denn nun ist der Geist entbunden, Nun geht Fried und Freude an, Und der Pilger hat gefunden, Wo er ewig ruhen kann; Seine Wallfahrt hat ein Ende, Was er hoffte, steht nun da, Palmen nimmt er in die Hände, In den Mund: Hallelujah!

6. Ja, die lieblichste Empfindung Von der Lust, die nimmer fällt, Und die seligste Verbindung Mit den Bürgern

---

*) Auf den Tod der Frau Buchdruckerin Ebert in Tübingen.

jener Welt, Und das kummerfreie Loben Und das Lieben
ohne Pein Wird nach überstandnen Proben Seine freie
Weide sein.

7. Preis sei Gottes Lamm gegeben! Sein wird man in
Allem froh; Durch sein Sterben, durch sein Leben Kämpft
und siegt und stirbt man so. Eingehüllt in seine Wunden
Und besprengt mit seinem Blut Hat mans in den lezten
Stunden Und sofort auf ewig gut.

8. Ihm folgt man gern ohne Weinen Bis zur Grabes-
düsternheit, Weil längst seine Gruft den Seinen Diese
Kammern eingeweiht; Gerne legt man seine Glieder Hier
auf Hoffnung in die Gruft, Bis er sie am Ende wieder
Frisch erneut zum Leben ruft.

9. Denn wie ihn die Magdalene Siegreich vor dem Grabe
sah, Also steht, daß er ihm diene, Einst mein Leib lebendig
da; Und dann steige ich mit Wonne Frei und glänzend in
die Höh, Weil ich meine Lebens-Sonne Dort leibhaftig
scheinen seh.

10. Stellt er mich dann zu der Rechten Als mein Hirt
und König hin, Weil ich einer der Gerechten Durch das
Blut des Bundes bin, Theilt er als der Erstgeborne, Seiner
Brüder Erbe aus, So ist endlich der Verlorne Ganz daheim im Vaterhaus.

11. Alsdann hat man erst die Fülle Aller Hoffnung
dieser Zeit, Schaut sein Antliz ohne Hülle, Liebt und lobt
in Ewigkeit; Vor dem König aller Thronen Steht und
dient man priesterlich; Aber über Nationen Herrscht man
selber königlich.

12. Seelen, gebt doch ohne Ende Unserm Gott und
Herrn den Preis, Der die Werke seiner Hände Also hoch
zu ehren weiß; Laßt die Hoffnung euch ergözen, Ehe ihr
die Stadt noch schaut, Die er, uns darein zu sezen, Von
und durch sich selber baut.

13. Drückt euch Manches, seht die Krone Ist euch wirklich beigelegt, Die man vor des Lammes Throne Als ein
Fürst des Himmels trägt, Mängel und Gefährlichkeiten
Rauben uns diß Kleinod nicht, Weil der Herr der Ewigkeiten Stets für uns beim Vater spricht.

14. Nur wißt, daß so lang ihr wallet, Ihr von Jesu
Liebe lebt Und ihr ihm nur dann gefallet, Wenn ihr in
der Liebe schwebt. Zanket nicht auf eurem Wege, Machet
friedlich euern Lauf, Seid zu Liebeswerken rege, Denn es
liegt ein Segen drauf.

15. Glaubt und leidet in dem Herzen Noch die Glut des
Schmelzers gern, Glaubt und scheuet keine Schmerzen, Greift

euch an im Dienst des Herrn! Aus der Enge in die Weite,
Aus der Tiefe in die Höh' Führt der Heiland seine Leute; ·
Ach daß mans an Allen seh'!

17. Auf den Tod Matthäus Friedrich Beckhs, 44jährigen und ersten Wailenpfarrers in Ludwigsburg. † 31. Dez. 1780.

Mel. O Jerusalem, du schöne.

1. Still! Er wird jetzt heimgerufen, Unser lieber Glau=
bens=Greis, Und steht auf den letzten Stufen Seiner stillen
Pilger=Reis'! Wer verdenkt das Müdesein Nach dem langen
Samenstreun?

2. Er tritt ab von seiner Wache, Von der Hut am Haus
des Herrn, Doch es bleibt des Heilands Sache Auch noch
dort sein Glaubens=Kern; Glaube, Lieb und Hoffnung grünt
Vor dem Herrn, dem sie gedient.

3. Jesum Christum abzuschildern In dem Kreuz, in
Herrlichkeit, In des Wortes heilgen Bildern, Das war
seines Geistes Freud, Und beim Evangelio Waren Herz
und Lippen froh.

4. Aber jener Malereien Hochgetriebnes Colorit Waren
ihm nur Tändeleien, Die die keusche Weisheit flieht. Sie
bedarf kein Modekleid, Daß sie sich des Heilands freut.

5. Bei dem heitern Glaubenslichte Zeigten sich in seiner
Seel Auch der edeln Liebe Früchte, Züge von Nathanael,
Schwagers=Freundschaft, Bruderstreu, Liebe ohne Heuchelei.

6. Eifrig stets war sein Bemühen, Der Natur und Freund=
schaft Band Immer mehr hineinzuziehen In der Liebe Prie=
ster=Stand; Es verstärkte sein Gebet Freundschafts= und
Geblüts=Magnet.

7. Gab es was, den Herrn zu loben Oeffnete sich gleich
sein Mund, Und bei schweren Leidensproben Schärfte er
den Kreuzesbund Und des Glaubens Stillesein Uns mit
weiser Sanftmuth ein.

8. Billig ehrt bei deinem Scheiden Unser Dank noch
deinen Staub; Doch es schwingt in deine Freuden Sich
auch unser Pilgerglaub, Und das Herz, das um dich weint,
Bleibt genau mit dir vereint.

9. Ruh nun bis zur Zeit der Todten, Ruhe bis zum
Tag des Lohns, Ruh mit allen Friedens=Boten In dem
Frieden Simeons; Israelis Trost ist nah, Die Erlösung ist
bald da.

18. Die Kraft der Leiden Jesu im Leben und Sterben. *)

1. Theuerster, dein frühes Scheiden   Führet uns in jenes Leiden,   Das dir Jesu Geist verklärt,   Das sich auch an deiner Seele   Als ein freudenreiches Oele   Als ein Balsam hat bewährt.

2. Du hast unsre Klaggesänge   Auf des Heilands Opfer-gänge   Schon zum voraus hingestimmt,   Denn du hast es wohl empfunden,   Woher man in bangen Stunden   Trost und Licht und Beispiel nimmt.

3. Nur in und mit Jesu Sterben,   Nur mit ihm den Himmel erben,   Nur mit ihm zu Grabe gehn,   Nur in ihm als edler Reben   Eingepflanzt auch dort zu leben,   Nur in ihm dich selig sehn;

4. Seliger, diß war dein Sehnen,   Das oft unter stillen Thränen   Zu dem Thron der Gnade stieg.   Jesu Leiden sei gepriesen,   Das sich auch an dir bewiesen   Als die Kraft zum letzten Sieg.

5. Oelberg! Zeuge der Geschäfte,   Da der Herr die Willenskräfte   Kämpfend in das Leiden gab,   Auf dir fiñt das eigne Leben   Nach viel Kampf und bangem Beben   End=lich noch sein rechtes Grab.

6. Von dir fließt zu allen Zeiten   Nun ein Strom von Willigkeiten   Und zum Kämpfen reiche Kraft;   Aus dir schöpft der matte Wille   Muth zum Leiden, Kraft zur Stille   Durch die ganze Ritterschaft.

7. Glaube, ehre mit Bekenntnis   Bis zum Tod des Herrn Geständnis,   Der als Sohn und König starb,   Und zum göttlichen Geschlechte   Und zum königlichen Rechte   Dir da-mit ein Recht erwarb.

8. Suche der Erlösung Siegel   Nur auf dem verschmähten Hügel,   Auf dem Berge Golgatha,   Sprich mit dem erlösten Samen   Nur zu Allem Ja und Amen,   Was vor Zeiten dort geschah.

9. Höre, wie er dort dem Grimme   Seines Vaters mit der Stimme   Eines Priesters uns entrieß,   Hör ihn mit dem Schächer reden,   Und sprich: Mein verlornes Eden   Ist mir wiederum gewis!

10. Hör sein Testament der Liebe,   Wie er alle Freund=schafts-Triebe   Auf den Grund des Kreuzes baut.   Sprich:

---

*) Auf den Tod Gottfried Bechts, Raths und Oberzollers in Cannstadt. 28. Nov. 1783.

Wenn man nur auch die Meinen, Wie das edle Paar der
Seinen, Einsten so verbunden schaut!

11. Hör sein klägliches Verlassen; Wenn du es auch
nicht kannst fassen, Bleibt es doch dein Freipatent. Weil
dein Herr am Kreuz so schreiet, Bist du von dem Fluch
befreiet, Bist im Gnaden-Element.

12. Siehe deinen Lebensfürsten, Wie er unter heißem
Dürsten Sich nach deinem Heil gesehnt. Sprich: Verkläger!
werde flüchtig, Meine Seligkeit ist richtig, Weil das Wort:
Vollbracht ists! tönt.

13. Schwinge deines Geists Gefieder In den Kern der
Schwanenlieder, In das lezte Wort des Herrn, Gib in
deinem lezten Ende Deinen Geist in seine Hände Und
verscheide sanft und gern.

14. Hier an dieser Todespforte Freuen dich erst Jesu
Worte, Sein versichertes Bemühn: Wenn mich einstens
von der Erden Kreuz und Thron erhöhen werden, Will ich
Alle zu mir ziehn.

15. Seliger, auf diesem Grunde Ruh auch deine Ab-
schiedsstunde, Jesu, starke Liebesmacht Hat durch manche
Wasserwogen Deinen Geist dahin gezogen, Wo er der Gefahren lacht;

16. Wo nun über seinem Loose In dem freudenvollen
Schooße Jener Welt er dankt gerührt; Wo er ruft: Heil
sei dem Lamme, Das mit starker Liebesflamme Mich aus,
durch und eingeführt.

17. Ja es grüne vor dem Priester Nun das Kleeblatt
der Geschwister, Das die unsichtbare Welt In fünf Jahren
aufgenommen, Da sie allem dem entkommen, Was uns
noch gefangen hält.

18. Höre nun im Geisterorden, Daß das Wort ist Fleisch
geworden, Feire dorten den Advent, Wo das neue Men-
schenleben Als ein frischgepflanzter Reben Täglich neu im
Zämach grünt.

19. Aber laß vom fernen Lande Doch noch in dem
Liebesbande Uns mit dir vereinigt stehn: Es heilt doch
nichts unsre Wunde, Als das Ziel vom Hoffnungsbunde,
Dich dort wiederum zu sehn.

20. Gattin, laß diß frühe Scheiden Immerhin ein tiefes
Leiden Deinem treuen Herzen sein; Aber rechne bei der
Bahre Die vier kurzen Ehstandsjahre In das obre Eh-
buch ein.

21. Denke beim Gefühl des Schmerzens An den Wunsch
des treuen Herzens, Den er sterbend noch betreibt: Wenn

nur meine Christiane Sammt den Kindern bei der Fahne, Beim Panier des Glaubens bleibt!

22. Kinder, glaubts, daß euer Vater Euch dem treuesten Berather Gläubig übergeben hat: Schaut ihm nach, bleibt nicht dahinten, Lernt das rechte Kleinod finden, Eilet hin zur Vaterstadt.

23. Eltern, gönnt dem lieben Sohne Nunmehr vor des Lammes Throne Seine neue Station; Schwager, Schwestern, Brüder, fühlet, Wohin unsre Laufbahn zielet; Auch uns winkt das Kleinod schon.

24. Bindet uns, ihr Liebesflammen, Auf biß Glaubens= ziel zusammen, Faßt uns an je mehr und mehr. Freund, so stehen einst die Deinen, Die jezt zärtlich dich beweinen, Um den Thron der Gnade her!

19. Am Abend des Jahrs 1809.

1. Wann der große Hirt Wieder kommen wird, Wird sein Kreuz gar prächtig stehen, Daß es Freund und Feinde sehen In der Wollen Dampf, Bei des Donners Kampf.

2. Nur wer an dich glaubt, Du verherrlicht Haupt, Wird biß Loosungszeichen lieben; Alles andre muß zerstieben; Da wird man erst sehn, Was am Kreuz geschehn.

3. Auch der Kreuzesstich Wird verklären sich: Den wird Davids Haus beweinen, Tief gebeugt vor ihm erscheinen; Christi Majestät Jud und Heid verehrt.

4. Sei nur du mir nicht Alsdann fürchterlich; Deines Kreuzes Purpurdecken Schüzen gegen allen Schrecken: Un= ter deinem Fuß Alles zittern muß.

5. Wann der Tag erscheint, Da es ausgeweint, Wird sich Erd und Himmel drehen, Tief verhüllt in Trauer gehen; Zions Berg allein Wird ganz lichte sein.

6. Zittre nur, Natur, Krächze Creatur, Vor dem Herrn, der dich befreiet, Und zu seinem Lob erneuet: An der Kinder Heil Hast du einst auch Theil.

7. Lämmlein, dir sei Heil Für biß Gnadentheil; Drücke deine Herrlichkeiten Mir in diesen Gnadenzeiten Tief in Herz und Sinn, Bis ich bei dir bin.

8. Lob, Ehr, Preis sei dir, Mächtig Lamm schon hier; Jezt zwar noch in Staub und Aschen, Doch in deinem Blut gewaschen — Mächtig Lamm schon hier Lob, Ehr, Preis sei dir!

20. Aufmunterung zur Treue in dem Werk des Herrn, für jedes Geschlecht.

1. Wenn ein Fürst der Erden=Sphäre Auf Vermehrung seiner Heere Und auf neue Kriegs=Macht denkt, So wird seine Wahl zum Streite, Nur auf junge starke Leute, Männlichen Geschlechts beschränkt.

2. Anders denkt der Freund der Sünder: Wohl uns! alle Menschen=Kinder Ladet seine Güte ein, Alle Alter und Geschlechte, Alle Stände, Herrn und Knechte, Läßt er sich willkommen sein.

3. Merket nur an eurem Reihen, Welche die Berufnen seien, Brüder, Schwestern, merket nur, Ist das Alter ausgeschlossen? Sind die Niedrigen verstoßen? Wem versagt er seine Cur?

4. Ist die Jugend nicht erwählet, Hat es Kindern je gefehlet, Kindern bei dem Kinderfreund, Hat er Knechte nicht geachtet, Oder eine Magd verachtet? Der der Welt als Knecht erscheint?

5. Hat er Ehen je getadelt, Hat er sie nicht erst geadelt, Da er sie mit sich verband? Sind nicht Ledige vor allen, Welche ihm recht wohlgefallen, Siegelringe seiner Hand?

6. Kurz kein Stand kann sich beklagen, Oder unserm König sagen: Herr, du hast uns nicht gedingt. Aber wißt ihr, welche Pflichten, Jeder Classe zu verrichten, Unser Zustand mit sich bringt?

7. Väter, euch befiehlt man wenig, Ihr seid Freunde von dem König, Denen er sein Herz vertraut: Fried und Liebe muß euch küssen, Weil ihr schon zu euren Füßen Sünde, Welt und Teufel schaut.

8. Männer, Jesus will es haben, Ihr sollt durch des Geistes Gaben Säulen seiner Heerde sein, Durch Bestand in seinem Werke, Durch Erkenntnis, Glaubens=Stärke, Nehmt ihr diesen Vorzug ein.

9. Ihr seid Anderen zur Stüze Vornen an des Heeres Spize Als zum Vorbild hingestellt: Lichter, Andern vorzustrahlen, Muster, ihnen vorzumalen, Wie man seinem Herrn gefällt.

10. Meisterschaft und Herrschbegierde, Eine selbst erhaschte Würde, Schlaffheit des vereinten Bands, Sich erkenntnisvoll zu dünken, Und mit Andrer Beifall schminken, Sind die Fehler eures Stands.

11. Nein der Kleinste ist der Größte, Und der ist vor ihm der Beste, Der es schier nicht glauben kann. Werdet

nur nicht satt im Hören, Lernet Andrer Gaben ehren, Sehet sie für höher an.

12. Wenn auch etwan eure Hirten Nicht das Wort mit Wandel zierten, Brüder, so verschmäht sie nicht. Gott spricht auch aus ihrem Munde; Oft bestrahlt er sie zur Stunde Euch zulieb mit seinem Licht.

13. Sucht den Obern eure Pflichten Nach der Ordnung zu entrichten, Weil der Herr es so befiehlt, Laßt sie ihrem Richter stehen, Ihr seid nicht da, nachzusehen, Ob sie auch ihr Amt erfüllt.

14. Gegen Andre seid wie Brüder, Sind sie euch sonst schon zuwider, Liebreich, freundlich und gelind, Werdet ihr euch so beweisen, So wird man den Vater preisen, Welcher euch zum Licht gewöhnt.

15. Habt ihr nicht im Herrn gefreiet, Eure Ehen sind erneuet, Durch den Geist der Heiligung. Christus lehret selbst die Seine Durch sein Band mit der Gemeine Liebe nebst der Mäßigung.

16. Eure Häuser seien Tempel, Euer Leben ein Exempel, Für Weib, Kinder und Gesind; Lasset Zucht bei euch regieren, Ordnung laßt den Scepter führen, Daß man stets dem Heiland dient.

17. Im Gewerbe und im Handel, Im Geschäfte und im Wandel, Habt den Herrn vor dem Gesicht; Falschheit, vortheilhaftes Wesen, Faulheit, Freundschaft mit den Bösen Taugt ja nicht zum Stand im Licht.

18. Kurz ein Christ ist immer thätig, Stets im Dienste, niemals ledig, Alles ist im Herrn gethan; Und so treibt man ohne Treiben, Blos durch das Bei-sich-verbleiben, Ohne Wort auch Andre an.

19. Weiber sind nicht ausgeschlossen, Nein sie sind auch Mitgenossen An dem Heil, und an dem Reich; Es sind auch von ihrem Orden, Manche stark im Geist geworden, Heldinnen, den Männern gleich.

20. Lernet Demuth von Marien, Martha Fleiß und das Bemühen, Andrer Weiber in dem Herrn; Lasset euch durch Sara lehren, Wie man soll den Mann verehren, Schüchternheit sei von euch fern.

21. Eine sanfte Geistes-Stille, Ein in Gott gefaßter Wille Ist der größte Weiberschmuck, Fleiß und Treue im Geringen, Frucht in guten Werken bringen, Und Gelassenheit im Druck.

22. Seiner Kinder so zu warten, Daß sie ihrem Freund nacharten, Der ein Kind in Gnaden war, Seinem innern

Menschen pflegen, Auf die Heiligung sich legen, Dieses
ziert die Weiber gar.

23. Nahrungs-Sorgen, Schwäzereien, Argwohn, Neid
und Zänkereien, Weichlichkeit, Empfindlichkeit, Hindernissen
gerne weichen, Abscheu vor dem Kreuzes-Zeichen, Baldige
Verdrossenheit,

24. Wünsche, die man nie erfüllet, Triebe, die man nie
recht stillet, Klagen über das, was fehlt, Immer hören, nie
verdauen, Nie recht gründen, immer bauen, Schminke,
die das Herz verstellt,

25. Kleinigkeiten, Phantasien, Tiefes Graben, immer
fliehen, Zweifel, die man immer hegt: Dieses, Schwestern,
sind die Stricke, Welche, daß er euch berücke, Satan euern
Füßen legt.

26. Glaubets nur, die alte Schlange, Welche Eva einst
bezwange, Stellet euch viel stärker nach, Drum so bleibt
in Einfalt stehen, Uebet euch, auf den zu sehen, Der der
Schlange Kopf zerbrach.

27. Jünglinge, auch euern Jahren, Drohen mancherlei Gefahren, Welt und Satan sind euch gram, Seht sie
in die Wette streiten, Euer Herze zu erbeuten, Das von
ihnen Abschied nahm.

28. Feinde sind nicht gleich bekämpfet, Euer Fleisch noch
nicht gedämpfet; Sünde glimmet noch in euch. Schlafet nur,
so schlagen Flammen Ueber eurem Haupt zusammen, Und
ihr seid Besiegten gleich.

29. Bald regt sich die Lust von innen, Und bald legt die
Welt den Sinnen Ihre falsche Waare vor. Welt und Fleisch
stehn in dem Bündnis Unter Buhlen ein Verständnis Mit
dem Willen Aug und Ohr.

30. Heiligt eure besten Kräfte, Brüder! Jesu zum Geschäfte Seines Reichs, er ist es werth; Lauft, beschämet
jene Menge, Welche in dem Weltgedränge Ihre beste Kraft
verzehrt.

31. Wachset emsig in Erkenntnis, Haltet wacker am Bekenntnis, Sammlet, jetzt ist Sammelns-Zeit, Ihr, ihr seid
zum Sieg erschaffen, Kleidet euch in Gottes Waffen, Stehet
ohne Furcht im Streit.

32. Flatterei und Eitelkeiten, Leichtsinn, jugendliche Freu-
den, Schänden eure Herrlichkeit, Sowie schmeichelnde
Gedanken Ueber eures Glaubens-Schranken, Und die falsche
Geistlichkeit.

33. Schreitet ihr auch einst zu Ehen, So wird man den
Geist erst sehen, Welcher eure Herzen lenkt, Lautre oder

trübe Triebe, Ob die Welt- und Weiber-Liebe Christi Liebe nicht verdrängt.

34. Töchter, auch in diese Classe, In die Klippen dieser Straße, Schließt euch euer Alter ein. Keusche Herzen, reine Seelen, Welche Zucht für Luft erwählen, Sollen eure Krone sein.

35. Ist es euch vom Herrn gegeben, Ohne Ehen ihm zu leben, O so sorget allermeist, Daß ihr diß Geschenk bewahret, Und an Jesu Brust erfahret, Heiligung an Leib und Geist.

36. Kinder, liebet und genießet, Was vom Vater auf euch fließet, Glaubet, ohne zu verstehn, Laßt euch segnen, herzen, küssen, Ehe noch die Pfeile schießen, Die durch Jünglings Herzen gehn.

Christian Gottlieb Kraft.